Historische Faszination
Geschichtskultur heute

Historische Faszination
Geschichtskultur heute

herausgegeben von

Klaus Füßmann
Heinrich Theodor Grütter
Jörn Rüsen

1994

BÖHLAU VERLAG KÖLN WEIMAR WIEN

Die Deutsche Bibliothek – CIP-Einheitsaufnahme

Historische Faszination : Geschichtskultur heute / hrsg. von
Klaus Füssmann ... – Köln ; Weimar ; Wien : Böhlau 1994
     ISBN 3-412-06491-2
  NE: Füssmann, Klaus [Hrsg.]

Umschlagabbildung: Das Schloß? Historische Attrappe in
Berlin-Mitte (Foto: Ludger Grunwald, Berlin)

© 1994 by Böhlau Verlag GmbH & Cie, Köln
Alle Rechte vorbehalten
Satz: Druckerei Peter Pomp GmbH, Essen
Gesamtherstellung: Danuvia Druckhaus Neuburg GmbH
Printed in Germany
ISBN 3-412-06491-2

Vorwort

Zu den unübersehbaren Grundtendenzen der kulturellen Entwicklung der bundesdeutschen Gesellschaft gehört seit mehr als einem Jahrzehnt ein breites öffentliches Interesse an Geschichte, das in ganz unterschiedlichen Formen und Funktionen wirksam wird.

Bis heute hält ein Museumsboom an mit nie dagewesenen Neugründungen und Rekord-Besucherzahlen. Groß angelegte nationalgeschichtliche Buchreihen haben für beträchtliches Aufsehen gesorgt. Alternative Geschichtsinitiativen betreiben in Geschichtswerkstätten und Volkshochschulkursen eine überwiegend alltags-, umwelt- und sozialhistorisch ausgerichtete „Geschichte von unten". Im Mittelpunkt der Geschichtspolitik der Regierung Kohl standen lange Zeit ambitionierte Museumsprojekte in Berlin und Bonn. Die Auseinandersetzungen um ein angemessenes Verhältnis zur nationalsozialistischen Vergangenheit haben mit zeitlicher Distanz deutlich zugenommen („Historikerstreit", „Jenninger-Rede"). Und schließlich ist in den 1980er Jahren generell eine vermehrte Behandlung historischer Themen in Presse, Funk, Fernsehen, Werbung oder Tourismus festzustellen.

Man mag nun raisonnieren, inwieweit dieses Interesse an Geschichte dem Bedürfnis nach stabilen historischen Identitäten entspringt, die Kompensationsleistung einer zukunftsungewissen Zivilisation darstellt oder einfach Ausdruck postmoderner Freude am historischen Zitat ist. Auf jeden Fall zeigt die Entwicklung der letzten Jahre — deutlicher als je zuvor —, daß es so etwas wie eine öffentliche Geschichtskultur gibt, in der neben Schule und Universität weitere Sphären und Institutionen gesellschaftlicher Kommunikation wirksam sind bei der Vermittlung von Geschichte.

Um dieser auch für die aktuelle Situation der Geschichtswissenschaft bedeutsamen Entwicklung Rechnung zu tragen, wurde unter dem Titel „Historische Faszination. Zur Ästhetik und Funktion von Geschichte heute" in den Sommersemestern 1988 und 1989 an der Abteilung für Geschichtswissenschaft der Ruhr-Universität Bochum eine Ringvorlesung mit Vertretern aus unterschiedlichen Bereichen der öffentlichen Geschichtsvermittlung veranstaltet. Aus Presse, Funk, Fernsehen, Museum, Theater, Werbe- und Tourismuswirtschaft, Politik und Wissenschaft fanden sich Referentinnen und Referenten bereit, aus ihrem beruflichen Tätigkeitsbereich individuell zum Thema Geschichte Stellung zu beziehen.

Der vorliegende Band geht im wesentlichen auf die — zum Teil aktualisierten — Vorträge zurück, die im Rahmen dieser Ringvorlesung in Bochum gehalten worden sind. Zusammen mit zwei weiteren Beiträgen (d'Haennes und Pehle) bilden sie den Hauptteil dieses Buches, der gegliedert ist in Dimensionen (II) und Praxisfelder (III) der Geschichtskultur. Einleitend (I) versuchen die Herausgeber, sich aus dem Blickwinkel der Fachwissenschaft dem Themenfeld Geschichtskultur mit systematischen Überlegungen zu nähern. Die formale Vielfalt der gesamten Beiträge (Aufsatz, Vortrag, Interview) mag der Leserin und dem Leser ein wenig von dem Workshop-Charakter der Ringvorlesung vermitteln. Ebenso sind inhaltliche Bezugnahmen auf die bundesdeutsche Wirklichkeit vor dem Herbst 1989 zu berücksichtigen.

Am Ende eines solchen Projektes ist es eine angenehme Pflicht, denjenigen Dank zu sagen, die uns tatkräftige Unterstützung gewährt haben. Klaus Remus, Klaus Fröhlich und Wolfgang Ernst haben engagiert und ideenreich an der Konzeption und Organisation der vom Institut für Geschichtskultur Bochum veranstalteten Ringvorlesung mitgewirkt. Zusätzliche Unterstützung erfuhr das Projekt durch das Bildungswerk für Demokratie und Ökologie NRW, vor allem durch die Leiterin Renate Uhlending. Für die Erfassung und Korrektur der Texte danken wir Gerald Breyer, Magdalena Drexl, Johannes Sträter und vor allem Jürgen Schulte. Ursula Jansen half bei der Bearbeitung der Manuskripte. Schließlich gilt unser Dank der Druckerei Peter Pomp GmbH für die Erstellung der Satzvorlage sowie dem Böhlau Verlag – hier vor allem Johannes van Ooyen – für die intensive Betreuung des Buches.

Die Herausgeber

Inhaltsverzeichnis

I. Fragen nach der Geschichtskultur — Annäherungen, Reflexionen, Perspektiven

Jörn Rüsen:
Was ist Geschichtskultur? Überlegungen zu einer neuen Art, über Geschichte nachzudenken 3

Klaus Füßmann:
Historische Formungen. Dimensionen der Geschichtsdarstellung .. 27

Heinrich Theodor Grütter:
Warum fasziniert die Vergangenheit?
Perspektiven einer neuen Geschichtskultur 45

II. Dimensionen der Geschichtskultur

Michael Maurer:
Bilder repräsentieren Geschichte. Repräsentieren Bilder Geschichte? — Zur Funktion historischer Bildquellen in Wissenschaft und Öffentlichkeit 61

Severin Heinisch:
Geschichte als Karikatur — Über das Verhältnis ironischer Bilder mit der Historie 91

Albert d'Haenens:
Video und Geschichte. Das Verhältnis zur Vergangenheit im elektronischen Zeitalter 105

Alfred Heit:
„Die ungestillte Sehnsucht" — Versuch über ein Movens historischer Faszination in Umberto Ecos Roman „Der Name der Rose" 113

Gottfried Korff:
Musealisierung total? Notizen zu einem Trend, der die Institution, nach der er benannt ist, hinter sich gelassen hat 129

Christoph Stölzl:
Zur Situation des Deutschen Historischen Museums in Berlin 145

Peter Glotz:
Geschichte in der politischen Auseinandersetzung 159

Udo Knapp:
Historisches Eingedenken und politische Praxis — Überlegungen zu einem neuen Verhältnis von Geschichte und Politik 165

III. Praxisfelder der Geschichtskultur

Heinrich Theodor Grütter:
Die Präsentation der Vergangenheit. Zur Darstellung von Geschichte
in historischen Museen und Ausstellungen 173

Erhard Klöss:
Die Last der Bilder — Geschichte im Fernsehen 189

Hannelore Schäfer:
Die eigene Geschichte — Rückblick auf eine Fernsehserie 195

Wolf Dieter Ruppel:
Geboren aus historischer Faszination —
Die Hörfunk- Sendereihe „ZeitZeichen" 209

Günter Hammer:
Geschichte in der Presse 227

Walter H. Pehle:
Geschichtswissenschaft, Buchproduktion und Öffentlichkeit 235

Holk Freytag:
„Die Geschichte reitet auf toten Gäulen ins Ziel" — Zur Rezeption
historischer Stoffe im Theater der Gegenwart 243

Horst Martin Müllenmeister:
Geschichte und Tourismus 249

Michael Schirner:
Werbung und Geschichte 267

Verzeichnis der Autoren 283

Abbildungsnachweis 285

I.
Fragen nach der Geschichtskultur – Annäherungen, Reflexionen, Perspektiven

Jörn Rüsen

Was ist Geschichtskultur?
Überlegungen zu einer neuen Art,
über Geschichte nachzudenken.

1. Ein kategorialer Blick auf Geschichtliches

Manchmal stellt im öffentlichen Sprachgebrauch ein Wort zur rechten Zeit sich ein, ohne daß die zuständige Wissenschaft schon einen entsprechenden Begriff hätte. So scheint es heutzutage mit der 'Geschichtskultur' zu sein. Zur politischen Kultur, zur Wissenschaftskultur, zur Streitkultur und ähnlichen Komposita gesellt sich in den letzten Jahren die 'Geschichtskultur'. Man redet nicht mehr einfach von Geschichte, von historischem Denken, vom Geschichtsbild, auch nicht mehr nur vom Geschichtsbewußtsein, wenn man historische Erinnerungsleistungen ansprechen und auf ihre Rolle in der Öffentlichkeit hin charakterisieren will. Damit folgt der Sprachgebrauch im Felde des Historischen einem allgemeinen Trendwechsel im Blick auf den Menschen und seine Welt von der Gesellschaft zur Kultur. Auch die Debatte der Fachleute über die Forschungsrichtung, die die Geschichtswissenschaft nehmen, und die Methoden, der sie sich bedienen soll, drückt sich im Gegensatz von 'Gesellschaft' versus 'Kultur' aus.

Was aber soll mit 'Geschichtskultur' bezeichnet werden, wofür nicht längst schon andere und vielleicht auch passendere Begriffe da sind? Es geht um einen Phänomenbestand, der seit Jahren die Rolle der historischen Erinnerung in der Öffentlichkeit charakterisiert: Ich meine den andauernden Geschichtsboom, die hohe Beachtung, die Fachdebatten außerhalb des Kreises der Expertinnen und Experten finden, und eine erstaunliche Sensibilität der Öffentlichkeit im Gebrauch historischer Argumente zu politischen Zwekken. Der Historikerstreit, die große Beachtung und Zustimmung, die die Rede des Bundespräsidenten Richard von Weizsäcker zum 50. Jahrestag des Endes des Zweiten Weltkrieges gefunden hat, und die negative Wirkung einer Gedenkrede des damaligen Bundestagspräsidenten Philipp Jenninger zum 50. Jahrestag der sogenannten „Reichskristallnacht" sind herausragende Beispiele für eine öffentliche Aufmerksamkeit für Historisches, in der es nicht primär um die Geschichtswissenschaft und ihre Rolle in Staat und Gesellschaft und auch nicht um die Institutionen des historischen Lernens und ihre Bedeutung für die politische Kultur geht.[1]

Der interessierte Blick rückt die Geschichte in einen Horizont, der bislang eher separat betriebene Bereiche und Strategien der historischen Erinnerung zu komplexen Gebilden zusammenfügt, in der sie sich neu und anders ausnehmen, als in den meisten der bislang etablierten Formen der Selbstthematisierung und Selbstverständigung. Fachwissenschaft, schulischer Unterricht, Denkmalpflege, Museen und andere Institutionen werden über ihre wechselseitigen Abgrenzungen und Unterschiede hinweg als Manifestationen eines übergreifenden gemeinsamen Umgangs mit der Vergangenheit in Augenschein genommen und diskutiert. 'Geschichtskultur' soll dieses Gemeinsame und Übergreifende bezeichnen. Sie rückt die unterschiedlichen Strategien der wissenschaftlichen Forschung, der künstlerischen Gestaltung, des politischen Machtkampfes, der schulischen und außerschulischen Erziehung, der Freizeitanimation und anderer Prozeduren der öffentlichen historischen Erinnerung so in den Blick, daß sie alle als Ausprägungen einer einzigen mentalen Kraft begriffen werden können. So synthetisiert sie auch Universität, Museum, Schule, Verwaltung, die Massenmedien und andere kulturelle Einrichtungen zum Ensemble von Orten der kollektiven Erinnerung und integriert die Funktionen der Belehrung, der Unterhaltung, der Legitimation, der Kritik, der Ablenkung, der Aufklärung und anderer Erinnerungsmodi in die übergreifende Einheit der historischen Erinnerung.

Als begriffliche Synthetisierung unterschiedlicher Phämomenbestände in einem Gesamtbereich des kulturellen Lebens erfüllt die 'Geschichtskultur' eine kategoriale Funktion. Sie erschließt einen weiten Bereich kultureller Aktivitäten und grenzt ihn von anderen Bereichen so ab, daß in der Fülle und Unterschiedlichkeit der abgrenzend umschlossenen Phänomene deren Gemeinsamkeit sichtbar wird. Es wird deutlich, daß die mannigfaltigen Aktivitäten, Institutionen und Funktionen des erinnernden Umgangs mit der Vergangenheit sich nicht bruchlos in die eingeschliffenen Unterteilungen des kulturellen Lebens einfügen lassen. Das historische Denken ist ein wichtiger Teil der politischen Kultur, geht aber in ihr nicht auf; das gleiche gilt auch für die anderen Kultursparten, wie etwa diejenige der Wissenschaft oder der Kunst. 'Geschichte' ist etwas grundsätzlich Eigenes und Besonderes, das sich mit fast allen Tätigkeiten und Formen der Kultur verschwistert, sich aber zugleich in ihnen als Spezifikum grundsätzlich ausmachen läßt. Indem das Wort 'Geschichtskultur' diese Gemeinsamkeit und diesen Unterschied zum Ausdruck bringt, wird es zum Terminus mit kategorialer Bedeutung.

Dieser kategoriale Anspruch des Terminus 'Geschichtskultur' verbindet sich mit normativen Gesichtspunkten. Es soll nicht nur ein Phänomenbestand identifiziert und erschlossen, sondern zugleich sollen Maßstäbe der kulturellen Praxis bezeichnet werden. So spricht man von einem Mehr oder Weniger an Geschichtskultur und verbindet damit Wertschätzungen, und wenn Institutionen wie etwa die Wissenschaft als Ausprägung von Kultur thematisiert werden, dann schwingt immer ein Ton von normativer Inanspruchnahme, von

Maßstäben mit, an denen die Leistungen einer solchen Institution gemessen und kritisiert werden können.

Dieser neue kategoriale Blick auf Geschichte im Leben einer Gesellschaft kommt nicht von ungefähr. Ihm ist mit der Frage nach dem Geschichtsbewußtsein vorgearbeitet worden, die die Geschichtsdidaktik seit Jahrzehnten gestellt und diskutiert hat, um historisches Lernen über den schulischen Geschichtsunterricht hinaus als einen Sachverhalt von allgemeiner und grundsätzlicher Bedeutung anzusprechen und als ihr ureigenes Forschungsgebiet zu reklamieren. Geschichtsbewußtsein hat in der Geschichtsdidaktik bereits eine kategoriale Bedeutung zur fachlichen Selbstverständigung gewonnen, zur Identifikation eines besonderen Gegenstandsbereichs und ihm entsprechender Erkenntnismethoden und schließlich auch zur Heuristik empirischer Forschungen.[2] Es konnte als elementare und allgemeine Tatsache menschlicher Weltbewältigung und Selbstverständigung beschrieben und damit in den Rang eines eigenen Forschungsgegenstandes von unbestreitbarer lebenspraktischer Bedeutung erhoben werden. Vom Geschichtsbewußtsein ist es nur ein kleiner Schritt zur Geschichtskultur. Nimmt man die Rolle, die das Geschichtsbewußtsein im Leben einer Gesellschaft spielt, näher in Betracht, dann stellt es sich eben als eine Kulturleistung grundsätzlich eigener Art dar, die fast alle Bereiche der menschlichen Lebenspraxis tangiert und beeinflußt. Geschichtskultur läßt sich also definieren als praktisch wirksame Artikulation von Geschichtsbewußtsein im Leben einer Gesellschaft. Als Praxis von Bewußtsein geht es in ihr grundsätzlich um menschliche Subjektivität, um eine Aktivität des Bewußtseins, durch die menschliche Subjektivität sich praktisch realisiert, ja geradezu hervorbringt.

Es ist aber nicht unproblematisch, die Bedeutung des Terminus 'Geschichtskultur' um das Geschichtsbewußtsein zu fokussieren. Denn der Begriff 'Geschichtsbewußtsein' betont zwar eine subjektive Aktivität gegenüber der bloßen Gegenständlichkeit von so etwas wie 'Geschichte' als Bewußtseinsinhalt, und mit ihm kann diese Gegenständlichkeit in eine kulturelle Praxis aufgelöst werden. Er kann aber zugleich auch ablenken von den Dimensionen und Bereichen menschlicher Mentalität, die nicht in der Zielgerichtetheit und Reflexivität von Bewußtsein aufgehen. Un- und vorbewußte Dispositionen menschlichen Verhaltens sind auch durch eine in bestimmter Weise vergegenwärtigte Vergangenheit geprägt, und es macht Sinn, von einem individuellen und kollektiven historischen Unbewußten zu sprechen.[3] Insofern empfiehlt es sich, die eigentümliche kulturelle Aktivität und ihre Ausprägungen, die der Terminus 'Geschichtskultur' kategorial erschließen soll, noch anders zu beschreiben als mit den Prozeduren und Ausprägungen des Geschichtsbewußtseins. Dafür bietet sich der Ausdruck 'historische Erinnerung' an. Daß der Umgang mit Geschichte und ihrer Rolle im Leben der Menschen ein Vollzug einer bestimmten Art der Erinnerung, nämlich der historischen, ist, dürfte kaum bestritten werden können. Wenn sich die Spezifik einer historischen

Erinnerung allgemein angeben läßt, dann ließe sich 'Geschichtskultur' als Terminus mit kategorialem Anspruch plausibel machen.

2. Historische Erinnerung als kulturelle Leistung

Kultur ist darin begründet, daß der Mensch handeln muß, um leben zu können, und daß menschliches Handeln sinnbestimmt ist, d. h. eine Deutung der zu behandelnden Sachverhalte und Situationen und des handlungsmotivierenden Willens als Absicht, Zweck oder Intention voraussetzt. Kultur ist universell, da sie mit der Sinnhaftigkeit von Handeln als spezifischem Lebensvollzug des Menschen gegeben ist. Insofern wird sie auch zur allgemeinen Bezeichnung der geschichtlichen Lebensweise des Menschen verwendet und der Natur entgegengesetzt. Geschichte (im engeren Sinne als Geschichte des Menschen) wäre dann zeitlich dimensionierte Kultur. Von diesem weiten Kulturbegriff läßt sich ein engerer unterscheiden, der nicht den Gesamtbereich sinnbestimmten menschlichen Handelns und Leidens bezeichnet, sondern nur einen Teil der Lebenspraxis, – denjenigen nämlich, der ihre Innenseite betrifft, also den Gesamtbereich von Mentalität, Bewußtsein und Geist. Kultur ist dann der Teil des handelnden und leidenden Umgangs des Menschen mit seiner Welt und sich selbst, in dem diese Welt und er selbst interpretiert werden müssen, um mit und in ihr leben zu können. Kultur ist Inbegriff der Geistnatur des Menschen, die sich im Wechselspiel zwischen deutender Aneignung von Welt und Ausdruck menschlichen Selbstseins (Subjektivität) vollzieht. Diese Bestimmung von Kultur hat den Vorteil, nicht den Gesamtbereich des menschlichen Lebens abzudecken, sondern sich als eine Lebensweise von anderen unterscheiden und aufgrund dieses Unterschiedes mit anderen in Beziehung setzen zu lassen. Als diese anderen Bereiche werden landläufig Wirtschaft, Gesellschaft und Politik genannt. Die Kultur ist von ihnen durchdrungen und durchdringt sie ihrerseits.

Die kulturelle Weltaneignung und Selbsthervorbringung des Menschen läßt sich als komplexer Zusammenhang von Wahrnehmung, Deutung, Orientierung und Zwecksetzung näher beschreiben. Diese vier mentalen Aktivitäten bilden zusammen die Sinnressource der menschlichen Lebenspraxis.

Geschichtskultur ist nun jener Teil von Wahrnehmung, Deutung, Orientierung und Zwecksetzung, in dem es um Zeit als Bestimmungsfaktor des menschlichen Lebens geht. Zeit wird erfahren und gedeutet, und menschliches Handeln und Leiden wird im Zeitverlauf orientiert und auf seine zeitliche Erstreckung hin zweckhaft motiviert. Nicht aller deutender Umgang mit Zeit ist aber schon Geschichte oder genauer: macht schon Geschichte. Auch in Naturgesetzen wird Zeit gedeutet, die naturwissenschaftliche Erkenntnis zählt aber nicht zur Geschichtskultur. Geschichtskultur meint also eine bestimmte Art des deutenden Umgangs mit Zeit, eben die, die so etwas wie

'Geschichte' als Erfahrungsinhalt, als Deutungsprodukt, als Orientierungsgröße und als Zweckbestimmung erbringt.

Um welche Spezifik handelt es sich? Sie kann in zwei Argumentationsschritten herausgearbeitet werden. Zunächst einmal handelt es sich um einen deutenden Umgang mit der Zeit, der im Modus der *historischen Erinnerung* erfolgt. 'Geschichte' meint deutend vergegenwärtigte Vergangenheit. Nun ist aber nicht alle Erinnerung schon spezifisch historisch, sonst fiele jede mentale Aktivität des Menschen, die sich auf etwas richtet, was vergangen ist, in den Bereich der Geschichtskultur, und damit erführe diese Kategorie eine wenig sinnvolle gewaltige Ausdehnung auf alle Bereiche der menschlichen Erfahrung. 'Historische Erinnerung' sollte also spezifischer verstanden werden, nämlich als ein mentaler Vorgang eines Selbstbezuges der sich erinnernden Subjekte in der Form einer Vergegenwärtigung ihrer Vergangenheit. Typisch für diesen Selbstbezug ist die autobiographische Erinnerung, wie sie zu den immer wieder notwendigen Vorgängen subjektiver Selbstvergewisserung im Lebensvollzug gehört. Allerdings ist der Zeitrahmen dieser Erinnerung zu eng, um paradigmatisch für historisches Erinnern zu sein. Dann, wenn eine Erinnerung solcher Art über die Grenzen der eigenen Lebenszeit in die Vergangenheit zurückgeht und damit die gegenwärtige Lebenssituation so deutet, daß auch eine Zukunftsperspektive gewonnen wird, die über die Grenze der eigenen Lebenszeit hinausweist, ließe sich mit Fug und Recht von 'historischer' Erinnerung sprechen.

Diese Grenzüberschreitung kann in zwei Weisen erfolgen, einmal so, daß zur Deutung der eigenen Lebensgeschichte, zur sinnhaften Organisation der Autobiographie, auf Deutungsmuster zurückgegriffen wird, die übergreifende zeitliche Zusammenhänge zwischen Vergangenheit, Gegenwart und Zukunft betreffen, und dann vor allem auch hinsichtlich des Inhaltes der Erinnerung: Sie vergegenwärtigt eine Vergangenheit, die älter ist als man selbst, – aber eben in dem Modus, wie die eigene Vergangenheit erinnert werden muß, wenn man sich selbst in einer orientierungsbedürftigen aktuellen Handlungssituation verstehen und in der Auseinandersetzung mit Anderen zur Geltung bringen will.

Um genauer zu sagen, was eine spezifisch historische Erinnerung ist, sollte ihr Vollzug als mentale Prozedur des *Geschichtsbewußtseins* beschrieben werden. Dabei sollte allerdings 'Bewußtsein' alle die mentalen Dimensionen umgreifen, in denen sich Erinnerung vollzieht. Jeismanns klassisch gewordene Definition sollte zwar ursprünglich vor allem die kognitiven Tätigkeiten der historischen Erinnerung hervorheben (um sie als fundamentale Determinanten des historischen Lernens geschichtsdidaktisch sichtbar zu machen),[4] sie läßt sich aber zwanglos auf alle mentalen Bereiche der historischen Erinnerung ausdehnen. Ihr zufolge ist Geschichtsbewußtsein „Zusammenhang von Vergangenheitsdeutung, Gegenwartsverständnis und Zukunftsperspektive".[5]

Mit dieser Definition lassen sich weitere Eigentümlichkeiten von

Geschichtskultur als Inbegriff der durch historische Erinnerung geleisteten Wahrnehmung und Deutung von Zeit, Orientierung in ihr und Zwecksetzung mit ihr, ausmachen und beschreiben. Die Erinnerungsleistung wird mit einem Konzept von Zeit erbracht, das die drei Zeitdimensionen Vergangenheit, Gegenwart und Zukunft in eine übergreifende Zeitverlaufsvorstellung integriert, die in der erinnernden Vergegenwärtigung an der Vergangenheit aufgewiesen wird. Die Erinnerung verwandelt den Zeitstatus der Vergangenheit so, daß sie nicht aufhört, vergangen zu sein, sondern im Gegenteil geradezu als vergangene gegenwärtig wird und dabei eine Zukunftsperspektive eröffnet. Die historische Erinnerung hält etwas von der Vergangenheit fest (und läßt dadurch übrigens zugleich Anderes vergessen) und zwar so, daß es als Vergangenes zugleich bewußt gemacht und auf die Gegenwart hin bezogen, eben: vergegenwärtigt wird. Als Vergangenes wird es gleichsam unvergangen, und das meint: Es wird geschichtlich, und zwar durch den Akt der Erinnerung. Es rückt dann in einen inneren Zusammenhang mit Gegenwart und Zukunft. Erst in diesem Zusammenhang gewinnt es die eigentümliche Zeitqualität seiner geschichtlichen Bedeutung für die sich Erinnernden. Die Aktivitäten des Geschichtsbewußtsein lassen also die Vergangenheit nicht so wie sie war: Indem eben daran erinnert wird, daß bestimmte Vorkommnisse der Vergangenheit und ihr zeitlicher Zusammenhang so waren, wie sie waren, werden sie über ihren Status des Vergangenseins hinausgehoben und gewinnen Gegenwärtigkeit und Zukünftigkeit. Droysen hat das als Vorgang bezeichnet, in dem aus Geschäften Geschichte wird.[6]

Die zweite Eigentümlichkeit des Geschichtsbewußtseins neben derjenigen der Zeitform der historischen Erinnerung betrifft die Seinsweise des Erinnerten. Es wird stets als Tatsächliches, wirklich so Gewesenes erinnert, stellt also ein Stück Erfahrungsartikulation in der Deutung von Zeit dar. Zugleich aber wird in der Erinnerungsleistung des Geschichtsbewußtseins diese Erfahrung der Vergangenheit mit Bedeutung für die Gegenwart aufgeladen. Die historische Erinnerungsleistung des Geschichtsbewußtseins ist eine eigentümliche Synthese von Empirie und Normativität, von Tatsachen und Werten, um Erfahrung und Bedeutung. Es synthetisiert Zeit im Erfahrungsbezug auf die Vergangenheit mit Zeit im Erwartungsbezug auf Zukunft. Hier liegt der sachliche Grund für die eigentümliche Unentschiedenheit der historischen Erkenntnis zwischen wertfreier Tatsächlichkeit auf der einen Seite und wertbestimmter Bedeutungsverleihung oder Sinnbestimmung auf der anderen.

Wenn diese Beschreibung der durch das Geschichtsbewußtsein geleisteten historischen Erinnerung richtig ist, dann liegt es nahe, danach zu fragen, ob es eine ihr entsprechende spezifische mentale Operation oder einen identifizierbaren Komplex systematisch miteinander zusammenhängender mentaler Operationen gibt, die ein solches Zeitverhältnis und eine solche zugleich empirische und normative Bestimmung von Inhalten erbringen. In der Tat läßt sich eine solche Operation ausmachen: Es ist diejenige des Erzählens von Geschichten.

Diese These von der spezifisch narrativen Struktur des Geschichtsbewußtsein hat viel Polemik, aber wenig begründete Kritik erfahren. Alternative Konzepte, die andere mentale Prozeduren als spezifisch historisch hervorheben, gibt es nicht. Vielmehr rekurrieren auch die Kritiker der Narrativitätstheorie auf eine Spezifik des Historischen, ohne freilich sagen zu können, worin sie besteht. Dennoch muß die These, daß das Geschichtsbewußtsein seine mentale Prozedur der historischen Erinnerung in der Form des Erzählens von Geschichten vollzieht, in zwei Hinsichten modifiziert oder besser: erweitert werden: Die historische Erinnerung und ihr Vollzug durch das Geschichtsbewußtsein weisen Elemente und Faktoren auf, die nicht genuin narrativ sind, von denen sich allerdings zeigen läßt, daß sie eine genuin narrative Funktion haben, d. h. bruch- und zwanglos in das Erzählen von Geschichten auf- und eingehen.

Es handelt sich um Bilder und Symbole, an denen sich die Erinnerungsleistung des Geschichtsbewußtseins entzündet und mit denen sie auch vollzogen wird, die aber in sich selbst nicht schon Geschichten sind. Sie sind keine Geschichten, generieren aber welche. Als Sinnträger (Semiophoren)[7] faszinieren sie das Geschichtsbewußtsein, ohne schon die Geschichten an sich zu tragen oder in sich kondensiert zu haben, die angesichts ihrer oder durch Gebrauch ihrer Symbolkraft erzählt werden. Archetypische Symbole können in der historischen Deutung von Zeiterfahrung als Deutungsmuster der Erinnerung eine wichtige Rolle spielen, sie können bedeutungsverleihende Prinzipien, Sinngeneratoren der Zeitdeutung sein, ohne — und das ist das Entscheidende — selber schon in ihrer Bedeutung, in ihrer Sinnträchtigkeit, narrativ organisiert zu sein. So haben z. B. (ich greife ein Argument von Gottfried Korff auf) die Nacht und der Kristall eine hohe Symbolkraft, mit der sie als Sinnkonstrukte historische Erinnerungen in der Form von Geschichten inspirieren können, ohne selber für sich schon für Geschichten zu stehen. Erst in einer bestimmten Konstellation gewinnen sie eine narrative Funktion, etwa wenn in einem politischen Diskurs, in dem es um aktuelle Vorkommnisse von Fremdenhaß geht, das Wort 'Reichskristallnacht' fällt. Dieses Wort freilich steht für eine Geschichte; es ist eine 'narrative Abbreviatur',[8] die von denen, die sie verstehen, in eine Erzählform aufgelöst und zu einer mehr oder weniger elaborierten Geschichte verwandelt werden kann.

Die Debatte der Historiker über das Erzählen hat sich daran entzündet, daß man Erzählen als Darstellungsform versteht und mit den ereignisgeschichtlichen Präsentationen älterer Historiographie identifiziert, um dann für eine Geschichtsschreibung, in die die methodischen Fortschritte der jüngeren Wissenschaftsentwicklung eingegangen sind, eine Qualifikation als Erzählung mit dem Hinweis auf die methodischen Standards zurückzuweisen, mit der sich die historische Forschung heutzutage von der älteren, vornehmlich an Ereignissen und Ereigniszusammenhängen interessierten, unterscheidet. In der Tat haben diese methodischen Innovationen zu historischen Interpretationsverfahren geführt, in denen nicht-narrative theorieförmige Wissenselemente eine wichtige Rolle spielen. Sie sind keine Geschichten und lassen sich insofern trefflich gegen die These vom narrativen Charakter der historischen Erkenntnis ins Feld führen. Ein Blick auf ihre Verwendung in der Organisation historischer Erkenntnis freilich bestätigt diese These, dienen sie doch dazu, Geschichten zu organisieren. (So kann z. B. eine Modernisierungstheorie eine deutsche Sozialgeschichte der jüngeren Neuzeit organisieren oder eine religionssoziologische Entzauberungstheorie eine Geschichte der Wissenschaft im alten Griechenland.)

Es macht also einen guten Sinn, die Erinnerungsleistung des Geschichtsbewußtseins formal als Erzählen einer Geschichte zu charakterisieren und diese narrative Form als ein wesentliches Charakteristikum von Geschichtskultur anzusehen. Diese Form ist es auch, die die eigentümliche Zeitsynthese und die Verschränkung von Erfahrung und Norm in der Sinnbildungsleistung des Geschichtsbewußtseins mit sich bringt. Ein Blick darauf, was es heißt, Vergangenes im Erzählen einer Geschichte zu vergegenwärtigen, dürfte die schwierige Explikation dieser spezifischen Leistungen des Geschichtsbewußtsein plausibel machen und als durchaus alltägliches, ja als universelles und fundamentales Phänomen in den Kulturleistungen der menschlichen Lebenspraxis erweisen.

Zum formalen Aspekt der Sinnbildungsleistung des Geschichtsbewußtseins tritt der funktionale hinzu. Historische Erinnerung orientiert in der Zeit und bestimmt handlungsleitende Zwecksetzungen durch Zeitdeutungen. Im differenzierenden Blick auf das Geschichtsbewußtsein läßt sich diese Orientierungsfunktion näher beschreiben. Sie hat einen inneren und einen äußeren Aspekt, die zwar notwendig ineinander übergehen, sich aber doch gut voneinander unterscheiden lassen.

Der äußere Aspekt besteht darin, daß der Orientierungsrahmen der menschlichen Lebenspraxis eine zeitliche Richtung erhält. Mit dieser Richtungsbestimmung können aktuell erfahrene, handelnd bewirkte und zukünftig beabsichtigte Veränderungen nach einem Muster von Zeitverläufen gedeutet werden, das Absichten erfahrungsgestützt und Erfahrungen absichtenleitend macht. In traditionalen Gesellschaften beispielsweise finden sich solche Orientierungen in der Form einer ewigen Wiederkehr des Gleichen oder der Dauer einer zeitlich gestifteten Weltordnung in den Wechselfällen des Lebens. Das Gegenstück dazu in modernen Gesellschaften ist bekanntlich die Fortschrittsvorstellung, in der aus der historischen Vergegenwärtigung von Überbietungsleistungen Handlungschancen weiterer Überbietungen (zum Beispiel in der industriellen Produktion von Gütern) abgeleitet werden und entsprechendes Handeln angeleitet und legitimiert wird.

Nach innen orientiert das Geschichtsbewußtsein, indem es historische Identität bildet. Damit ist gemeint, daß es die sich erinnernden Subjekte mit einer Vorstellung ihrer selbst ausstattet, mit der sie bestimmte Qualitäten ihrer selbst über die Grenzen ihrer Lebenszeit hinausreichen lassen und sich selbst im Wandel der Zeit als etwas Durchgängiges gewinnen und zur Geltung bringen. Identität ist ein Selbstverhältnis von Subjekten, in das sie eigene Geltungsansprüche und Zuschreibungen von anderen in dem Maße miteinander vermitteln müssen, das zu sozialem Handeln notwendig ist. Diese Identität hat eine zeitliche Erstreckung. Sie wird über Erinnerungen immer wieder geleistet und ginge ohne Erinnerung verloren. Immer wieder muß die Vergangenheit durch Aktivitäten des Geschichtsbewußtseins in den sozialen Kampf um Anerkennung eingebracht werden; über Geschichten werden Identitäten stabilisiert und destabilisiert, affirmiert und kritisiert, verändert und bestätigt, – und das auf allen Ebenen von Selbstsein, vom einzelnen Individuum, über die Gruppe und die politische Gemeinschaft bis zur Großkultur, ja bis zur Menschheit; denn Menschheit (nicht als biologische Gattung, sondern als Gemeinschaft kulturfähiger Lebewesen verstanden) ist ein wesentlicher Gesichtspunkt zur Formulierung von Identität.

Geschichtskultur ist also die durch das Geschichtsbewußtsein geleistete historische Erinnerung, die eine zeitliche Orientierung der Lebenspraxis in der Form von Richtungsbestimmungen des Handelns und des Selbstverhältnisses seiner Subjekte erfüllt.

Diese Definition ist abstrakt. Mit ihr läßt sich in der Fülle kultureller Aktivitäten des Menschen in Raum und Zeit ein Großbereich dieser Aktivitäten von anderen kategorial abgrenzen und erschließen, aber die in ihn hineingebändigte Fülle von Phänomenen selber nicht. Wenn der kategoriale Zugriff, den der Terminus 'Geschichtskultur' verspricht, mehr sein soll als eine Reklamation anthropologischer Universalität und Tiefe für das Geschäft der Historiker und Historikerinnen, wenn es also mehr sein soll als eine Versicherung öffentlicher Bedeutung und ein entsprechender Anspruch auf Anerkennung, dann müßte mit ihm auch im gedanklich ordnenden Zugriff auf die Phänomene ein schärferer und weiterer Blick erreicht werden können. Dies ist in der Tat möglich, wenn man über die Kulturkategorie die Erinnerungsleistung des Geschichtsbewußtseins so dimensioniert, daß ein Gewinn an Einsicht in und an Verständigung über diese Leistung bei denen, die sie erbringen, ebensosehr wie bei denen, die von ihnen Gebrauch machen, erzielt wird.

3. Unterscheidungen: die ästhetische, politische und kognitive Dimension der Geschichtskultur

Ich möchte eine solche Dimensionierung vorschlagen,[9] die an eine fundamentale Ausdifferenzierung der Deutungsfunktion von Kultur in modernen Gesellschaften anknüpft und im Blick auf diese Ausdifferenzierung Einseitigkeiten in der Thematisierung der Erinnerungsleistung des Geschichtsbewußtseins sichtbar und überwindbar macht. Ich möchte die Sinnbildungsleistung des Geschichtsbewußtseins in den drei Dimensionen des *Ästhetischen*, des *Politischen* und des *Kognitiven* thematisieren. In jeder von ihnen stellen sich die Prozeduren, Faktoren und Funktionen der historischen Erinnerung anders dar, und damit gewinnt der Phänomenbestand der Geschichtskultur an Kontur. Und erst recht gewinnt er Kontur, wenn das Wechselverhältnis zwischen diesen drei Dimensionen in ihrer Unterschiedlichkeit betrachtet wird.

In der *ästhetischen* Dimension der Geschichtskultur erscheinen historische Erinnerungen zunächst einmal in der Form künstlerischer Gestaltungen, wie beispielsweise historische Romane und Dramen.[10] Es scheint, als seien solche Gestaltungen nicht eigentlich historisch, die ästhetische Dimension also grundsätzlich geschichtsfern. Der historische Charakter solcher Kunstwerke, ihr Rekurs auf eine Vergangenheit, die auch in der Historiographie thematisiert wird oder werden könnte, steht in einem Spannungsverhältnis zu ihrem Kunstcharakter, zu ihrer spezifisch ästhetischen Dignität. Die in ihr kulminierende Sinnbildung scheint von einer echten historischen Erinnerung genauso weit entfernt zu sein, wie sich die literarische oder bildhafte (oder auch musikalische) Fiktion von der Erfahrung entfernen, sie mit den Kräften der Imagination überspielt und in ihrer Schwere als Bedingungsfaktor von Lebenspraxis außerkraft setzen muß, um das Sinnpotential künstlerischer Fiktionalität ausschöpfen zu können.

Niemand wird bestreiten, daß solche künstlerischen Gestaltungen kulturelle Produktionen sind, in denen Geschichte thematisiert wird. Richtet man den Blick aber überwiegend auf Werke der Kunst, dann droht aber gerade dasjenige unsichtbar zu werden, was in den Tätigkeiten des Geschichtsbewußtseins, in den Hervorbringungen der historischen Erinnerung, spezifisch ästhetisch ist. 'Geschichtskultur' soll als Kategorie gerade nicht das Historische im Ästhetischen, sondern das Ästhetische im Historischen zum Vorschein bringen und als etwas für die spezifische Erinnerungsarbeit des Geschichtsbewußtsein Wesentliches erkennbar machen. Überdies spielen die genuin historischen Bezüge in den Kunstwerken für die Rezeption und Deutung ihrer ästhetischen Qualität in der Regel eine untergeordnete Rolle, und würde man die Dichter, die sich auf historische Sachverhalte einlassen, als Historiker behandeln und bewerten, dann schnitten sie oft (nicht immer) nicht gerade gut ab, und das, was ihre Werke bedeutend macht, würde allzuleicht aus dem Blick geraten.

Nein, die ästhetische Dimension der Geschichtskultur muß dort wahrgenommen und ausgelegt werden, wo es um genuin historische Erinnerungen geht, also z. B. in den Werken der Historiker selber. Daß sie dort wahrgenommen werden kann, liegt auf der Hand, – handelt es sich doch allemal um Produkte sprachlicher Sinnbildungsprozeduren, um Ergebnisse von Gestaltungsprozessen, und sosehr die Fachhistoriker in diesen Gestaltungsprozessen lediglich Vorgänge der Kognition auszumachen vorziehen, sowenig beschränkt sich die Lektüre dieser Texte auf bloß kognitive Operationen. Ein unbefangener Blick auf den Textcharakter und die spezifisch literarische Form von Historiographie macht ihre ästhetische Qualität offensichtlich. Sie drückt nicht nur Erkenntnisse aus, und sie kündet auch nicht nur vom Machtstreben historischer Erinnerungen, sondern wendet sich in eigenen Formen der sprachlichen Gestaltung, z. B. in besonderen Modi der Symbolisierung, an die Leserinnen und Leser, und ohne diese Formen läßt sich die Wirkung der historischen Erinnerung in der kulturellen Orientierung der Lebenspraxis gar nicht denken, auf die hin letztlich alle Geschichtsschreibung entworfen wird und gerichtet ist.

Was entscheidet über diese Wirkung? Was macht historische Erinnnerung eingängig, was verleiht ihr die Lebendigkeit, mit der sie die Abständigkeit und Unwirklichkeit der Vergangenheit in die überwältigende Wirklichkeit der Gegenwart hinein vermittelt? Diese Frage ist ohne einen Hinweis auf die ästhetische Qualität historischer Präsentationen der Vergangenheit nicht beantwortbar. Ohne den hier vorherrschenden Gesichtspunkt formaler Stimmigkeit — traditionell wird er 'Schönheit' genannt — könnten historische Werke ihre orientierende Kraft auf der Ebene der sinnlichen Wahrnehmung nicht entfalten; die Gedankenblässe der Erkenntnis hätte kein Feuer der Einbildungskraft, mit der die historische Erinnerung als Gesichtspunkt handlungsleitender Zwecksetzungen wirksam wird. Das Gleiche gilt für die Umsetzung historisch formulierter politischer Absichten: Auch sie müssen sich mit der Gestaltungs- und Wirkungskraft der sinnlichen Anschauung verschwistern, um ihre praktische Funktion erfüllen zu können.

Die Kriterien, Prozeduren und Kräfte einer spezifisch ästhetischen Gestaltung der historischen Erinnerung haben nun freilich keine bloße Verstärkerfunktion gegenüber kognitiven Einsichten und politischen Absichten. Entscheidend für die ästhetische Dimension der Geschichtskultur ist es vielmehr, daß ihnen eine (relative) Eigenständigkeit in der Sinnbildung des Geschichtsbewußtseins selber zukommt. Es gibt eine genuin und spezifisch ästhetische Erinnerungsleistung des Geschichtsbewußtseins, die ihren eigenen Regulativen folgt und nicht unter die kognitive und politische Ausprägung der historischen Erinnerung subsummierbar ist, also auch nicht als bloßes Mittel zu deren Zweck verstanden werden kann. Dafür mag beispielhaft die Metaphorik der historischen Sprache stehen, oder auch Bilder des Historischen im Bereich der visuellen Kommunikation, wie sie in der Form von Denkmälern oder anderen Erinnerungszeichen im Bereich der sinnlichen Wahrnehmung die ganze Skala der kulturellen Manifestation der historischen Erinnerung durchzieht, vom Bereich des Alltäglichen und Privaten bis zu dem des Öffentlichen und Elaboriert-Artifiziellen.

Die Frage, worin genau die spezifisch historische Sinnbildungskraft des Ästhetischen besteht, ist bislang nur wenig diskutiert worden. Das lag nicht zuletzt daran, daß in der traditionellen Ästhetik und in den Fachdisziplinen, die sich mit Kunst und Geschichte beschäftigt haben, das Ästhetische und das

Historische zumeist als Gegensätze angesehen wurden.[11] Erst in jüngerer Zeit hat ein post-moderner geschichtstheoretischer Blick auf die Historiographie zu einer umfassenden Explikation der Poetik des Historischen geführt.[12] Sie konzentrierte sich auf die sprachlichen Sinnbildungsleistungen, die Zeitverläufe als Sinneinheiten erscheinen lassen. Hayden White hat diese spezifisch ästhetische Sinnbildung als Tropologie des Erzählens ausgelegt.[13] Tropen sind diejenigen sprachlichen Figuren, mit deren Hilfe Zeitverläufe in die Form von Geschichten gebracht werden und dort als Sinnzusammenhänge erscheinen können, also zugleich wahrgenommen und gedeutet werden. Es ist allerdings fraglich, ob sich die Spezifik des Historischen hinreichend tropologisch bestimmen läßt. Unbestreitbar aber ist, daß die ästhetische Sinnbildung des Geschichtsbewußtseins eine Leistung der Imagination darstellt, in der die Erfahrungsinhalte der Erinnerung mit historischem Sinn aufgeladen werden, d. h. zu Trägern eines Zeitverlaufs werden, der als 'Geschichte' den Zeitverlauf der gegenwärtigen Lebenspraxis deutbar macht.

Ich halte es für ausgesprochen irreführend, bei dieser imaginativen Transformation von 'Geschäften' der Vergangenheit in 'Geschichte' für die Gegenwart von Fiktionen zu sprechen. Denn das gibt der Erinnerungsleistung des Geschichtsbewußtseins gerade dort, wo sie mit den Lebenskräften der sinnlichen Anschauung operiert, den falschen Anschein der Irrealisierung. Die Einbildungskraft des Geschichtsbewußtseins führt gerade nicht von der historischen Erfahrung ab, sondern deutend in sie hinein. Sie ist — in Rankes Worten — „das Vermögen der Wiederhervorbringung" und hat das in der Vergangenheit „erschienene Leben wieder zu reproduzieren."[14] D.h. sie ist es, die die Vergangenheit in der historischen Erinnerung wieder lebendig macht. 'Lebendig' heißt: wirksam in den kulturellen Orientierungen der aktuellen Lebenspraxis. Die historische Imagination entwirklicht die Vergangenheit nicht zu einem luftigen Sinngebilde ohne Erfahrungsgehalt, ohne den Kern des Tatsächlichen, zur bloßen Fiktion eines 'eigentlich Gewesenen', sondern sie verwirklicht sie geradezu mit den Bewußtseinskräften, die Vergangen-Abwesendes mit der Eindrücklichkeit eines leibhaft Gegenwärtigen versieht. Es ist zwar richtig, daß die historische Imagination die pure Tatsächlichkeit von Vergangenem überschreiten muß, um es deutend zu einem historischen Sinngebilde zu erheben. Aber damit verliert es seine Tatsächlichkeit nicht, sondern gewinnt sie geradezu erst, nämlich als spezifisch historische. Die Tatsächlichkeit der Vergangenheit ist in gewisser Weise tot und unwirklich, nämlich sinn- und bedeutungslos. Die Imaginationskraft der historischen Erinnerung lädt diese tote Tatsächlichkeit mit dem Leben von Sinn und Bedeutung auf und macht sie dadurch allererst (jetzt: historisch-tatsächlich) im Sinne von wirklich und wirksam im Erfahrungsgehalt und in der Deutungskraft kultureller Orientierungen der menschlichen Lebenspraxis.

Ich will damit nicht sagen, daß die Vergangenheit 'an sich' bloß tatsächlich und sinnlos ist und ihr nur in einem kreativen Schöpfungsakt des Bewußtseins

Sinn verliehen würde, so daß Geschichte bloß ein subjektives Sinnkonstrukt wäre. Sie trägt als Tradition schon Sinn in sich, und auch die über diesen Sinn hinausgehenden Bedeutungsverleihungen des Geschichtsbewußtseins können von ihr induziert sein, insofern sie ja vor aller Bewußtheit und erinnernd-deutenden Zuwendung zu ihr in gegenwärtige Lebensverhältnisse eingegangen und in ihnen 'aufgehoben' und als nichtvergangene Vergangenheit Bedingungsfaktor historischer Sinnbildung sein kann.

Erst dann, wenn die ästhetische Wirkung der Einbildungskraft zu einer historischen Erinnerung führt, die ihren Bezug zur Erfahrung verloren hat oder die gar über alle historische Erfahrung hinaus ist, erst dann ließe sich mit Fug und Recht von Fiktion und Fiktionalisierung sprechen. Aber genau dann handelt es sich auch nicht mehr um eine spezifisch historische Erinnerung. Ein Darstellungsverfahren, in dem der konstitutive Erfahrungsbezug der Erinnerung imaginativ ins Imaginäre systematisch überschritten wird, in dem also Vorkommnisse der Vergangenheit mit einer imaginativ geborgten Tatsächlichkeit künstlich ausgestattet werden, gilt uns zwar als ästhetisch, aber nur noch in einem sehr eingeschränkten, ja uneigentlichen Sinne als historisch. Historisch ist die Imaginationskraft des Ästhetischen dann und nur solange, als sie sich an der Erfahrung der Vergangenheit abarbeitet oder besser: sie in sich aufarbeitet, nicht aber dann, wenn sie sie in die Schöpfung 'reiner' und d. h. erfahrungsüberhobener Kunstprodukte hinein überschreitet.

Die genuin *politische* Dimension der Geschichtskultur ist darin begründet, daß jede Form von Herrschaft einer Zustimmung durch die Betroffenen bedarf, in der ihre historische Erinnerung eine wichtige Rolle spielt. Es ist kein Zufall, daß sich politische Herrschaft in geschichtsträchtigen Symbolen präsentiert. Augenfällig dafür sind etwa nationale Gedenktage, die zumeist an den Ursprung des politischen Gemeinwesens in der Form erinnern sollen, daß es sich in einer ursprünglich gestifteten normativen Verbindlichkeit als auf Dauer gestellt erweist. Die historische Erinnerung hat eine genuine politische Legitimationsfunktion. Sie erfüllt sich zumeist in der Form einer bewußten Traditionsbildung und -pflege, auf die auch moderne Staaten grundsätzlich nicht verzichten können, so sehr sie auch ihre Legitimität juristisch als Legalität verstehen mögen.

Legitimität ist strukturelle Zustimmungsfähigkeit von Herrschaft. Die historische Erinnerung ist ein wesentliches Medium dieser Zustimmung. Sie verankert politische Herrschaft mental, indem sie sie in den Sinngebilden des Geschichtsbewußtseins ausprägt, die der kulturellen Orientierung der Lebenspraxis dienen. Diese Ausprägung erstreckt sich bis in die Tiefen der historischen Identität. Identitätsbildung vollzieht sich grundsätzlich im Medium von Macht und Herrschaft, und zwar sowohl innerhalb der einzelnen Subjekte, wie aber auch zwischen ihnen. Im innerpersonalen Aufbau von Identität müssen Verpflichtungen, Selbstsein und Triebstrukturen (in der Begrifflichkeit Freuds: Überich, Ich und Es) in ein Verhältnis gebracht werden, das Lebensführung durch sinnbestimmtes Handeln ermöglicht. Das gleiche gilt für das interpersonale Verhältnis zwischen Selbst- und Fremdzuschreibung sozialer Positionen, zwischen den Geltungsansprüchen eines Subjekts und den Erwartungen, mit denen es die anderen konfrontieren. Auch diese lebensnotwendige Balance stellt ein Herrschaftsverhältnis dar.

Politische Herrschaft ist also als organisiertes Machtverhältnis im Leben einer Gesellschaft subjektiv verwurzelt und abgesichert. Und in dem Maße, in dem diese doppelte Balance innerer Instanzen der Identitätsbildung und ihrer subjektiven Innen- und sozialen Außenseite den zeitlichen Wandel des jeweiligen Subjektes und seiner Welt betrifft, den das Geschichtsbewußtsein sinnbildend verarbeitet, ist dessen Tätigkeit kultureller Vollzug politischer Herrschaft. Dieser Vollzug wird vom Prinzip der Macht geregelt. Man könnte auch vom historischen Sinnbildungsprinzip einer funktionalen oder pragmatischen Kohärenz sprechen. Gemeint ist, daß die durch die historische Erinnerung geleistete kulturelle Orientierung von Lebenspraxis den politischen Absichten und Interessen entsprechen muß, die das Leben eines Subjektes bestimmen, um wirksam sein zu können. Die historische Erinnerung richtet die Zeitperspektive, in der die Vergangenheit als sinn- und bedeutungsvolle Geschichte für die Gegenwart erscheint, immer (auch) nach einem politischen Koordinatensystem aus, das den machtgetriebenen Willensrichtungen entspricht, in denen die sich jeweils erinnernden Subjekte ihr Leben praktisch organisieren.

Damit ist natürlich nicht gemeint, daß das Geschichtsbewußtsein blind den Direktiven des Willens zur Macht folgt, die das politische Herrschaftssystem, in dem es tätig ist, vorgibt. Gerade weil dieses Herrschaftssystem sein mentales Widerlager in den historischen Erinnerungen der Betroffenen braucht, muß es bei ihnen eine Zustimmung mobilisieren, die sich nicht einfach erzwingen läßt. Daher steckt in jeder legitimatorischen Leistung der historischen Erinnerung auch ein Stück Herrschaftskritik, gleichsam eine strukturelle Chance politischer Widerborstigkeit, mit der sich die Beherrschten mit den Zumutungen des politischen Systems ins Benehmen setzen. (Sehr oft tritt diese Kritik indirekt in ästhetischer Form auf.) Äußere Herrschaftsansprüche verlängern sich durch die Erinnerungsleistungen des Geschichtsbewußtseins in die Mentalität der Beherrschten hinein, aber dabei muß die Erinnerung in einem gewissen Ausmaß den Willensimpulsen der Betroffenen entsprechen, mit denen sie die Vergangenheit als ihre eigene vergegenwärtigen.

Die *kognitive* Dimension der Geschichtskultur wird in modernen Gesellschaften vornehmlich durch die historischen Wissenschaften realisiert. Sie stehen mit ihrer methodischen Regulierung der Wahrnehmungs-, Deutungs- und Orientierungsleistung des Geschichtsbewußtseins für das Prinzip ein, das seine kognitiven Operationen reguliert: Es handelt sich um das Prinzip einer inhaltlichen Kohärenz, das die Verläßlichkeit der historischen Erfahrung und die Reichweite der Normen betrifft, die zu ihrer Deutung verwendet werden.

Da die kognitiven Mechanismen der Erinnerungsarbeit des Geschichtsbewußtseins in der einschlägigen Literatur über Grundlagen der Geschichtswissenschaft und die Geltungsansprüche der von ihr forschend produzierten historischen Erkenntnisse eingehend diskutiert worden sind, mag der Hinweis darauf genügen, daß das historische Wissen, mit dem das Geschichtsbewußtsein in der Erfüllung seiner kulturellen Funktionen operiert, seinen eigenen, spezifisch kognitiven Status hat und daß dieser Status durch methodische Operationen der Geltungssicherung geprägt ist.[15]

4. Komplexe Beziehungen

Die Unterscheidung von ästhetischer, politischer und kognitiver Dimension der Geschichtskultur folgt einer landläufigen Grobeinteilung, die zumindest dem Erfahrungshorizont moderner Gesellschaften entsprechen dürfte. Wie weit ihre analytische Brauchbarkeit geht, kann letztlich nur der Ertrag empirischer Untersuchungen zeigen. Für solche Untersuchungen hat sie freilich eine heuristische Funktion, entscheidet also in gewisser Weise schon vorab mit über deren Ergebnisse. Insofern erscheinen weitere Überlegungen theoretischer Art angebracht, die das Verhältnis der drei Dimensionen zueinander betreffen. Je klarer dieses ihr Verhältnis theoretisch expliziert wird, desto deutlicher werden die Phänomene.

Die Unterscheidung zwischen Kunst, Politik und Wissenschaft als drei Bereiche der Geschichtskultur entspricht nicht nur augenfälligen Unterschieden in der inneren Logik und der praktischen Funktion der historischen Erinnerung, wie sie in modernen Gesellschaften faktisch auftritt; ihre Heuristik ist nicht nur durch eine Zeitgenossenschaft der Modernität geprägt. Sie hat auch eine anthropologische Basis, läßt sie sich doch zwanglos auf die drei Grundmodi menschlicher Mentalität gründen, auf Gefühl, Wille und Verstand. Mit dieser anthropologischen Fundierung der drei Dimensionen läßt sich die These begründen, daß sie alle drei gleich ursprünglich sind und nicht aufeinander reduziert werden können. Sie bilden gedanklich ein Koordinatensystem, mit dem der durch die Kategorie der Geschichtskultur umschriebene Bereich mentaler Aktivität erschlossen werden kann.

Die Gleichursprünglichkeit der drei Dimensionen und ihrer Prinzipien (Schönheit, Macht und Wahrheit) setzt sie jeweils in ihr eigenes Recht. Das heißt aber nicht, daß sie nebeneinander, gar in einem bloßen Außenverhältnis zueinander realisiert, gedacht (oder forschend erfragt) werden könnten. Im Gegenteil: Die These ihrer Gleichursprünglichkeit muß um die These eines inneren notwendigen Zusammenhangs ergänzt werden. So wie Gefühl, Wille und Verstand innerlich zusammenhängen und eben durch diesen Zusammenhang so etwas wie Subjektivität oder Mentalität oder auch Intentionalität oder Sinnbestimmtheit von Handeln ausmachen, so durchdringen sich die drei

Dimensionen der Geschichtskultur gegenseitig, und nur in dieser Durchdringung vollbringt das Geschichtsbewußtsein die ihm eigene kulturelle Leistung der historischen Erinnerung. Es gibt eben keine historische Erinnerung, die nicht durch alle drei Prinzipien geprägt wäre. Sie lassen sich am jeweiligen Phänomen im einzelnen aufweisen und dabei wird zugleich ihr innerer Zusammenhang deutlich. So läßt sich beispielsweise kein historiographischer Text aus dem Bereich der Geschichtswissenschaft denken, der nicht neben den eigentümlichen Charakteristika der methodischen Geltungssicherung historischen Wissens ästhetische Formprinzipien und politische Einflüsse und Absichten aufwiese. Das mag nicht immer unmittelbar und direkt der Fall sein, aber allemal vermittelt, und zwar so, daß der Text seinen Sinn, sprich: seine Verständlichkeit, einbüßte, wenn man in Form eines Gedankenexperimentes die ästhetischen oder politischen Gestaltungsfaktoren wegdächte. Ebensowenig gibt es reine politische oder ästhetische Manifestationen der historischen Erinnerung.

Damit stellt sich zwingend die Frage, wie denn die drei Dimensionen und ihre jeweils herrschenden Prinzipien sich aufeinander beziehen. Ich möchte diese Frage nicht mit dem Anspruch auf anthropologische Grundsätzlichkeit beantworten, sondern im Blick auf die Geschichtskultur moderner Gesellschaften einige Befunde explizieren, von denen allererst zu prüfen wäre, ob und inwieweit ihnen eine grundsätzliche Bedeutung zukommt. Ich meine einmal den Befund, daß es im Verhältnis der drei verschiedenen Modi historischer Sinnbildung eine durchgehende Tendenz der wechselseitigen Instrumentalisierung zu geben scheint, die zu Verwerfungen in der Geschichtskultur, zu problematischen Ausprägungen der historischen Erinnerung führen. Und ergänzend dazu steht der Befund, daß solche Verwerfungen nur dann vermieden werden können, wenn die historische Erinnerungsarbeit des Geschichtsbewußtseins unter der Prämisse einer relativen Autonomie und einer wechselseitigen Kritik und Begrenzung dieser drei Modi vorgenommen wird.

Die Instrumentalisierungstendenz besteht darin, daß jeweils ein Modus der historischen Sinnbildung den Ausschlag geben soll für die Erarbeitung des kulturellen Konstruktes 'Geschichte' und die beiden andern lediglich eine untergeordnete Funktion wahrnehmen sollen. So führt das Dominantwerden der ästhetischen Dimension zu einer Ästhetisierung der historischen Erinnerung, die Dominanz der politischen Dimension zu einer Politisierung und die Vorherrschaft der kognitiven Sinnbildungsstrategien zu einer Ideologisierung der Geschichtskultur. Alle drei Tendenzen stellen Vereinseitigungen dar, die auf Kosten der jeweils in Abhängigkeit gesetzten Sinnpotentiale geht. So führt eine Ästhetisierung der historischen Erinnerung zumeist zu Defiziten der politischen Orientierung und zur Schwächung der argumentativen Kraft des methodischen Verstandesgebrauchs im Umgang mit der historischen Erfahrung.

Eine Ästhetisierung tritt in der modernen Geschichtskultur zumeist dann ein, wenn veränderte Konstellationen der aktuellen Zeiterfahrung bislang kulturell dominante Zeitverlaufsvorstellungen aufsprengen und die Vergangenheit angesichts dieses zerbrochenen Zeitzusammenhangs mit der Gegenwart und ihrer Zukunftserwartung nichtsdestoweniger Sinn- und Bedeutungsqualität behalten soll. Ein prominentes Beispiel einer solchen Ästhetisierung stellt die Geschichtsschreibung und Geschichtsauffassung Jacob Burckhardts dar.[16] Mit ihr begegnete er einer Orientierungskrise im Modernisierungsprozeß, in der die klassischen Deutungsmuster des Historismus obsolet zu werden drohten. In ästhetischem Gewande rettete er die identitätsbildende Kraft der Traditionen Alteuropas im Zeitbruch eines Modernisierungsschubes, in dem die zeitüberdauernde Geltung des europäischen Wertesystems problematisch wurde. In ästhetischer Form ließ sich die Kultur historisch retten, die Burckhardt politisch für unrettbar verloren hielt. Damit verschärfte er freilich durch die historische Erinerung die politische Orientierungskrise, die mit ihr überwunden werden sollte, und das hatte für die kognitive Seite seines Angebotes an historischer Orientierung die prekäre Folge einer Enthistorisierung und Remythisierung des historischen Denkens. Vergleichbare Defizite der politisch-funktionalen Kohärenz und des kognitiven Wahrheitsanspruchs zeichnet auch die jüngste Wendung der Geschichtstheorie in die Postmoderne aus: Genau in dem Maße, in dem hier neue Einsichten in die ästhetische Tiefenstruktur der Sinnbildungsarbeit des Geschichtsbewußtseins gewonnen werden, verlieren die traditionellen Standards fachlicher Rationalität an Geltungskraft und gewinnt die historische Artikulation des Willens zur Macht ästhetische Faszination.

Daß eine Dominanz des Willens zur Macht in der kulturellen Orientierung der menschlichen Lebenspraxis durch die historische Erinnerung auf Kosten von Wahrheitsansprüchen geht und dabei die formale Kohärenz der historischen Gestaltung zum bloßen Mittel der Propaganda pervertiert, ist sowohl aus dem alltäglichen wie aber auch aus dem mit großem Aufwand getriebenen öffentlichen Gebrauch der historischen Erinnerung zu politischen Zwecken nur allzu bekannt.[17] Wie sehr dabei Wahrheitsansprüche auf der Strecke bleiben, braucht nicht betont zu werden, und daß dabei zugleich die historischen Darstellungsformen genau die ästhetische Ambivalenz verlieren, mit der in der Geschichtskultur politische Zwänge zugunsten von Freiheitschancen der historischen Erinnerung aufgebrochen werden, ist ebenfalls bekannt. Politische Herrschaftsansprüche werden von kognitiven Wahrheitsgesichtspunkten abgekoppelt, und damit verliert die Legitimität von Herrschaft, um die es gerade doch geht, genau die Überzeugunskraft, mit der in modernen Gesellschaften politische Herrschaft an die Einsicht der Beherrschten gebunden wird. Durch einseitige Politisierung wird die Geschichtskultur den Regulativen eines blinden Willens zur Macht ausgeliefert. Die Wertgesichtspunkte der historischen Erinnerung gewinnen eine dezisionistische Willkür, und die kognitive Leistung der Wissenschaft wird auf die Lieferung politisch erwünschter Tatsachen reduziert.

Auch dann, wenn die kognitiven Strategien der historischen Sinnbildung sich auf Kosten der politischen und ästhetischen zu den einzig ausschlaggebenden monopolisieren, tritt eine Verzerrung in der Geschichtskultur ein: Politische Herrschaftsansprüche werden kognitiv so aufgeladen, daß der Wahrheitsanspruch der Wissenschaft zum Dogmatismus einer Ideologie pervertiert, und das freie Argumentieren als Lebensluft des wissenschaftlichen Erkenntnisfortschritts zunehmend erstickt. Der Marxismus-Leninismus ist ein besonders eindrückliches Beispiel für die Beziehungsfalle, in die der Wahrheitsanspruch der Wissenschaft gerät, wenn mit ihm politische Herrschaftsansprüche direkt verbunden werden, wenn ihnen zur Steigerung ihrer Überzeugungskraft gleichsam die Krone der Wissenschaft aufgesetzt werden soll. Mit dieser Überdehnung ihres Wahrheitsanspruchs zerstört sich die Wissenschaft genau in den Funktionen der historischen Orientierung, in denen sie als Faktor von Legitimationskritik eine politische Rolle spielen kann.

Daß es auch eine problematische Überdehnung der kognitiven Dimension der Geschichtskultur in ihrem Verhältnis zur ästhetischen gibt, ist erst wenig untersucht und diskutiert worden. Das liegt einmal daran, daß die Ästhetik des Historischen auch dann praktisch inkraft geblieben war, als sie theoretisch im Selbstverständnis der verwissenschaftlichten Historie verschwunden war. Allerdings gehört eine die Imaginationskraft der historischen Erinnerung ausschöpfende Lebendigkeit der historischen Darstellung nicht gerade zur Selbstverständlichkeit wissenschaftsspezifischer Geschichtsschreibung. Eher indirekt lassen sich die problematischen Folgen einer systematischen Begrenzung ästhetischer Sinnbildung in der historischen Erinnerung an den Ausprägungen dieser Erinnerung studieren, in denen die formale Kohärenz des Ästhetischen gegen seine Rolle als Dienerin der Wahrheit zurückschlägt: dann also, wenn mit überwiegend ästhetischen Mitteln historischer Sinn produziert wird. Dann werden Erfahrungsqualitäten und Sinnpotentiale der historischen Erinnerung freigesetzt, die im dominierenden Zugriff wissenschaftsorientierter Historiographie verkümmern. Ein besonders provozierendes Beispiel dafür ist der Hitler-Film von Hans-Jürgen Syberberg.[18] Er steht allerdings zugleich auch für die hohen (ich finde: zu hohen) Kosten an politischer Orientierung und wissenschaftlicher Einsicht, die eine radikale Ästhetisierung der historischen Erinnerung erfordert.[19] Er macht allerdings auch deutlich, daß es genuin ästhetische Mittel historischer Sinnbildung gibt, die dann eine problematische Kraft in der Geschichtskultur entfalten, wenn Wissenschaft und Politik der Kunst ihr Eigenrecht in der historischen Erinnerung durch Instrumentalisierung zur zweckmäßigen Form streitig machen.

'Geschichtskultur' hat als Kategorie einen Doppelsinn: Sie erschließt theoretisch einen Erfahrungsbereich und legt zugleich normative Gesichtspunkte der Praxis in diesem Bereich fest. Ohne diese normative Komponente läßt sich die Konjunktur des Wortes in der öffentlichen Diskussion über Formen, Inhalte und Funktionen der historischen Erinnerung nicht erklären. Dieser Doppelsinn ist nicht ungefährlich, denn man kann ihn in einer problematischen Rhetorik zur Verschleierung normativer Gesichtspunkte durch eine empirische Argumentation verwenden und umgekehrt empirische Analysen unversehens mit normativen Ansprüchen aufladen. Andererseits aber läßt sich nicht übersehen, daß die theoretische Analyse der drei Dimensionen der Geschichtskultur und ihres Verhältnisses zueinander zu Einsichten führen kann, deren praktische Bedeutung offensichtlich ist. So läßt sich aus den vorhergehenden Überlegungen zu den Tendenzen wechselseitiger Instrumentalisierung und Unterwerfung der drei Dimensionen und ihrer je eigentümlichen Regulative der praktisch bedeutungsvolle Schluß ziehen, daß diejenige historische Erinnerung ihre kulturelle Orientierungsfunktion am besten erfüllen kann, die ihre drei Dimensionen in relativer Autonomie beläßt und sie zugleich wechselseitig kritisch aufeinander bezieht. Politische Handlungszwänge, die der Willen zur Macht in die Erinnerungsarbeit des Geschichtsbewußtseins einbringt, können ästhetisch durch das freie Spiel der historischen Imagination und kognitiv durch die Mobilisierung legitimationskritischer Erfahrungsbestände aufgebrochen werden. Politische Gesichtspunkte können Wissensbestände nach Relevanzgesichtspunkten ordnen und damit auch eine fachimmanente Beliebigkeit der forschenden Wissensproduktion kritisieren. Methodische Argumentationen können die historische Einbildungskraft in die Grenzen ihres Erfahrungsbezuges verweisen, die sie in ungehemmter ästhetischer Autonomie nur allzu leicht überspringt.Freilich läßt sich aus der Theorie der Geschichtskultur kein Regelsystem ableiten, dem die Praxis der kulturellen Erinnerungsarbeit einfach nur zu folgen hätte. Wohl aber läßt sie Realisierungschancen dieser Praxis erkennen, und sie gibt auch Kriterien zur Beurteilung dieser Praxis an die Hand.

5. Sinnprobleme

Die bisherigen Überlegungen zur Unterscheidung der drei Dimensionen und zu ihrem Verhältnis zueinander haben eine Frage in den Hintergrund treten lassen, die eigentlich die wichtigste Frage der Geschichtskultur ist, nämlich diejenige nach dem sinnverbürgenden Prinzip der historischen Erinnerung. Wenn es so ist, daß in keiner der drei Dimensionen allein der für die Erinnerungsarbeit des Geschichtsbewußtseins maßgebliche historische Sinn als Orientierungsgröße der Lebenspraxis erbracht werden kann, sondern wenn nur in einem komplexen Verhältnis gleich-ursprünglicher Berechtigung und demzufolge auch (relativer) Autonomie der drei Dimensionen und im Verhältnis wechselseitiger Anerkennung dieser Autonomie und gleichzeitiger Begrenzung und Kritik historischer Sinn erzeugt werden kann, — was steht dann im Gesamtzusammenhang der drei Dimensionen für diesen Sinn ein? Im Rahmen einer Skizze, die die Aufgaben einer Theorie der Geschichtskultur entwerfen soll, darf diese Frage natürlich nicht fehlen, wenn ihr auch nicht in der Ausführlichkeit nachgegangen werden kann, die zu ihrer Beantwortung erforderlich wäre.

Die bisherigen Überlegungen müßten deutlich gemacht haben, daß sich die Sinnfrage unvermeidlich stellte, zugleich aber auch, daß es auf sie keine bündige Antwort gibt. Solange die Religion im Leben einer Gesellschaft eine allgemein akzeptierte Sinnquelle darstellte, war die Instanz unstrittig, auf die bezogen die Integration der drei Dimensionen der Geschichtskultur möglich war und historischer Sinn gesamtgesellschaftlich wirkungsvoll produziert werden konnte. Im Zuge der Modernisierung hat sich diese Integration aufgelöst. Das soll nicht heißen, daß die Religion als Sinnquelle versiegt wäre oder überflüssig geworden wäre, sondern nur, daß mit ihr der Differenzierungsgewinn, der in der relativen Autonomie der drei Dimensionen besteht, nicht eingeholt werden kann. Es hat immer wieder Versuche gegeben, kulturelle Instanzen ins Spiel zu bringen, die die Fundierungs- und Integrationsleistung der Religion übernehmen sollten, aber alle diese Instanzen (z. B. die Geschichtsphilosphie) verfielen dem Verdikt einer einseitigen Hervorhebung der einen Dimension auf Kosten der anderen. Keine war der freigesetzten Dynamik gewachsen, die die relative Autonomie der drei Dimensionen freisetzt.

Das heißt nun freilich nicht, daß diese Dynamik notwendigerweise in dem Maße, in dem sie sich entfaltet, Sinnlosigkeit hervorbringt, also die Kultur der historischen Erinnerung sich im fortschreitenden Modernisierungsprozeß zunehmend selber verzehrt. Wenn auch mit guten Gründen immer wieder auf wachsende Sinndefizite im Modernisierungsprozeß hingewiesen worden ist und diese Hinweise sich mit Fug und Recht auch auf wesentliche Bereiche und Erscheinungen der Geschichtskultur erstreckt haben, so sollte doch nicht übersehen werden, daß in jeder der drei Dimensionen Sinnkriterien entwickelt worden sind, die miteinander kompatibel, aufeinander beziehbar und miteinander vermittelbar sind. Dies ist im Bereich der Wissenschaft die formale Rationalität des methodischen Verfahrens, im Bereich der Politik ein System universeller Rechtsprinzipien politischer Legitimität (die Menschen- und Bürgerrechte) und im Bereich der Kunst das formale Prinzip der ästhetischen Autonomie. Diese Prinzipien lassen sich alle auf die Spezifik des Historischen, also auf die mentalen Operationen des Geschichtsbewußtseins hin spezifizieren. Ihnen ist ein formaler Universalismus gemeinsam.

Dieser Universalismus stellt einen nicht hintergehbaren Standard der Geschichtskultur dar. Man könnte an ihm im Blick auf die Sinnfülle traditioneller Religionen die Armut der Abstraktheit beklagen, und diese Klage ist auch ein Grundton der Kulturkritik, der den Prozeß der Modernisierung begleitet hat und jüngst in der Nuance der Postmoderne wieder vernehmlich angeklungen ist. Berechtigt ist diese Klage dann, wenn der formale Universalismus ästhetischer, politischer und kognitiver Sinnkriterien so auf die Inhalte der historischen Erinnerung durchschlägt, daß in ihr genau das zum Verschwinden gebracht wird, worumwillen sie kulturell vollzogen wird: nämlich die jeweilige Besonderheit zeitlicher Umstände und Entwicklungen, die der je besonderen Handlungslage und Identität der sich Erinnernden entspricht.

Der formale Universalismus moderner historischer Sinnbildung ist aber alles andere als eine Bedrohung dieser Besonderheit. Im Gegenteil: Er ist eine notwendige Bedingung dafür, daß sich die Fülle des Besonderen im Felde der historischen Erinnerung ungehemmt entfalten kann. Damit stellt er eine notwendige Bedingung historischen Sinns dar. Freilich keine hinreichende, denn die im formalen Universalismus methodischer Rationalität, rechtlicher Legitimität und ästhetischer Autonomie freigesetzte Fülle historischer Erinnerungen muß ja als solche in kohärente historische Sinngebilde hinein verarbeitet werden, die jeweils besonderen Handlungssituationen und Problemlagen der Identitätsbildung entsprechen. Was steht im Hinblick auf diese Konkretheit der kulturellen Orientierung für den historischen Sinn ein? Was muß zum Sinnkriterium eines formalen Universalismus als Kriterium kultureller Besonderheit hinzutreten?

Es sind zwei Gesichtspunkte historischer Sinnbildung, die hier ins Spiel gebracht werden müssen: Einmal derjenige einer notwendigen Partialität historischer Sinnbildung, also der systematische Verzicht, den formalen Universalismus in eine inhaltliche Totalität der historischen Erinnerung hinein zu konkretisieren. Zugleich bedeutet Partialität aber auch eine wechselseitige Relativierung der drei Dimensionen im Verhältnis zueinander und damit eine grundsätzliche Offenheit des Geschichtsbewußtseins, das so etwas wie einen Gesamtsinn zeitlicher Entwicklungen des Menschen und seiner Welt nur noch negativ, als unerreichbar, als regulative Idee, aber nicht als konkretes historisches Bild annehmen kann. Diese Negativität des Gesamtsinns ist es auch, mit der einzig der Zivilisationsbruch der historischen Schreckenserfahrungen des 20. Jh. im Gedächtnis behalten werden kann, ohne daß an der kulturellen Notwendigkeit historischer Sinnbildung Abstriche gemacht würden.

6. Ideen zur Entwicklung

Die skizzierte Problemlage, die die Frage nach den Prinzipien historischer Sinnbildung anspricht, ist ohne einige Überlegungen zur historischen Entwicklung der Geschichtskultur nicht ausreichend skizzierbar. Der bloße Hinweis auf die Religion als vormoderne Instanz zur Integration der drei Dimensionen und auf die Modernisierung als historischen Vorgang, in dem diese Integration zerfällt, reichen nicht. Das Sinnproblem ist in der heutigen Geschichtskultur deshalb so virulent geworden, weil es sich als Endphase eines Entwicklungsprozesses verstehen läßt, hinter den nicht zurückgegangen werden kann. Die Modernisierungskategorie greift zur Charakterisierung dieses Entwicklungsprozesses zu kurz. Stattdessen müßte zeitlich viel ausgreifender argumentiert werden. Läßt sich ein universalhistorischer Prozeß in der Entwicklung von Geschichtskultur namhaft machen, der nicht einfach das europäische Entwicklungsmodell generalisiert, sondern interkulturell appliziert werden kann, und zwar so, daß zugleich die weltumspannende Dimension des Modernisierungsprozesses aus der Enge eines europazentrischen Blickwinkels befreit wird? Diese Frage ist für eine Theorie der Geschichtskultur unverzichtbar, die zugleich anthropologisch grundsätzlich und gegenwartsdiagnostisch sein will. Denn man wird vom einen zum andern nicht ohne eine allgemeine Historisierung gelangen können.

Gibt es also so etwas wie eine universale Entwicklungsrichtung von Geschichtsbewußtsein? Ich möchte diese Frage bejahen und sie als Zunahme der Kontingenzverarbeitung und -anerkennung in der Orientierunsleistung des Geschichtsbewußtsein charakterisieren. Man könnte auch von einer allgemein zunehmenden Positivierung des Inhalts der historischen Erinnerung reden. Die ursprüngliche kulturelle Orientierung der menschlichen Lebenspraxis an Zeitverlaufsvorstellungen war relativ inhaltsarm. Kontingenzerfahrungen wurden in mythischer Sinnbildung weggearbeitet, die bewegte Zeit des Augenblicks in die ursprüngliche Zeit göttlicher Sinnstiftung überführt und beruhigt. In einem langandauernden und höchst wechselvollen Prozeß konnten dann kontingente Ereignisse, d. h. räumlich und zeitlich positive Vorkommnisse der Vergangenheit mit der Sinnqualität dieses Ursprungs aufgeladen werden. Wenn man so will: Die ruhige Urzeit erfüllte sich mehr und mehr mit der bewegten Zeit des Augenblicks. Der Positivierung des Inhaltes entspricht eine Verzeitlichung des Geschichtsbewußtseins. Und zugleich damit nehmen die spezifisch kognitiven Operationen der Erfahrungssicherung zu. Diese Tendenzen, die sich in allen Hochkulturen finden, münden dann von höchst unterschiedlichen Ausgangslagen her in den weltumspannenden Prozeß der Modersnisierung ein. In ihm dominiert eine lineare Zeitverlaufsvorstellung, und in ihm setzen sich die schon erwähnten Gesichtspunkte universeller Rationalität und Legitimität und ästhetischer Autonomie durch.

Gegenwärtig ist der damit erreichte Entwicklungsstand historischer Sinnbildung problematisch geworden. Zwar werden dauernd und sogar in wachsendem Maße historische Sinngebilde in allen zuständigen Dimensionen der Kultur produziert, und mit ihnen wird historischer Sinn vorausgesetzt und transportiert, aber dort, wo er als solcher reflektiert wird, steht seine Brüchigkeit im Vordergrund. Die neueste Wendung in der geschichtstheoretischen Analyse der Voraussetzungen und Bedingungen, der Prozeduren und Formen und der Funktionen historischer Sinnbildung ist dadurch gekennzeichnet, daß bislang ungefragt geltende Bedingungen für historischen Sinn fragwürdig werden. Die Einsicht in die sinnbildenden Aktivitäten des Geschichtsbewußtseins haben die Faktizität des Vergangenen als Sinnträger sinnlos gemacht. Als objektiver Vorgang stellen sich die zeitlichen Prozeduren der Vergangenheit, die als Erfahrungsinhalte in die historische Erinnerung eingehen, in den Worten Max Webers als „stets wechselnder endlicher Teil eines ungeheuren chaotischen Stromes von Geschehnissen, der sich durch die Zeit dahinwälzt",[20] dar. Von dieser sinnlosen Faktizität werden nun die sinnbildenden Elemente des Geschichtsbewußtseins als fiktionale abgehoben und damit genau der modernitätsträchtige Zusammenhang faktischer Vorkommnisse der Vergangenheit und sinn- und bedeutungsträchtiger Zusammenhänge zwischen Vergangenheit und Gegenwart aufgelöst. Die lineare Erstreckung dieses Zusammenhangs — kulturell als Fortschrittsvorstellung tief verwurzelt — erscheint als nicht mehr fortsetzungsfähig und damit als geradezu sinnwidrig.

Zugleich damit löst sich die Sinnträchtigkeit einer historischen Identitätsvorstellung auf, in der die Tiefe der menschlichen Subjektivität in den bewegenden Kräften der zeitlichen Vorgänge verankert wurde, die diesen linearen Zusammenhang von Vergangenheit, Gegenwart und Zukunft in Bewegung hielt. Mit der Geschichte als linear gerichteter zeitlicher Bewegung diffundiert auch das Subjekt, das diese Bewegung sich auf den mentalen Leib seiner Identität geschrieben hatte. Als Alternative für die diffundierende Zeitrichtung des Fortschritts wird eine Rehabilitation mythischer Zeitvorstellungen erörtert und mit ihr dem nicht in eine Entwicklungsvorstellung mediatisierbaren Augenblick eine neue historische Würde zugebilligt.

Beide Versuche haben die Attraktivität einer entschiedenen Überwindung der bisher vorherrschenden Sinnkriterien der historischen Erinnerung für sich. Sie indizieren unübersehbar eine neue Orientierungskrise der Modernisierung. Ob sie sie aber auch lösen können, steht dahin. Die Sinnfrage ist also neu gestellt, und zwar grundsätzlich. Eben dieser Grundsätzlichkeit entspricht die Kategorie der Geschichtskultur. Mit ihr und den in ihrem Rahmen vorgeschlagenen Differenzierungen von Dimensionen und Wechselbeziehungen zwischen ihnen läßt sie sich in der Komplexität diskutieren, in der sie sich heute stellt. -

Man wird diesen Überlegungen den Vorwurf nicht ersparen können, fernab von den konkreten Phänomenen und Problemen der Geschichtskultur heutzutage, aber auch von der Perspektive ihrer historischen Entwicklung angestellt worden zu sein. Realitätsferne rechtfertigt sich nur dadurch, daß Geschichtskultur als eine Kategorie vorgestellt und entwickelt werden sollte, mit der allererst das weite Terrain der historischen Erinnerungsarbeit abgesteckt und in allerersten Zugriffen begrifflich geordnet werden sollte. Die Fülle der Phänomene und ihre Konkretheit und zugleich damit auch die Aktualität geschichtskultureller Aktivitäten heute erschließen sich freilich in der ihnen eigenen Komplexität nicht durch den Verzicht auf eine theorieförmige Kategorisierung, sondern durch entschiedenes Weiterarbeiten in der Ausdifferenzierung einer Theorie der Geschichtskultur.

Anmerkungen

1 Eine scharfsinnige Analyse der beiden Reden gibt Katherina Oehler: Glanz und Elend der öffentlichen Erinnerung. Die Rhetorik des Historischen in Richard von Weizsäckers Rede zum 8. Mai und Philipp Jenningers Rede zum 9. November, in: Klaus Fröhlich, Heinrich Theodor Grütter, Jörn Rüsen (Hg.): Geschichtskultur (Jahrbuch für Geschichtsdidaktik, Bd.3), Pfaffenweiler 1992, S. 121 –137.
2 Typisch dafür ist Gerhard Schneider (Hg.): Geschichtsbewußtsein und historisch-politisches Lernen, Jahrbuch für Geschichtsdidaktik Bd.1, Pfaffenweiler 1988.
3 Vgl. Erich Neumann: Ursprungsgeschichte des Bewußtseins, Frankfurt a.M. 1986.
4 Karl-Ernst Jeismann: Didaktik der Geschichte: Das spezifische Bedingungsfeld des Geschichtsunterrichts, in: Günter C. Behrmann, Karl-Ernst Jeismann, Hans Süssmuth: Geschichte und Politik. Didaktische Grundlegung eines kooperativen Unterrichts, Paderborn 1978, S.50-108.
5 Karl-Ernst Jeismann: Geschichtsbewußtsein, in: Klaus Bergmann, Annette Kuhn, Jörn Rüsen, Gerhard Schneider (Hg.): Handbuch der Geschichtsdidaktik. Düsseldorf [3]1985, S. 40.
6 Johann Gustav Droysen: Historik, hg. von Peter Leyh, Bd.1, Stuttgart 1977, S. 69.
7 Auf diesen Terminus macht Gottfried Korff im Anschluß an Krysztof Pomian aufmerksam: Gottfried Korff, Martin Roth (Hg.): Das historische Museum. Labor, Schaubühne, Identitätsfabrik, Frankfurt a.M. 1990, S.20.
8 Vgl. dazu Jörn Rüsen u.a.: Untersuchungen zum Geschichtsbewußtsein von Abiturienten im Ruhrgebiet, in: Bodo von Borries, Hans-Jürgen Pandel, Jörn Rüsen (Hg.): Geschichtsbewußtsein empirisch, Pfaffenweiler 1991, S.230f.
9 Vorüberlegungen dazu finden sich in Jörn Rüsen: Für eine Didaktik historischer Museen, in: ders., Wolfgang Ernst, Heinrich Theodor Grütter (Hg.): Geschichte sehen. Beiträge zur Ästhetik historischer Museen. (Geschichtsdidaktik. Studien, Materialien, NF, Bd.1), Pfaffenweiler 1988, S.9-20; ferner ders.: Geschichtskultur als Forschungsproblem, in: Fröhlich, Grütter, Rüsen (Anm. 1), S. 39 – 51.
10 Vgl. dazu Hartmut Eggert, Ulrich Profitlich, Klaus R. Scherpe (Hg.): Geschichte als Literatur. Formen und Grenzen der Repräsentation von Vergangenheit, Stuttgart 1990. Zum Verhältnis von Geschichte und Literatur vgl. die beiden einleitenden Aufsätze von Gisela Brude-Firnau und Karin J. MacHardy, in: dies. (Hg.): Fact and Fiction. German History and Literature 1848-1924, Tübingen 1990.
11 Vgl. dazu Jörn Rüsen: Ästhetik und Geschichte. Geschichtstheoretische Untersuchungen zum Begründungszusammenhang von Kunst, Gesellschaft und Wissenschaft, Stuttgart 1976.
12 Vgl. Jörn Rüsen: Postmoderne Geschichtstheorie, in: Konrad Jarausch, Jörn Rüsen, Hans Schleier (Hg.): Geschichtswissenschaft vor 2000. Perspektiven der Geschichtstheorie, Historiographiegeschichte und Sozialgeschichte. Festschrift für Georg Iggers zum 65. Geburtstag (Beiträge zur Geschichtskultur, Bd.5), Hagen 1991, S. 27-48.
13 Hayden White: Tropics of Discourse. Essays in Cultural Criticism, Baltimore 1978.
14 Leopold von Ranke: Vorlesungseinleitungen, hg. von Volker Dotterweich und Walter Peter Fuchs (Aus Werk und Nachlaß, Bd.IV), München 1975; zur Ästhetik bei Ranke vgl. Jörn Rüsen: Rhetorics and Aesthetics of History: Leopold von Ranke, in: History and Theory 29 (1990), S. 190-204.
15 Vgl. Jörn Rüsen: Historische Vernunft. Grundzüge einer Historik I: Die Grundlagen der Geschichtswissenschaft, Göttingen 1983; ders.: Rekonstruktion der Vergangenheit. Grundzüge einer Historik II: Die Prinzipien der historischen Forschung, Göttingen 1986; ders.: Lebendige Geschichte. Grundzüge einer Historik III: Formen und Funktionen des historischen Wissens, Göttingen 1989; Gebhard Rusch: Erkenntnis, Wissenschaft, Geschichte. Von einem konstruktivistischen Standpunkt, Frankfurt a.M. 1987.
16 Vgl. dazu die brillanten Analysen von Friedrich Jaeger: Bürgerliche Modernisierungskrise und historische Sinnbildung. Kulturgeschichte bei Droysen, Burckhardt und Weber, Diss. Bielefeld 1992, erscheint demnächst in der Reihe "Bürgertum. Beiträge zur europäischen Geschichte".
17 Katherina Oehler: Geschichte in der politischen Rhetorik. Historische Argumentationsmuster im Parlament der Bundesrepublik Deutschland (Beiträge zur Geschichtskultur, Bd.1), Hagen 1989.
18 Hans-Jürgen Syberberg: Hitler - ein Film aus Deutschland, Reinbek 1978. Vgl. Anton Kaes: Deutschlandbilder. Die Wiederkehr der Geschichte als Film, München 1987.
19 Saul Friedländer: Kitsch und Tod. Der Widerschein des Nazismus, München 1984.
20 Max Weber: Die 'Objektivität' sozialwissenschaftlicher und sozialpolitischer Erkenntnis,in: ders.: Gesammelte Aufsätze zur Wissenschaftslehre. hg. von Johannes Winckelmann, Tübingen [3]1968, S.146-214, zit. S.214.

Klaus Füßmann

Historische Formungen.
Dimensionen der Geschichtsdarstellung

*„Wahr sind nur die Erinnerungen, die wir mit uns tragen,
die Träume, die wir spinnen und die Sehnsüchte, die uns treiben.
Damit wollen wir uns bescheiden."*

Dr. Hans Pfeiffer (Heinz Rühmann)[1]

Erinnerungen, Träume, Sehnsüchte gehören nicht nur zu den Grundbefindlichkeiten der menschlichen Existenz. Sie prägen auch den Umgang mit Geschichte in einer Gesellschaft. Das Erinnern als individual-biographische Rückbesinnung und als retrospektive Denkbewegung auf menschliche Vergangenheit wird gemeinhin zuallererst mit historischer Orientierung in Verbindung gebracht, während Träume und Sehnsüchte allzu leichtfertig in die Sphäre des Irrationalen und Fiktionalen abgeschoben werden. Dabei zählt die Frage nach Wirklichkeit und Möglichkeit in der Geschichte geschichtstheoretisch und geschichtsdidaktisch zu den fruchtbarsten Problemstellungen, und der Stellenwert von Mythen in der Geschichtskultur ist bekanntlich auch nicht zu unterschätzen.

Im folgenden möchte ich mich — ausgehend von einem geschichtskulturellen Fragehorizont — mit solchen Geschichtsdarstellungen befassen, die Anspruch auf Wahrheit und Gültigkeit in der historischen Orientierung und Kommunikation einer Gesellschaft erheben. Dies sind in aller Regel Geschichten, die sowohl bei der Produktion wie bei der Rezeption von den Objektivitätskriterien der empirischen (Sachgerechtigkeit) und normativen (Konsensorientierung) Triftigkeit bestimmt sind.[2] Da solche Geschichten immer auf Überlieferung, Zeugnissen und Belegen vergangener menschlicher Wirklichkeit gründen, und ich die traditionelle Unterscheidung von seriöser und trivialer oder nicht-fiktionaler und fiktionaler Historie für irreführend halte, möchte ich von dokumentarischen Geschichtsdarstellungen sprechen. In drei Schritten möchte ich einzelne Dimensionen von Geschichtsdarstellungen erhellen. Am Anfang stehen skizzenhafte Überlegungen zum Verhältnis von Geschichtswissenschaft, Geschichtsdarstellung und Geschichtskultur

(1.). Anschließend werden formale Merkmale dokumentarischer Geschichtsdarstellungen erörtert (2.). Am Ende möchte ich dann am Beispiel einer bildlichen Geschichtsdarstellung die bis dahin theoretisch gewonnenen Einsichten praktisch anwenden und plausibel machen (3.).

1. Geschichtswissenschaft, Geschichtsdarstellung und Geschichtskultur

Es zählt mittlerweile zu den geschichtstheoretischen Binsenweisheiten, daß „alle Geschichte zunächst in Erzählungen über Vergangenes, d. h. in Geschichten, präsent ist."[3] Und präsent sind diese Geschichten wiederum nur, wenn sie von Menschen produziert bzw. rezipiert werden, so daß diese Geschichten zumindest wahrgenommen werden müssen, im günstigsten Fall als wahr anerkannt werden. Deshalb hat Geschichte immer ebensoviel mit der Gegenwart, in der dargestellt wird, wie mit der Vergangenheit, die dargestellt werden soll, zu tun.

Man sollte angesichts solcher simplen, für die Konstituierung des Historischen jedoch maßgeblichen Gesichtspunkte meinen, der Darstellungsfaktor sei in der Geschichtswissenschaft Gegenstand intensiver theoretischer Reflexion und empirischer Forschung.

Das Gegenteil ist eigentlich immer noch der Fall. In der historischen Forschung gelten solche Fragen – zumal wenn sie den Bereich „Geschichte in der Öffentlichkeit" behandeln – nicht gerade als reputations- oder gar karrierefördernd. Und in der akademischen Lehre werden die angehenden Historikerinnen und Historiker im Zusammenhang mit geschichtlichen Sachverhalten zumeist intensiv mit Forschungsmethoden und -positionen traktiert, ohne daß überhaupt erörtert wird, wie die jungen Seminaristen zu einem bestimmten Thema aus etlichen Seiten weißen Papiers wissenschaftliche Geschichts-Schreibung machen sollen.

Dabei standen die besonderen Merkmale der Historie im 18. Jahrhundert noch weitgehend unter dem Vorzeichen literarischer Gattungseigenschaften und damit im Mittelpunkt einer primär rhetorisch orientierten, die Techniken und Absichten der Geschichtsschreibung reflektierenden Historiographie-Tradition. Im Zuge der Verwissenschaftlichung der Historie und der Entfaltung des Historismus verschob sich die Gewichtung deutlich von der literarischen Kompetenz zur Forschungskompetenz. „War für die Rhetorik die Sachhaltigkeit der Geschichtsschreibung letztlich dadurch gewährleistet, daß ihre Darstellungsformen dem moralischen Orientierungsbedürfnis des Publikums entsprachen, so wurde nun der durch methodischen Verstandesgbrauch erhobene und gesicherte Sachgehalt der Geschichtsschreibung zum Bestimmungsgrund ihrer Gestaltungsart."[4] Unter historischer Methode wurde nicht mehr der Inbegriff der Darstellungsformen verstanden, sondern zunehmend der Inbegriff der Regeln der historischen Forschung. Die Geschichtsschreibung mutierte in der fachwissenschaftlichen Diskussion zur bloßen Funktion der Forschung. Noch 1965 schrieb Theodor Schieder, einer der bedeutendsten Historiker der Nachkriegszeit, in seiner „Einführung in die Geschichte als Wissenschaft": „Die Darstellungsform ergibt sich nicht aus äußeren oder formalästhetischen Gesichtspunkten, sondern aus der Art unseres Fragens und das bedeutet unseres Forschens."[5]

Diese für heutige Verhältnisse erstaunliche Ignoranz gegenüber den kommunikativen und ästhetischen Dimensionen der Geschichtsschreibung wurde erst in den letzten beiden Jahrzehnten aufgeweicht – durch eine erzähltheoretisch ausgerichtete Geschichtstheorie[6] und eine das Geschichtsbewußtsein in all seinen Erscheinungsformen thematisierende Geschichtsdidaktik.[7] Hinzu kommt, daß die qualitative Pluralisierung der Geschichtsverwendung sowie die quantitative Ausdehnung des Geschichtsangebots in der bundesdeutschen Öffentlichkeit der 1980er Jahre zu einem lebensweltlichen Phänomen[8] wurde, das auch die Geschichtswissenschaft herausforderte, ohne daß sie darauf vorbereitet war.[9]

Der Darstellungsfaktor muß also zwangsläufig vermehrtes Interesse finden, nicht nur für den Bereich der Historiographie als der traditionellen Form der Geschichtsdarbietung, sondern auch für die unzähligen anderen Formen historischer Orientierung und Kommunikation in Wort, Bild, Schrift und Ton. Der in der westlichen Welt bereits begonnene Weg in die Informationsgesellschaft und der dazu parallel verlaufende epochale Übergang von der Schriftlichkeit zur Bildlichkeit[10] sollten in Zukunft dazu führen, jegliche Hierarchisierungen des Darstellungsmodus von Geschichte zu vermeiden, auch wenn die Historiographie hinsichtlich des Reflektionsniveaus und der Erkenntnistiefe vielfach normativen Charakter wahren dürfte.

Viel wichtiger ist es m. E., den durch Geschichtsbewußtsein geprägten Teil einer Kultur, einer Nation, aber auch einer Region oder Institution als eigenständigen Bereich zu identifizieren. Denn die Deutung zeitlichen und sozialen Wandels – und das ist der Kern des modernen historischen Denkens – gehört zur conditio humana. Das menschliche Dasein ist individuell und kollektiv ohne die vernünftige Orientierung in der Zeit und damit ohne den deutenden Umgang mit wie auch immer gearteter menschlicher Vergangenheit kaum vorstellbar.

Den Gesamtbereich dieser kollektiven Sinnbildungsleistungen über Zeiterfahrungen kann man als Geschichtskultur bezeichnen, worunter letztendlich die Anstrengung einer Gesellschaft zu verstehen ist, „sich über kollektive Erinnerungen ein tragfähiges Selbstverständnis zu sichern, sich ihre historische Identität zu wahren."[11] Man könnte etwas allgemeiner auch von der Produktion, Distribution und Rezeption, oder weniger soziologisch formuliert: von der Hervorbringung, Verteilung und Aufnahme historischen Wissens in einer Gesellschaft sprechen. Denn eine solche Perspektive erlaubt leichter den Zugang zu den unterschiedlichen Formen und Funktionen von Geschichte. Außerdem wird deutlich, wie sehr geschichtskulturelle Phänomene bedingt sind durch das politische System, durch die Wirtschafts- und Gesellschaftsordnung, durch Bildungsniveaus und Kommunikationsweisen oder aber durch ideelle und materielle Traditionen, die als lebensweltliche Existenzvorgaben immer schon gegenwärtig sind, bevor sie bewußt reflektiert und durch absichtsvolles Handeln erweitert werden. Menschen werden eben in eine geschichtlich gewachsene Ordnung hineingeboren, deren Zeugnisse und Überlieferungen als dingliche Materie, als geronnene Lebensform oder auch als erfahrbarer Problemdruck (z. B. „Last der Vergangenheit") den Rahmen der individuellen und kollektiven Daseinsorientierung prägen.

Was Geschichtskultur allerdings erst quantitativ und qualitativ bestimmbar macht, das ist das Ensemble kollektiven Umgangs mit Sachverhalten vergangener menschlicher Lebenspraxis. Dazu kann die bauliche Pflege historischer Stätten oder die Verwendung historischer Motive in der Werbung gehören. Aber in erster Linie sind (elaborierte) Geschichtsdarstellungen von Belang, die als absichtsvolle Vergangenheitsdeutungen jeweils aktuellen sozialen und kulturellen Kontexten entstammen, wie sie kommunikativ in sie hineinwirken, um Geltung, Zustimmung und „Vergemeinsamung" (Kurt Röttgers)[12] zu erzielen.

Das heißt, es müssen wie auch immer geartete Orientierungsbedürfnisse – von der Identitätsvergewisserung bis zur historischen Faszination – vorhanden sein, die Geschichten als „Momente zugleich temporaler und sozialer Selbstverständigung von Sozialzusammenhängen und Traditionszusammenhängen"[13] generieren. Wenn diese Geschichten eingangs als Erzählungen charakterisiert worden sind, dann ist damit nicht eine von vielen Formen der Geschichtspräsentation gemeint, sondern die Eigenart des historischen Denkens, Deutens und Darstellens überhaupt. Die Struktur historischer Erkenntnis ist insofern narrativ, als zwei oder mehrere zeitlich differente Ereignisse so in einen Sinnzusammenhang gebracht werden, daß eine Zeitverlaufsvorstellung entsteht, die sich dann in der Form einer Geschichte manifestiert.

Die narrative Struktur als formales, gleichermaßen logisches, dramaturgisches und kommunikatives Wesensprinzip der Geschichtsdarstellung sollte ergänzt werden um ein inhaltliches Moment, das ich als dokumentarisch qualifizieren möchte. Gemeint ist der zuvor bereits angesprochene Rekurs auf eine in ihrer Tatsächlichkeit empirisch belegbare vergangene Wirklichkeit. Dokumentarische Geschichtsdarstellungen sind in erster Linie um Information, Aufklärung und Identitätsbildung bemüht und unterscheiden sich daher von bloß oberflächlich historisierenden Hervorbringungen.

Derart charakterisierte historische Formungen – als Geschichtserzählungen in unterschiedlichen ästhetischen Ausprägungen und kommunikativen Kontexten – werden generiert durch situativ bedingte Funktionen bzw.

Bedürfnisse nach historischer Orientierung in einer Gesellschaft, seien sie individuellen oder kollektiven Ursprungs.

Geht man von dieser Grundbestimmung des „Historischen" aus einer geschichtskulturellen Perspektive aus, so dürfte plausibel sein, daß es sich in allen Fällen der Vergegenwärtigung menschlicher Vergangenheit um eine Verbindung von Rekonstruktion und Konstruktion handelt. Geschichte (als vergangene Wirklichkeit) wird einerseits in ihrer belegten Tatsächlichkeit wiederhergestellt, wie sie andererseits (als Kunde von Vergangenheit) nach bestimmten Kriterien für aktuelle Lebenszusammenhänge eigentlich erst erstellt wird.

Es ist das Verdienst der Narrativitätstheorie, den Konstruktcharakter historischer Darstellungen theoretisch reflektiert und damit in seiner Eigenart akzentuiert zu haben. Dieser Konstruktcharakter, der die Rekonstruktion vergangener menschlicher Lebenspraxis zur „lebendigen Geschichte" werden läßt, ist am radikalsten von Hans Michael Baumgartner herausgestellt worden, nach dessen Auffassung Geschichte „keine andere Daseinsweise (hat), als die lebendige Gegenwart der erzählenden Erinnerung." Für ihn ist Geschichte „weder wiederholbares Abbild noch verdoppelnde Reproduktion des Geschehens, sondern eine spezifische Bedeutung und Sinn verleihende konstruktive Organisation raum-zeitlich lokalisierbarer Elemente, Vorgänge, Ereignisse, Handlungen."[14]

Diese Charakterisierung sollte aber nicht dazu führen, den Faktor Rekonstruktion geringzuschätzen. Es gibt zwar „die" Geschichte als autonomes Handlungssubjekt nicht, aber daß es vergangene menschliche Lebenspraxis vor unseren Lebzeiten gegeben hat, die das Referenzobjekt für unsere rekonstruierenden und dokumentarischen Annäherungen an die historische Wirklichkeit bildet und die wir — wie zuvor dargelegt — auch als Tradition vorfinden, kann nicht in Zweifel gezogen werden.

Der für Geschichte als kulturelles Phänomen konstitutive Zusammenhang von Rekonstruktion und Konstruktion soll im folgenden Ausgangspunkt für die Erörterung formaler Merkmale von (dokumentarischen) Geschichtsdarstellungen sein. In der fachwissenschaftlichen Diskussion werden solche Aspekte meist vor dem Hintergrund der Geschichtsschreibung als literarischer Veranstaltung meta-theoretisch reflektiert. Aus diesen Diskussionen, die auf einem hohen Abstraktionsniveau geführt werden, sind in Anlehnung an Vorläufer aus dem 19. Jahrhundert — wie Hegel, Droysen oder Nietzsche — bemerkenswerte typologische Instrumente zur Erfassung unterschiedlicher Modi der Geschichtsschreibung hervorgegangen.[15]

Für unseren allgemeinen geschichtskulturellen Fragerahmen sollen nunmehr jene Dimensionen der Geschichtsdarstellung erhellt werden, die sich aus der formalen Zeitstruktur des historischen Erzählens, aus dem auktorial-konstruktiven Charakter sowie der kommunikativen Qualität der auf die menschliche Vergangenheit gerichteten Erinnerungs- und Deutungsleistung ergeben.

2. Formale Aspekte dokumentarischer Geschichtsdarstellungen

Welche formalen Komponenten lassen sich also für die Geschichtsdarstellung finden, wenn man unter der Formung historischen Wissens die Weise versteht, „wie der Historiker vergangene Erfahrungen zu kulturellen Formbildungen transformiert, um sie dem Verstehen zugänglich zu machen"?[16] Was haben historische Dissertationen, eine zeitgeschichtliche „stern"-Serie, ein historischer Dokumentarfilm im Fernsehen, eine Wanderausstellung zur Geschichte des deutschen Liberalismus oder eine biographische Schilderung der Kindheit im Faschismus als Geschichtspräsentationen (im doppelten Sinne von Darbieten und Vergegenwärtigen) strukturell gemein? Sechs Faktoren möchte ich nennen.[17]

1.) Zunächst ist es das Kriterium der Retrospektivität, das allen geschichtlichen Interpretationen eigen ist. Damit ist nichts anderes als der temporale Standpunkt des jeweiligen Geschichts-Interpreten gemeint. Er befindet sich in einem gegenwärtigen Lebenszusammenhang und betrachtet die Vergangenheit gleichsam rückwärts gewandt aus einer Ex-Post-Situation, in der Regel als Nachgeborener. Diese Blickrichtung bewirkt temporal, daß erst in der Verknüpfung zeitdifferenter Ereignisse vergangenes Geschehen gegenwärtig wird. Die narrative Struktur historischer Erkenntnis hängt also mit dem retrospektiven Standort des Betrachters zusammen, der sich in der „erinnernden" Denkbewegung bzw. Blickrichtung auf die Vergangenheit äußert. Hans Michael Baumgartner spricht daher von der „prinzipiellen Retrospektivität der Historie."[18]

Retrospektivität meint darüberhinaus, daß vergangene Ereigniskomplexe entweder untereinander oder zur Gegenwart in einem resultativen Verhältnis stehen. Die Vergangenheit mündet nicht nur sachlogisch in die jeweilige Gegenwart, auch unsere historischen Deutungsanstrengungen stellen eine Vermittlungsleistung dieser beiden Zeitebenen dar. Die resultative Beziehung von zeitdifferenten Ereignissen läßt sich konkret an der Rezeption der deutschen Geschichte im 20. Jahrhundert aufzeigen. Als Nachgeborene — und zum Teil als Augenzeugen — wissen wir, daß das Deutsche Kaiserreich ebenso im Zeichen des Untergangs steht wie die zerstörte Republik von Weimar und vor allem die nationalsozialistische Diktatur. Hier soll nicht einer einlinig vom Ende her abgeleiteten Geschichtsbetrachtung das Wort geredet werden, sondern es geht generell um den temporalen Standort, der es ermöglicht, das frühere Geschehen nach seinen Binnenentwicklungen zu qualifizieren. Damit ist auch gemeint, daß Ereignisse ihre Eigenschaft, Anfang von etwas zu sein, erst im Nachhinein erhalten. Ebenso wird das Ende eines historischen Geschehenszusammenhangs durch den retrospektiven Standort mit dem Anfang vermittelt.

2.) Bezeichnet die Retrospektivität die temporale Blickrichtung des Geschichtsinterpreten auf die Vergangenheit, so meint die Perspektivität den umfassenden Blickwinkel, der sich sui generis aus der lebensweltlichen Verwurzelung des menschlichen Geschichtsbewußtseins ergibt. Denn soziale Perspektivität ist – wie zeitliche und räumliche Standortgebundenheit – ein unaufhebbarer Tatbestand menschlicher Wahrnehmung."[19] Wenn die Objekte der Vergangenheit weder direkt noch „rein" erfahrbar sind, sondern erst durch das menschliche (Geschichts-)Bewußtsein zur erinnernden Vergegenwärtigung gebracht werden, dann ist die wie auch immer geartete Perspektive, unter der dies geschieht, von konstitutiver Bedeutung für die Artikulation historischer Orientierung.

Dies hat Mitte des 18. Jahrhunderts bereits der Erlangener Gelehrte J.M. Chladenius erkannt, als er die Geschichte an sich, die nie ganz erkennbar sei, und die Vorstellung von ihr, die von dem „Sehepunkt" des Betrachters abhänge, unterschied.[20] Nachdem der Historismus die perspektivische Gebundenheit historischer Deutungen durch ein Einfühlen in die ideellen Triebkräfte geschichtlicher Bewegung verbrämt hat, steht heute allgemein außer Frage, daß die Rekonstruktion eines historischen Sachverhalts an den sozialen, politischen und kulturellen Blickwinkel des Betrachters gebunden ist. Insofern ist auch Hayden Whites Aussage beizupflichten, daß „die Fakten nicht für sich selber sprechen, sondern daß der Historiker für sie spricht."[21] Im Hinblick auf die Perspektivität kann dies beispielsweise übergreifend eine kosmopolitische, europäische oder nationale Sichtweise, politisch alle herrschaftslegitimierenden bzw. -kritisierenden Standpunkte und formal eine unilineare oder multiperspektivische Blickweise meinen.

3.) Aus den bislang genannten beiden perspektivischen Faktoren ergibt sich als drittes der Gesichtspunkt der Auswahl, die Selektivität. Wenn die von der Gegenwart gelenkte temporale Blickrichtung und der weltanschaulich geprägte Blickwinkel auf die Vergangenheit eigentlich erst Geschichtserzählungen ermöglichen, dann stellt sich konsequenterweise auch das Problem der Akzentuierung, Auswahl und Eliminierung von historischen Informationen. Geschehensmomente werden nämlich „aus ihrer unabsehbaren synchronen und diachronen Verflochtenheit mit dem ganzen Weltzusammenhang herausgelöst und in einen neuen diachronen Zusammenhang gestellt."[22] Die Selektion solcher Geschehensmomente erfolgt nach den Orientierungsbedürfnissen, Erkenntnisinteressen oder funktionalen Verwendungszwecken, geht also unmittelbar auf Relevanzgesichtspunkte zurück. Dies schließt auch die jeweiligen Vorstellungsraster von Geschichte ein, die in der Theorie als leitende Hinsichten auf die Vergangenheit bezeichnet werden.[23] Hierunter sind allgemeine Vorstellungen von Verlauf, Wesen und Sinn „der" Geschichte zu verstehen, die immer auch die Selektion historischer Informationen steuern und sich in der extremsten Variante zwischen Erinnern und Vergessen bewegen. Ein krasses Beispiel für diese Form der Selektion ist die langjährige Ausblendung der Frauengeschichte aus der öffentlichen Geschichtskultur.

4.) Was der Geschichtsdarstellung als integraler Vergangenheitsdeutung eigentlich aber erst Sinn verleiht, ist ein Moment der inneren Verknüpfung der selektierten Geschehensmomente, das ich <u>Sequenzialität</u> nennen möchte. Es geht bei Geschichtsinterpretationen immer um Sequenzen von Aussagen, die auf innere logische Konsistenz abzielen und so erst den Interpretationszusammenhang ausmachen. Eine Chronik als bloße Auflistung von Geschehnissen kann auf das Moment der sinnverleihenden Verknüpfung verzichten und ist daher im engeren Sinn keine Geschichtsdarstellung.

Mit dem formalen Merkmal der Sequenzialität ist die Qualifizierung jener Dimensionen der narrativen Struktur geschichtlicher Darstellung gemeint, die zuvor als Zeitverlaufsvorstellung bereits angesprochen worden ist.

„Jede Geschichte ist eine Kontinuität, solange sie überhaupt eine Geschichte ist."[24] Wenn man Geschichtsdarstellungen als auf Rekonstruktion vergangener menschlicher Lebenspraxis angelegte narrative Konstrukte auffaßt, bei denen Ereignisreihen nach einem „Erzählplan" absichtsvoll zusammengefügt werden, dann erweist sich diese apodiktisch anmutende Formulierung als legitim.

Gleichwie, ob man es „narrative Achse"[25], „ideelle Linie"[26], „emplotment"[27], oder – mit einer allgemeingebräuchlichen Metapher – „roten Faden" nennt: jede Geschichte handelt von Zeitfolgen (Sequenzen) menschlicher Vergangenheit und stellt entlang einer konzeptionellen Linie einen Sinnzusammenhang über historische Sachverhalte her. Deshalb verbindet die narrative Struktur der Geschichte Anfang und Ende einer Darstellung „nicht nur als einen faktischen Verlauf, sondern als eine konzeptionelle Konfiguration."[28]

Sequenzialität meint also die planvolle Organisation der einzelnen Geschehensmomente zu zeitlichen Verlaufsstrukturierungen, die sich ihrerseits in den Kategorien: Veränderung, Entwicklung, Prozeß, Untergang, Aufstieg, Stagnation, Zyklus etc. bewegen können. Auf einer tieferen Ebene hängt diese Organisationsleistung mit weltanschaulichen Grundpositionen zusammen, wofür der historische Materialismus als krasses Beispiel dienen mag. Es ist schließlich auch die innere logische Verknüpfung von einzelnen Ereignisreihen, die die Strukturmerkmale Sequenzialität und Selektivität miteinander verbindet. Denn die Disposition des Erzählplanes führt nicht nur dazu, daß die jeweiligen Geschehensmomente auf der Erzählachse situiert werden, sondern auch aus dem gesamten Relevanzrahmen der Darstellung herausfallen können und somit getilgt werden.

5.) Als weiterer konstitutiver Faktor von Geschichtsdarstellungen muß nunmehr, nachdem Fragen der Blickrichtung und des Blickwinkels auf die Vergangenheit sowie Aspekte der Auswahl und Anordnung historischer Fakten behandelt worden sind, der Adressatenbezug genannt werden. Wenn Hans Michael Baumgartner die Geschichtserzählung als eine „in gegenwärtiger Kommunikation motivierte retrospektive Konstruktion in praktischer Absicht"[29] bezeichnet, dann sollte man die <u>Kommunikativität</u> als ein eigenständiges Wesenselement historischer Darstellungen zur Geltung bringen. Wie kaum ein anderer Bereich ist die historische Orientierung von raumzeitlichen und damit von lebensweltlichen Wahrnehmungs- und Erfahrungsmustern abhängig. Faßt man Geschichtspräsentationen als einen kommunikativen Akt auf, dann ist der Erfahrungsbezug nicht nur im Hinblick auf vergangene historische Wirklichkeit, sondern auch auf gegenwärtige Lebens- und Kommunikationszusammenhänge wirksam.

Deshalb erfüllt eine Geschichtsdarstellung eigentlich erst ihre Funktion, „wenn sie die Aufgabe gegenwärtiger Erfahrungsbildung unter der Bedingung gegenwärtigen Wissens ernst nimmt und in neuen Anschaungsformen löst."[30]

Allein schon die Alterität von Geschichte, also die zeiträumliche Entrücktheit und Fremdheit historischer Sachverhalte, macht es nötig, die Erfahrungs- und Vorstellungshorizonte des potentiellen Adressatenkreises bei der Geschichtspräsentation zu berücksichtigen. Das betrifft sowohl sprachliche Gewohnheiten wie auch generelle Wahrnehmungskonventionen in der Rezeption von Informationen in Wort, Bild und Ton. Eine erinnernde Vergegenwärtigung vergangener historischer Wirklichkeit muß sich auf der Bahn jeweils zeitgenössischer Alltagserfahrungen bewegen, wenn sie verstanden und produktiv angeeignet werden soll.

Die „vertexteten Rezeptionslenkungen"[31], die einer historischen Darstellung mit einem erkennbaren Erzählplan immer innewohnen, sind ein weiteres Moment des Adressatenbezuges und damit auch der Kommunikativität von Geschichtspräsentationen. Genau genommen ist mit diesem im besonderen Sinne auch didaktisch relevanten Strukturmerkmal nichts anderes bezeichnet als die Tatsache, daß eine historische Information erst dann wirksam werden kann, wenn sie an die Erfahrungs- und Erwartungshorizonte eines wie auch immer zusammengesetzten, jedoch nicht beliebigen Publikums anknüpft. Erst dann wird aus der historischen Information eine historische Kommunikation, die dann auch die Frage nach Aufklärungsabsichten oder Identifikationsangeboten aufwirft.

6.) Mit dem letzten Strukturmerkmal der Partikularität schließt sich der Kreis der formalen Charakterisierung von Geschichtspräsentationen — von der retrospektiven und perspektivischen Blickweise auf die Vergangenheit über die selektive und sequentielle Verknüpfung von Fakten bis zum kommunikativ angelegten, partikularen Konstrukt einer narrativen Geschichtsdarstellung.

Partikularität bezeichnet dabei die Einmaligkeit, den „Stückwerk"-Charakter historischer Darstellungen, aber auch die grundsätzliche Revidierbarkeit. Auf jeden Fall wird dadurch die temporale und kulturelle Situations- und Funktionsgebundenheit von Geschichtspräsentationen wieder in das Blickfeld gerückt. Partikular sind Geschichten immer, weil das „Ganze" der Geschichte nicht darstellbar ist. Veränderte Orientierungsbedürfnisse und

Lebenspraktiken im Prozeß der Zivilisation generieren neue Geschichten.
Es sind auch Partikulargeschichten der Vergangenheit, die in das menschliche Bewußtsein und die öffentliche Geschichtskultur Eingang finden, denn „zwischen das Faktum selbst und seine historiographische Aneignung sind zumeist als vermittelnde Instanzen vorgängige Geschichten gelagert, die das vorgängige Geschehen immer schon ergriffen, gedeutet und im Hinblick auf eine die narrative Form leitende Anschauung stilisiert haben."[32] Man braucht nur an die dauerhafte Wirkung von Memoirenwerken zu denken. Jedenfalls erhellt das formale Merkmal der Partikularität (abschließend) noch einmal den mehrdimensional konditionierten Konstruktcharakter von Geschichtspräsentationen.

Anhand dieser formalen Bestimmungen dokumentarischer Geschichtsdarstellungen lassen sich eine Reihe weiterer Dimensionen der historiographischen Formung aufzeigen, die im folgenden kurz problematisiert werden. Was die Verbindung von Rekonstruktion und Konstruktion anbelangt, so erhalten Geschichtsdarstellungen ihre Geltungs- und Orientierungskraft in der Geschichtskultur gleichermaßen durch kognitive Kohärenz und kommunikative Prägnanz. Denn der „Leser des historischen Diskurses" unterscheidet sich „vom Leser fiktionaler Texte gerade dadurch, daß er – eine normale kommunikative Einstellung vorausgesetzt – nicht frei besetzbare, von bestimmter Intentionalität abgelöste semantische Erfüllungswerte erwartet, sondern Ereignis und verläßliche Bedeutungszuschreibung in einem."[33] Diese Aussage, die m.E. auch für jeden Autor und Rezipienten von (dokumentarischer) Historie gilt, macht eine Unterscheidung von fiktionalen und nicht-fiktionalen Texten, die zwar plausibel ist, zugleich aber die Frage nach dem Verhältnis von Faktizität und Fiktionalität geschichtlicher Darstellungen aufwirft.

Man sollte gewiß nicht dem Ideal eines naiven historischen Realismus folgen und die res factae in krasse Opposition zu den res fictae setzen. Bislang ist die Referenzialität zur historischen Wirklichkeit wiederholt als fundamentales Kriterium geltungsfähiger Geschichtsdarstellungen hervorgehoben worden. Dies ermöglicht mithin, dokumentarische Geschichtsdarstellungen von oberflächlich historisierenden oder primär von einer fiktiven Spielhandlung geprägten Geschichtsverwendungen zu unterscheiden.

Dennoch ist es „speziell die moderne Entdeckung einer spezifisch geschichtlichen Zeit, die den Historiker seitdem zur perspektivischen Fiktion des Faktischen nötigt, wenn er die einmal entschwundene Vergangenheit wiedergeben will."[34] Die moderne Verbindung der verschiedenen Zeitebenen zur Einheit von Gegenwartserfahrung, Vergangenheitsdeutung (und Zukunftserwartung) bewirkt, daß es der historischen Orientierung nicht um die bloße Archivierung des Wissens von Vergangenem gehen kann, sondern um die erinnernde Vergegenwärtigung zum Zwecke der Verständigung. Das heißt, daß die Momente der perspektivischen und selektiven Rekonstruktion bzw. der sequenziellen und partikularen Konstruktion von vergangener Wirklichkeit notwendig dazu führen, den konsistenten Verlauf eines historischen Ereigniskomplexes mit Anfang und Ende und perspektivisch gebundenen Bedeutungszuschreibungen zu „fingieren". Dies schließt auch Elemente der Dramatisierung oder der Imagination mit ein. Deshalb ist Hans Robert Jauß zuzustimmen, wenn er behauptet, daß Fiktionalisierung in geschichtlicher Erfahrung immer schon am Werk ist, „weil das ereignishafte Was eines historischen Geschehens immer schon durch das perspektivische Warum seiner Wahrnehmung oder Rekonstruktion, aber auch durch das Wie seiner Darstellung und Deutung bedingt ist, in seiner Bedeutung also ständig weiterbestimmt wird."[35]

Diese „Weiterbestimmung" läßt die Unterscheidung von „eigentlichem" historischen Geschehen und historiographischem Ornatus kaum sinnvoll erscheinen, da historische Informationen immer Formen der Anschauung und der Darstellung geschichtlicher Erfahrung unterworfen sind. Es kommen also zu den res factae notwendigerweise weitere Momente hinzu, die letztlich erst das narrative Konstrukt einer geltungsfähigen sinnverleihenden Geschichte entstehen lassen und ohne Zweifel fiktionalen Charakter haben. Die Kompositon historischer Darstellungen — also die Disposition von Aussage-Sequenzen, die Dramaturgie von Abläufen und Prozessen, die perspektivische Situierung von Fakten, die Anknüpfung an erfahrungsgeleitete Anschauungsformen etc. — enthält Normen, Perspektiven und Konventionen, die den historischen Sachverhalt neu dimensionieren. Auch die von Historikern verwendeten Metaphern fallen in dieses Spannungsfeld von Faktizität und Fiktionalität.

Allerdings sollte man nicht in postmodernem Habitus von gänzlicher Fiktionalisierung sprechen, da nicht nur das alltägliche, sondern auch das historische Erzählen ohne Bilder und Metaphern nicht denkbar ist. Wir brauchen solche narrativen Grundmuster, um uns wahrheitsfähige Geschichten zu erzählen. Und das Wahrheitskriterium ist gerade im (empirischen und normativen) Umgang mit Geschichte kulturell nach wie vor tief verankert.

Es geht also bei historischen Darstellungen aufgrund der komplexen Mischung von Konstruktion und Rekonstruktion einer zwar faktisch belegbaren, aber an sich entschwundenen Vergangenheit nicht um die Ignoranz, sondern um den reflektierten Einsatz fiktionaler Elemente. Die res fictae haben nun einmal für die Sinnkonstitution aller geschichtlichen Erfahrung eine unverzichtbare Funktion, da die Kunde von der Vergangenheit immer mehr enthält als das, was eigentlich geschehen ist. Solche Aspekte sind nicht nur erkenntnistheoretisch sondern auch darstellungspraktisch von Belang. Ein Beleg dafür ist die Bedeutung des Faktors „Inszenierung" bei historischen Ausstellungen in den 1980er Jahren.[36]

Aus all diesen Überlegungen läßt sich für die Beurteilung historischer Darstellungen zunächst die banale, bislang jedoch weitgehend ausgeblendete Einsicht gewinnen, daß es die Komposition von historischen Ereignisreihen zu narrativen Konstrukten ist, „was die von keiner Theorie einholbare Geschicklichkeit des Historikers ausmacht."[37] Man könnte diese Originalität historischer Formung dahingehend spezifizieren, daß Geschichtspräsentationen der Norm der Sach-, Medien und Publikumsadäquanz zu folgen haben. Damit ist als „formale Leitvorstellung ein Kongruenzmodell"[38] gemeint, das auf die drei Bezugsgrößen Sachverhalt, Vermittlungssysteme und Publikum abzielt. Das heißt, daß eine gelungene Geschichtsdarstellung dem Sachverhalt angemessene[39], empirisch triftige Informationen enthält, von dem jeweils verwendeten Medium der Information (Sprache, Bild, Film etc.) reflektiert und originell Gebrauch macht und ihre Informationen auf die Erfahrungshaltungen und Orientierungsbedürfnisse eines potentiellen Adressatenkreises optimal abstimmt.[40]

Ein zugleich prägnantes und konventionelles Bildbeispiel soll nunmehr die bislang überwiegend abstrakt erörterten Dimensionen der Geschichtsdarstellung in ihrer konkreten Determinanz und geschichtskulturellen Relevanz veranschaulichen.

3. „Vergangenheitsbewältigung" als Geschichtsdarstellung – ein bildliches Beispiel

Zu den dominanten geschichtskulturellen Phänomenen in der Geschichte der BRD zählt zweifelsohne die mit der nationalsozialistischen Terrorherrschaft verbundene kollektive Erinnerungsarbeit. Für diese Art der Auseinandersetzung mit einer Vergangenheit, deren politische und moralische Brisanz im Laufe der Jahrzehnte eher zu- als abgenommen hat[41], ist allgemein der Terminus „Vergangenheitsbewältigung" geprägt worden. Dieser Begriff war zwar immer eine Verlegenheitsformel (im doppelten Sinne), der man ablehnend oder bejahend gegenübertrat. Aber im Grunde signalisiert Vergangenheitsbewältigung auf die eine oder andere Art immer „das Bedürfnis, mit der Vergangenheit auf eine Weise umzugehen, daß sie aufhört, uns zu quälen."[42] Aus der Vielzahl von Geschichtsdarstellungen in Zeitungsartikeln, Fernsehsendungen, historischen Ausstellungen, Zeitzeugen-Erzählungen oder fachwissenschaftlichen Studien, die in den letzten Jahrzehnten in kaum überschaubarem Maße hervorgebracht worden sind, möchte ich ein bildliches Beispiel herausgreifen, das zweierlei zugleich leistet.

Zum einen ist es im zuvor diskutierten Sinne eine Geschichtsdarstellung, die alle besprochenen formalen Merkmale anschaulich zu demonstrieren vermag. Zum zweiten – und dies kommt sehr selten vor – thematisiert diese Geschichtsdarstellung selbst ein „Stück" Geschichtskultur. Es handelt sich dabei um eine im Grunde konventionelle Karikatur aus der Tagespresse. Sie stammt aus der Feder von Walter Hanel, der für liberale und konservative Tageszeitungen („Kölner Stadtanzeiger", „Frankfurter Allgemeine Zeitung",

„Rheinischer Merkur") tätig ist. Die 40. Wiederkehr des Endes des Zweiten Weltkrieges nahm Hanel am 8. Mai 1985 zum Anlaß für eine Karikatur[43], der er den Titel gab: „8. Mai 1945".

Abb. 1:   Walter Hanel (1985): 8. Mai 1945

Die Graphik zeigt in der linken Hälfte einen übergroßen Abriß-Kalender, der durch einen Nagel an der Wand befestigt ist. Auf dem Oberblatt sieht man in unterschiedlicher Zahlengröße das Datum „8. Mai 45", darunter eine Szenerie mit einer zerbombten Häuserfassade im Hintergrund und einer verhärmten, auf eine Krücke gestützten und den linken Arm in einer Schlinge haltenden Gestalt im Vordergrund. Wehrmachtshelm, Uniform, Waffengattungs-Abzeichen und Gasmasken-Tasche geben dieser Gestalt, deren Augen so ausgehöhlt sind wie die schwarzen Häuserfenster, die Identität eines deutschen Soldaten.

Der Eindruck des Grauens und der „Finsternis" wird unterstützt durch die schwarzen Schraffuren, die den Abriß-Kalender auf der Wand umgeben. Offensichtlich soll die gesamte Szenerie auf der linken Seite das Kriegsende am 8. Mai 1945 graphisch verkürzt als „deutsche Katastrophe" symbolisieren. Daß dieses „finsterste Kapitel deutscher Geschichte", wie die NS-Zeit insgesamt häufig genannt wird, in die Wirklichkeit der Bundesrepublik hineinreicht, zeigt die rechte Bildhälfte. Die schwarzen Schraffuren am oberen Bildrand ragen noch über die mittlere Bildachse nach rechts hinaus.

Der eigentliche Sinngehalt der gesamten Karikatur ergibt sich allerdings erst über den (fiktiven) Blickkontakt des zerschundenen Wehrmacht-Soldaten links mit dem (bundes-)deutschen Michel rechts. Der Typus des deutschen Michels, erkennbar vor allem an der Mütze, hat eine lange und reichhaltige Tradition in der Karikatur[44], weshalb man ihn hier im Bild als durchschnittlichen Bundesbürger charakterisieren sollte. Er befindet sich leiblich und gesellschaftlich in wohlsituierten Verhältnissen: Wohlstandsbauch, Krawatte und Weste nähren diese Vermutung.

Zugleich gehört er zeiträumlich bzw. historisch-politisch in den Kontext der BRD der 1980er Jahre, was die „Ahnen"-Galerie an der rechten, hinteren Wand signalisiert. Dort hängen nämlich von oben nach unten in quadratischen Rahmen und karikaturhaft auf ihr Image verkürzt: der erste Bundespräsident Theodor Heuss (als gemütlicher „Papa" Heuss), der erste Bundeskanzler Konrad Adenauer (mit „Indianer"-Konterfei) und der fünfte, bis 1982 amtierende Bundeskanzler Helmut Schmidt (als Schmidt-"Schnauze"). Dies sind die einzelnen Bildelemente, die auf vergangene Wirklichkeit Bezug nehmen und allein deshalb schon das Geschichtsbewußtsein des Betrachters aktivieren dürften. Wo aber liegt die für die Eigenart historischer Sinnbildung spezifische narrative Struktur? Sie ergibt sich m.E. aus dem Blickkontakt des BRD-Michels mit dem Wehrmacht-Soldaten. Dadurch wird die eigentliche Verbindung der linken mit der rechten Bildhälfte bzw. der Situation des 8. Mai 1945 mit derjenigen 40 Jahre später — und umgekehrt — hergestellt. Aber erst die Art und Weise, wie der Michel auf sein Gegenüber blickt, seine Mimik und seine Haltung, geben Aufschluß über den karikaturhaft verkürzten Sinngehalt dieser Geschichtsdarstellung. Der scheue Blick und die Verlegenheit signalisierende Körperhaltung deuten das Schamgefühl an, das den deutschen Michel angesichts der politischen und moralischen Katastrophe des Zweiten Weltkriegs erfaßt. Dies auch nach 40 Jahren Bundesrepublik, mit einer politisch-ökonomischen Erfolgsgeschichte, für die stellvertretend die Personen Heuss, Adenauer und Schmidt stehen. Daß Theodor Heuss in der Karikatur besonders ins Bild gerückt wird, hängt unmittelbar mit der Schamhaltung des deutschen Michel zusammen, da der erste Bundespräsident der BRD den Begriff der „Kollektivscham" geprägt und damit eine weithin tragfähige Kompromißformel für den Umgang mit der nationalsozialistischen Vergangenheit geschaffen hat. Am 8. Mai 1945 greift Walter Hanel dieses Verhaltensmuster wieder auf, um es als (Zukunfts-)Appell an die Zeitungsleser weiterzugeben.

Um die zuvor erörterten formalen Merkmale von Geschichtsdarstellungen in Erinnerung zu rufen, so ist der retrospektive Blick auf die Vergangenheit hier im Bilde selbst thematisiert. Der temporale Standort ist die Gegenwart des Jahres 1985, in der das runde Jubiläum der 40-jährigen Wiederkehr des Kriegsendes den äußeren Anlaß für eine historische Betrachtung der NS-Zeit liefert. Die Perspektive, unter der das geschieht, könnte man als eine nationale bezeichnen, da sich die Graphik zwar unverbindlich aber dennoch spürbar der Problematik des „im deutschen Namen" und von „eigenen" Vorfahren geführten Krieges stellt. Die Selektivität von Ereignismomenten wiederum erfolgt — wie bei solchen Zeichnungen nicht anders zu erwarten — symbolisch verdichtet und pointiert, was sowohl Assoziations- wie Interpretationsspielraum eröffnet. Irritationen können bei der Deutung der linken Bildhälfte entstehen, wo der 8. Mai 1945 optisch-thematisch auf die Niederlage der deutschen Wehrmacht konzentriert bzw. reduziert wird. Dagegen sind die Informationen im rechten Bildhintergrund insofern einheitlicher, als mit den aufeinanderfolgenden Köpfen des FDP-Politikers Heuss („geistige Autorität"), des CDU-Kanzlers Adenauer („West-Integration") und des SPD-Kanzlers Schmidt („Krisen-Management") nicht nur die allgemeine Erfolgsgeschichte der BRD, sondern auch der „Grundkonsens der Demokraten" angedeutet wird.

Erst die sequentielle Verknüpfung aller Detailinformationen zum grundlegenden Motiv der „Kollektivscham" gibt dieser Geschichts- und Geschichtskultur-Darstellung ihren Sinn und ihre Richtung. Hätte man nämlich statt des Wehrmacht-Soldaten einen KZ-Häftling oder einen russischen Soldaten gewählt oder bei den Politiker-Köpfen Gustav Heinemann oder Willy Brandt berücksichtigt, bekäme die Aussage eine ganz andere Richtung.

Was die Kommunikativität der Darstellung anbelangt, so ist ihr konventioneller Zeichencharakter evident. Der Michel, der Wehrmacht-Soldat sowie die Kanzler Adenauer und Schmidt sind leicht zu erkennen. Demgegenüber könnte Theodor Heuss eventuell — gerade von Jüngeren — mit Ludwig Erhard („Zigarre") verwechselt werden[45], was allerdings erhebliche Folgen für den Gesamtzusammenhang der Darstellung hätte.

Auch das in Appellform gekleidete Identifikationsangebot enthält eine für weite Teile der bundesdeutschen Öffentlichkeit tragfähige Kompromißformel im Umgang mit der nationalsozialistischen Vergangenheit: zwischen schonungsloser Selbstanklage und selbstgefälliger Verdrängung. Was die Partikularität der Darstellung anbelangt, so kann ihre situative und funktionale Bedingtheit zum einen unmittelbar von der Jubiläumsbetriebsamkeit rund um den 8. Mai 1985 (Zeitungsserien, Fernsehsendungen, Gedenkveranstaltung im Bundestag, Bitburg etc.) hergeleitet werden, zum anderen steht sie im

Kontext der für die 1980er Jahre zentralen Diskussion um Fragen der nationalen Identität.[46]

Es sei nun der Leserin und dem Leser überlassen, inwieweit diese bildliche Geschichtsdarstellung als zutreffend, originell oder konsensfähig eingeschätzt werden kann. Einige Bemerkungen zum Verhältnis von Faktizität und Fiktionalität in dieser Karikatur erscheinen abschließend jedoch geboten. Trotz der medial bedingten Verkürzungen, Pointierungen und Fiktionalitäten steht bei dieser Graphik der dokumentarische Charakter und Anspruch im Vordergrund, da Walter Hanels Geschichtsdarstellung (und Darstellung einer Geschichtsinterpretation!) mittels empirisch belegbarer historischer Ereignis-Facetten eine Vergangenheitsdeutung leistet, die Wahrheits- und Geltungsanspruch erhebt. Dabei bedient sie sich – gemäß den Möglichkeiten und Grenzen der karikaturhaften, zeichnerischen Einzelbild-Darstellung – fiktionaler Elemente. Weder der Kalender ist in dieser Größe in der Realität vorstellbar, noch die Endkriegs-Szenerie auf dem Abriß-Blatt. Ebenso ist der deutsche Michel etwas „Erfundenes". Dennoch geht es um historische Wirklichkeit und ihre Interpretation bzw. um kollektive historische Identitäten in der politischen und historischen Kultur der Bundesrepublik Mitte der 1980er Jahre. Diese Graphik zeigt überdies, wie sehr mediale Bedingungen den Charakter und die Richtung der Darstellung prägen. Das heißt, Hanel mußte erst kraft Eingebung die „zündende Idee" finden, mittels deren zeichnerischer Verwirklichung er pointiert seine Interpretation und Aussage transportieren konnte.

Vielleicht kann dieses Beispiel deutlich machen, wie notwendig es für die Historiker in Wissenschaft, Schule und der allgemeinen Öffentlichkeit ist, den Blick nicht nur auf den engeren Bereich der fachwissenschaftlichen Historiographie, sondern auch auf den weiten Phänomenbereich der Geschichtskultur zu richten.[47] Geschichtsdarstellungen tauchen in unterschiedlichen Formen, Funktionen, Intensitäten und Quantitäten in der jetzigen und vor allem zukünftigen Kommunikationsgesellschaft auf. Und je ausgeprägter die Darstellungsreflexion und -kompetenz, desto wirksamer die Informations-, Bildungs- und Unterhaltungsleistungen historischen Erzählens in der Geschichtskultur.

Anmerkungen

1 Am Ende des Spielfilms „Die Feuerzangenbowle", Deutschland 1944, Regie: Helmut Weiss
2 Vgl. Hermann Lübbe: Geschichtsbegriff und Geschichtsinteresse. Analytik und Pragmatik der Historie, Basel 1977, S. 173 ff und Jörn Rüsen: Objektivität, in: Klaus Bergmann u.a. (Hg.): Handbuch der Geschichtsdidaktik, Düsseldorf ³1985, S. 153–156.
3 Hans Michael Baumgartner: Narrativität, in: Handbuch der Geschichtsdidaktik (Anm. 2), S. 147.
4 Jörn Rüsen: Geschichtsschreibung als Theorieproblem der Geschichtswissenschaft, in: Reinhart Koselleck u.a. (Hg.): Formen der Geschichtsschreibung (Theorie der Geschichte, Bd.4), München 1982, S. 16.

5 Theodor Schieder: Einführung in die Geschichte als Wissenschaft, München,Wien 1965, S. 114.
6 Vgl. die entsprechenden Beiträge in: Jürgen Kocka u.a. (Hg.): Theorie und Erzählung in der Geschichte (Theorie der Geschichte, Bd.3), München 1979; sowie Formen der Geschichtsschreibung (Anm. 4).
7 Vgl. die relevanten Artikel im Handbuch der Geschichtsdidaktik (Anm. 2).
8 Vgl. beispielsweise Volker Fischer: Nostalgie. Geschichte und Kultur als Trödelmarkt, Luzern,Frankfurt a. M. 1980 und Anton Kaes: Deutschlandbilder. Die Wiederkehr der Geschichte als Film, München 1987.
9 Beispielhaft hierfür war die Hilflosigkeit der Geschichtswissenschaft gegenüber der enormen Wirkung der amerikanischen Fernsehserie „Holocaust" im Jahre 1979.
10 Vgl. Siegfried Zielinski: Audiovisionen. Kino und Fernsehen als Zwischenspiele in der Geschichte, Reinbek 1989.
11 Jörn Rüsen: Für eine Didaktik historischer Museen — gegen eine Verengung im Streit um die Geschichtskultur, in: Geschichtsdidaktik 12 (1989), S. 269.
12 Kurt Röttgers: Geschichtserzählung als kommunikativer Text, in: Siegfried Quandt, Hans Süssmuth (Hg.): Historisches Erzählen, Göttingen 1982, S. 29—48.
13 Ebd., S. 31.
14 Hans Michael Baumgartner: Kontinuität und Geschichte. Zur Kritik und Metakritik der historischen Vernunft, Frankfurt a. M. 1972, S. 244 und 241.
15 Vgl. insbesondere Hayden White: Metahistory. The historical imagination in nineteenth century Europe, Baltimore,London 1973 und Jörn Rüsen: Die vier Typen des historischen Erzählens, in: Formen der Geschichtsschreibung (Anm. 4), S. 514—605.
16 Bernhard Lypp: Überlegungen zur Objektivität der Geschichtsschreibung, in: Erzählforschung. Ein Symposion, hg. von Eberhart Lämmert, Stuttgart 1982, S. 633.
17 Ich beziehe mich dabei auf zum Teil ähnliche Überlegungen von Hans Michael Baumgartner (Anm. 3), S. 147; Hans-Jürgen Pandel: Historisches Erzählen, in: Geschichte lernen, Heft 2 (März 1988) S. 9 sowie Thomas Nipperdey: Nachdenken über die deutsche Geschichte, München 1990, S. 265 ff.
18 Baumgartner (Anm. 14), S. 281.
19 Klaus Bergmann, Multiperspektivität, in: Handbuch der Geschichtsdidaktik (Anm. 2), S. 271.
20 Johann M. Chladenius: Allgemeine Geschichtswissenschaft, Leipzig 1752.
21 Hayden White: Auch Klio dichtet oder die Fiktion des Faktischen. Studien zur Tropologie des historischen Diskurses, Stuttgart 1986, S. 149.
22 Karlheinz Stierle: Erfahrung und narrative Form. Bemerkungen zu ihrem Zusammenhang in Fiktion und Historiographie, in: Theorie und Erzählung in der Geschichte (Anm. 6), S. 92.
23 Vgl. Jörn Rüsen: Historische Vernunft. Grundzüge einer Historik I: Die Grundlagen der Geschichtswissenschaft, Göttingen 1983, S. 29.
24 Baumgartner (Anm. 2), S. 150.
25 Stierle (Anm. 22), S. 93.
26 Georg Simmel: Das Problem der historischen Zeit, in: Georg Simmel, Brücke und Tür, hg. von Michael Landmann, Stuttgart 1957, S. 54.
27 White (Anm. 15), S. 7.
28 Stierle (Anm. 22), S. 93.
29 Baumgartner (Anm. 14), S. 250.
30 Stierle (Anm. 22), S. 118.
31 Rainer Warning (Hg.): Rezeptionsästhetik, München 1975, S. 25.
32 Stierle (Anm. 22), S. 100.
33 Dietrich Harth: Die Geschichte ist ein Text. Versuch über die Metamorphosen des historischen Diskurses, in: Formen der Geschichtsschreibung (Anm. 4), S. 465.
34 Reinhart Koselleck: Vergangene Zukunft. Zur Semantik geschichtlicher Zeiten, Frankfurt a.M. 41985, S. 283.
35 Hans Robert Jauss: Der Gebrauch der Fiktion in Formen der Anschauung und der Darstellung der Geschichte, in: Formen der Geschichtsschreibung (Anm. 4), S. 416.
36 Vgl. Jörn Rüsen, Wolfgang Ernst, Heinrich Theodor Grütter (Hg.): Geschichte sehen. Beiträge zur Ästhetik historischer Museen, Pfaffenweiler 1988.
37 Stierle (Anm. 22), S. 111.
38 Siegfried Quandt: Kommunikative Herausforderungen der Geschichtswissenschaft, in: Bernd Mütter, Siegfried Quandt (Hg.): Historie, Didaktik, Kommunikation. Wissenschaftsgeschichte und aktuelle Herausforderung, Marburg 1988, S. 15.

39 Vgl. Jürgen Kocka: Angemessenheitskriterien historischer Argumente, in: Reinhart Koselleck u.a. (Hg.): Objektivität und Parteilichkeit (Theorie der Geschichte, Bd.1), München 1977, S. 469—476.
40 Vgl. Jörn Rüsen: Die Rhetorik des Historischen, in: Michael Fehr, Stefan Grohe (Hg.): Geschichte, Bild, Museum. Zur Darstellung von Geschichte im Museum, Köln 1989, S. 113—126.
41 Man denke nur an die Affären um den WDR-Fernsehdirektor Werner Höfer, den Bundestagspräsidenten Philipp Jenniger oder den österreichischen Bundespräsidenten Kurt Waldheim in den späten 1980er Jahren.
42 Jurek Becker: Zum Bespitzeln gehören zwei. Über den Umgang mit der DDR-Vergangenheit, in: DIE ZEIT 32 vom 3. August 1990, S. 36.
43 Abgebildet in: Hans Dollinger und Walter Keim (Hg.): Das waren Zeiten. Achtzehn Karikaturisten sehen vierzig Jahre Bundesrepublik, München 1989, S. 159.
44 Vgl. Severin Heinisch: Die Karikatur. Über das Irrationale im Zeitalter der Vernunft, Wien, Köln, Graz 1988, S. 150 ff.
45 Dies ist auch prompt während einer Sitzung meines Seminars „Photo, Film, Fernsehen und Geschichte" im Wintersemester 1990/91 an der Ruhr-Universität Bochum geschehen, als Theodor Heuss erst „im dritten Anlauf" erkannt wurde.
46 Vgl. Karl-Rudolf Korte: Der Standort der Deutschen. Akzentverlagerungen der deutschen Frage in der Bundesrepublik Deutschland seit den siebziger Jahren, Köln 1990, S. 147 ff.
47 Vgl. für den Fernsehbereich demnächst Klaus Füßmann: Deutsche Geschichte im deutschen Fernsehen. Geschichtskulturelle Untersuchungen zu historisch-dokumentarischen Fernsehsendungen der Jahre 1960 bis 1990, Phil. Diss. Bochum.

Heinrich Theodor Grütter

Warum fasziniert die Vergangenheit?
Perspektiven einer neuen Geschichtskultur

Der Bedarf nach Geschichte

Die Bedeutung von Geschichte in der öffentlichen politischen Diskussion hat in den letzten Jahren eher zugenommen. Bezog sie sich in den 80er Jahren in der Bundesrepublik vor allem auf die Verarbeitung der nationalsozialistischen Vergangenheit mit der sichtbaren Kulmination im sogenannten Historikerstreit[1], so erfaßte sie im Zuge der politischen Umbrüche nach 1989 ganz neue Themen und Problembereiche. Dabei handelt es sich nicht nur um die Neubewertung der jüngsten Geschichte der ehemals zwei deutschen Staaten, die nach ihrer Fusion einer weitgehenden Uminterpretation der eigenen und wechselseitigen Einschätzungen bedürfen. Die Entstehung eines gemeinsamen deutschen Staates und der darin vermutete Abschluß der Nachkriegsgeschichte implizierten eine neue nationale „Normalität", die ihrerseits auf die deutsche Geschichte vor der NS-Zeit oder sogar vor dem Ersten Weltkrieg verweist. Die deutsche — vor allem aber die preußische — Geschichte des 18. und 19. Jahrhunderts scheint die Kontinuitätsvorstellungen einer nationalen Identität jenseits des Holocaustes zu beflügeln. Anders wären die Bemühungen um die — preußische — Hauptstadt Berlin, einschließlich des Berliner Stadtschlosses, die Restauration oder sogar Wiederherstellung der deutschen Nationaldenkmäler, z. B. des Kaiser-Wilhelm-Denkmals am Deutschen Eck, die inszenierte Umbettung Friedrichs des Großen nach Potsdam oder der Reigen von Großausstellungen zur deutsch-preußischen Geschichte von Bismark über Wilhelm II. bis hin zu Anton von Werner, gar nicht zu verstehen.[2]

Es ist aber nicht nur die deutsche Einheit, die eine — naturgemäß zunächst die eigene Historiographie betreffende — Geschichtskonjunktur befördert. Der zeitgleiche Zusammenbruch der Systeme in Osteuropa und die beginnende Neuordnung der europäischen Staatenwelt erfordern ebenfalls historische Deutungsmuster und Konzepte, die weit vor die Entstehung des sowjetischen Imperiums und häufig auch vor die Entstehung der Nationalstaaten zurückgreifen. Und dies geschieht umso eindringlicher, als sich die Betroffenen selbst, auf dem Balkan oder in der ehemaligen Tschechoslowakei, im Baltikum oder in der russischen Föderation, auf religiöse, kulturelle oder ethnische Traditionen berufen, die zeitlich weit in das Mittelalter zurückreichen und räumlich auf Zusammenhänge verweisen, die unserer gewohnten (west)europäischen Sichtweise fremd oder bisher sogar verborgen blieben. Neue Periodisierungen und geopolitische historische Konzepte scheinen dringend erforderlich, damit die voreilig proklamierte „neue Weltordnung" sich nicht zu dem Desaster entwickelt, zu dem sie ihre bisherige historische Unwissenheit und prospektive Ignoranz prädestiniert.

Daß dies jedoch schon gar nicht mehr im europäischen Maßstab mit der Entwicklung oder Renaissance von raum-zeitlichen Modellen wie West- und Ostmitteleuropa[3], dem Ostseeraum oder einem süd-osteuropäischen Kulturraum erfolgen kann, zeigen nicht nur die Konflikte in Jugoslawien und im gesamten – islamischen – Süden der ehemaligen Sowjetunion. Die in den letzten beiden Jahrzehnten zunehmenden Konflikte in der „Dritten Welt", am deutlichsten sicherlich im Vorderen Orient, und die mehr als unglückliche Rolle, die der Westen dabei häufig spielte und noch immer spielt, verweisen auf das Fehlen von längst überfälligen universalhistorischen Konzepten, die die fatale Kolonialisierungspolitik der atlantischen Staaten genauso thematisieren wie sie endlich die historisch gewachsene kulturelle Mentalität und soziopolitische Identität der unterschiedlichen Regionen anerkennen und nicht nach eurozentrischen Wertmaßstäben aburteilen. Erst eine wirklich universalhistorische Perspektive scheint den inzwischen längst global verlaufenden politischen Entwicklungen gerecht werden zu können.[4]

Angesichts dieser vielfältigen Herausforderungen an die Geschichte und des zunehmenden Bedarfes nach historischer Orientierung einer im Umbruch befindlichen Gegenwart erscheint es als immer unplausibler, von einem Ende der Geschichte zu sprechen, von einem Zustand, in dem die wirklichen gesellschaftlichen Gestaltungspotentiale und Zukunftsentwürfe bei aller hektischen Betriebsamkeit an der Oberfläche erschöpft sind, ein „rasender Stillstand" eingetreten ist, wie ihn der französische Kulturphilosoph und Städteplaner Paul Virillo konstatiert.[5] Und in solchen Konzepten wird der Geschichte angesichts der katastrophalen Fehlentwicklungen des 20. Jahrhunderts mit ihrem Orientierungsreservoir in der Vergangenheit für eine plausible Gegenwartsdiagnose oder gar Zukunftsperspektive die geringste Kompetenz zugestanden.

Es ist aber bezeichnend, daß es in den Kreisen der vor allem französischen Endzeitvisionäre seit den politischen Umbrüchen Ende der achtziger Jahre vergleichsweise ruhig geworden ist. Und dies ist verständlich, denn die Geschichte, die es theoretisch nicht mehr geben konnte, wurde plötzlich gemacht, und dies nicht als Simulacrum, sondern höchst real auf den Straßen von Leipzig, Prag oder Moskau. Zwar propagierte Francis Fukoyama nach dem Zusammenbruch des real existierenden Sozialismus noch einmal das bürgerlich-kapitalistische Zeitalter als Endziel der Geschichte,[6] aber dieser bereits in Form einer populistischen Heilslehre daherkommende Entwurf wurde während seines Erscheinens angesichts neuer politischer und vor allem auch sozialer Krisen gerade in Folge der veränderten Weltordnung ad absurdum geführt.

An die Stelle des viel beschworenen Posthistoire als Ende der Moderne schiebt sich scheinbar eher ein Neohistorismus, der der Geschichte anläßlich der eklatanten Umbruchserfahrungen eine ähnlich handlungsorientierende Funktion zuschreibt, wie sie diese in der Mitte des 19. Jahrhunderts hatte und wie sie sie nach 1918 und vor allem 1945 nicht haben konnte und noch 1968 nicht haben sollte. Auf jeden Fall sind es in zunehmenden Maße Historiker, die in den endlosen Debatten und Expertenrunden der Medien hinzugezogen werden, wenn es gilt, neue Veränderungen zu beschreiben und zu analysieren, und immer weniger die Soziologen und Kulturphilosophen, die noch in den siebziger Jahren das Monopol auf Gegenwartsanalyse und Zukunftsprognose zu haben schienen – leider auch immer weniger die Politiker. Ob die Historiker diese Rolle dann auch adäquat ausüben können und ob sie ihr Metier dazu in die Lage versetzt oder auch nur legitimiert, steht auf einem anderen Blatt. Festzuhalten bleibt, daß es im Augenblick angesichts existentieller Gegenwartsprobleme nicht um das postmoderne Spiel mit historischen Zitaten und die Dekonstruktion vermeintlich ideologisch verfestigter Geschichtsbilder geht, die es in dieser Form praktisch gar nicht mehr gibt. Die höchst problematische Suche nach (neuen) Identitätsmustern befördert eine Zuwendung zur Vergangenheit, die wenig faszinierendes an sich hat, sondern sich als mühseliges und schwieriges Geschäft darstellt, das zu betreiben sich aber wieder zu lohnen scheint.

Die Faszination der Vergangenheit

Dieser Befund beschreibt jedoch nur einen Teilaspekt der gegenwärtigen Konjunktur für Geschichte. Auf der anderen Seite ist ebenfalls seit den siebziger Jahren ein zunehmendes öffentliches Interesse an Themen und Stoffen aus der Vergangenheit zu verzeichnen. Die populäre Hinwendung zur Vergangenheit fand zunächst ihren Ausdruck in der Flohmarktnostalgie der siebziger Jahre.[7] Der Verlust an utopischen Potentialen durch das Ende der Studentenbewegung und die zunehmende Fortschrittskritik, ausgelöst durch ein neues Umweltbewußtsein und die apokalyptische Angst vor der atomaren Bedrohung, beförderten gerade bei der jüngeren Generation ein neues Interesse an vergangenen Lebenswelten und -formen. Dabei blieb dieses Interesse von vornherein höchst unspezifisch. Es richtete sich nicht auf bestimmte Themen und Epochen, nicht auf bestimmte Gruppen oder Schichten. Das Charakteristikum dieser nostalgischen Rückbesinnung war vielmehr von vornherein, daß sie sich praktisch auf alle historischen Epochen und Formationen unterschiedslos beziehen und diese wiederum beliebig miteinander in Verbindung setzen konnte. Die Schwerpunkte lagen dabei sicherlich in der scheinbar konfliktfreieren Vormoderne, bzw. wurden eher konfliktreiche Prozesse wie der der Industrialisierung durch diesen Nostalgietrend umgedeutet. Nicht anders ist die Romantisierung des Industriezeitalters durch das Sammeln von Grubenlampen und das Aufstellen von Kohlewagen und Waschtrommeln in Vorgärten — häufig verziert mit Gartenzwergen — zu deuten.

Aber diese nostalgische Wiederentdeckung der Vergangenheit beschränkte sich keineswegs auf den Ding- und Reliktfetischismus der Flohmärkte und Antiquitätengeschäfte. Er erfaßte spätestens in den achtziger Jahren auch die Mode, die sich seither in krassem Gegensatz zu ihrem begrifflichen Ursprung und kulturellem Selbstverständnis nicht mehr innovativ vorwärtsweisend gebärdet, sondern in eklektizistischer Weise Stile und Formen der Vergangenheit zitiert und neu montiert. Den weithin sichtbarsten und auf lange Zeit sichtbaren Nachweis dieser postmodernen Umgehensweise mit der Geschichte, die eine plausible und damit auch verpflichtende Kontinuität von Vergangenheit, Gegenwart und Zukunft leugnet, haben die letzten Jahre sicherlich in der bildenden Kunst und vor allem in der Architektur hinterlassen.[8] Die dekonstruktivistischen Stilkollagen der postmodernen Kunst und Architektur entlarven zwar die Geschichte als eine immer wieder neu zu formulierende Interpretation der Vergangenheit vom Standpunkt der jeweiligen Gegenwart, sie versammeln aber gleichzeitig die verschiedenen Epochen, Ereignisse und Relikte der Vergangenheit wie Wolfgang Hardtwig es ausdrückt „in einer Art Weltmuseum zu umfassender Gegenwart"[9]. Die Vergangenheit wird nicht mehr als Erklärung der Gegenwart und zur Gestaltung der Zukunft herangezogen, sondern sie bietet nun das Formarsenal für eine buntere Welt, die ansonsten aber als äußerst ernüchternd und perspektivenlos empfunden wird.[10]

Und dies scheint das Charakteristikum des gesamten neuen Geschichtsbooms zu sein. Die zahllosen Jahrestage und Jubiläen, die in den letzten Jahren fast schon wahllos zum Anlaß für Erinnerungsveranstaltungen des Kulturbetriebes wurden, rücken historische Individuen und Ereignisse in eine distanzlose Nähe und belassen sie durch die Willkür der Auswahl und die Stereotypie ihrer Behandlung in unverbindlicher Ferne. Es sind gerade die visuellen Medien wie Film und Fernsehen, die sich nicht erst in den letzten Jahren verstärkt den historischen Themen zugewandt haben, die durch die Macht ihrer Bilder, vor allem aber durch die zeitgleiche Präsenz aller Räume und Epochen eine Verfügbarkeit über die Vergangenheit suggerieren, die jede Zeitdifferenz nivelliert. Eben diese scheinbare Gegenwärtigkeit und Verfügbarkeit der verschiedenen historischen Schichten und Zeitebenen negiert aber den Entwicklungszusammenhang und die Kontinuitätsvorstellung von Geschichte und nimmt ihr jede Verbindlichkeit und damit letztlich den Sinn.

Insofern sind auch die immer mehr in Mode kommenden historischen Festumzüge und Kostümspektakel bis hin zum „Nachspielen" historischer Schlachten wie die Völkerschlacht bei Leipzig ebenso wie die Wiedererrichtung längst vergessener historischer Denkmäler oder zerstörter Repräsentationsbauten weniger oder zumindest nur mit Einschränkung als Anzeichen eines neuen Nationalismus oder Chauvinismus zu deuten. Ihnen fehlt genau jenes Traditionsbekenntnis und vor allem die ritualisierte Rezeption, die aus ihnen erst historisch-politische Veranstaltungen oder Erinnerungsorte machen würde. Denn auf der anderen Seite nimmt gerade die Verbindlichkeit der offiziellen Erinnerungstage, seien es Nationalfeiertage, Trauertage oder der Tag der Arbeit rapide ab und selbst der 3. Oktober als neuer gesamtdeutscher Nationalfeiertag kann schon nach wenigen Jahren keine nationale Begeisterung entfachen, sondern quält sich ebenso wie alle anderen Feiertage durch mühsam organisierte Festreden ohne große öffentliche Resonanz.[11]

Die neue „Lust an der Geschichte", wie ein deutscher Taschenbuchverlag etwas reißerisch eine ganze Buchreihe genannt hat, entspringt scheinbar weniger einem konkreten historischen Orientierungsbedürfnis als vielmehr einer eher unspezifischen Freude und Neugierde auf das weite Feld der kulturellen und historischen Lebensformen und Erfahrungen, die vielleicht durch den Wegfall der geschichtlichen Kontinuitätsvorstellungen erst möglich wurden. Dabei spielt sicherlich zunächst der Perspektivenwechsel in der Geschichtsbetrachtung eine zentrale Rolle. Buchtitel wie „Geschichte entdecken"[12] oder Sendereihen wie „Die eigene Geschichte"[13] sind kennzeichnend für einen neuen Blick auf die Vergangenheit, in der weniger die großen historisch-politischen Zusammenhänge, als die eigene biographische Erfahrung und die Innensicht der Geschichte, das subjektive Erleben der historischen Ereignisse und Prozesse wichtig werden.

Ausgehend von der Methode der oral history, mit der verstärkt seit den 70er Jahren die persönlichen Erlebnisse und Sichtweisen von Zeitzeugen untersucht werden, entwickelte sich ein breites Spektrum der Alltagsgeschichte oder Mikrohistoire, das dann anhand von neu zu entdeckenden Quellenbeständen des alltäglichen Lebens die Lebenswelten und Mentalitäten auch weiter zurückliegender Epochen erforschte.[14] Aber auch diese Geschichten der kleinen Leute, die Darstellungen vergangener Lebensweisen und mentaler Dispositionen, beschreiben nur in ihren elaborierten und herausragenden Beispielen die Mikrostrukturen vergangenen menschlichen Handelns. Der Reiz einer Vielzahl dieser Studien für das Publikum liegt sicherlich viel mehr in der bunten Vielfalt und Fremdheit dieser — in der Regel vormodernen — Lebenswelten und in dem kriminalistischen Spürsinn, mit dem sie erforscht werden.[15]

Dies gilt natürlich in noch viel stärkerem Maße für den historischen Roman, der spätestens seit Umberto Ecos „Name der Rose" den Markt der Belletristik mit immer neuen großen Zeitpanoramen — meist aus dem Mittelalter — geradezu beherrscht. Dabei spielt der Hinweis, daß es sich hierbei nicht um Geschichte, also nicht um wahre historische Begebenheiten, sondern um reine Fiktion handelt, eine vergleichsweise untergeordnete Rolle. Denn ebenso wie beim historischen Spiel- oder Fernsehfilm, der ebenfalls eine ungeheure Konjunktur erfahren hat, ist es ja gerade die Suggestion, daß es sich hierbei um mögliche historische Begebenheiten handelt, die durch zahlreiche historische Anspielungen und Detailtreue aufrechterhalten wird, die den Wirkungsanspruch der Geschichte gleichsam ex negativo beweist.

Natürlich ist dies nur zutreffend unter der Prämisse der skizzierten neuen Bedeutung von Geschichte, die deren Einheit und Zusammenhang auflöst zugunsten vieler konkurrierender oder gleichberechtigter Geschichten und vor allen Dingen zugunsten unterschiedlichster aber gleich interessanter Kulturen und Lebensformen. In dieser Hinsicht hat sich die Geschichte in den letzten beiden Jahrzehnten von der Gesellschafts- zur Kulturwissenschaft entwickelt. Sie beschreibt immer weniger die sozialen und gesellschaftlichen Strukturen der Vergangenheit, sondern deren kulturelle Manifestationen. Und sie muß dies tun, da sie selbst längst Teil des allgemeinen Kulturbetriebes geworden ist, wie als letztes Beispiel der Boom an historischen Ausstellungen der letzten Jahre zeigt.[16] Diese sind in der Regel weit entfernt von den aufklärenden Informationsausstellungen der frühen 70er Jahre, als das historische Museum noch als reiner Lernort konzipiert wurde.[17] Sie haben sich vielmehr auf ein komplexes und vielschichtiges Wechselspiel von Vertrautheit und Fremdheit, von vergangenen Kulturen und deren in der Gegenwart existierenden Relikten von historischen wie anthropologischen Fragestellungen eingelassen, wie es ihrem Gegenstand, der materiellen Hinterlassenschaft der Vergangenheit entspricht.[18] Hier wie in allen anderen Sektoren und Institutionen der Geschichtskultur ist der Geschichte ein Spektrum an Fragen und Themen zugewachsen, das ihren ursprünglichen Kanon radikal erweitert, sie zugleich aber methodisch wie inhaltlich vor völlig neue Herausforderungen stellt.

Die Aufgaben der Geschichtskultur

Was sind das für neue Anforderungen, die an die Geschichte und die sie professionell betreibende Geschichtswissenschaft gestellt werden? Zunächst ist festzustellen, daß wir uns bereits seit einigen Jahrzehnten, in jüngster Zeit forciert vom schriftlichen ins audiovisuelle Zeitalter bewegen. Das ist ebenso banal wie wahrhaftig. Umso verblüffender ist die Tatsache, daß, obwohl der mit Abstand größte Teil der historischen Informationsvermittlung und damit auch der Bewußtseinsentwicklung heute über Bilder erfolgt, die veränderten Wahrnehmungsformen zwar von den Medientheoretikern und -pädagogen und auch anderen Kulturwissenschaften reflektiert werden, sie von den Historikern und im allgemeinen auch von der Geschichtstheorie jedoch geradezu ignoriert werden. Und dies gilt für die Rezipientenebene genauso wie für die Produzentenebene. Es existiert praktisch keine grundlegende Untersuchung zur visuellen Darstellungsform des Historischen,[19] es gibt allererste Versuche zur Geschichte in Film und Fernsehen[20] und auch eine historische Museologie beginnt sich erst in den letzten fünf Jahren allmählich zu etablieren.[21] Diese Mißachtung der nichtschriftlichen Form der Geschichtsvermittlung ist noch einmal umso erstaunlicher, als das scribende Zeitalter, wie Albert d'Haenens es nennt[22], zumindest für den Großteil der Bevölkerung nicht einmal zwei Jahrhunderte gedauert hat. Vorher erfolgte praktisch jede Form der kollektiven Erinnerung visuell oder mündlich rituell. Aber auch im 19. Jahrhundert als dem bisherigen Höhepunkt der historisch geprägten Sinnbildung erfolgte diese ja bei weitem nicht nur in Schriftform. Vielmehr bildete die Historiographie auch in der Neuzeit mit ihrer breit ausgeprägten Erinnerungskultur in Form von historischen Festen, Denkmälern, der Historienmalerei und der historistischen Architektur nur ein schmales Segment gerade der öffentlichen Geschichtskultur. Die Omnipräsens des Historischen, die die Kulturkritik um die Jahrhundertwende so vehement attackierte, beruhte ja gerade auf der visuellen Durchdringung aller Lebensbereiche durch die historische Formensprache.

Daß die visuelle und im weiteren Sinne ästhetische Wahrnehmung geradezu die Grundvoraussetzung zumindest jeder kollektiven Erinnerung und damit auch von Geschichte ist, darauf haben Jan Assmann und zuletzt wieder Gottfried Korff hingewiesen. Assmann zeigt in Anknüpfung an Maurice Halbwachs und Aby Warburg, daß die kollektive Erinnerung, die eine Gruppe oder Gesellschaft für ihre Identität und Selbstvergewisserung bedarf weit über die Historiographie hinausgreift. Solange diese Erinnerung gruppenbezogen bleibt und nicht über die gemeinsamen Erfahrungen hinausreicht, erfolgt sie in Form der Alltagskommunikation ohne eine bestimmte Formung. Sie umfaßt den lebensgeschichtlichen Erinnerungsbestand einer Gruppe, den die oral history erforscht. In dem Augenblick, in dem die Erinnerung aber diesen räumlichen und zeitlichen Rahmen verläßt, d. h. indem das lebensweltlich kommunikative Gedächtnis in das kollektive, zeitlich weiter zurückreichende und weitere Teile einer Gesellschaft erfassende Gedächtnis übertritt, bedarf es automatisch der kulturellen Formgebung. Dies sind nicht nur Bilder, sondern Texte, Riten, Bauwerke, Denkmäler usw. Kollektive, d. h. intersubjektiv deutbare und verbindliche Gedächtnisleistungen sind somit nur in kulturellen Formungen denkbar, jede Erinnerung braucht die gleichsam „mnemische Energie", die „Erinnerungsveranlassungsleistung" der kulturellen Überreste, der Kristalisationen von Vergangenheit, deren „Sinngehalt sich in der Berührung blitzartig wieder erschließt".[23] Die Vergangenheit vermittelt sich wie Gottfried Korff sagt nur in kulturellen Formen, „das soziale Gedächtnis ist immer ein 'Bildergedächtnis' oder umgekehrt: Kultur ... ist ein 'soziales Erinnerungsorgan'".[24] Schon Walter Benjamin hat dieses Phänomen in seiner Theorie der

Aura des Objekts dargelegt. Aura meint bei ihm keineswegs einen bedeutenden künstlerischen Wert, sondern vielmehr die Faszination des Authentischen, das Spannungsverhältnis zwischen einer sinnlichen Nähe und einer zeitlichen Ferne und Fremdheit. Die Nähe transportiert das Bild einer zeitlichen Ferne.[25]

In Nachfolge von Joachim Ritter und seiner Kompensations-Theorie hat vor allem Hermann Lübbe gezeigt, daß gerade die moderne Gesellschaft mit ihrem hohen Veränderungsgrad und dem damit einhergehenden Vertrautheitsschwund sogar in verstärktem Maße Erinnerungsinstanzen, Kristallisationen kultureller Überlieferung produziert, und zwar genau an der Grenze zum Vergessen.[26] Und Pierre Norà hat nachgewiesen, daß sich da, wo sich in der ausdifferenzierten modernen Gesellschaft geschlossene Erinnerungsgemeinschaften, die milieux de mémoire, auflösen, die lieux de mémoire, die Erinnerungsorte, bilden.[27] Insofern ist die Vergegenständlichung und Visualisierung von Erinnerung kein vormodernes Phänomen, sondern ein zunehmendes Charakteristikum unserer hochmodernen Gesellschaft.

Geht man von dieser Prämisse aus, so ist aber nicht nur die Darstellung der Vergangenheit eine ästhetische Frage, in dem die historischen Erkenntnisse eine bestimmte Formung, eine rhetorische Figur einnehmen müssen, damit sie kommunizierbar und damit identitätskonkret werden können. Vielmehr ist der Prozeß der historischen Erkenntnis selbst ein ästhetischer – und zwar in einem umfassenden Verständnis von Erkenntnis, wie ihn die idealistische Ästhetik, z. B. Alexander Gottlieb Baumgarten in seiner Theorie der Sinnlichkeit[28] aber auch Immanuel Kant in der Kritik der Urteilskraft[29] als ästhetisches Erkenntnisvermögen beschrieben haben, eine Erkenntnis, in der die Dinge in immer neuartiger Weise vergegenwärtigt werden. Denn es ist unklar, was der Rezipient bei der Konfrontation mit den Relikten der Vergangenheit wirklich imaginiert. Dies gilt bereits für die Zeit ihrer Entstehung. Um den Bedeutungsgehalt von Bildern in ihrer Zeit, das heißt die Intention ihrer Botschaft ebenso wie die Möglichkeit ihrer Lesbarkeit zu rekonstruieren, bedarf es komplizierter ikonologischer und rezeptionsästhetischer Untersuchungsverfahren, wie sie die Kunstwissenschaften in den letzten Jahrzehnten entwickelt haben.[30]

Dies gilt aber in noch viel größerem Maße für die Dauer und Verbindlichkeit dieser Bilder im Verlauf ihrer Geschichte. Reinhart Koselleck hat dies für die sicherlich am bewußtesten inszenierten Geschichtsbilder, die historischen Denkmäler, deutlich gemacht. Diese „ . . . auf Dauer eingestellt, bezeugen mehr als alles andere Vergänglichkeit, und die intendierte Identität entzieht sich der Verfüguang der Denkmalstifter".[31] Die „Identitäten, die ein Denkmal evozieren soll, zerrinnen, weil sich erstens die sinnliche Empfangsbereitschaft der angebotenen Formensprache entzieht und weil zweitens die einmal gestalteten Formen eine andere Sprache zu sprechen beginnen als ihnen anfangs eingestiftet war."[32] Dies gilt im übertragenen Sinne für alle menschlichen Artefakte. Sie haben ein Überschußpotential, das schon zur Zeit ihrer Entstehung existiert und sich dann dem Stiftungszweck mit zunehmender zeitlicher Entfernung immer stärker entzieht.

Hinzu tritt eine fundamentale Differenz zwischen beiläufiger und ritueller Rezeption von Relikten der Vergangenheit. In Bezug auf die historischen Denkmäler kann man z. B. wieder zwischen affirmativen Reaktionen wie Gedenkfeiern und Kranzniederlegungen und ablehnenden Kommentaren wie Bemalen, Besprühen, Verändern oder Abreißen unterscheiden. Mit dem Wegfall der Rituale wird dann die memorative Potenz der Denkmäler stark eingeschränkt oder entfällt unter Umständen ganz.[33] Auch dieser Befund ist auf alle Relikte der Vergangenheit, die einen Bild- oder Zeichencharakter haben, zu übertragen. Sie verlieren mit der zeitlichen Entfernung zu ihrem Entstehungszusammenhang ihre Verbindlichkeit, der Grad der Wiedererkennung nimmt ab. Dabei verläuft dieser Prozeß im Einzelfall höchst unterschiedlich, die jeweiligen Geschichtsbilder haben je nach Epoche und gesellschaftlicher Bedeutung ganz verschiedene „Halbwertzeiten". Generell läßt sich sagen, daß sie mit der Zerstörung ihrer ursprünglichen Kontakte, spätestens aber mit dem Kontinuitätsbruch zu ihrer Entstehungszeit zunehmend fremd werden und damit nicht mehr problemlos les- oder verstehbar werden.

Diese Fremdheit unterscheidet sich aber von derjenigen, die den Bildern eigen ist, die nicht dem eigenen Kulturkreis entstammen und auch nie zu ihm gehört haben und damit auf keinen auch noch so weit entfernten oder vergessenen Bestand der eigenen Kultur und deren Geschichte verweisen. Im Unterschied dazu haben die Hinterlassenschaften der eigenen Kultur einen Referenzpunkt in der Vergangenheit, der zumindest potentiell zu rekonstruieren ist und mit neuem Sinn angereichert werden kann. Sie befinden sich somit im Zustand der Latenz, der dadurch gekennzeichnet ist, daß gerade ihr Vergessen, ihre Ablagerung in den nicht aktiven Bereichen des kollektiven Gedächtnisses, ihre Erinnerung erst möglich macht.[34]

Dabei ist zu beachten, daß in diesen Bildern natürlich nicht „die Geschichte" dargestellt wird, die ja nur als Idee, als etwas Unsichtbares, als eine Vorstellung von der Vergangenheit existiert.[35] Dargestellt werden vielmehr Ereignisse, Personen oder Gegenstände der Vergangenheit und auch hier gilt es noch einmal zu differenzieren. Bilder zeigen nicht etwa die vergangene Realität selbst, sondern eben ein mehr oder weniger subjektiv geprägtes Bild von dieser vergangenen Wirklichkeit und sind damit selbst schon immer eine Interrpretation dieser Wirklichkeit. Sie reduzieren diese Wirklichkeit, indem sie sie konkretisieren. Sie zeigen nur konkrete Sachverhalte wie Personen, Dinge oder bestimmte Situationen, sie sagen aber nichts aus über die zeitliche Einordnung des Dargestellten, über das Zustandekommen und über den Kontext, der über den Ausschnitt des Bildes hinausgeht. Darüber hinaus haben sie selbst keinen Begriff des Dargestellten, der ihnen erst zugewiesen werden muß. Sie sind selbst kontext- und begriffslos. Insofern ist ihre

Anschaulichkeit zugleich ihre Schwäche. Noch komplizierter wird die Problematik bei der moedernen Kunst, die gar nicht mehr versucht, die Vergangenheit abzubilden, sondern sie symbolisch verdichtet.

Insofern sind Bilder zwar für die Vorstellung von der Vergangenheit unabdingbar und setzen mit ihrer sinnlichen Qualität den Prozeß der Erinnerung erst in Gang, sie selbst sind aber zunächst geschichtslos. Der Prozeß der historischen Sinnbildung braucht die memorative Energie der Relikte der Vergangenheit, er selbst ist aber ein abstrakter, der den zeitlosen Charakter der Darstellung narrativ und begrifflich wieder auslöst. Hier liegt die kulturelle Aufgabe einer Geschichtswissenschaft, die sich — nicht abgeschlossen auf ihren universitären Diskurs, sondern in enger Zusammenarbeit mit ihren Agenturen in den Museen, Archiven, Medien und anderen öffentlichen Einrichtungen — der diskursiven Auseinandersetzung mit den Zeichen der Geschichte widmet.[36] Indem sie den jeweiligen Medien adäquate Interpretations- und Analyseformen historischer Darstellungen entwickelt und diese immer wieder in diskursive und kommunizierbare Deutungsmuster verflüssigt, trägt sie entschieden zu einer Entmythologisierung dieser Geschichtsbilder bei und leistet damit im ganz ursprünglichen Sinne historische Aufklärung.[37]

Die Bebilderung der Welt stellt die Agenturen der Geschichtskultur aber noch vor eine weitere Aufgabe. Sie sind nicht nur Interpreten und Vermittler von historischen Bildern, sondern sie produzieren direkt, als Künstler, Architekten, Fotografen oder Ausstellungsmacher, oder indirekt, als Berater oder Erzeuger historischen Wissens fortlaufend selbst Bilder von der Vergangenheit in ihrer jeweiligen Gegenwart. Und auch hier stellt sich das Problem einer adäquaten und zukunftsorientierten Geschichtsvermittlung, die die Vergangenheit für die Gegenwart fruchtbar macht und ihr Sinnpotentiale für die Zukunft abgewinnt. Jean Clair hat dies in seiner Analyse der faschistischen Ästhetik als Gegensatz zwischen Restauration und Renaissance gekennzeichnet: Demnach trennte die Ästhetik des Faschismus sorgfältig die verschiedene Epochen evozierenden Stilformen voneinander und wies jeder eine andere Tradition zu. Sie trachtete danach, „sich des Nullpunktes in der Zeit zu bemächtigen. Um diese zu beherrschen, schafft sie sie ab, oder vielmehr, sie unterbricht die Kontinuität der Zeit, in dem sie verkündet, daß die Geschichte sich endlos wiederholt und zu denselben Punkten zurückkehrt".[38]

Wolfgang Hardtwig hat ähnliches für den spätwilhelminischen Denkmalskult zu Beginn des Jahrhunderts festgestellt: „Die bewußte voluntaristische Trennung der Gegenwart von der Vergangenheit in Form eines enthistorisierten Germanismuses und das Ausspielen einer ganz neuen Zukunft gegen die als tot empfundenen Vergangenheit ... läßt an die Stelle des kämpferisch ablehnenden oder kämpferisch bejahenden Wortbezuges zur Vergangenheit die Gegenüberstellung von 'tot' oder 'lebendig' treten, den Auszug aus der Geschichte und die Hinwendung zum Mythos."[39] Das Kennzeichen solch restaurativer Geschichtsbilder ist somit nichts anderes als der bewußte Bruch mit historischen Kontinuitätsvorstellungen, die auch die jeweilige Gegenwart in ihrer historischen Genese als eine sich weiter verändernde Übergangszeit relativieren, und die gewaltsame Rückkehr zu einem ahistorischen ersten Stadium oder was als solches beurteilt wird.

Im Unterschied hierzu versucht eine moderne visuelle Rhetorik des Historischen die Bilder und Zeichen der Vergangenheit bewußt mit der Gegenwart zu konfrontieren, um damit auf Kontinuitäten wie Diskontinuitäten hinzuweisen und aus der Kombination aus Vergangenheit und Gegenwart andauernd etwas Drittes, etwas Neues zu formen. Dabei kann sie sich der Stilmittel der Postmoderne bedienen, die sich bei näherem Hinsehen zumindest in diesem Punkt als konsequente Fortsetzung und Zuspitzung des modernen Denkens entpuppt. Denn das simultane Auftreten der griechischen Säulenreihe und der Fabrikschornstein, des alten Kirchenschiffs und der Lokomotive, die Fusion von Tempeln mit der Textilfabrik entstammt nicht erst der postmodernen Bildsprache, sonden entsteht in der klassischen Moderne der Jahrhundertwende. Die Osmose solcher Stilformen aus der Vergangenheit und der Gegenwart bedeutet die Kreation einer neuen Ikonographie, die für das Bewußtsein des modernen Menschen ebenso kennzeichnend ist, wie es schon die neue Ikonographie der Renaissance war, die auch aus einer Mischung von antiken und zeitgenössischen Motiven hervorging.[40]

Das Kennzeichen dieser Art von Geschichtsdarstellung ist es, daß sie immer wieder die Vergangenheit für die Gegenwart fruchtbar macht, indem sie diese nicht in ihre jeweilige Zeit verbannt, sondern ihren Sinngehalt fortlaufend mit den gegenwärtigen Orientierungsbedürfnissen konfrontiert. Nicht die Vermittlung historischer Attavismen, sondern die Darstellung der Gleichzeitigkeit des Ungleichzeitigen sind die Signatur der Moderne. In diesem Sinne versucht die moderne Geschichtsdarstellung gar nicht, die Vergangenheit realistisch abzubilden, sondern sie verdichtet sie symbolisch auf den Kern der jeweilig intendierten Aussage. Sie stellt die Vergangenheit nicht naturalistisch, sondern ironisch verfremdet dar, im Wissen und als deutlich erkannbarer Hinweis, daß diese Vergangenheit nur als Konstrukt existiert. Zugleich muß sie aber darauf achten, daß diese Bilder einer historischen Überprüfung standhalten und vor allen Dingen den Grad an Plausibilität besitzen, der es ihnen möglich macht, Orientierungsbedürfnisse in der Gegenwart zu erfüllen. Hier liegt das weite Aufgabenfeld der Geschichtskultur, nämlich, daß sie sich vertraut macht mit den Methoden und medialen Gesetzmäßigkeiten ihrer unterschiedlichen Vermittlungsformen und Geschichtsdarstellungen entwickelt, die auf der einen Seite offen sind für die unterschiedlichsten Interpretationen und Deutungen und damit für den Überschuß an historisch-ästhetischer Sinnbildung und auf der anderen Seite so auf die Orientierungsbedürfnissen einer jeweiligen Gegenwart ausgerichtet sind, daß sie nicht beliebig und damit sinnlos werden.

Anmerkungen

1 Vgl. hierzu vor allem Dan Diner (Hg.): Ist der Nationalsozialismus Geschichte? Zu Historisierung und Historikerstreit, Frankfurt a. M. 1987 und abschließend: Hans-Ulrich Wehler: Historikerstreit, München 1987.
2 Vgl. die entsprechenden Kataloge des Deutschen Historischen Museums: Bismarck. Preußen, Deutschland und Europa, Berlin 1990; Hans Wilderotter, Klaus-D. Pohl: Der letzte Kaiser. Wilhelm II. im Exil, Gütersloh, München 1991; Dominik Bartmann: Anton von Werner. Geschichte in Bildern, München 1993.
3 Vgl. als Beispiel für solche bereits vor Jahrzehnten entwickelte und heute wieder konjunkturhafte Konzepte: Werner Conze: Ostmitteleuropa. Von der Spätantike bis zum 18. Jahrhundert, München 1992.
4 Vgl. zur Problematik jetzt: Wolfgang J. Mommsen: Geschichte und Geschichten: Über die Möglichkeiten und Grenzen der Universalgeschichte, in: Saeculum 43 (1992), Heft 1, S. 124–135.
5 Vgl. Paul Virilio: Rasender Stillstand, München 1992; ders.: Revolutionen der Geschwindigkeit, Berlin 1993.
6 Das Ende der Geschichte. Wo stehen wir?, München 1992.
7 Vgl. Volker Fischer: Nostalgie. Geschichte und Kultur als Trödelmarkt, Luzern, Frankfurt a. M. 1980.
8 Zusammenfassend Charles Jencks: Die Postmoderne. Der neue Klassizismus in Kunst und Architektur, Stuttgart ²1988.
9 Wolfgang Hardtwig: Geschichtskultur und Wissenschaft, München 1990, S. 308.
10 Vgl. hierzu Jörn Rüsen: Historische Aufklärung im Zeitalter der Post-Moderne: Geschichte im Zeitalter der „Neuen Unübersichtlichkeit", in: Streitfall deutsche Geschichte. Geschichts- und Gegenwartsbewußtsein in den 80er Jahren, hg. von der Landeszentrale für politische Bildung Nordrhein-Westfalen, Essen 1988, S. 17–38 und die Gegenposition bei Wolfgang Ernst: Postmoderne Geschichtskultur, in: Klaus Fröhlich, Heinrich Theodor Grütter, Jörn Rüsen (Hg.): Geschichtskultur. Jahrbuch für Geschichtsdidaktik 3 (1991/92), Pfaffenweiler 1992, S. 63–75.
11 Vgl. hierzu Hans-Ulrich Wehler: Gedenktage und Geschichtsbewußtsein, in: Hans-Jürgen Pandel (Hg.): Verstehen und Verständigen. Jahrbuch für Geschichtsdidaktik 2 (1990), Pfaffenweiler 1991, S. 157–164.
12 Hannes Heer, Volker Ulrich (Hg.): Geschichte entdecken. Erfahrungen und Projekte der neuen Geschichtsbewegung, Reinbek 1985.
13 Vgl. den gleichlautenden Aufsatz von Hannelore Schäfer in diesem Band.
14 Vgl. hierzu Karl Acham, Winfried Schulze (Hg.): Teil und Ganzes (Theorie der Geschichte, Bd. 6), München 1990; Ulrich Raulff (Hg.): Vom Umschreiben der Geschichte, Berlin 1986; ders. (Hg.): Mentalitäten-Geschichte, Berlin 1989 und Alf Lüdtke (Hg.): Alltagsgeschichte. Zur Rekonstruktion historischer Erfahrungen und Lebensweisen, Frankfurt a. M. 1989.
15 Vgl. Carlo Ginzburg: Spurensicherungen. Über verborgene Geschichte, Kunst und soziales Gedächtnis, München 1988.
16 Vgl. dazu Hartmut Boockmann: Geschichte im Museum? Zu den Problemen und Aufgaben eines deutschen historischen Museums, München 1987 und Ekkehart Mai: Expositionen: Geschichte und Kritik des Ausstellungswesens, München 1986.
17 Programmatisch: Ellen Spickernagel, Brigitte Walbe (Hg.): Lehrort contra Musentempel, Gießen 1976.
18 Vgl. meinen Beitrag zum Museum in diesem Band.
19 Vgl. aber die guten Ansätze bei Hans-Jürgen Pandel: Bildlichkeit und Geschichte, in: Geschichte lernen 1 (1988), Heft 5, S. 10–17.
20 Vgl. Guido Knopp, Siegfried Quandt (Hg.): Geschichte im Fernsehen. Ein Handbuch, Darmstadt 1988; Pierre Sorlin: The Film in History. Restaging the Past, Oxford 1980; Rainer Rother (Hg.): Bilder schreiben Geschichte: Der Historiker im Kino, Berlin 1991; Hans-Arthur Marsiske (Hg.): Zeitmaschine Kino. Darstellung von Geschichte im Film, Marburg 1992.
21 Vgl. z. B. Jörn Rüsen, Wolfgang Ernst, Heinrich Theodor Grütter (Hg.): Geschichte sehen. Beiträge zur Ästhetik historischer Museen, Pfaffenweiler 1988; Michael Fehr, Stefan Grohé (Hg.): Geschichte-Bild-Museum. Zur Darstellung von Geschichte im Museum, Köln 1989; Gottfried Korff, Michael Roth (Hg.): Das historische Museum und Labor-Schaubühne-Identitätsfabrik, Frankfurt a. M. 1990.

22 Vgl. den Beitrag von Albert d'Haenens in diesem Band.
23 Jan Assmann: Kollektives Gedächtnis und kulturelle Identität, in: ders., Tonio Hölscher (Hg.): Kultur und Gedächtnis, Frankfurt a. M. 1988, S. 9−19, zit. S. 12.
24 Gottfried Korff: Kulturelle Überlieferung und mémoire collective. Bemerkungen zum Rüsenschen Konzept der Geschichtskultur, in: Fröhlich, Grütter, Rüsen (Anm. 10), S. 51−61, zit. S. 52.
25 Walter Benjamin: Das Kunstwerk im Zeitalter seiner technischen Reproduzierbarkeit, Frankfurt a. M. ^{4}1970, S. 18.
26 Hermann Lübbe: Zeit-Verhältnisse. Zur Kulturphilosophie des Fortschritts, Graz, Wien, Köln 1983; ders.: Die Aufdringlichkeit der Geschichte. Herausforderungen der Moderne vom Historismus bis zum Nationalsozialismus, Graz, Wien, Köln 1989.
27 Pierre Norà: Zwischen Geschichte und Gedächtnis, Berlin 1990, S. 11.
28 Vgl. Hans Rudolf Schweizer: Ästhetik als Philosophie der sinnlichen Erkenntnis. Eine Interpretation der „Aesthetica" Alexander Gottlieb Baumgartens, Basel, Stuttgart 1973.
29 Immanuel Kant: Kritik der Urteilskraft, Frankfurt a. M. 1968.
30 Die entscheidenden Anstöße gingen dabei sicherlich von der ikonologischen Methode Erwin Panofskys aus. Vgl. ders.: Ikonographie und Ikonologie, in: Ekkehard Kaemmerling (Hg.): Ikonographie und Ikonologie. Theorien-Entwicklung-Probleme, Köln 1979, S. 207−225; ders.: Zum Problem der Beschreibung und Inhaltsdeutung der bildenden Kunst, in: ebd., S. 185−206.
31 Reinhart Koselleck: Kriegerdenkmale als Identitätsstiftungen der Überlebenden, in: Odo Marquardt, Karlheinz Stierle (Hg.): Identität (Poetik und Hermeneutik, Bd. 8), München 1979, S. 255−276, zit. S. 257.
32 Koselleck (Anm. 31), S. 274.
33 Vgl. Jochen Spielmann: Steine des Anstoßes: Denkmale in der Auseinandersetzung. Erinnerung an den Nationalsozialismus in Deutschland, in: Kritische Berichte 16 (1988), Heft 3, S. 5−16, zit. S. 8; Hubertus Adam: Erinnerungsrituale-Erinnerungsdiskurse-Erinnerungstabus. Politische Denkmäler der DDR zwischen Verhinderung, Veränderung und Realisierung, in: Kritische Berichte 20 (1992), Heft 3, S. 10−35, zit. S. 11.
34 Vgl. hierzu Lucian Hölscher: Geschichte und Vergessen, in: HZ 249 (1989), S. 1−17.
35 Thomas Nipperdey: Nationalidee und Nationaldenkmal in Deutschland, in: HZ 206 (1968), S. 529−585, zit. S. 538.
36 Vgl. hierzu Jörn Rüsen: Geschichtskultur als Forschungsproblem, in: Fröhlich, Grütter, Rüsen (Anm. 10), S. 39−50 und seinen Beitrag in diesem Band.
37 Vgl. Jörn Rüsen: Vernunftpotentiale der Geschichtskultur, in: ders., Eberhart Lämmert, Peter Glotz (Hg.): Die Zukunft der Aufklärung, Frankfurt a. M. 1988, S. 105−114.
38 Jean Clair: Das dritte Reich als Gesamtkunstwerk des pervertierten Abendlandes, in: Der Hang zum Gesamtkunstwerk. Europäische Utopien seit 1800. Ausstellungskatalog, Aaraus, Frankfurt a. M. 1983, S. 93−104, zit. S. 102.
39 Hartwig (Anm. 9), S. 257 f.
40 Clair (Anm. 38), S. 102.

II.
Dimensionen der Geschichtskultur

Michael Maurer

Bilder repräsentieren Geschichte. Repräsentieren Bilder Geschichte? Zur Funktion historischer Bildquellen in Wissenschaft und Öffentlichkeit

I. Bilder und Geschichte: Definitionen und Fragen

Ich möchte Sie einladen zu einigen Reflexionen über Bilder, und zwar aus der Sicht des Historikers.[1] Diese unterscheidet sich naturgemäß von der des Kunsthistorikers. Für den Kunsthistoriker sind Bilder der Gegenstand seiner wissenschaftlichen Bemühungen; für den Historiker sind sie allenfalls Quellen, die hilfsweise herangezogen werden, um das zu illustrieren, was er eigentlich schon weiß, nämlich in der Regel aus Schriftquellen. Meine Frage ist nun, ob ein solch illustrierender Umgang mit Bildern nicht vorwissenschaftlichen Charakter hat — anders gesagt: ob es der Historiker nicht eigentlich nötig hätte, seinen Umgang mit Bildern wissenschaftlich zu reflektieren. Dazu kämen dann ergänzende Fragen, wie etwa diese: Stimmt es denn, daß der Historiker schon alles aus Schriftquellen weiß? Oder, anders gewendet: Gibt es nicht vielleicht Sachverhalte, die er gerade aus Bildquellen erfahren kann? Was bedeuten Bildquellen für die verschiedenen Zweige der Geschichtswissenschaft? Welche Möglichkeiten bieten Bilder in didaktischer Hinsicht? Und schließlich: Vor welchen Gefahren im Umgang mit Bildern ist zu warnen?

Erläuterung verdienen auch die Begriffe in der Formulierung des Themas. Denn sie sind alle mehrdeutig. *Bilder* könnte man physiologisch definieren: Alles, was auf die Netzhaut fällt, sind Bilder. Wichtiger ist aber in unserem Zusammenhang ein anderer Bildbegriff, der sich auf Artefakte bezieht, seien es nun Gemälde, Graphiken oder andere. Schließlich gehören unter diesen Bildbegriff aber auch noch Reproduktionen von Artefakten: Drucke, Dias, Filme.

Auch der Begriff *Geschichte* hat drei Hauptbedeutungen im Deutschen: 1. Geschehen an sich, d. h. Realgeschichte, 2. die Erforschung des Geschehens, auch als Historie oder Geschichtswissenschaft bezeichnet, 3. die Darstellung des Geschehens wie auch der Ergebnisse der Erforschung desselben, also Historiographie oder Geschichtsschreibung. Je nachdem, wie wir diese verschiedenen Bild- und Geschichtsbegriffe aufeinander beziehen, ergeben sich verschiedene Relationen. Das Wort 'repräsentieren' ist als leere Bezeichnung dieser Relation gemeint, im Sinn von 'stehen für'. Können also Bilder für Geschichte stehen, und wenn ja, in welchem Sinn?

Geschichte ist uns als Realgeschichte nicht unmittelbar zugänglich, und wo unvermitteltes Geschehen vorliegt, ist es noch nicht Geschichte. Es bedarf eines Aktes der Auswahl aus dem Kontinuum des Geschehens und der Bedeutungsverleihung, um vom bloßen Geschehen zur Geschichte zu kommen. Die Vergeschichtlichung des Geschehens — wenn ich mich so ausdrükken darf — geschieht in der Gesellschaft, allerdings durch Einzelne. Die Bedeutungszuschreibung erleben wir emphatisch in den Werken großer Historiker. Gesellschaftlich wirkt dieser Prozeß, indem ein Publikum die individuellen Produktionen rezipiert. Gesellschaftlich ist aber, recht bedacht, auch schon der individuelle Produktionsprozeß des Historikers, indem sich dieser nämlich gesellschaftlich vermittelte Traditionen aneignet. Der Geschichtsschreiber bedient sich in jedem Fall der Ergebnisse historischer Forschung, ob er sie nun akzeptiert oder kritisiert, ob er sie verantwortlich wertend darstellt oder willkürlich auswählt und verwirft. Geschichte meint dementsprechend im folgenden hauptsächlich Historiographie unter Einschluß der historischen Forschung, wobei freilich mitzudenken ist, daß es eine Dimension realen Geschehens gibt, die noch vor den Artefakten des Historikers liegt.

Mit dieser Begriffsbestimmung sind wir an einem Punkt angekommen, an dem beide Dinge auf einer Ebene zu liegen scheinen: hier die Artefakte der Maler — dort die Artefakte der Historiker. Um die Wechselbeziehung geht es also eigentlich bei der Frage, ob Bilder Geschichte repräsentieren. Sogleich wird deutlich, daß es mehrere denkbare Beziehungen gibt: Ein Maler malt etwas, was er sieht, beispielsweise eine Schlacht; ein Historiker verwendet dieses Gemälde dann als historische Quelle. Oder umgekehrt: Ein Historiker beschreibt etwas, was er erforscht hat, beispielsweise eine Schlacht; ein Maler wertet diese Darstellung aus für sein Historiengemälde. Damit aber nicht genug. Denn der Maler kann ja auch malen, was er nur vor seinem geistigen Auge gesehen hat; der Historiker, der darauf fußt, beschreibt dann nicht mehr die Schlacht, sondern des Malers Bild von der Schlacht. Oder umgekehrt: Der Historiker hat sich vielleicht bei seiner Darstellung der Schlacht von gefälschten Schriftquellen irreführen lassen; der Maler, der sich auf den Historiker stützt, malt dann nicht die historische Schlacht, sondern die Schlacht des Historikers. Es liegt auf der Hand, daß das Produkt in beiden Fällen nicht Abbild realen Geschehens, sondern Abbild einer sekundären Realität ist, die im Verhältnis zur primären als Fiktion oder Fälschung erscheint.

Gingen wir auf diesem Weg des Denkens weiter, fänden wir uns bald in einem Irrgarten wieder; Bild und Geschichte erschienen uns dissoziert und unwirklich. Wir können beide aber auch wieder zusammenführen, indem wir sozialgeschichtlich ansetzen. Die Zeitgenossen eines Ereignisses, könnte man etwa sagen, ein Maler und ein Historiker beispielsweise, leben in derselben

Gesellschaft unter vergleichbaren Bedingungen. Ihre Auffassung eines Geschehenszusammenhanges kann eigentlich nur *eine* sein, wie sehr sie auch an der Oberfläche unterschiedlich aussehen mag, wie sehr sie sich auch durch entgegengesetzte Parteilichkeit als unvereinbar darstellen mag. Ein chinesischer Maler der Ming-Zeit und ein chinesischer Historiker der Ming-Zeit werden beide als Chinesen der Ming-Zeit Artefakte produziert haben, die etwas vom Allgemeinen der Zeit, des Volkes, der Gesellschaftsform enthalten. Auf der Basis dieser Annahme ließe sich dann folgern: Sowohl aus einem Gemälde als auch aus einem historischen Buch aus der Ming-Zeit wird uns ein Allgemeines deutlich, das uns auch erfahrbar wäre, wenn wir nur eines von beiden, das Gemälde *oder* das historische Buch, überliefert bekommen hätten. Die Aufklärer sprachen gern vom „Geist der Zeit" oder vom „esprit des nations".[2] Diese Überzeugung vom allgemeinen Zusammenhang der Erscheinungen ermöglicht eigentlich erst die Frage nach der „Repräsentativität"; erst unter dieser Voraussetzung können Bilder sinnvollerweise als für Geschichte stehende betrachtet werden.

Bevor ich nun zu dem komme, was ich zu meinem Thema im engeren Sinne machen will, muß ich erst noch erläutern, was hier ausgeklammert bleiben muß. Da ist zunächst die Frage nach den Bildern in der Sprache des Historikers. Bewußt oder unbewußt drücken wir uns ja in der Sprache immer bildlich aus. Zu diesem Komplex, den ich hier nicht behandle, gibt es ein Standardwerk von Alexander Demandt: „Metaphern für Geschichte".[3]

Was ich hier ebenfalls ausschließen muß, ist die Historienmalerei im engeren Sinne. Ohne Zweifel handelt es sich dabei um einen zentralen Bestandteil unseres Themas, der aber von der Kunstgeschichte schon als solcher erkannt und entsprechend vielfach bearbeitet ist. Interessenten verweise ich auf die wichtige Ausstellung „Triumph und Tod des Helden" im Kölner Wallraf-Richartz-Museum. Im Katalog zu dieser Ausstellung finden sich neben Reproduktionen der ausgestellten Bilder auch grundlegende wissenschaftliche Beiträge und weiterführende Literaturhinweise.[4]

Ich wähle hier an dieser Stelle einen anderen Zugang zum Thema: Wir sind auf allen Seiten von Bildern umgeben. Das hat mit Wissenschaft zunächst gar nichts zu tun. Das Kunstwerk ist längst ins „Zeitalter seiner technischen Reproduzierbarkeit" eingetreten.[5] Dementsprechend muß man als Realist nicht nur fragen: Was können wir Historiker von den unschwer zu reproduzierenden Bildern profitieren? Wir müssen auch fragen: Inwieweit wird unsere historische Wahrnehmung durch die ubiquitären Bilder gestört und fehlgeleitet? Wenn man dieses Problem einmal erkannt hat, wird man zu der Einsicht gedrängt, daß hier erstens eine Sensibilisierung nötig ist — und zweitens positive, aufbauende Gestaltung der zeitgenössischen Wahrnehmungsweisen. Durch die Erforschung der Möglichkeiten und Bedingungen künstlerischen Schaffens in der Vergangenheit können wir die historische Kenntnis überhaupt befördern, indem wir nämlich unseren Umgang mit Bildquellen kritisch reflektieren. Die Auseinandersetzung mit Bildern ist dabei auf zwei Ebenen von Bedeutung: auf der heuristischen, d. h. im Prozeß der Forschung selber,[6] und auf der didaktischen, d. h. bei der Vermittlung und Umsetzung von Forschungsergebnissen.[7]

In den folgenden beiden Hauptteilen meines Beitrags will ich Ihnen anhand von Bildern sinnlich-konkrete Erkenntnis ermöglichen zu zwei verschiedenen Aspekten der Frage nach der Repräsentativität der Bilder für Geschichte. Die erste Bildreihe gilt einer Epoche. Meine Frage: Wie verhält sich das piktoriale Erbe einer bestimmten Epoche – ich wähle das England des 18. Jahrhunderts – zur Rekonstruktion dieser Epochje durch die Geschichtswissenschaft? Die zweite Bildreihe gilt einer historischen Disziplin: Welche Bedeutung, wollen wir fragen, haben Bilder für eine neuere Disziplin, die Sozial- und Mentalitätsgeschichte, oder: Welche Bedeutung könnten sie haben?

II. Rekonstruktion einer Epoche: England im 18. Jahrhundert

Mehr noch als die deutschen haben die englischen Verleger die Gewohnheit, ihre literarischen und historischen Bücher im Buchhandel attraktiv zu präsentieren durch die Abbildung eines historischen Gemäldes auf dem Titelblatt oder auf dem Schutzumschlag. Das signalisiert dem Leser sofort: Vergangenes steht hier in Rede – sei es nun als Fiktion oder als Historie. Wenn der Käufer bzw. Leser etwas stilistische Kenntnisse hat, kann er sofort wenn nicht das Bild, den Maler, so doch die betreffende Epoche angeben. Wenn er Museen besucht, ist es vielleicht ein Wiedererkennen. Meist steht ein bestimmtes Bild für ein Buch, so daß man hier fragen kann: Repräsentiert dieses Bild das Buch, welches damit geschmückt ist? Und in welchem Sinne? Zyniker werden einwenden: Die verantwortlichen Umschlagdesigner und Verlagslektoren, die Werbestrategen und Produktmanager lesen die betreffenden Bücher ja ohnehin nicht. Richtig. Und doch kommt es in der Praxis nicht selten vor, daß man dem Autor ein Vorschlags- oder zumindest ein Vetorecht einräumt. Folglich darf man auch nicht in jedem Fall voraussetzen, der Inhalt eines Buches und sein äußeres Gewand hätten nichts miteinander zu tun. Bleiben wir also fürs erste bei der naiven Vorstellung, das Umschlagbild stehe für den Inhalt des Werkes.

Zur Illustration habe ich zehn Darstellungen zur politischen und zur Sozialgeschichte Englands im 18. Jahrhundert zusammengetragen. Die Zusammenstellung der Umschlagbilder nimmt sich aus wie eine Hogarth-Gemäldegalerie. Sieben der zehn Bücher sind mit Gemälden des Malers William Hogarth (1697 bis 1764) geschmückt. Wie kommt dieser Maler zu solcher Repräsentativität?

Tabelle 1: Werke zur politischen Sozialgeschichte Englands im 18. Jahrhundert und ihre Umschlagbilder

Titel	Titelbild
1. Dorothy Marshall: Eighteenth Century England, London 1962, 1974	Gentleman (Popversion)
2. J.C.D. Clark: English Society 1988–1832, Cambridge etc. 1985	Anonymer Stich: Service of Thanksgiving in St. Paul's Cathedral for George III's Recovery from Illness, 23 April 1789
3. Roy Porter: English Society in the Eighteenth Century, Harmondsworth 1982	Joseph van Aken: Covent Garden Piazza and Market
4. G.M. Trevelyan: A Shortened History of England, Harmondsworth 1959, 1976	William Hogarth: O the Roast Beef of Old England! (Ausschnitt)
5. W.A. Speck: Stability and Strife. England 1714-1760, London 1977	William Hogarth: The Polling (Ausschnitt)
6. J.H. Plumb: England in the Eighteenth Century, Harmondsworth 1950, 1979	William Hogarth: Gin Lane (Ausschnitt)
7. M. Dorothy George: London Life in the Eighteenth Century, Harmondsworth 1966, 1976	William Hogarth: The March of the Guards to Finchley (Ausschnitt)
8. A.F. Scott: The Early Hanoverian Age 1714–1760. Commentaries of an Era, London 1980	William Hogarth: Chairing the Member (Ausschnitt)
9. Douglas Hay u.a.: Albion's Fatal Tree. Crime and Society in Eighteenth-Century England, Harmondsworth 1977	William Hogarth: The Bench (Ausschnitt)
10. Derek Jarrett: England in the Age of Hogarth, Frogmore, St. Albans 1974	William Hogarth: The Rake's Progress - A Tavern Scene (Ausschnitt)

Sieben der angegebenen Werke enthalten im Innern keine Illustrationen; das Bild auf dem Umschlag ist der einzige sinnliche Eindruck der Epoche, den sie liefern. Drei Bücher enthalten weitere Illustrationen: Die populäre Quellensammlung von A.F. Scott bringt 30 Illustrationen, meist Karikaturen; 4 davon von Hogarth. Eine Sammlung sozialgeschichtlicher Studien über Kriminalität und Gesellschaft im England des 18. Jahrhunderts hat 15 Abbildungen, davon 3 von Hogarth. Anders verhält es sich mit dem Versuch des Historikers Derek Jarrett, die Epoche ganz mit den Augen des Malers Hogarth zu sehen: 25 von 33 Bildern sind ihm zuzuschreiben, noch mehr werden im Text als kultur- und sozialgeschichtliche Quellen besprochen, und das ganze Buch trägt den Titel „England in the Age of Hogarth". Nur selten wird man eine Epoche im Spiegel des Oeuvres eines einzigen Malers sehen können. Kaum einer hat soviel historisches Material geliefert. Kaum einer bietet so dankbare Vorlagen für eine sozialkritische Interpretation.

Hier gilt es zunächst, nach den Voraussetzungen für einen so außergewöhnlichen Grad der Repräsentation zu fragen. Dazu eine Vorüberlegung. Die wichtigste Voraussetzung ist die des Realismus. Wir müssen die dargestellte Welt als abgebildete, widergespiegelte nehmen können, sonst versagen die Begriffe des Historikers allzu schnell. Wir heutige Betrachter müssen also dieselben Wahrnehmungsgewohnheiten und Deutungsmuster noch beherrschen, nach welchen der Maler gemalt hat. Hogarths satirisch-kritische Malhaltung entspricht der analytisch-kritischen Interpretationshaltung des heutigen Historikers.

Abb. 2: William Hogarth: O the Roast Beef of Old England („Calais Gate"), 1748

Um es nicht bei Abstraktionen bewenden zu lassen und einen vertieften Eindruck von Hogarths Kunst der Repräsentation des Historischen zu geben, interpretiere ich als Beispiel das Bild *O the Roast Beef of Old England or Calais Gate*, 1748 gemalt, heute in der Tate Gallery, London.[8] Es ist ein beinahe quadratisches Querformat (78,7 x 94,6 cm). Durch einen Torbogen, der den Vordergrund in Dunkel taucht, sehen wir eine Figurengruppe im beleuchteten Mittelgrund, der nach hinten abgeschlossen wird durch ein Stadttor mit zwei niedrigeren Wachsgebäuden rechts und links. Durch dieses Stadttor fällt der Blick in die Ferne, wo man, wiederum in hellem Licht, eine Prozession — Priester, Meßdiener und Gläubige vor einem Kreuz auf den Knien — erkennen kann. Wir sind also offenbar in einem katholischen Land, in dem der Klerus eine zentrale Rolle spielt: Im Zentrum des Bildes deutet ein wohlgenährter Mönch auf seinen Bauch. Gegenstand seiner vorgreifenden Gaumenfreude ist ein überdimensional großes Lendenstück vom Rind, ein prächtiges englisches Roastbeef, das vorbeigetragen wird. Um den Mönch hat sich eine Gruppe von mehreren Soldaten gebildet, die sämtlich zerlumpt und ausgemergelt scheinen. Sie müssen sich mit der Suppe begnügen, die in einem offenen Kessel ausgegeben wird; dem Roastbeef können sie nur sehnsüchtig nachschauen. Die Szene ist Calais. Der durch die beiden Figurengruppen von Klerus und Militär repräsentierte Staat ist die französische Monarchie. Deren Herrschaft führt offensichtlich dazu, daß sich die einen mästen, während die anderen darben. Freilich tragen die beiden abgebildeten Gruppen durch ihre Funktion im System zum Gesamtcharakter des Staates als einen unfreien, despotischen bei: Die Geistlichen durch Einschränkung der *geistigen* Freiheit, die Soldaten durch Unterdrückung der *politischen*. Diese Pointierung ergibt sich für das Auge des zeitgenössischen englischen Betrachters sinnfällig, weil er militärische Macht als disziplinierende Kraft im Innern des Staates nicht kennt und deshalb als Zeichen despotischer Willkür zu deuten gewohnt ist; weil England, dominiert von der anglikanischen Staatskirche und zahlreichen protestantischen Sekten, sich einig ist in der Ablehnung alles Katholischen, Ultramontanen und Klerikalen. Im protestantischen Bereich gilt seit der Glorreichen Revolution eine weitgehende Toleranz. Der Schauplatz Calais ist nicht nur ein realer, sondern auch ein symbolischer: Seit dem Hundertjährigen Krieg hatte Calais noch bis 1559 als englischer Stützpunkt auf dem Kontinent zur englischen Krone gehört. Hier betraten reisende Engländer erstmals fremden Boden. Das englische Roastbeef als Symbol des Genusses und Wohllebens breiter Schichten auf der glücklichen Insel stand in kalkuliertem Kontrast zum zugespitzten, in die Höhe gezogenen Gatter des Stadttores mit den bewaffneten Soldaten: Stadttore waren in dieser Zeit in England schon längst nicht mehr üblich und nötig, da eine Verteidigung zu Lande gegen äußere Feinde seit langem schon überflüssig war und die Kontroll- und Akzisefunktion der Stadttore auf dem Kontinent in England unbekannt war. Die Botschaft des Bildes: Hier enden Freiheit und Menschenrechte, hier hört die Heimat auf und der Genuß des Lebens.[9] In Hogarths Gemälde ist schließlich noch hinzuweisen auf den Bettler, der im Vordergrund unter dem Torbogen kauert, kenntlich am karierten Tuch seiner Kleidung als Schotte. Der historische Hintergrund: 1746 hatten sich zum letzten Mal in Schottland die Jakobiten gegen die Herrschaft des Hauses Hannover zugunsten der Stuarts erhoben. Sie wurden militärisch niedergeworfen; nicht wenige verließen in der Folge das Land. Die Botschaft ist also nicht nur: „Bleib' im Land und nähr' dich redlich"; es ist zugleich ein politischer Hintergrund erkennbar. Indem Hogarth einen ausgewanderten Schotten im Ausland im Elend zeigt, nimmt er politisch für den Status quo in England Stellung, stärkt er propagandistisch den britischen Konsens unter englischer Dominanz. Eine weitere Randfigur ist in der Helle des Mittelgrunds auf der linken Seite erkennbar: Ein Mann, der in sein Notizbuch skizziert — der Maler selbst. Er hatte zusammen mit anderen englischen Malern 1748 (nach dem Frieden von Aachen) eine Reise nach Frankreich gemacht und war auf der Rückreise in Calais festgenommen worden, weil man ihm zum Vorwurf machte, militärische Anlagen zu skizzieren, kurz: zu spionieren. Im eingefangenen Augenblick legt ihm gerade ein von hinten zutretender Soldat mit vorgestreckter Hellebarde die Hand auf die Schulter, um ihn zu schnappen. Die historisch repräsentativ gestaltete Szene enthält also auch ein autobiographisches, anekdotisches Element. Daß es Hogarth auf diese persönliche Beglaubigung der andernfalls kruden Vorurteile und Klischees ankam, ist dadurch unterstrichen, daß sich der Maler nicht nur selbst ins Bild setzte, sondern auch einen Text entwarf, in welchem er den Hergang der Begebenheit erzählte. Nach dem vorliegenden Ölgemälde wurden Radierungen angefertigt, denen der Text beigegeben werden sollte.

Nach diesem eingehender betrachteten Beispiel können wir einige Gründe formulieren, die Hogarth nicht nur bei seinen Zeitgenossen außerordentlich beliebt machten, sondern ihn auch heutigen englischen Historikern als *den* Repräsentanten des 18. Jahrhunderts erscheinen lassen. Zum einen bestärkte Hogarth ein chauvinistisches Wir-Gefühl. Er bekräftigte die Werte der herrschenden und der aufsteigenden Schichten. Er malte die Engländer so, wie sie sich selbst sehen wollten: als *political nation* bei ihren Wahlakten und Volksfesten, bei ihren Vergnügungen und Kundgebungen. Er war dezidiert ein Maler der *middle classes* und der lebenssprühenden Metropolis. Sein Wirken war reformistisch und kritisch. Ihm eignete eine spezifische Modernität, eine Neigung zum Realismus mit satirischen Zügen. Ohne Zweifel ist Hogarth deshalb ein unvergleichlicher Repräsentant seiner Zeit, seiner Schicht, seiner Metropole. Aber die Vorliebe der Historiker beruht doch auf einem analytischen Schritt, der mit den Bildern selbst und mit der von ihnen repräsentierten Zeit zunächst nichts zu tun hat. Die Historiker stiften nämlich retrospektiv eine Kontinuität des Historischen, die den von Hogarth repräsentierten Tatbeständen geschichtsbildende Kraft, Modernität, zuerkennt. Sie haben ein bestimmtes Konzept vom Aufstieg des Bürgertums, von Verstädterung, von Nationalismus, von sozialen Spannungen, von notwendiger Kritik des Bestehenden, das durch den Zeitzeugen Hogarth — so scheint es — stets bestätigt wird. Text und Bild, so könnte man zugespitzt formulieren, verhalten sich hier so zueinander, daß die Historiker ihren Text schon haben, zu dem sie sich Bilder bestellen, die — *mirabile dictu* - der alte Meister auch liefert. Hogarth wird gewissermaßen dazu mißbraucht, als Zeitgenosse des 18. Jahrhunderts die Analyse des Historikers aus dem 20. Jahrhundert zu beglaubigen!

Vielleicht ist es instruktiv, an dieser Stelle eine Gegenrechnung aufzumachen und die Kunsthistoriker zu fragen, welche Stellung denn *sie* Hogarth in der englischen Malerei des 18. Jahrhunderts zuerkennen. Ich habe dazu sechs kunstgeschichtliche Werke ausgewertet, und zwar nach dem äußerlichen Kriterium der Anzahl von Abbildungen pro Band; ich habe dann jeweils den Anteil von Hogarth an diesem Korpus ermittelt und die zur Abbildung gewählten Werke näher bezeichnet.

Tabelle 2: Hogarth in kunstgeschichtlichen Überblicksdarstellungen

Titel	Abbildungen von Hogarth	Abbildungen anderer Engländer des 18. Jahrhunderts
V. Denis/Tj. E. de Vries: Kunst und Kultur aller Zeiten, Bd.2: Von der Renaissance bis heute, Hanau o.J.	2 von 18 "The Rake's Progress" III: Die Orgie "Portrait Captain Coram"	3 Gainsborough 2 Reynolds 1 Kneller 1 Ramsay 1 Romney 1 Beechey 1 Raeburn 1 Lawrence 1 Wilson 1 Alexander Cozens 1 West 1 Morland 1 Stubbs
Propyläen kunstgeschichte, Bd.10: Die Kunst des 18. jahrhunderts, von Harald Keller u.a., Neudruck Frankfurt/Berlin/Wien 1984	3 von 18 "Hogarth's Six Servants" "Gin Lane" "Marriage à la mode" IV: "The Countess's Levée"	3 Gainsborough 3 Reynolds 1 Kneller 1 Thornhill 1 Ramsay 1 Stubbs 1 Zoffany 1 Scott 1 Wilson 1 Romney 1 Joseph Wright
Michael Wilson: Die national Gallery London, München o.J. (1982)	2 von 11 "The Shrimp Girl" "Marriage à la mode" IV: "The Countess's Levée"	3 Gainsborough 2 Reynolds 1 Lawrence 1 Zoffany 1 Stubbs 1 Wilson
Dillian Gordon: The National Gallery Schools of painting British Paintings, London 1986	8 von 32 "The Shrimp Girl" "The Graham Children" "Marriage à la mode" I-VI	10 Gainsborough 5 Reynolds 2 Lawrence 2 Stubbs 2 Wilson 2 Joseph Wright 1 Zoffany

Fritz Baumgart: Vom Klassizismus zur Romantik 1750-1832. Die Malerei im Jahrhundert der Aufklärung, Revolution und Restauration, Köln 1974	1 von 42 "An Election Entertainment"	2 Joseph Wright 2 David Wilkie 2 Füßli 2 West 2 Reynolds 1 Wilson 1 Gainsborough (…)
William Gaunt: A Concise History of English Painting, London 1964, 1976	5 von 64 "The Rake's Progress" III: "The Orgy" "The Graham Children" "Marriage à la mode" I: "The Marriage Contract" "O the Roast Beef of Old England!" "Heads of Six of Hogarth's Servants"	7 Gainsborough 3 Blake 3 Zoffany 3 Reynolds 3 Rowlandson 3 Stubbs 2 Cotman 2 Füßli 2 Kneller 2 Ramsey

Das Ergebnis: Ganz allgemein kann man feststellen, daß Gainsborough über Hogarth gestellt wird! Für die *Historiker* ist das englische 18. Jahrhundert das Jahrhundert *Hogarths,* für die *Kunsthistoriker* das Jahrhundert *Gainsboroughs!* Zur Verdeutlichung sei hinzugefügt: Beide messen mit heutigen Maßstäben, sowohl die Historiker, die nach sozialer und politischer Relevanz gewichten, als auch die Kunsthistoriker, die ästhetische Maßstäbe anlegen und die Entwicklung der Gattungen rekonstruieren. Denn in der künstlerischen Hierarchie der Zeit selbst dominiert das Historiengemälde, vertreten in England etwa durch Sir Joshua Reynolds, der ja nicht zufällig auch Präsident der neugegründeten Royal Academy wurde.[10] Sein Konkurrent Thomas Gainsborough wäre dafür nicht in Frage gekommen, weil er niedere Sujets pflegte, nämlich Portrait und Landschaft, und Hogarth (der allerdings kurz vor Gründung der Akademie schon verstorben war), ebensowenig, da er als Genremaler und Kupferstecher von der hohen Kunst noch weiter entfernt war. In den analysierenden Darstellungen geht es aber nicht um den Horizont der Zeit, sondern um den ästhetischen Kanon der Folgezeit, ja unserer Gegenwart. Dementsprechend ist die Perspektive der Kunsthistoriker eine gattungsgeschichtliche: Sie fragen etwa, wo es für den Gipfel der englischen Landschaftsmalerei, der nach allgemeinem Konsens in der Romantik mit Constable und Turner erreicht wurde, im 18. Jahrhundert Vorläufer gab. Eine bedeutende Rolle in der englischen Kunst und Kunstgeschichte spielt auch das Portrait, eine Besonderheit der englischen Schule seit den Anfängen (und auch heute noch). Beide gattungsgeschichtlichen Perspektiven führen auf Gainsborough![11]

Hogarth oder Gainsborough — das ist aber keineswegs nur eine Frage der vorwiegend ästhetischen oder politisch-sozialen Kriterien. Denn teilweise drückt sich in der Option der Historiker für Hogarth auch ein spezifisches

Bewußtsein von Moderne aus. Gainsborough bediente eine (vorwiegend) ländlich-aristokratische Klientel, Hogarth eine städtisch-bürgerliche. Damit sind die Maler auch in jeweils verschieden sich auswirkenden kunstsoziologischen Zusammenhängen zu verstehen. An Gemeinsamkeiten sind zu nennen: Beide waren vom freien Markt abhängig, hatten keine Akademiestellen, Hofmalerpensionen oder ähnliches. Beide waren nicht aus Kunstschulen oder akademischen Traditionen hervorgegangen, sondern aus dem Handwerk der Kupferstecher und Radierer, und als Maler mehr oder weniger Autodidakten. Aus der Marktlage zogen beide aber verschiedene Konsequenzen: Gainsborough ließ sich zeitweise in Bath als Portraitmaler nieder, wo er die vornehme (und weniger vornehme) Gesellschaft versammelt finden konnte. Der Londoner Hogarth dagegen verlegte sich auf die volkstümlichen Medien Radierung und Kupferstich. Reproduktionsverfahren versprachen Gewinn durch günstige Preise für das Einzelblatt und hohe Auflagen. Die künstlerischen Techniken wiederum beeinflußten die Wahl der Sujets. So ist das Portrait eine Domäne der Ölmalerei. Portraits in Massenauflage hatten nur Sinn bei bekannten Persönlichkeiten. (So stach Hogarth etwa den Demagogen John Wilkes in Kupfer und den schottischen Aufrührer Simon Lord Lovat.) Massenauflagen wurden aber möglich bei den von Hogarth selbst so genannten *Modern Moral Subjects*. Sie wandten sich an dasselbe breite bürgerliche Publikum, das schon den Moralischen Wochenschriften zum Erfolg verholfen hatte. *Modern Moral Subjects* dienten der Belehrung und Erbauung, d. h. sie gehörten eigentlich nicht in den ästhetischen, sondern in den moralischen Diskurs. Sie bildeten Säkularisationsformen des kirchlich Religiösen früherer gesellschaftlicher Zustände. Sie dienten der Tugend, d. h. dem Bürgertum. Sie waren eine Waffe der aufstrebenden Schichten in ihrem Kampf gegen die beharrend-rückwärtsgewandten. Das 18. Jahrhundert durch *Hogarth* repräsentieren — das bedeutet, die Ergebnisse der geschichtlichen Entwicklung vorwegnehmen. Das 18. Jahrhundert durch *Gainsborough* repräsentieren, das bedeutet, die damals bestehenden gesellschaftlichen Verhältnisse im Symbol erkennen.

Dies sei, zum Abschluß des ersten Hauptteils, an einer Interpretation eines gleichzeitig entstandenen Gemäldes von Gainsborough demonstriert: *Mr. and Mrs. Andrews*.[12] Es führt uns in die Welt der Klasse, die um die Mitte des 18. Jahrhunderts in England dominierte, in die Welt der ländlichen Großgrundbesitzer, die auf lokaler Ebene direkten politischen, sozialen, rechtlichen, wirtschaftlichen und geistigen Einfluß ausübten. 1748 kam Thomas Gainsborough einundzwanzigjährig von der Lehre in seine Heimatstadt Sudbury in Suffolk zurück, um sich als Maler zu etablieren. Im selben Jahr heiratete Robert Andrews, Besitzer des Anwesens *The Auberies* in der Nähe von Sudbury, die junge Frances Mary Carter. Das Ölgemälde wurde wahrscheinlich erst 1750 ausgeführt. Es handelt sich um ein Doppelportrait repräsentativen Charakters, das aber eine auszeichnende Besonderheit aufweist: Die

Abb. 3:   Thomas Gainsborough: Mr. und Mrs. Andrewes, um 1750

Figuren sind nicht im Zentrum des Bildes, wie man es erwarten würde. Vielmehr läßt sich das breite Querformat (69,8 x 119,4 cm) halbieren in eine linke Hälfte mit dem Doppelportrait und eine rechte, welche von einer Landschaft eingenommen wird. Wohl ist bei Portraits mit Landschaftshintergrund im Prinzip Vorsicht am Platze: Leicht kann es sich um Staffage handeln oder um zweitrangige Arbeit, die von einem Gehilfen ausgeführt wurde. In späteren Jahren hat der vielbeschäftigte Portraitmaler Gainsborough auch vor solcher Praxis nicht zurückgeschreckt. Im Falle dieses frühen Bildes aber verhält es sich anders: Weist doch schon die Bildaufteilung darauf hin, daß der Landschaft hier eigenes Gewicht zukommen soll. Es handelt sich hier nicht um eine Staffagelandschaft, sondern um die Abbildung einer realen. Sie ist identifiziert worden durch den Kirchturm im Hintergrund: *St Peter's, Sudbury.* Diese Art von Präsentation hat ihren guten Sinn. Die Landschaft ist in dieser Zeit noch nicht ästhetisch-autonom, als Stimmungslandschaft, zu sehen.[13] Sie ist vielmehr realer Besitz des abgebildeten Gutsherrn, und zwar eine offensichtlich landwirtschaftlich intensiv genutzte englische Parklandschaft mit Kornfeld, eingezäunter Weide, Wald und Buschwerk. Dieses abgebildete Land ist die reale Machtbasis des abgebildeten Gutsherrn. Aus ihm zieht er direkten Nutzen: Getreide, Vieh, Wild. Politische Macht kommt ihm zu, insofern die Besteuerung der Erträge dieses Landes mit korporativen Repräsentationsrechten im Parlament verbunden ist. Für die auf seinem Besitz angesiedelten

Untertanen ist er zugleich Gerichtsherr. Wahrscheinlich ist er auch Patronatsherr der Kirche im Fluchtpunkt des Bildes, setzt deren Pfarrer ein und besoldet ihn. Der Stand der gesellschaftlichen Entwicklung jener Zeit ist, trotz einer gewissen Mobilisierung des Bodens und früher kapitalistischer Entwicklung, in England noch gekennzeichnet durch Grundbesitz mit all seinen Akzidenzien (wirtschaftlich, sozial, rechtlich, politisch, kirchlich). Wer als Bürger im Handel Karriere gemacht hat oder in den freien Berufen, wird so schnell wie möglich seinen erreichten Status durch Landerwerb zu dokumentieren und zu festigen suchen. – Um nun von der rechten auf die linke Bildhälfte überzugehen: Nichts ersehnt ein Gutsbesitzer dringlicher als einen männlichen Erben, dem er den Besitz weitervererben kann. In dieser Hinsicht kommt der Ehefrau als Gebärerin von Nachkommen größte Bedeutung zu. Auch dieses „schöne Eigentum" muß im Bild repräsentiert werden. Mann und Frau gehören offenbar den besten gesellschaftlichen Kreisen an. Das ist im Bild dokumentiert durch die kostbare Kleidung und durch die anerzogene Haltung: im Fall des Gentlemann aktiv, leger; im Fall der Lady passiv, bewahrend. In der Haltung drückt sich auch die zeitgenössische Meinung über die Aufgaben und das Wesen der Frau wie auch des Mannes aus. Persönliche Beziehungen zwischen beiden sind im Bild nicht dargestellt; es geht nicht um private Gefühle, sondern um öffentliche Repräsentation. Mr. Andrews ist soeben mit seinem Hund und seinem Gewehr von der Jagd zurückgekommen (Jagdgerechtigkeit als Standesprivileg, versteht sich), keineswegs schwitzend und schmutzig, sondern standesgemäß wohlgekleidet mit weißen Seidenstrümpfen und weichen Lederhandschuhen. Den erlegten Fasan hat er der Gattin in den Schoß gelegt – aus Gründen, über die man spekulieren kann, wurde die Beute schließlich nicht ausgemalt; das Bild blieb in diesem einen Punkte unvollendet! Und doch handelt es sich um ein vollkommenes Bild ländlichen Lebens, in sich ruhend, plausibles Ergebnis eines bestimmten Tuns und einer bestimmten Haltung; Repräsentation einer Gesellschaftsordnung, einer Herrschaftsordnung, eines definierten Verhältnisses von Mann und Frau, von Mensch und Umwelt.

III. Die Bedeutung von Bildquellen für eine historische Disziplin: Sozial- und Mentalitätsgeschichte

Bei genauerem Hinsehen ergibt es sich, daß verschiedene historische Teildisziplinen schon aus systematischen Gründen mit unterschiedlicher Intensität auf Bildquellen zurückgreifen. Bevor ich näher auf die Sozial- und Mentalitätsgeschichte eingehe, mögen hier ein paar Bemerkungen zu anderen Teilbereichen der Geschichtswissenschaft am rechten Ort sein.

Insofern *Wirtschaftshistoriker* mit Phänomenen menschlicher Arbeit und Produktion, mit Maschinen und Bauwerken, mit Verkehrsmitteln und Geräten zu tun haben, greifen sie gerne auf Bilder zurück und können dies auch mit vollem Recht und gutem Gewinn. Dies geschieht besonders häufig in bezug auf die industrielle Entwicklung des 19. Jahrhunderts.[14] Der systematische Grund dafür ist die Koinzidenz eines abbildenden Realismus in der Kunst mit bedeutenden technisch-zivilisatorischen Umwälzungen des Alltagslebens, die von den Mitlebenden selbst schon registriert wurden. Was von den Ingenieuren entwickelt wurde, war in seiner Wirkung sofort sinnfällig und wurde von den Malern des Realismus gemalt. Wir haben deshalb keinen Mangel an Eisenbahnbildern und Dampfmaschinenbildern, an chemischen Laboratorien und Traktoren. Weniger sinnfällig ist dagegen die Entwicklung auf dem Dienstleistungssektor. Wirtschaftshistoriker, die analytisch und quantitativ arbeiten, werden sich auf Bildquellen nicht verlassen wollen und sie vielleicht gar als zufällig, impressionistisch ablehnen. Konjunkturkurven und Getreidepreise, Sozialprofile und Bevölkerungsquotienten scheinen für sich selbst zu sprechen — und etablieren im übrigen als Graphiken nicht selten eine eigene piktoriale Suggestivität.

Verfassungsgeschichte ist eine Disziplin, die sich hochgradig auf Schriftquellen stützt und als Abbildungen Dokumente bevorzugt, großmächtige Unterschriften unter Vertragswerken, den Wiener Kongreß, wie er tanzt, die steifen Männer, die zum Abschluß des Westfälischen Friedens einem Maler zum Gruppenportrait sitzen wie eine holländische Schützengesellschaft.[15] Eine gewisse Rolle mögen allenfalls die Portraits der Akteure spielen, der Könige, Minister und Gesandten. Dabei wird allerdings vorausgesetzt, daß ihre Gesichtszüge Dispositionen spiegeln, die auch für ihr Handeln im politischen Raum nicht ohne Relevanz waren. Das Herrscherportrait als höfische Repräsentationsform ist deshalb auch seit längerem schon in den Horizont der Historiker getreten.[16]

Sozialgeschichte im Verbund mit *Mentalitätsgeschichte* — das ergibt sich schließlich als die wahre Domäne des Bildes. Stände und Lebensformen, Alltag und Kult, Tun und Leiden, Wohnen und Arbeiten, Krieg und Genuß — das alles ist abbildbar und wurde auch vielfältig abgebildet.[17] Aber hüten wir uns vor Naivität: Die Künstler der abendländischen Tradition malten nicht, um den Historikern späterer Generationen die Welt zu dokumentieren, in der sie lebten. Die Maler malten in vorgegebenen traditionellen Bahnen, die sie vielleicht weiterentwickelten und ausdehnten, aber in keinem Fall negieren konnten. Auch dazu ein paar Beispiele. Ein italienischer Maler des 17. Jahrhunderts wie Guercino hielt sich an die hohen Gegenstände der Historienmalerei und der religiösen Kunst, wenn wir die Ölgemälde als sein Werk akzeptieren. Schauen wir aber in seine Skizzenbücher, so finden wir plötzlich alles, was wir uns als Historiker wünschen: das Alltagsleben, das ihn zu seiner Zeit in Neapel umgab — die Bettler und Alten, verschiedene Handwerker und verschiedene Stände, Glanz und Elend.[18] Das bedeutet, daß die Wahrnehmung durchaus umfaßte, was uns Heutige interessiert, daß aber die akademische Kunstübung und die Nachfrage der Auftraggeber und Käufer diesen Sektor damals noch nicht erreicht hatte. Doch selbst dieses Negativergebnis ist noch ein wichtiger Befund, der über das bloß Kunstsoziologische hinausweist und die Gesellschaft insgesamt charakterisiert.

Heutige Historiker haben grundsätzlich einen sozial differenzierenden Blick auf alle Erscheinungsformen geschichtlichen Lebens. Diese Auffassungsweise war aber nicht zu allen Zeiten so selbstverständlich wie heute; sie muß dementsprechend ihrerseits als Produkt einer historischen Entwicklung begriffen werden. Es quält die modernen Sozialhistoriker, wenn etwa in höfischen Gemälden nur „Elitenkultur" gezeigt wird. Lieber als Ludwig XIV. wollen sie „vingt millions de français" sehen.[19] So mag man sich mit diesem modernen Blick am Ende glücklich schätzen, daß es auch die Brüder Le Nain gab, mithin eine nichthöfische, sozialrealistische Richtung der damaligen Kunstpraxis.[20] Vor allem aber bekommen wir in der niederländischen Malerei des 17. Jahrhunderts alle Stände in den Blick, einschließlich der Unterschichten, und zwar auf Bildern, die den Eindruck realistischer Abbilder machen: Da finden wir Bauern in der Schenke und beim Flöhen; Mägde, die auf dem Feld bei sommerlicher Hitze nach anstrengender Arbeit eingeschlafen sind.[21] Freilich ist dabei zu bedenken, daß alle diese Bilder von bürgerlichen Malern gemalt und von bürgerlichen Käufern erworben worden sind! Die Bauern auf diesen Bildern sind nicht schlechthin Bauern, sondern Bauern in der Perspektive einer Schicht, die sich ihnen überlegen fühlte. So läßt es sich erschließen, daß die unzähligen Bilder mit saufenden und randalierenden Bauern in der Schenke der Abgrenzung dienen, der Selbstdefinition einer bürgerlichen Schicht, die ihre eigenen Werte hatte und diese allgemein durchsetzen wollte: Arbeit, Fleiß, Pflichterfüllung, Sparsamkeit, Reinlichkeit, Ordnung.[22] Man konnte versuchen, solche Werte direkt ins Bild zu setzen, Abbilder realistisch aufgefaßter Lebensformen zu schaffen, denen man normative Qualität zusprach.[23] Man konnte aber auch mit der Perhorreszierung des Gegenteils arbeiten.[24] Ein weiterer Weg ist der symbolisch-emblematische, in der holländischen Malerei des 17. Jahrhunderts oft noch vermittelt durch Sprichwörter.[25] Und schließlich gibt es auch in jener Zeit schon ästhetisierende Tendenzen, welche die intendierten Gehalte in sublimierter Form in Erscheinung treten lassen: als Ruhe, Licht, Klarheit, Reinheit und Präzision, als Stimmungsqualitäten häuslich-bürgerlicher Lebensführung, meisterhaft bei Jan Vermeer van Delft.[26] Eine an Bildquellen orientierte Darstellung der Sozialgeschichte wird sich dementsprechend nicht mit dem deiktischen Gestus zufriedengeben können („Hier sehen wir einen Bauern — so schlecht ging es den Leuten auf dem Lande"). Sie wird vielmehr die Kunstwerke im Zusammenhang ihrer Entstehung sehen müssen und die kunstsoziologische Perspektive in die Deutung miteinbeziehen.

Das bedeutet nun keineswegs, daß man auf den Bildern erst dann etwas erkennen kann, wenn man schon vorher alles weiß. Vielmehr können Bilder sinnvollerweise dann Quellen der Sozial- und Mentalitätsgeschichte sein, wenn wir sie in einem ersten Prozeß direkter sinnlicher Wahrnehmung befragen und diese Erkenntnis dann fortschreitend präzisieren und korrigieren, indem wir auf Schriftquellen zurückgreifen, in deren Licht die Bilder erneut vornehmen usw. Daraus ergibt sich das Postulat einer dialektischen Hermeneutik, die nicht nur der Simulierung realer Erkenntnisprozesse Rechnung trägt, sondern überdies noch didaktisches Potential enthält.

In den Bildquellen der abendländischen Maltradition verfügt die Sozial- und Mentalitätsgeschichte über einen unschätzbaren Fundus menschlicher Zeugnisse, der bisher von historischer Seite noch nicht annähernd auch nur geahnt wird — von einer systematischen Erschließung ganz zu schweigen. Gerade durch die starke Traditionsbindung abendländischer Malkunst bis zum Ende des 19. Jahrhunderts ergeben sich nämlich Motivreihen, welche in ihren Brüchen und Transpositionen die Umbrüche des Denkens und Fühlens freilegen, und zwar nicht nur bei einzelnen Individuen, den Malern, sondern zugleich ausdeutbar hinsichtlich ganzer Gruppen, Schichten, Käuferkreise — ja, eventuell gar auf ein Volk oder eine Epoche. Zwei eingehender betrachtete Beispiele können diese Möglichkeiten vielleicht ansatzweise verdeutlichen.

Abbildungen des Badelebens aus dem 16. und aus dem 18. Jahrhundert spiegeln den Prozeß der Zivilisation aufs erhellendste wieder, und zwar — dem ersten Anschein nach — direkt im Bild, ohne daß weitere gedankliche Operationen nötig wären. In älteren Darstellungen findet man eine unbefangene

Abb. 4.:   Hans Back d. Ä.: Das Leuker Bad, 2. Hälfte, 16. Jhdt.

Nacktheit, ein Miteinander der Geschlechter, wie es erst seit der sexuellen Revolution in der zweiten Hälfte des 20. Jahrhunderts wieder erreichbar scheint.[27] In den neueren Bildern dagegen Separation der Geschlechter und Verhüllung des Leiblichen sowie Hemmungen im unmittelbaren Lebensgenuß.

Auf der Abbildung des Leukerbades in der Schweiz, die Hans Bock der Ältere in der zweiten Hälfte des 16. Jahrhunderts geschaffen hat,[28] sehen wir ein rechteckiges Becken im Freien, nach hinten abgeschlossen durch einen Holzbalken, über den sich vorbeikommende Bauern beugen, um den Badenden zuzusehen. Die Badenden, weitestgehend nackt, wobei die Frauen teilweise lose Leinentücher um die untere Körperhälfte geschlungen haben, sind um einen im Wasser stehenden Tisch gruppiert, auf dem Speisereste zu sehen sind sowie gefüllte Rotweingläser. Die Badenden tragen teilweise Kopfbedeckungen im Stil der Zeit, die Frauen teilweise auch Halsketten. Man widmet sich der Musik: Sichtbar sind eine Laute, ein Krummhorn und eine Flöte; zwei Frauen singen aus Notenbüchern. Die sinnlichen Genüsse sind aber keineswegs auf die höhere Kunst beschränkt. Ein Bärtiger sucht einer munteren Schönen das Hüfttuch zu entziehen, die ihrerseits bei einem anderen Bärtigen Schutz sucht, indem sie sich ihm von hinten um den Hals wirft. Dieselbe Gestensprache findet im Vordergrund mit umgekehrten Geschlechtsvorzeichen ein Echo, wo ein Mann eine Sängerin, die in ihr Notenbuch schaut, von hinten umfaßt, wobei es auf diesem Bild deutlich den Anschein hat, es gehe ihm nach dem Wein mehr um das Weib als um den Gesang. Haben wir hier also — so fragt es sich — ein realistisches Abbild „mittelalterlicher" Sinnenfreude und Unbefangenheit vor uns?

Bevor wir auf diese Frage zurückkommen, zunächst zum Kontrast ein Blick auf eine Darstellung des Leukerbades, die von einem Anonymus um 1780 angefertigt wurde.[29] Wir sind nicht mehr unter freiem Himmel, sondern unter einem großen Dach. Vorne und hinten sind je ein Becken erkennbar; beide sind wiederum in der Mitte abgeteilt. Die Becken sind durch Geländer gesichert, über welche wohlgekleidete Damen und Herren auf die Badenden herabsehen. Das Geschlecht der Badenden ist nicht in allen Fällen klar zu erkennen, weil sie alle weite Gewänder mit reichem Faltenwurf tragen, mit Stolen über den Schultern und überwiegend auch Arrangements von Tüchern auf dem Kopf. Es scheint sich fast durchwegs um Frauen zu handeln, vielleicht drei der Figuren sind Männer, in einem Fall erkennt man deutlich ein Kind. Die Badenden haben nicht eine große Tafel vor sich, sondern jedes einzelne hat ein kleines schwimmendes Tischchen oder Pult, an dem es sich teils mit Wassertrinken, teils mit Handarbeiten, überwiegend aber mit Lektüre beschäftigt. Von Musik und von Verführung zum Sinnengenuß ist nichts zu spüren. Vielmehr sind Vereinzelung, Domestizierung und Produktivierung der Figuren unverkennbar, vielleicht mit kontrastweiser Ausnahme einer Dreiergruppe, die offenbar an einem schwimmenden Spieltisch das Glück herausfordert.

Abb. 5: Anonym: Das Leuker Bad, um 1780

Daß man das Gute und das Schöne mit Maß und Ziel genießt, geht auch daraus hervor, daß man dekorationshalber ein Tischchen mit einem schwimmenden Blumenarrangement eingesetzt hat und daß eine für alle sichtbare Pendeluhr mit Gewichten die Zeit bemißt. Die Menschen dieser Zivilisationsphase fühlen sich offenbar gedrängt, die Leere mit abgemessener Arbeit oder Lektüre zu füllen und auch das Baden eher als zeitlich zu bemessende medizinische Anwendung zu begreifen denn als reines sinnliches Vergnügen. Vergleichen wir Abbildung 5 mit Abbildung 4, so liegt der Schluß nahe: Nacktheit verschwindet; die Menschen des Aufklärungszeitalters sind prüde geworden und vereinzelt; die Musik des Lebens ist verstummt.

An dieser Stelle könnte nun allerdings ein Kunsthistoriker Einspruch erheben. Er könnte etwa äußern: Während das neuere Bild unter den Auspizien einer realistischen Kunstdoktrin geschaffen wurde, gehorcht das ältere anderen Traditionen. Es ist nicht als „photographische" Aufnahme einer Wirklichkeit zu mißdeuten. So könnte man bei Erwägung ikonographischer Traditionen etwa an Paradiesesdarstellungen denken, an den mittelalterlichen hortus conclusus, an arkadische Idealisierungen. Wenn dem so wäre, könnte man nicht mehr platterdings sagen: Hans Bock sah in der Schweiz im 16. Jahrhundert Männlein und Weiblein nackt miteinander baden usw. — In der Tat ist der Realismus des frühen Bildes nicht über jeden Zweifel erhaben. Es ist beispielsweise nicht völlig sicher, ob wirklich Leuk abgebildet ist, oder vielleicht eher Baden in der Schweiz. Darauf kommt es nun wohl nicht an. Doch ist es entscheidend zu wissen, ob dieses Bild überhaupt als Abbild von Wirklichkeit genommen werden kann oder ob es sich um ein Idealbild handelt, das seine Legitimation nicht als Widerspiegelung einer vorgefundenen Wirklichkeit, sondern als Reflex auf eine ikonographische Tradition empfängt.

Wie läßt sich diese Frage klären? Der Kunsthistoriker würde wohl eine Rekonstruktion der ikonographischen Tradition vornehmen. Dem Historiker liegt ein anderer Weg näher: der Rekurs auf die Schriftquellen mit der Hoffnung einer wechselseitigen Erhellung von Bild und Sprache. In der Tat gibt es reichlich Quellen über Badereisen aus allen Zeiten. Im Zusammenhang mit dem Bild von Bock ist ein Bericht für uns aufschlußreich, der von dem italienischen Humanisten Poggio Bracciolini stammt, welcher zur Zeit des Konstanzer Konzils, also etwa anderthalb Jahrhunderte vor unserer Bildquelle, in Baden in der Schweiz das Badeleben beobachtete — und genoß. Er unterscheidet zunächst zwischen öffentlichen und Privatbädern. „Die beiden öffentlichen Bäder werden nur vom mindern Volke benutzt. Frauen und Männer, Jünglinge und Jungfrauen, kurz: die ganze unterste Volksklasse badet da gemeinschaftlich. Zwar trennt ein Pfahlwerk das Bad in zwei Teile für das männliche und das weibliche Geschlecht, aber nur Friedfertige lassen sich dadurch vom Besuch der andern Hälfte abhalten. Lustig ist es anzusehen, wie alte Vetteln und junge Frauen sich vor den Augen der Männer nackt ausziehen, ihre Scham und ihre Hinterbacken zur Schau stellen und ins Bad steigen. — Im Stillen bewunderte ich die Unbefangenheit dieser Leute, die auf das alles nicht besonders achten, noch irgendetwas beargwöhnen oder bespötteln."[30] Der Bericht geht noch fort, doch können wir an diesem kurzen Ausschnitt schon feststellen, welchen Standpunkt der Italiener einnimmt: Er beschreibt nämlich ziemlich genau das, was wir auf dem Bild von Bock sehen, artikuliert aber zugleich eine innere Distanz. Denn nur bei Distanz wird das Gewöhnliche als Besonderes wahrnehmbar, wird die Wirklichkeit Schrift. Der italienische Humanist, der aus einer urbanen Kultur stammt, die im Prozeß der Zivilisation schon weiter fortgeschritten ist, wundert sich über die Unbefangenheit der naiven Schweizer aus den unteren Schichten. Wir erfahren im folgenden von Poggio, daß es in den Privatbädern der feineren Leute nicht viel anders zugeht und daß er sich gerne an den neckischen Spielen der Männer beteiligt, welche die nackten Schönen nicht nur nach Belieben anschauen konnten, sondern sich auch über die zur Schau gestellten körperlichen Reize nach Belieben vernehmen ließen, ja gar die Schönheitsköniginnen auszeichneten mit Münzen und Blumenkränzen und dergleichen mehr. Die Nacktheit war dementsprechend nicht nur zufällige Begleiterscheinung hygienischer oder therapeutischer Maßnahmen, sondern offenbar in ein komplexeres Wahrnehmungs- und Aktionsfeld des Schauens und Zeigens eingebunden. „Denn jedem", heißt es in dem Bericht weiter, „ist es erlaubt, sich hier zu ergötzen. Keine Aufseher bewachen die Eingänge, keine Türen hemmen den Zugang, niemand denkt an Unanständiges."[31] Das kann doch, scharf ausgedeutet, nur heißen: Jemand vom Zivilisationsstand des Beobachters könnte sehr wohl etwas Unanständiges denken. Die beobachteten Leute aber sind unbefangen oder geben sich zumindest so. Folglich ist es nach ihren Gewohnheiten nichts Unanständiges. Bei uns zu Hause wäre man so naiv aber nicht.

Die moralische Differenz, die hier anklingt, wird noch stärker pointiert von einem Engländer, der etwa zur Entstehungszeit des Bildes von Bock ebenfalls in Baden in der Schweiz seine Beobachtungen über das Badeleben anstellte. „Ich sah", schreibt Thomas Coryate 1608, „wie eine Gesellschaft einträchtig von einem Tisch, der auf der Wasserfläche schwamm, speiste, und konnte mich nicht genug darüber wundern, daß Männer und Frauen mit entblößtem Oberkörper zusammen in einem Bad saßen. Dabei waren manche Weiber (wie ich gesagt bekam) verheiratete Frauen oder die Männer Junggesellen oder verheiratet, doch nicht die Ehemänner der betreffenden Frauen. Ihre Ehegatten halten sich zwar ebenfalls in Hinterhove (nämlich in Baden) auf, sie sind vielleicht sogar anwesend und stehen völlig angekleidet neben dem Bad, um ihren Frauen zuzusehen. Sie unterhalten sich nicht nur freundschaftlich mit den anderen Männern, sondern treiben auf eine lustige und vergnügte Weise ihren Spaß mit ihnen. Zuweilen singen alle fröhlich zusammen, ganz besonders das süße höchst verführerische Lied Solum cum Sola. Ich betone es noch einmal: eines Mannes Weib mit nacktem Oberkörper in ein und demselben Bad mit einem andern Mann! Und es ist einem Ehemann nicht erlaubt, Eifersucht zu zeigen, wenn er neben dem Bad steht und doch soviel Grund hätte, eifersüchtig zu sein. Das Wort Eifersucht allein ist schon anrüchig an diesem Ort. Sollen diese Deutschen und Helvetier tun und lassen, was sie wollen, und diesen liederlichen Gewohnheiten frönen, so lange es ihnen paßt. Was mich angeht, wenn ich ein verheirateter Mann wäre und die Absicht hätte, hier mit meiner Frau eine Spanne Zeit zur Erholung und Erquickung zu verbringen, so würde ich mich schwerlich überzeugen lassen, ihr zu erlauben, nackt mit einem Junggesellen oder mit einem anderen verheirateten Mann in ein

Bad zu steigen. Wäre sie schön und anziehend, würde sie mir sicherlich Hörner aufsetzen."[32] Soweit Thomas Coryate. Es ist wohl glaubhaft, daß der Schreiber Szenen wie die auf dem Bild von Hans Bock dargestellte wirklich erlebt hat. Auch er kommt aus einer anderen Sphäre mit anderen moralischen Maßstäben und artikuliert diese Differenz. Der vielleicht etwas gespielt entrüstete, fast komische Ton der Distanzierung sollte uns hier nicht irritieren. Wenn wir die Gegenprobe machen und uns die Reiseberichte über englische Bäder, also etwa Bath im 17. Jahrhundert, anschauen, wird tatsächlich deutlich, daß dieser Zivilisations- oder Prüderieunterschied bestand.[33] Bei Coryate klingt auch an, daß das Bad ein aus dem üblichen Alltagsleben ausgenommener Bereich ist, in dem man sich anders als gewöhnlich verhält. So ist beispielsweise das Wort „Eifersucht" hier verpönt. Von daher könnte man zu der Erwägung kommen, ob nicht gerade eine zunehmend rigider werdende Triebestringierung – für die auch die zahlreichen Badeordnungen sprechen, die uns aus der zweiten Hälfte des 16. Jahrhunderts überliefert sind[34] – sich hier Reservate des Rückzugs geschaffen hat. So wissen wir beispielsweise auch, daß reiche Schweizer Bürger, die in ihren Heimatstädten durch die calvinistische Verpönung des Luxus etwa in der Kleidung eingeschränkt waren, nach Baden zur Kur gingen und dort den ungehemmtesten Luxus zur Schau stellten, den sie zu Hause in Bern, Zürich oder Genf wieder verstecken mußten.[35] Schließlich wäre noch zu erwägen, ob es nicht vielleicht auch in dieser Zeit schon erziehungsbedingte soziale Unterschiede gab, nach denen das Verhalten im Bereich von Nacktheit und Scham zu differenzieren wäre. Anlaß dazu gibt etwa der mit Corygate ungefähr gleichzeitige Bericht des Schweizers Thomas Platter aus Leuk, der sich durch eine nackte Mitbadende geniert fühlte, der offenbar also in den ihm in Basel, Avignon usw. anerzogenen Standards des Gelehrtenstandes dem Engländer Corygate näherstand als manchen seiner Schweizer Zeitgenossen, die möglicherweise einer anderen Schicht zuzurechnen sind.[36]

Wenn wir nun von diesen verschiedenen Indizien aus den Schriftquellen nochmals zu unseren beiden Bildern zurückkehren, läßt sich folgendes schließen: Szenen wie die abgebildeten gab es wirklich. Soweit ist das haltbar, was oben über den Fortgang des Prozesses der Zivilisation vom 16. bis zum 18. Jahrhundert gesagt wurde. Zugleich läßt sich nun deutlicher die Frage stellen, ob es sich bei dem Bild von Hans Bock um ein idealisiertes handelt. Nach Poggio kam nämlich das gemeinsame Baden der Geschlechter nur als Überschreitung des üblichen Getrenntbadens vor, allerdings in den oberen wie auch in den unteren Ständen. Insofern ist ein arkadisches Element wohl in der grundsätzlich realistisch aufgefaßten Darstellung nicht auszuschließen. Desgleichen wissen wir von Poggio, daß die Männer beim Baden einen Lendenschurz trugen. Davon ist auf diesem Bild nichts zu sehen (außer vielleicht in einem Fall). Die Kleidung der Frauen entspricht Poggios Beschreibung, aber auch hier ergibt sich eine kleine Abweichung: Die Gewänder auf dem Bild sind nicht geschlitzt, sondern aus einem Stück; der Faltenwurf erscheint antikisiert. Schließlich stellt sich außer der Frage nach der sozialen Zugehörigkeit der Abgebildeten auch noch die Frage nach dem Familienstand der Badenden. Nach Coryate wäre ein Unterschied zwischen verheirateten und unverheirateten Personen zu machen in bezug auf die moralischen Anforderungen und Maßstäbe. Eine solche Trennung ist aber im Bild von Hans Bock ebenfalls nicht erkennbar.

Die hiermit angedeuteten Probleme realistischer oder nur realistisch scheinender Malerei, die sich für eine sozial- und mentalitätsgeschichtliche Deutung immer von neuem stellen, sollen im folgenden an einem holländischen Genrebild, das etwas ausführlicher zu erläutern sein wird, nochmals angegangen werden. Denn die Möglichkeit, daß heutige Betracher etwas als realistisches Abbild begreifen, was in Wirklichkeit symbolisch gemeint war, ist vor der großen Epochenschwelle stets in Rechnung zu stellen.

Goethe beschreibt in den „Wahlverwandtschaften" die damalige Weimarer Hofbelustigung, bekannte Gemälde in lebenden Bildern nachzustellen. Im fünften Kapitel des zweiten Teils heißt es darüber: „Als drittes hatte man die sogenannten 'Väterliche Ermahnung' von Terburg gewählt, und wer kennt nicht den herrlichen Kupferstich unseres Wille von diesem Gemälde! Einen Fuß über den andern geschlagen, sitzt ein edler, ritterlicher Vater und scheint seiner vor ihm stehenden Tochter ins Gewissen zu reden. Diese, eine herrliche Gestalt im faltenreichen, weißen Atlaskleide, wird zwar nur von hinten gesehen, aber ihr ganzes Wesen scheint anzudeuten, daß sie sich zusammennimmt. Daß jedoch die Ermahnung nicht heftig und beschämend sei, sieht man aus der Miene und Gebärde des Vaters; und was die Mutter betrifft, so scheint diese eine kleine Verlegenheit zu verbergen, indem sie in ein Glas Wein blickt, das sie eben auszuschlürfen im Begriff ist."[37] Soweit Goethe. In modernen kunstgeschichtlichen Werken findet man das beschriebene Bild als „Bordellszene" gekennzeichnet.[38] Wie läßt sich dieser Gegensatz verstehen? Zunächst ist zu bemerken, daß der von Goethe angeführte Titel die Unterschrift des erwähnten Kupferstichs von Johann Georg Wille (1715–1808) war. Das heißt: Im 18. Jahrhundert faßte man ein Interieur des 17. Jahrhunderts in anderer Weise auf. Ein geistesgeschichtlicher Wandel hatte sich vollzogen, der es nicht mehr erlaubte, in gehobenen Kreisen ein Bordell als solches zu bezeichnen, ja mehr noch: man konnte es gar nicht mehr als solches erkennen. Der Wandel ist zu beschreiben als Paradigmawechsel von einer symbolisch-emblematischen Bildauffassung zu einer realistisch-sentimentalen. Wenn Wille, Goethe und ihre Zeitgenossen das Bild betrachteten, erschien es ihnen als Abbildung eines Zustandes von Wirklichkeit. In der Wirklichkeit gab es zwar Bordelle; sie ins Bild zu setzen hätte aber gegen jedes Decorum verstoßen, war also nicht zu erwarten von einem renommierten Maler, dessen Name auf dem Bild genannt war. (Die Pornographie, die es damals ja auch gab, ist hier kein Einwand; Ölgemälde wie das von Terborch hängte man sich in Bür-

Abb. 6:   Gerard Terborch: Bordellszene, 1654/55

gerhäusern an die Wand. Pornographische Darstellungen wurden dagegen meist von Kupferstechern auf Einzelblättern reproduziert, die es im Buchhandel unter dem Ladentisch gab oder die in einschlägigen Büchern als schmükkende Illustrationen fungierten. Autoren außerhalb des Decorums zögerten übrigens auch nicht, die Dinge beim Namen zu nennen.[39] Im 18. Jahrhundert konnte der Betrachter keinesfalls auf einem Ölgemälde ein Bordell erwarten. Er sah es also auch nicht! Dabei fehlt es keineswegs an Indizien, welche die späte Lesart fragwürdig scheinen lassen mußten. Der „Vater" ist erstaunlich jung für diese „Tochter". Man sieht sie zwar nur vom Rücken her, doch könnten sie leicht gleichaltrig sein. Ferner gibt die Geste des „Vaters" Rätsel auf: Er scheint etwas zwischen Daumen und Zeigefinger zu zeigen — welchen Rat er damit geben könnte, bleibt unklar. Ferner fragt es sich, wie die Mutter ins Glas blicken kann, wenn der Vater einen Rat gibt. Senkt sie etwa den Blick, weil sie an einer Verfehlung der Tochter mitschuldig ist? Warum schließlich hält der Vater den Hut in der Hand, warum hat er den Degen ungeschnallt, als ob er hier gar nicht zu Hause wäre? Wie kann die hohe Figur der Tochter, wenn sie doch demütig Ermahnungen annehmen soll, aufrecht im Zentrum des Bildes stehen, gar dem Betrachter abgewandt? Müßte nicht der Vater im Zentrum stehen und auf sie herabsehen? Die Deutung des 18. Jahrhunderts ist also schon in sich fragwürdig — wenn man auch nicht wüßte, was die Kunsthistoriker längst herausgefunden haben: Der Mann hielt nämlich ursprünglich eine Goldmünze zwischen seinen beiden vorgestreckten Fingern, die im 18. Jahrhundert aus dem Bild herausgekratzt wurde![40] Wenn wir die Münze dazunehmen, ist die Szene vollends eindeutig: Ein verhältnismäßig junger, fescher Freier ist soeben in ein Bordell eingetreten; man hat ihm einen Stuhl angeboten, auf dem er es sich bequem zu machen beginnt, indem er einen Fuß überschlägt. Die Inhaberin des Etablissements hat sich mit einem Glas Wein dazugesetzt und eine Untergebene gerufen, mit welcher nun ein Arrangement getroffen wird. Das Bett steht im Hintergrund des Zimmers bereit, umgeben von einem hochroten Vorhang. Wie aber war das Bild zu der Zeit gemeint, als es gemalt wurde? Waren die Menschen des 17. Jahrhunderts vielleicht weniger moralisch als die des 18. Jahrhunderts? Das müßte erst noch bewiesen werden. Das Rätsel löst sich wohl, wenn man verwandte Genrebilder zum Vergleich heranzieht; es ist nämlich keineswegs eine hier erstmals erprobte Figurenkonstellation, sondern ein fester Bildtypus.[41] Genredarstellungen sind, das weiß man seit langem, nicht l'art pour l'art, sondern vielmehr moralische Szenen. Ohne Zweifel empfanden die Menschen damals dieselbe Freude an Farben, an einem schönen Gemälde, an einer gelungenen Komposition, wie zu Goethes Zeiten und heute. Die künstlerische Qualität des Bildes teilt sich noch immer durch das Auge unmittelbar mit, wie vor mehr als dreihundert Jahren. Der Hauptunterschied in der Wahrnehmung ist wohl der: Man war mit einem „nur" schönen Bild nicht zufrieden. Man erwartete einen intellektuellen Gewinn vom Betrachten eines Bildes; man war auf geistige Operationen gefaßt, die den eigentlichen, verborgenen Sinn nach einem Denkakt preisgeben würden. Das Vergnügen des Betrachters solcher Bilder war kein rein sinnliches, sondern bestand gerade in der Kombination von unmittelbar wahrnehmbarer Schönheit und dem Übergang vom Sinnlichen zum Sittlichen als aktive Leistung. Nur: Wie läßt sich die moralische Botschaft einer Bordellszene erfahren? Ganz einfach: Es ist eine Warnung vor dem Laster. Zwischen dem Freier und der Frau sitzt die Zuhälterin; auch sie wird bezahlt durch den Handel, auch sie ist dem Laster verfallen. Trunksucht und Hurerei kombiniert mit moralisch zweifelhaften Geschäften – so läßt sich die Gesamtvorstellung vielleicht stichwortartig beschreiben. Aber man könnte auch anders ansetzen: Das kostbare, vornehme Atlaskleid, das Goethe noch ins Auge stach, schimmert wie der Wein im Glase. Unter ihrem Prachtkleid aber verbirgt die Frau ihre Kehrseite. Was nach außen prächtig glänzt, ist innen um so gefährlicher. Nicht dem Schein, der flüchtigen sinnlichen Wahrnehmung, soll man trauen, sondern auf das wahre Wesen der Dinge achten. Die moralische Ermahnung lautet deshalb: Man hüte sich vor dem Verführerisch-Prächtigen, vor Ausschweifung, vor ruinösen Ausgaben. Auf dieser Ebene der Deutung wird die „Bordellszene" dann wieder zur „Väterlichen Ermahnung". Entscheidend ist nur, daß dabei die Rolle des Mannes im Bild umgekehrt wird: Die stehende junge Frau könnte als gehorsame Tochter vor Ausschweifungen gewarnt werden, wie sie in Wirklichkeit zu solchen einlädt. Der Mann aber ist in der Deutung des 18. Jahrhunderts moralische Autorität, in der originalen Konzeption dagegen verlorener Sohn und exemplarischer Sünder. Insofern gehört dieses Bild mit seiner Deutungsgeschichte als wichtiges Beispiel in eine Geschichte der Frau.

IV. Schluß: Einige Folgerungen

Ich will hier abbrechen und meine Ausführungen mit sechs Thesen zusammenfassend beschließen:

1. Wir leben nicht nur in einem visuellen Zeitalter, sondern in einem Zeitalter visueller Überreizung. Daraus folgt, daß wir auch in der Wissenschaft dem Bildhunger der Öffentlichkeit Rechnung tragen müssen. Und wir könnten vielleicht versuchen, ihn zu steuern. Bescheidener ausgedrückt: Den in der öffentlichen Bilderflut Untergehenden wird vielleicht ein dargebotener Strohhalm seitens der alten Wissenschaften willkommen sein.

2. "Bilder repräsentieren Geschichte" ist eine faktische Aussage, eine berechtigte Frage auch, vor allem aber ein Imperativ zu weiterem Tun, zu Forschungsarbeit, methodischer Klärung. Soviel ist bisher schon deutlich: Es handelt sich nicht um eine Frage von simpler Widerspiegelung, sondern jedenfalls um ein facettenreiches Thema mit bunten Reflektionen, Glanzlichtern, blinden Stellen, trügerischen Durchblicken und mehrfachen Spiegelungen.

3. Als beständiges Memento ist mitzunehmen, daß die Maler nicht gemalt haben, um die heutigen Historiker mit Bildquellen zu versehen. Vielmehr stehen die Künstler in einem eigenem Diskurs, der von dem der Gelehrten über weite Strecken abgekoppelt ist. Diesen nicht zu ignorieren ist das methodische

Grundpostulat einer Heranziehung von Bildquellen durch Nicht-Kunsthistoriker.

4. Wenn die Historiker Bilder der Fachdisziplin Kunstgeschichte überlassen, überlassen sie zugleich die piktorale Repräsentation der Geschichte den Fernsehjournalisten, Designern, Werbefachleuten und Dilettanten. Damit verzichten sie auf öffentliche Wirksamkeit und tragen Verantwortung für den Rückgang des historischen Bewußtseins in der Öffentlichkeit, indem sie unhistorische Sehweisen hinnehmen.

5. Was wir demnach brauchen, ist eine Historik der Bildquellen. Die Historiker haben, im Anschluß an Theologen, Philosophen und Juristen, in einem jahrhundertelangen Prozeß ein differenziertes Instrumentarium für den Umgang mit Schriftquellen entwickelt. Eine ähnlich reiche Praxis und eine nicht weniger differenzierte Theorie bräuchten wir für den Umgang mit Bildquellen in einem visuellen Zeitalter.[42]

6. Diese Aufgabe ist so groß, daß sie manchem gewiß zu groß scheinen wird. Die Möglichkeiten, die in einem wissenschaftlich reflektierten Umgang mit Bildzeugnissen liegen, sind allerdings so vielversprechend, daß sie nicht nur Ästhetiker und Ästheten anlocken dürften. Ein erweiterter Geschichtsbegriff, in dem das Staatlich-Politische zurückgedrängt wird zugunsten des unmittelbar Lebensweltlichen, provoziert auch – innerwissenschaftlich betrachtet – einen erneuerten hilfswissenschaftlichen Unterbau.[43] Was dem Verfassungshistoriker Diplomatik und Sphragistik, wird dem Sozial- und Mentalitätshistoriker eine historische Ikonologie sein. Im piktoralen Erbe der Vergangenheit findet er unverzichtbare Zeugnisse für Denkformen und Lebensweisen, die erschlossen, bewältigt, verstanden werden müssen. Die Bemühungen der Medienexperten und Kunsthistoriker verlangen nach der Ergänzung durch die Historiker.

Anmerkungen

1 Der vorliegende Text ist ein Vortragstext zu einem Diavortrag, der für den Druck stilistisch überarbeitet und mit Anmerkungen versehen wurde. – Zu danken habe ich zunächst Paul Münch: Mein ursprünglich stärker ästhetisches und kunstgeschichtliches Interesse an Bildern wurde von ihm auf die historischen und didaktischen Potentiale von Bildern als Quellen der Sozial- und Mentalitätsgeschichte gelenkt. Münch hat eine Diasammlung zur Kultur- und Sozialgeschichte der Frühen Neuzeit an der Universität GHS Essen begründet, an deren Aufbau ich mitgearbeitet habe. In diesem Zusammenhang fanden öfter Gespräche über den Quellenwert von Bildern statt, als deren Frucht ich diesen Beitrag begreife. – Der Anstoß zur Ausarbeitung des Vortrags ging von Horst Wenzel aus, der meine Ideen interessant fand und mich zur Teilnahme an der von ihm organisierten Essener Ringvorlesung im Wintersemester 1987/88 aufmunterte, die den Titel trug: „Text und Bild. Zur Narrativität der Bilder und zur Bildlichkeit der Erzählung". – Durch Vermittlung von Justus Cobet und Heinrich Theodor Grütter konnte ich den Vortrag im Sommersemester 1988 innerhalb der Ringvorlesung „Historische Faszination" an der Ruhr-Universität Bochum wiederholen: Jörn Rüsen und seinen Mitarbeitern danke ich für die freundliche Aufnahme und den beteiligten Studenten und Dozenten der Bochumer Universität für ihre außerordentliche Aufgeschlossenheit und Diskussionsfreudigkeit.

2 Vgl. vor allem Voltaire: Essai sur les moeurs et l'esprit des nations, hg. von René Pomeau, 2 Bde., Paris 1963.
3 Alexander Demandt: Metaphern für Geschichte. Sprachbilder und Gleichnisse im historisch-politischen Denken, München 1978; vgl. ferner: Jochen Schlobach: Zyklentheorie und Epochenmetaphorik. Studien zur bildlichen Sprache der Geschichtsreflexion in Frankreich von der Renaissance bis zur Frühaufklärung, München 1978; Barbara Stollberg-Rilinger: Der Staat als Maschine. Zur politischen Metaphorik des absolutistischen Fürstenstaates, Berlin 1986; Otto Mayr: Uhrwerk und Waage. Autorität, Freiheit und technische Systeme in der frühen Neuzeit, München 1987. - Natürlich gibt es über diese größeren Werke hinaus zahlreiche Spezialuntersuchungen zu bestimmten Bildern oder zu einzelnen Autoren. Beispielsweise zur Bildlichkeit des Historikers Herder: Michael Maurer: Die Geschichtsphilosophie des jungen Herder in ihrem Verhältnis zur Aufklärung, in: Gerhard Sauder (Hg.): Johann Gottfried Herder 1744–1803, Hamburg 1987, S. 141–155, hier S. 147–152.
4 Ekkehard Mai, Anke Repp-Eckert (Hg.): Triumph und Tod des Helden. Europäische Historienmalerei von Rubens bis Manet, Köln 1987; ferner Franz Zelger: Heldenstreit und Heldentod. Schweizerische Historienmalerei im 19. Jahrhundert, Zürich 1973.
5 Vgl. Walter Benjamin: Das Kunstwerk im Zeitalter seiner technischen Reproduzierbarkeit (1936), Frankfurt a. M. ⁴1970.
6 Neuere Bemühungen seitens der Geschichtswissenschaft um reflektierten Umgang mit historischen Bildquellen erkenne ich bezüglich des Mittelalters vor allem bei Hartmut Boockmann: Über den Aussagewert von Bildquellen zur Geschichte des Mittelalters, in: Karl-Heinz Manegold (Hg.): Wissenschaft, Wirtschaft und Technik. Studien zur Geschichte. Wilhelm Treue zum 60. Geburtstag. München 1969, S. 29–37. Hartmut Boockmann: Die Stadt im späten Mittelalter, München 1986. Helga Unger: Text und Bild im Mittelalter, Graz 1986. Bezüglich der Frühen Neuzeit ist auf die Forschungen von Rainer und Trudl Wohlfeil zu verweisen, etwa: Rainer Wohlfeil: Das Bild als Geschichtsquelle, in: Historische Zeitschrift 243 (1986), S. 91–100; Rainer und Trudl Wohlfeil: Nürnberger Bildepitaphien. Versuch einer Fallstudie zur historischen Bildkunde, in: Zeitschrift für Historische Forschung 12 (1985), S. 129–180.
7 Neuere geschichtsdidaktische Literatur zum Umgang mit Bildern: Klaus Lampe: Das Bild im Geschichtsunterricht, in: Hans Süssmuth (Hg.): Historisch-politischer Unterricht, Medien, Stuttgart 1973, S. 185–209; Kurt Fina: Kind und Bild, in: Kurt Filser (Hg.): Theorie und Praxis des Geschichtsunterrichts, Bad Heilbrunn 1974, S. 110–126; Hermann Hinkel: Bilder vermitteln Geschichte? Illustrationen und Bilder in Geschichtsbüchern, in: Geschichtsdidaktik 2 (1978) S. 116–129; Hans Döhn: Das Bild im Geschichtsunterricht, in: Hermann Bertlein (Hg.): Das Bild als Unterrichtsmittel, München 1977, S. 74–90; Klaus Bergmann, Gerhard Schneider: Das Bild, in: Hans-Jürgen Pandel, Gerhard Schneider (Hg.): Medien im Geschichtsunterricht, Düsseldorf 1985, S. 409–448; Jürgen Hannig: Bilder, die Geschichte machen. Anmerkungen zum Umgang mit „Dokumentarfotos" in Geschichtslehrbüchern, in: Geschichte in Wissenschaft und Unterricht 40 (1989), S. 10–32.
8 Die wichtigste herangezogene Literatur zu Hogarth: Frederick Antal: Hogarth and His Place in European Art, London 1962; Ronald Paulson: Hogarth: His Life, Art, and Times, New Haven, London 1971; Ronald Paulson: The Art of Hogarth, London 1975; Lawrence Gowing: Hogarth. With a biographical essay by Ronald Paulson, London 1971; David Bindman: Hogarth, London, New York 1981.
9 Wem dies übertrieben scheint, der vergegenwärtige sich die Symbolfunktion des Roastbeef in der englischen politischen Karikatur des 18. Jahrhunderts, beispielsweise bei James Gillray: „French Liberty – British Slavery" (1792). Der spindeldürre Franzose links kaut an einem mageren Gemüse und frohlockt dabei über seine Freiheit. Der fette John Bull rechts bewältigt ein gigantisches Roastbeef und schimpft dabei über die sklavische englische Regierungsweise (Reproduziert ist diese Karikatur beispielsweise auf dem Titelbild von H.T. Dickinson: Liberty and Property. Political Ideology in Eighteenth-Century Britain, London 1977).
10 Über Joshua Reynolds vor allem: Nicholas Penny (Hg.): Reynolds. With contributions by Diana Donald, David Mannings, John Newman, Nicholas Penny, Aileen Ribeiro, Robert Rosenblum and M. Kirby Talley jr, London 1986. – Der einflußreiche klassizistische Kunstbegriff von Reynolds ist am deutlichsten faßbar in Joshua Reynolds: Fifteen Discourses Delivered in the Royal Academy (1769–1791), London, New York 1906.
11 Zum kunsthistorischen Kontext: Ellis Waterhouse: Painting in Britain, 1530–1790, Harmondsworth ²1962; William Gaunt: A Concise History of English Painting, London 1964, Reprint 1976.

12 Die wichtigste herangezogene Literatur zu Gainsborough: William T. Whitley: Thomas Gainsborough, London 1915; Ellis Waterhouse: Gainsborough, London 1958; Mary Woodall: Thomas Gainsborough: His Life and Work, London 1949; Oliver Millar: Thomas Gainsborough, London 1949; John Hayes: Gainsborough. Paintings and Drawings, London 1975.
13 Vgl. Erich Steingräber: Zweitausend Jahre europäische Landschaftsmalerei, München 1985; Marcel Roethlisberger: Im Licht von Claude Lorrain. Landschaftsmalerei aus drei Jahrhunderten, München 1983; Barbara Eschenburg: Landschaft in der deutschen Malerei. Vom späten Mittelalter bis heute, München 1987.
14 Man vergleiche etwa Jochen Boberg, Tilman Fichter, Eckhart Gillen (Hg.): Exerzierfeld der Moderne. Industriekultur in Berlin im 19. Jahrhundert, München 1984; Volker Plagemann (Hg.): Industriekultur in Hamburg. Des Deutschen Reiches Tor zur Welt, München 1984; Wilhelm Treue: Achse, Rad und Wagen: 5000 Jahre Kultur- und Technikgeschichte, Göttingen 1986.
15 Man vergleiche die Illustrationen der Propyläen Weltgeschichte, der Propyläen Geschichte Europas usw. Andere Wege geht der Siedler Verlag mit seinen entsprechenden Reihen „Die Deutschen und ihre Nation" bzw. „Das Reich und die Deutschen": Hier ist jeweils das Bemühen erkennbar, Text und Bild zu einer komplexen Gesamtdarstellung zu integrieren. Außerhalb des Üblichen liegt auch H.G. Koenigsberger: Early Modern Europe 1500—1789, London, New York 1987, der in seiner allgemeinen Epochendarstellung gerade kultur- und geistesgeschichtliche Wandlungen durch Gegenüberstellung von Bildern mit Interpretationshinweisen exemplarisch deutlich macht.
16 Anne-Kathrein Massner: Bildungsangleichung. Untersuchungen zur Entstehungs- und Wirkungsgeschichte der Augustusporträts (43 v.Chr. — 68 n.Chr.), Berlin 1982; Stephan Noth: Das Krönungsbild im Evangeliar Heinrichs des Löwen, in: Geschichte in Wissenschaft und Unterricht 40 (1989), S. 77—83; Frank Kämpfer: Das russische Herrscherbild. Von den Anfängen bis zu Peter dem Großen. Studien zur Entwicklung politischer Ikonographie im byzantinischen Kulturkreis, Recklinghausen 1978; Rainer Schoch: Das Herrscherbild in der Malerei des 19. Jahrhunderts, München 1975; Marianne Jenkins: The State Portrait. Its Origins and Evolution, New York 1947.
17 Zwei wichtigere neuere Beispiele aus der ehemaligen DDR: Herbert Langer: Kulturgeschichte des 30jährigen Krieges, Stuttgart, Berlin, Köln, Mainz 1978. Wolfgang Jacobeit, Sigrid Jacobeit: Illustrierte Alltagsgeschichte des deutschen Volkes, 2 Bde., Köln 1986/1987.
18 Vgl. Erich Hubala u.a.: Die Kunst des 17. Jahrhunderts, Frankfurt, Berlin, Wien 1984 (Propyläen Kunstgeschichte, Bd. 9), Abb. 25—27 Gemälde Guercinos, Abb. 24b Federzeichnung „Der Backofen"; Erläuterungen S. 126 f.
19 Die Anspielung geht auf Pierre Goubert: Louis XIV et vingt millions de français, Paris 1966.
20 Vgl. die Kurzcharakteristik mit Literaturangaben bei Hubala (Anm. 18), S. 155 f.
21 Beispiele: Adrian van Ostade: Wirtshausszene (London, National Gallery); Andries Both: Beim Lausen (Budapest, Museum der Bildenden Künste); Jan Siberechts: Viehweide mit schlafender Hirtin (München, Bayerische Staatsgemäldesammlungen).
22 Vgl. Paul Münch (Hg.): Ordnung, Fleiß und Sparsamkeit. Texte und Dokumente zur Entstehung der „bürgerlichen Tugenden", München 1984.
23 Beispiel: Nicolaes Maes: Alte Frau im Gebet (Amsterdam, Rijksmuseum).
24 Beispiel: Nicolaes Maes: Schlafendes Küchenmädchen (London, National Gallery).
25 Beispiel: Jan Steen: Wirkungen der Unmäßigkeit (London, National Gallery).
26 Beispiel: Junge Frau mit Wasserkanne (New York, Metropolitan Museum), aber ein Großteil des gesamten Werkes Jan Vermeers läßt sich so verstehen.
27 Dieses Thema, das seit Norbert Elias ganz klar schien (vgl. Norbert Elias: Über den Prozeß der Zivilisation, 2 Bde., Frankfurt a. M. 51978 bzw. 31977), ist durch die Gegenthesen von Hans Peter Duerr erneut in die Diskussion gekommen (vgl. Hans Peter Duerr: Nacktheit und Scham. Der Mythos vom Zivilisationsprozeß, Bd. 1, Frankfurt 1988). Bei berechtigter Kritik im einzelnen wird die Theorie vom Prozeß der Zivilisation aber wohl — modifiziert und differenziert — bestehen bleiben. (vgl. Michael Maurer: Der Prozeß der Zivilisation. Bemerkungen eines Historikers zur Kritik des Ethnologen Hans Peter Duerr an der Theorie des Soziologen Norbert Elias, in: Geschichte in Wissenschaft und Unterricht 4O (1989), S. 225—238)
28 Vgl. Malerische Reisen durch die schöne alte Schweiz. Mit Beiträgen von Peter F. Kopp, Beat Trachsler und Niklaus Flüeler, Zürich 1982, S. 27 ff
29 Ebd.
30 Ebd. auch das Zitat der deutschen Übersetzung des Briefes von Poggio Bracciolini.
31 Ebd.

32 Thomas Coryate: Die Venedig- und Rheinfahrt A.D. 1608, Stuttgart 1970, S. 232 ff
33 Vgl. etwa Christopher Morris (Hg.): The Journeys of Celia Fiennes, London 1947, S. 17–21.
34 Vgl.Ernst Walter Zeeden: Deutsche Kultur in der frühen Neuzeit, Frankfurt a. M. 1968, S. 301–305.
35 Malerische Reisen (Anm. 28), S. 29.
36 Rut Keiser (Hg.): Thomas Platter d.J.: Beschreibung der Reisen durch Frankreich, Spanien, England und die Niederlande 1595–1600, 2 Bde., Basel, Stuttgart 1968.
37 Zitiert nach: Goethes Werke. Hamburger Ausgabe in 14 Bänden, hg. von Erich Trunz, Bd. 6, München 91977, S. 393 f.
38 Beispielsweise bei R.H. Fuchs: Dutch Painting, New York, Toronto 1978, S. 53.
39 Vgl. August Maurer: Leipzig im Taumel. Nach Originalbriefen eines reisenden Edelmanns (1799), Neuausgabe Leipzig 1988. Friedrich Christian Laukhard: Leben und Schicksale von ihm selbst beschrieben (1792–1802), Neuausgabe in 3 Bänden von Hans-Werner Engels und Andreas Harms, Frankfurt a. M. 1987.
40 Vgl. Hubala (Anm. 18), S. 189 f.; S.J. Gudlaugsson: Gerard ter Borch, 2 Bde., Den Haag 1959/1960; Bd. 1, S. 96 ff.; Bd. 2, S. 116 ff
41 Man vergleiche etwa Frans van Mieris d.Ä.: Bordellszene (Den Haag, Mauritshuis). Zur Interpretation dieser und anderer Genreszenen: Fuchs (Anm. 38), S. 50 ff – Zur Orientierung über Ikonologie grundsätzlich: Hermann Bauer: Kunsthistorik. Eine kritische Einführung in das Studium der Kunstgeschichte, München 21979, S. 93–99.
42 „Bilder und nichtschriftliche Überreste aus der Vergangenheit überhaupt werden vielfach nicht mit demselben Ernst für Dokumente gehalten, wie das bei Schriftzeugnissen längst üblich ist. Sie gelten als Illustrationsmaterial in einem oberflächlichen Sinne, neuerdings auch als Spielmaterial für Museums- und Ausstellungsdidaktiker." (Hartmut Boockmann: Vom Umgang mit Bildern. Zu den Ausstellungen des Luther-Jahres, in: Claus-Jürgen Roepke (Hg.): Luther 83. Eine kritische Bilanz , München 1984, S. 112–132, zit. S. 116).
43 Die Ansätze bei Erich Keyser: Das Bild als Geschichtsquelle, Hamburg 1935 (Historische Bildkunde, Bd.2), erscheinen mir im Lichte der heutigen Situation unzulänglich.

Severin Heinisch

Geschichte als Karikatur —
Über das Verhältnis ironischer Bilder
mit der Historie

Vor einiger Zeit beschrieb der französische Mediävist Jacques Le Goff in der Frankfurter Allgemeinen Zeitung sein jüngstes Forschungsprojekt zu einer Geschichte des Lachens im Mittelalter. Ihm ist das Lachen eine „Körpertechnik" (nach Marcel Mauss), die einer historischen Konjunktur unterliegt. In einem interdisziplinären Ansatz, der von der Theologie bis zur Psychologie, von der medizinischen Forschung bis zur Ikonologie reicht, gilt es den Wandel dieser Körpertechnik zu untersuchen, um zu dem eigentlichen Thema der französischen Sozialgeschichte zu gelangen: einer Geschichte der Mentalitäten. Ein Bereich ist dabei besonders zu berücksichtigen: „Der Mediävist ..." so Jacques Le Goff, „der das Lachen untersucht, muß seine Überlegungen auf alle Gebiete des Imaginären ausdehnen."[1]

Nicht nur der Mediävist, wie ich meine, und nicht nur in Hinblick auf das Lachen. Als *historische Imagologie* etabliert sich seit einigen Jahren ein Verfahren in der Geschichtswissenschaft, dem es um die historische Analyse bildlicher Quellen einerseits und um die Prozesse der „Geschichtsbildung" andererseits geht.[2] Der Zugang zu mentalitätsgeschichtlichen Strukturen über Bilder ist dabei also nur ein Aspekt, der sich über die emotive Ebene visueller Wahrnehmung erschließen läßt, wobei der Karikatur aufgrund ihrer affektiven Ladung besondere Bedeutung zukommt.[3] Ein zweiter Aspekt zielt auf die Frage ab, inwieweit die Wahrnehmung, Verarbeitung und Erfahrung von Geschichte — zumindest in ihrem sozialen (also nicht wissenschaftlichen) Gebrauch — selbst bildhafter Natur ist und die Geschichte damit selbst Gegenstand imagologischer Untersuchungen ist.

Es geht also um das Verhältnis der Geschichtswissenschaft zur sinnlich/ästhetischen Wahrnehmung ihres Gegenstandes, das notwendigerweise ein überaus kompliziertes sein muß, stoßen hier doch die Bereiche der kognitiven Vernunft mit denen des Gefühls aufeinander. Das ist eine Beziehung, die in geradezu paradigmatischer Form auch für die Karikatur zutrifft. Karikaturgeschichte als exemplarische Geschichte des visuellen Verständnisses der Moderne verweist auf die Entwicklung des imagologischen Gebrauchs von Geschichte.

Abb. 7:   Papst Alexander VI., Flugblatt, um 1500

Zwei fundamentale Entwicklungen prägen den Wandel des sozialen Umgangs mit Bildern am Beginn der europäischen Neuzeit: die Verbesserung bzw. Erfindung neuer Drucktechniken, vor allem des Holz- und Kupferstiches im 15. und der Radierung im 16. Jahrhundert, die den Einsatz des Bildes als politisches Kampfmittel in den sozialreligiösen Auseinandersetzungen förderte und zum Teil überhaupt erst ermöglichte, sowie die ästhetische Revolution der Renaissance.

Das Spottbild des 16. Jahrhunderts ist allerdings trotz seiner politischen Dimension noch weitgehend dem dämonisierenden Charakter des Spätmittelalters verhaftet. Die Abbildung Papst Alexanders VI. (Abb. 7) um 1500 provoziert noch nicht das Lachen des Überlegenen über einen entstellten, gewissermaßen entblößten Gegner — wie es später für die Karikatur typisch sein wird —, sondern die Angst aus Furcht vor der Macht des Dargestellten. Der Vergöttlichung wird eine Verteufelung entgegengestellt. Der Papst wird mit den Attributen des Teufels versehen, er wird als vollkommene Umkehrung dessen dargestellt, dessen Verkörperung er zu sein den Anspruch erhebt: als personifizierter Antichrist. Die Verbindung der Figur des Antichrist mit dem Papsttum war vielleicht die machtvollste der Verkehrungen, die seit dem Mittelalter bekannt waren und derer sich die reformatorischen Bewegungen, vor allem Luther, bedienten. Es ist die Verknüpfung der alten rituellen Vorstellung der verkehrten Welt mit der politischen Dimension der Rebellion auf dem Vehikel neuer Drucktechniken die dem Bild einen neuen sozialen Stellenwert zuweist. Die ästhetischen Verfahren sind hier noch der alten bildmagischen Auffassung verhaftet, von der Freud schreibt, daß sie im Dienst einer der verbreitetsten magischen Prozeduren stand, indem man sich das Ebenbild eines Gegners schuf. „Auf die Ähnlichkeit kommt es dabei wenig an. Man kann auch irgendein Objekt zu seinem Bild „ernennen". Was man dann diesem Ebenbild antut, das stößt auch dem gehaßten Urbild zu; an welcher Körperstelle man das erstere verletzt, an derselben erkrankt das letztere."[4] In den sogenannten „effigies" des Spätmittelalters kommt diese Auffassung deutlich zum Tragen. Die Effigies sind eine Art Schandbilder, die vor allem im 15. Jahrhundert Bestandteil einer juristischen Handlung darstellten. Auf ihnen waren Personen abgebildet, an denen stellvertretend — also „in effigie" — eine Strafe vollstreckt wurde, wenn sich der zu Bestrafende außer Reichweite befand.[5] Der Gläubiger ließ sich also etwa von einem Schuldner ein solches Schandbild aushändigen, das zu veröffentlichen er berechtigt war, sollte der Schuldner seinen Verpflichtungen nicht nachkommen können. Ein Schandbild aus dem 15. Jahrhundert zeigt einen an den Füßen aufgehängten deutschen Edelmann und neben ihm auch gleich sein Wappen. Die Raben, als Symbol der Entehrung, sitzen auf seinen Füßen.

Die „Bildmagie" der „Effigies" ist (im Unterschied zur Karikatur) eine direkte Aktion gegen jemanden. Die Trennung zwischen Abbild und Abgebildeten ist insofern aufgehoben, als das Bild als Teil einer Person verstanden werden muß. Dahinter steckt die Erkenntnis, daß ein bestimmter Mensch nur kraft der Bilder, die man sich von ihm macht, in der Vorstellung existieren kann. Es kommt dabei auf den „Zeichencharakter" an und kaum auf die äußere Ähnlichkeit (da es sich um kein „Abbild" handelt), solange ein sozialer Konsens über das Bild besteht.

Hier liegt der Grund für die Wirksamkeit und die Macht der Schandbilder, die, wenn sie der Öffentlichkeit preisgegeben werden, das „Bild" des Schuldners entehren, seine Aura und seine soziale Stellung zerstören.

Demgegenüber spielt die äußere Ähnlichkeit, das Wiedererkennen einer Person in der Karikatur eine entscheidende Rolle. Die Ähnlichkeit ist hier die Voraussetzung der Entstellung. Es wird dabei nicht am Karikierten direkt eine Handlung vollzogen, da das Bild nicht mehr als Teil der Person verstanden wird. Es ist das *Abbild* einer Person, das also entstellt wird und in der Tat „will auch die Karikatur eine Wirkung erzielen, nicht aber 'an' dem Karikierten, sondern beim Zuschauer, den sie zu einer bestimmten Vorstellungsarbeit zu verleiten sucht."[6] Der Zeichner realisiert seine Vorstellungen von dem Modell und wird dadurch zum Herrn seiner Form[7] (und nicht seiner selbst), er projiziert seine Ideen auf die Bildebene und schafft die Illusion einer neuen, von der „Realtität" unabhängigen Welt, die umso beeindruckender sein muß, je mehr unser Glaube an die Abbildfunktion des Bildes verankert ist. Der Künstler wird zum „alter deus".[8]

Die ersten Porträtkarikaturen im eigentlichen Sinn entstehen in Italien um 1600. Michael Baxandall hat auf den großen Einfluß hingewiesen, den das merkantile Denken und die sich rasch entwickelnden Naturwissenschaften (insbesondere die Mathematik, die sich wiederum durch die Notwendigkeit des raschen und analytischen Messens von Behältern für den Warenhandel speziell in der Geometrie sehr schnell entfaltet hat) auf die Malerei des Quatrocento ausgeübt hat.[9] Schon in der Frührenaissance tritt anstelle der goldschimmernden Unendlichkeit im Hintergrund der begrenzte Raum, der nach mathematischen Regeln in die Bildfläche übertragen wird. Die Naturbeobachtung rückt ins Zentrum des wissenschaftlichen und künstlerischen Geistes und es bildet sich in der Malerei das Postulat der Naturnachahmung, beziehungsweise der Naturübertreffung durch den Künstler heraus[10], verbunden mit einer normativen Ästhetik. Das Schönheitsideal der Renaissance leitet sich erstmals aus der Beobachtung der Natur ab: die Kunst vollendet das zum Idealbild, was die Natur stets anstrebt, aber in der Praxis niemals ganz erreicht. Eine Lehre der idealen Proportionen wird propagiert; demgegenüber steht aber auch die Beobachtung des offensichtlich Häßlichen, des Mißgestalteten, das als boshafte Spielerei der Natur aufgefaßt wird und als solche Spott, Mitleid oder Faszination hervorruft. Jedenfalls verliert das Häßliche seine Funktion als Symbolträger des Satanischen und wird durch die säkulare Groteske verdrängt.

Gegen Ende der italienischen Renaissance entwickelt sich an den Randbereichen der „schönen Kunst", die ihr Schönheitsideal aus der Naturbeobachtung ableitet, eine Sub- oder Gegenkunst, die direkt in den Manierismus überleitet. Die Möglichkeit der mathematischen Berechnung der Perspektive und die Norm der idealen Proportionen ermöglichen auch ein spielerisches Umgehen mit der Form und der Abbildfunktion. Die Kunst wird gleichsam von ihrem Sockel geholt, indem die Mehrdeutigkeit der Linie und der Formen betont wird, das absolute Kunstwerk wird in Frage gestellt, indem die Interpretation in den Blick des Betrachters zurückverlegt wird.

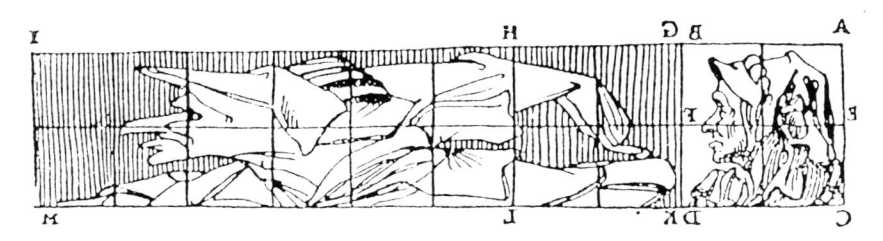

Abb. 8: Illustration aus „Le Due Regole della prospettiva practico von Vignola und Danti, 1583

In zahllosen „Anamorphosen" werden Bilder bis zur Unkenntlichkeit verzerrt, um mit einem Spezialspiegel (häufig ein Zylinder oder Kegel, den man auf die Mitte des Bildes stellt) wieder seine „richtigen" Dimensionen zu bekommen. Der Reiz dieses Spiels wurde häufig dadurch erhöht, daß man tabuisierte oder unter die Zensur fallende Themen wählte. Auch die Scheinarchitektur wird hier entwickelt; Phantasiegestalten und Porträts werden aus allerhand Gerätschaften zusammengesetzt, der Mailänder Maler Arcimboldo perfektioniert diese Methode am Wiener und Prager Kaiserhof, vor allem im Dienste Rudolfs II., der ein berühmtes Kunst- und Wunderkabinett besaß.

Am stärksten tritt der Charakter einer „Gegenkunst" aber beim Bilderrätsel und bei der Karikatur zutage. In beiden Fällen wird mit der Abbildfunktion gespielt und diese massiv in Frage gestellt. Ihre Motive sind verwandt und in ihrer Entwicklung stehen sie in einem engen Zusammenhang zueinander. 1582 gründen die Brüder Carracci die sogenannte „Scuola degli Incamminati", die in phantasievollen Experimenten den Grenzwert des Erkennbaren zu ermitteln versucht. Folgendes Bilderrätsel von Agostino Carracci, das von Malvasia im 17. Jahrhundert aufgezeichnet wurde, ist überliefert: Wir sehen ein Rechteck, auf das ein kleines Dreieck gesetzt ist. Die stereotype Frage lautet: Was ist das? Die Antwort: ein Kapuzinermönch, der in der Kanzel eingeschlafen ist.[11]

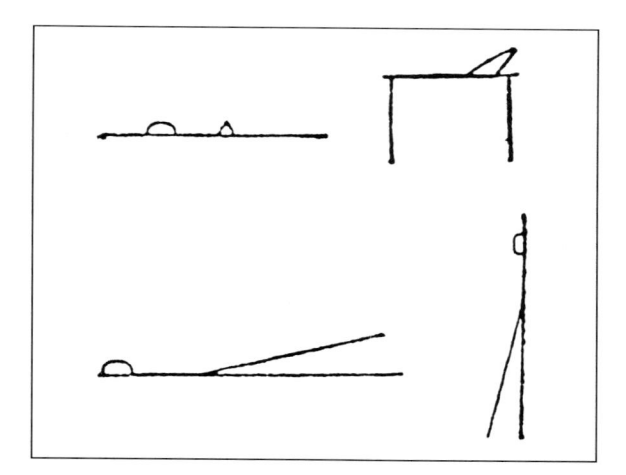

Abb. 9: Agostino Carracci: Rätselbilder aus „Malvasia", 1681 veröffentlicht
a) Kopf und Kelle eines Maurers, der hinter einer Mauer arbeitet.
b) Ein Kapuzinermönch, der in der Kanzel eingeschlafen ist.
c) Ritter mit Lanze hinter einer Barriere.
d) Ein Blinder, mit Stock und Bettelschale,
    hinter einer Hausecke stehend.

Hier wird einiges klar, was auch für die Karikatur von Bedeutung ist: Zum ersten die Komik, die daraus resultiert, daß eine (scheinbar) abstrakte Zeichnung einen völlig überraschenden Inhalt bekommt. Je abstrakter die Zeichnung, je weniger man die Bedeutung vorher vermutet und je weiter die Phantasie in falsche Richtung gelenkt wird, desto größer scheint der Lustgewinn zu sein, wenn wir erfahren, daß die Zeichnung einen ganz anderen als den von uns vermuteten Inhalt hat. Die Formen werden dabei auf möglichst einfache geometrische Figuren reduziert: Dreieck, Rechteck, Kreis usw., von denen wir annehmen, daß sie „reine" Formen sind. Diese Rätsel lassen uns die Annahme als Irrtum erkennen. In jedem Punkt und in jeder Linie stecken potentielle Bedeutungen, die durch den Kontext (den in diesem Fall die Antwort liefert) bestimmen werden. Je „abstrakter" die Form, umso offener wird sie für mehrere und scheinbar willkürliche Bedeutungen und keineswegs wird sie, wie man annehmen könnte, immer bedeutungsloser. Das eigentlich Überraschende ist dabei, daß sich hier die Grenze zwischen „abstrakt" und „gegenständlich" auflöst. Der kulturell bestimmte und so tief verankerte Wunsch des Betrachters, im Bild ein Abbild zu sehen, läßt ihn die Formen und Linien mit Bedeutungen füllen. Bei dieser Art von Rätsel wird diese Erwartungshaltung zuerst irritiert, um dann in der Antwort die Spannung aufzulösen. Bei der detailgetreuen „realistischen" Darstellung ist es eben genau diese Haltung, die uns die hellen und dunklen Flecken, die Linien und Farben im Vorbewußten und völlig automatisiert zu bestimmten gegenständlichen Formen ordnen läßt. Die „natürliche" Perspektive ist dabei ebensowenig natürlich, wie alle anderen Linien, die das Bild strukturieren. Aber kommen wir zu den Brüdern Carracci zurück. Der Witz ihrer Rätsel wird bisweilen dadurch noch gesteigert, daß er eine unterdrückte Kritik ausspricht oder andeutet (wie etwa in dem Beispiel vom in der Kanzel eingeschlafenen Kapuzinermönch). Beide Bereiche scheinen davon zu profitieren: der Witz und die Kritik. Wir sehen, wie nahe das Rätsel der Karikatur verwandt ist.

In der Schule der Carracci wird die gesteigerte Wirksamkeit des sparsamen, aufs notwendigste reduzierten Strichs entdeckt, der durch seine Reduktion an Vieldeutigkeit, Vielschichtigkeit und Verdichtung gewinnt.

Abb. 10: Annibale Carracci: Figuren, um 1600

Diese „Scuola degli Incamminati" entdeckt aber auch in der Zeit des Manierismus die Ideale der Frührenaissance wieder für sich; zwangsläufig kommen die Künstler dabei auch wieder auf die Differenz zwischen dem Schönheitsideal der Kunst und den in der Natur zu beobachtenden „Häßlichkeiten". Der Schritt, den sie nun aber etwa über Leonardos oder Dürers Studien hinaus machen, ist der, daß sie die Tendenz entdecken, die in einer bewußten Übertreibung nicht des Häßlichen an sich, sondern eines Teiles aus der Komposition, liegt. Also etwa eine zu große Nase, die die Proportionalität des Gesichts zerstört. Schon allein dadurch, daß die Proportion vom Körper zum Kopf verschoben wird, wird die Komposition aus ihrem Gleichgewicht gebracht und gerät in einen labilen Zustand des semiologischen Gleitens, der die Beziehung zwischen Signifikant und Signifikat durch ein parasitäres, konnotatives Feld unterwandern läßt. Die Position des Signifikats gerät in den Bereich äußerster Labilität und öffnet sich der Möglichkeit einer tendenziösen Besetzung.

Die Karikatur bedarf der Abbildfunktion, um diese zugleich radikal in Frage zu stellen, indem diese mit der latenten Zeichenfunktion in Kollision gebracht wird, die wiederum die Verantwortung für die Komik des Bildes trägt. Diese Kollision ist nur vor dem Hintergrund denkbar, daß die „Überwindung" der mittelalterlichen Kunst durch die Renaissance die Unbewußtmachung der Zeichenfunktion des Bildes bedeutet. Erst hier wird es auch möglich, die Kunst der vorhergehenden Epoche als minderwertig zu deklassifizieren, weil sie nicht der neupostulierten Abbildfunktion entspricht. Der im 17. Jahrhundert einsetzende Bildersturm, dem so viele romanische und gotische Kunstwerke zum Opfer fallen, ist auch Ausdruck der großen Verdrängungsarbeit, die geleistet werden mußte. Die Karikatur aber spielt mit dem hier unterdrückten Potential.

Die Karikatur des 17. und 18. Jahrhunderts bleibt im wesentlichen auf die Porträtkarikatur in den romanischen Ländern beschränkt. Die Karikierung sozialer oder politischer Verhältnisse, Ereignisse und Handlungsabläufe entwickelt sich erst im ausgehenden 18. Jahrhundert in den Niederlanden und vor allem in England, gewissermaßen in einer Synthese aus politisiertem Spottbild und säkularisiertem Bildzugang. Sie ist eng verknüpft mit der Entstehung des Pressewesens und der „bürgerlichen Öffentlichkeit", dieser zentralen Kategorie der bürgerlichen Gesellschaft, der nach Jürgen Habermas letztlich das Konzept einer Rationalisierung der politischen und ökonomischen Verhältnisse zugrunde lag.[12] In der wechselseitigen Erörterung sollte der Vernunft im Allgemeininteresse zum Durchbruch verholfen werden. Das Kant'sche Postulat der Aufklärung als Befreiung des Menschen aus seiner selbstverschuldeten Unmündigkeit kommt hier zum Tragen.

Mit William Hogarth schuf sich das englische Bürgertum einen genialen Künstler, der in der Mitte des 18. Jahrhunderts wie kein anderer die bürgerlichen Tugenden ins Bild setzte. Als Schöpfer der Bildungsgeschichte etablierte er eine Sprache des Bildes, die sich als „Mischung von bürgerlicher Moralpredigt und populärer Kriminalreportage"[13] in den Dienst des aufklärerisch/pädagogischen Anliegens der englischen „middle-class" stellte. Zeit seines Lebens wehrte sich Hogarth dagegen, mit den Karikaturisten in Verbindung gebracht zu werden und doch war er es, der den Zeichenvorrat schuf, der im anarchischen und destruktiven Moment der Karikatur den aufklärerischen Gestus in sein Gegenteil verwandelte. So tritt die Karikatur als Januskopf der diskursiven Vernunft der bürgerlichen Öffentlichkeit auf den Plan.

Es ist ja vor allem das Ereignis der Französischen Revolution, an dem die englischen Karikaturisten ihre Feder schärfen. Steht das englische Bürgertum der Revolution anfangs positiv gegenüber, so ändert sich die Einschätzung rasch ab 1792/93. Die unzähligen Karikaturen von James Gillray und anderen verknüpfen die Figur des Sans-Culotten mit der Ikonographie des Londoner Lumpenproletariers, wie sie Hogarth geschaffen hat. Indem sie sich der spannungsgeladenen sozialen Situation des englischen Bürgertums zwischen Adel und Proletariat auf einer latenten Ebene bedienen und auf eine außenpolitische Situation verlagern, die Szenerie noch mit unterschwelliger Sexualsymbolik, primär analerotischen Charakters, anreichern, schaffen sie das Gegenstück bürgerlicher Tugenden und Normen im Gewande der politischen Karikatur.

Vergleichbare Prozesse, aber doch mit signifikanten Unterschieden, lassen sich auch in den Ländern des Kontinents feststellen. Die Norm ist die Voraussetzung für ihre Übertretung. Das gilt für das Schönheitsideal der Renaissance wie für die moralischen und ästhetischen Normen der bürgerlichen Gesellschaft. Die bürgerliche Karikatur führt einen Scheinangriff durch, der den Betrachter zu einer bestimmten Vorstellungsarbeit verleitet, die ihn auf der kulturell so tief verankerten Gleichsetzung des Bildes als Abbild weit in die Bereiche der Scheinlogik führt. An diesem Punkt kippt die Vorstellung auf die Ebene einer latenten, emotionalen Haltung und setzt durch die Kollision von Logik und Emotion psychische Energie in Form von Lachen (oder anderer sublimierter Formen von Aggression) frei. Die Qualität der Karikatur besteht in der Fähigkeit, zwei semantische Felder, die weit voneinander entfernt zu liegen scheinen, unmittelbar miteinander zu verknüpfen und damit einen Impuls auszulösen, der in der Irritation zuerst aufgebauter Vorstellungen tiefere Schichten der Wahrnehmung anzusprechen vermag, als die bloße Wiedergabe eines Sachverhalts als Abbildung.

Ich behaupte nun, daß der sinnlich/ästhetischen Erfahrung von Geschichte ein ähnliches Prinzip zugrunde liegt. Die Gesellschaft der europäischen Neuzeit schuf sich diese Erfahrung zuallererst im Museum, das sich ja — wie die bürgerliche Öffentlichkeit und damit letztlich auch die politische Karikatur — den Ideen der Aufklärung verdankt, die im Vorfeld der Französischen Revolution die Veröffentlichung der privaten, fürstlichen Kunstkammern forderte. Diese Sammlungen, die das Erbe der Kunst- und Wunderkammern des 16. und 17. Jahrhunderts bildeten, erfuhren aber nicht nur eine Öffnung gegenüber dem gebildeten Publikum, sondern wurden auch einer neuen Ordnung unterworfen. Zielte die Wunderkammer auf das Abbild einer jenseitigen, unerklärlichen und göttlichen Welt ab, und versammelte daher die absonderlichsten Dinge und Raritäten aus den unterschiedlichsten Gebieten, so daß sich magische Geräte neben seltenen Mineralien, versteinerte Skelette neben manieristischen Kunstwerken oder Kult- und Gebrauchsgegenständen außereuropäischer Kulturen befanden, so richtete die Aufklärung ihr Interesse vorerst auf eine Systematik, die den raren Dingen ihren wissenschaftlichen Namen gab und sie in eine intelligible Ordnung fügte.

Ende des 18. und zu Beginn des 19. Jahrhunderts wird diese Ordnung weiter differenziert: die Natur wird von der Kultur getrennt, die Ethnologie von der Kunstgeschichte usw. Zögernd hält auch die Historisierung Einzug. Während die Ordnung zwar „historisch" organisiert wird, das heißt in eine zeitliche Abfolge gebracht wird, widersetzen sich allerdings die Objekte selbst noch der zeitlichen Erfahrung. Nur als „klassische", also zeitlose Werke sind sie musealisierbar. So geht ihr sakraler Charakter niemals gänzlich verloren, sondern bleibt als Bodensatz des Musealen bestehen. So siegessicher in der Französischen Revolution die enteigneten Kirchen und Paläste in Museen verwandelt wurden, so wenig gelang damit die Entzauberung der Gesellschaft. Die objektorientierte Raum/Zeit-Erfahrung schafft die Kreuzwegstationen der bürgerlichen Idolatrie im Raum einer statischen und zeitlosen Vergangenheit. Wenngleich der Besucher hier nicht mehr als Gelehrter die Kunstkammer betritt, um sich mit den begrifflich definierten Objekten ein Bild vom Aufbau der Welt als Ganzheit zu verschaffen, sondern das Museum sehend durchwandert und damit auch die narrative Bewegung einer zeitlichen Abfolge vollzieht, ist es doch erst das Thema des Fortschritts, das in der 2. Hälfte des 19. Jahrhunderts die Historisierung des musealen Raums erschließt.

Der Weltausstellungsboom, der 1851 in London beginnt und bis zum Ende des Jahrhunderts neben London vor allem Paris und Wien als Schauplatz sieht, gleicht einem Panoptikum der industriellen Revolution, das in der Gründung der großen Industrie- und Technikmuseen der Jahrhundertwende mündet.

Zeit und Geschichte bleiben hier nicht mehr als statische Vergangenheit angeordnet, sondern werden als dynamische Raum/Zeit-Konzeption erlebbar. Entlang einer imaginären Zeitachse — der Chronologie —, die das Rückgrat jedes historischen Museums bildet, schreitet der Besucher eine räumliche Erzählung ab, an deren Ende er sich selbst und seine Gesellschaft findet. Museum und Ausstellung verstehen sich als ein der realen Welt vorgelagerter Zeit-Raum, der seine Objekte aus der Gleichzeitigkeit des Ungleichzeitigen dieser Welt bezieht, um sie in ein System der Ungleichzeitigkeit des Gleichzeitigen einzuarbeiten. Denn obwohl in einem Museum etwa eine Schusterstube neben der Drehbank einer Metallwarenfabrik steht, werden beide Exponate unterschiedlichen Zeiten zugeordnet, auch wenn sie beide noch vor ihrer Musealisierung in Betrieb waren. Der Ausstellungsbesuch ähnelt also einer Lektüre, die nicht so sehr durch die Objekte an sich vorgegeben ist, sondern durch ihre Anordnung, durch die Gestaltung des Raumes und durch den Parcours, den man zurücklegen muß. Die Ausstellung ist ein semiotisches System, dessen Entzifferung den Besucher zwingt, die Gleichzeitigkeit der Objekte zu retemporieren und in eine sinnvolle historische Struktur einzubetten.

Man kann sagen, daß das Exponat an sich sprachlos ist — zumindest was seine historische Qualität betrifft —, indem es von seinem sozialen Kontext isoliert wird, oder schon lange vor seiner Musealisierung isoliert wurde. Die historische Ausstellung operiert mit toten Materialien, mit dem kulturellen Abfall der Gesellschaft, um ihn in den Zustand des Dauerhaften zu heben.[14]

Industriegesellschaften, die durch raschen technischen Wandel und hohen Objektverschleiß gekennzeichnet sind, scheinen immer auch vom Sinnverlust durch historische Entwurzelung bedroht. So gewinnt der Umgang mit Geschichte existentielle soziale Bedeutung, indem er die zeitliche Erfahrung sinnbildend organisiert und Gegenwart und Zukunft in eine umfassende Zeitverlaufsvorstellung einordnet.[15] Deshalb fördert der moderne Staat nicht nur den technischen und ökonomischen Fortschritt selbst um den Preis der Zerstörung, sondern auch die Bewahrung des Überkommenen.

„Die Gesellschaften verstehen sich nicht nur als Produktionsgemeinschaften, sondern auch als nationale Verbände mit besonderer kultureller Identität, die sich in den Zeugnissen der Vergangenheit konzentriert. Die Denkmale werden zu liturgischen Geräten der Nationalstaaten. Der Staat plaziert sich am Schnittpunkt dieser Imperative als Beförderer des Fortschritts ebenso wie als Bewahrer des Erbes. Er ist Wirtschafts- und Museumsstaat [...]

Wenn, wie Marc Guillaume anmerkt, alles zum Erbe wird — die Städte, die Landschaften, das ökologische Gleichgewicht, der genetische Code —, dann sprengt seine Bewahrung alle Grenzen. Wenn [...] keine verbindliche Hierarchie der Werte besteht, also keine Einigkeit über die erhaltenswerten Dinge, dann wird die staatliche Politik des Erbes eine der dauernden Legitimationskrise", meint der Philosoph Wolfgang Pircher.[16] Einen Ausweg sieht er im Aufbau einer Fiktion, die das Konstrukt einer Gesellschaft vorspiegelt, die die Kontinuität von Wechsel, Bewahrung und Schöpfung herstellen kann. Dazu bedarf es einer Ausweitung der „Gedächtnismaschinen", der Museen, Archive, Denkmäler usw., die eine weltweite Hierarchie der Trümmer organisieren und die Erde dem Tourismus als geplatztes Museum anbieten: „Histourismus".

In der Tat weitet sich der Museumsbereich immer rascher aus.[17] Was gestern selbst noch Sinnbild des Schaffens war, wird heute in den neuen Industriemuseen zur therapeutischen Figur der Krise des Fortschritts.[18] Wir werden Zeuge ganz erstaunlicher Karrieren von Dingen, die erst vor einigen Jahren zum Müll kamen, heute von Sammlern entdeckt werden und morgen im Museum landen. Immer gieriger warten die Gedächtnismaschinen darauf, die Gegenwart einzusaugen, um sie ihren Zeitkonzeptionen zu unterwerfen. Die stete Beschleunigung dieses Prozesses, die den Abstand zu der Zeit, die bereits museal ist, immer mehr verkürzt, wirft die Frage nach dem postmodernen Exponat auf, das nicht mehr über den Umweg seines sozialen Gebrauchs, des allmählichen Wertverfalls und des Mülls zu seiner Musealisierung bestimmt ist[19], sondern direkt für das Museum produziert wird. In marginalen

Bereichen lassen sich Beispiele dafür bereits finden: Briefmarken etwa werden nicht mehr ausschließlich für ihre postalische Verwendung produziert, sondern gelangen in eigenen Serien direkt an den Sammler. Wichtiger als solche Marginalien scheint mir an dieser Stelle aber der Einbruch neuer Medien in den musealen Raum zu sein. Schon mit der Fotografie entsteht ein Medium, das aufgrund seiner Beschaffenheit das historische Konzept verändern muß. Der Fotoapparat bringt eine Abbildung zuwege, die nicht mehr vom subjektiven, handwerklichen Können abhängt, sondern sich chemo-physikalischen Manipulationen verdankt. Er scheint wie kein anderes Gerät dazu geschaffen zu sein, den Traum des objektiven Blicks zu verwirklichen. Das Foto produziert eine moderne Gläubigkeit gegenüber dem Bild, die im Mythos der unbefleckten Kommunikation wurzelt und in ihm das zwingende Indiz dafür sieht, daß das, was abgebildet ist, dem entspricht, was gewesen ist.

Freilich kommt das erst ab dem Zeitpunkt zum Tragen, ab dem es möglich ist, die Verschlußzeiten soweit zu verkürzen, daß Schnappschüsse möglich sind. Damit beginnt die Zeit der Dokumentaraufnahmen, die die Vergangenheit in der kristallinen Erstarrung des Moments festhalten. Mit dieser Kategorie der Fotografie entsteht ein historisches Objekt neuen Typs, dessen sozialer Gebrauchswert direkt darauf abzielt, bestimmte Ereignisse und Momente „für die Nachwelt festzuhalten". Im musealen Raum unterscheidet es sich von anderen Exponaten, indem es nicht aus der realen Welt isoliert wird, sondern seinen sozialen Kontext behält, ja unter Umständen erst gewinnt, indem es öffentlich wird. Die Sprache der Fotografie konkurriert die Sprache des musealen Raums. Als Medium im Medium der Ausstellung droht es alle anderen Objekte zu verschlingen, wenn es um die Epochen der jüngsten Geschichte geht. Aufgrund seiner technischen Reproduzierbarkeit stellt es nicht nur die Frage nach dem Original neu — wie sie Walter Benjamin formuliert hat —, sondern ermöglicht auch die Reproduktion jedes anderen Originals auf einem neuen Niveau. Es leitet die Duplizierung der Objektwelt ein, die die Gegenwart mit ihrem historischen Double konfrontiert. Mit den neuen Medien, die der Fotografie folgen und das Simulationsparadigma der Moderne weiter vervollkommnen — der Film, das Video und schließlich die Computersimulation — wird die raumzeitliche Konzeption der Geschichte allmählich dem Verfall preisgegeben.

Im Historischen Museum der Stadt Wien befindet sich als eines der zentralen Objekte zur Stadtgeschichte des 19. Jahrhunderts ein großes Modell der Wiener Innenstadt aus dem Jahre 1854. Während dieses Modell also die Stadt zum eigentlichen Museum erklärt und deren Raum einer zeitlichen Erfahrung (eigentlich „Ergehung") erschließt, wurde vor einiger Zeit das ultimative Gegenstück im Wiener Kunsthistorischen Museum präsentiert, das seinen endgültigen Standort allerdings im Rathaus finden wird: eine mit großem Aufwand hergestellte Computersimulation, die am Bildschirm einen Stadtrundgang mit der Besichtigung der historischen Denkmäler, Bauten, Museen und

Sammlungen ermöglicht. Die qualitative Neuerung besteht hier aber nicht nur in der simulierten Bewegung durch einen illusionären Raum, sondern auch in der Simultaneität verschiedener Zeiten. Man kann also nicht nur über die Ringstraße in ihrer heutigen Gestalt spazieren, sondern auch Bilder über ihren früheren Zustand abrufen. Man kann historische Bezüge einzelner Gebäude erfragen, man kann diese Gebäude aber auch betreten und einen Rundgang in ihrem Inneren beginnen und wieder auf die Geschichte einzelner Objekte eingehen. Das System ist weiters so weit vernetzt, daß man von einem Objekt, nehmen wir als Beispiel das Bild von Kaiser Franz I. im Krönungsornat, das im Kunsthistorischen Museum hängt, nun in die Räume der Schatzkammer in der Wiener Hofburg springen kann, wo sich Teile des Ornats im Original befinden und von hier wieder in die kaiserlichen Prunkräume des Schloß Schönbrunn etc. Die Computersimulation bringt also eine Vernetzung zuwege, die weit über die Möglichkeiten einer räumlichen Erschließung der Zeit hinausgeht. Die räumliche Übersetzung der Zeit weicht dem historischen Double der elektronischen Simultaneität.

Mit diesem Double muß sich die Geschichtswissenschaft des 20. Jahrhunderts auseinandersetzen, an ihm muß sie eine neue Qualität erreichen, will sie ihren Stellenwert behaupten und hier setzt die soziale Relevanz der historischen Imagologie ein.

Die Wiener Museumslandschaft bildet ein großartiges Feld, den Verfall der musealen Konzeption des 19. Jahrhunderts und deren Umdeutung im „Histourismus" zu beobachten. Wem entlockt etwa das Technische Museum kein stilles Lächeln über diesen letzten Versuch der Moderne, sich in die Geschichte einzuschreiben, während sie selbst von der Geschichte überrollt wurde. Bekanntlich fiel ja die Eröffnung dieses Museums bereits in die Zeit des 1. Weltkrieges. Wer kann aber andererseits bestreiten, daß dieses Museum, das sich einer nachträglichen Didaktisierung so hartnäckig widersetzt hat, nicht auch seinen Reiz hat, indem es seine Geschichtskonzeption offen zur Schau stellt und nun gewissermaßen als Metamuseum fungiert, dessen Hülle und abstrakte Struktur zum eigentlichen Inhalt geworden ist. Was hier sichtbar wird, ist die Konstruktion des Historischen im wörtlichen Sinn, das rhetorische Gebäude der Geschichte, mit einem Wort von Wolfgang Ernst: die Architextur.

Hier liegen die Potentiale künftiger Geschichtsarbeit. Nicht das referentielle Ideal der Geschichte (die historische Realität nämlich) kann im Museum vermittelt werden, sondern die Auseinandersetzung mit den Geschichtsbildern. Wie in der Karikatur ist nicht die Bestätigung, sondern die Irritation bestehender Sinnzusammenhänge die Aufgabe verantwortungsvoller sinnlich/ästhetischer Geschichtsvermittlung.

Anmerkungen

1 Jacques Le Goff: Kann denn Lachen Sünde sein, in: Frankfurter Allgemeine Zeitung vom 3.5.1989, S. 3.
2 Vgl. dazu etwa: Die Zeichen der Historie. Beiträge zu einer semiologischen Geschichtswissenschaft, hg. von Georg Schmid, Wien, Köln, Graz 1986; Georg Schmid: Die Spur und die Trasse. (Post-)Moderne Wegmarken der Geschichtswissenschaft, Wien, Köln, Graz 1988; oder auch: Geschichte sehen. Beiträge zur Ästhetik historischer Museen, hg. von Jörn Rüsen, Wolfgang Ernst, Heinrich Theodor Grütter, Pfaffenweiler 1988.
3 Vgl. dazu Severin Heinisch: Die Karikatur. Über das Irrationale im Zeitalter der Vernunft, Wien, Köln, Graz 1988.
4 Sigmund Freud: Totem und Tabu, in: ders.: Studienausgabe Bd. IX, Frankfurt a. M. 1982, S. 368.
5 Vgl. Ernst Kris: Die ästhetische Illusion. Phänomene der Kunst in der Sicht der Psychoanalyse, Frankfurt a. M. 1977, S. 152; Ernst Gombrich: Das Arsenal der Karikaturisten, in: ders.: Meditationen über ein Steckenpferd. Von den Wurzeln und Grenzen der Kunst, Wien 1973, S. 195—216.
6 Kris (Anm. 5), S. 157.
7 Vgl. Michel Melot: Die Karikatur. Das Komische in der Kunst, Stuttgart, Berlin, Köln, Mainz 1975, S. 11.
8 Werner Hoffmann: Die Karikatur — eine Gegenkunst?, in: Bild als Waffe. Mittel und Motive der Karikatur in 5 Jahrhunderten, hg. von Gerhard Langemayer u.a., Katalog, München 1984, S. 355—383, Zitat S. 362.
9 Michael Baxandall: Die Wirklichkeit der Bilder. Malerei und Erfahrung im Italien des 15. Jahrhunderts, Frankfurt a. M. 1977, S. 122 ff
10 Ebd., S. 157 ff; sowie Erwin Panofsky: Idea. Ein Beitrag zur Begriffsgeschichte der älteren Kunsttheorien, Berlin 1975, S. 7.
11 Georg Piltz: Geschichte der europäischen Karikatur, Berlin 1976, S. 37.
12 Jürgen Habermas: Strukturwandel und Öffentlichkeit. Untersuchungen zu einer Kategorie der bürgerlichen Gesellschaft, Darmstadt, Neuwied 1987, vor allem S. 111 ff.
13 Piltz (Anm. 11), S. 66.
14 Michael Thompson: Theorie des Abfalls, Stuttgart 1982; sowie Michael Fehr: Müllhalde oder Museum. Endstationen in der Industriegesellschaft, in: Michael Fehr, Stefan Grohé (Hg.): Geschichte — Bild — Museum. Zur Darstellung von Geschichte im Museum, Köln 1989, S. 182—196.
15 Jörn Rüsen: Die Rhetorik des Historischen, in: ebd.: S. 113—126, hier S. 116.
16 Wolfgang Pircher: Ein Raum in der Zeit. Bemerkungen zur Idee des Museums, in: Ästhetik und Kommunikation 67/68, Jg. 18.
17 Vgl. dazu etwa Hermann Lübbe: Die Aufringlichkeit der Geschichte. Herausforderungen der Moderne vom Historismus bis zum Nationalsozialismus, Graz, Wien, Köln 1989, S. 13 ff
18 Henri Pierre Jeudy: Die Welt als Museum, Berlin 1987, S. 10.
19 Thompson (Anm. 14).

Albert d'Haenens

Video und Geschichte.
Das Verhältnis zur Vergangenheit
im elektronischen Zeitalter.[1]

Ich ziehe hier eine Bilanz und stelle Überlegungen an über eine Verwendung des Videos in der historischen Praxis, wie sie seit etwa zehn Jahren besteht. Die Bilanz erfaßt verschiedene Arten der Produktion und Verwendung:
— Auf dem Gebiet der Lehr und der universitären Forschung:
   im Rahmen des Centre d'Histoire de l'Ecriture (CHEC) und von Kursen über die Geschichte der Schrift und der abendländischen Kultur.[2]
— Auf dem Gebiet der Archivierung:
   im Rahmen des Service des Archives de l'Université de Louvain-la-Neuve und des Centre de documentation sur l'histoire de l'Université de Louvain (CHUL).
— Auf dem Gebiet der kulturellen Animation und Aktion:
   im Rahmen der Aktivitäten des Centre de Recherches sur la Communication en Histoire (CRCH).[3]

Die nachfolgenden Überlegungen versuchen das, was sich aus der konkreten und praktischen Verwendung des Videos als eines Instruments der Aufzeichnung abzeichnet, zu systematisieren und zu theoretisieren. Sie beziehen ein neues Projekt — das der Vernetzung der Häuser der Erinnerung (Réseau des Maisons de la Mémoire)[4] — mit ein, das eine globale und konkrete Antwort auf die Probleme liefern will, die sich dem kollektiven Gedächtnis des elektronischen Zeitalters stellen.[5]

1. Das Video als Arbeitsmitel in der Praxis

1.1 Als Produktionsmittel bringt das Video im Vergleich zu anderen audiovisuellen Arbeitsmitteln Vorteile mit sich, die so ausreichend etabliert und bekannt sind, daß es sich erübrigt, dabei lange zu verweilen. Zur ausgesprochenen Flexibilität und Mobilität des Apparats kommt die unmittelbare und dauernde Ablesbarkeit der konkreten Resultate — und nicht nur der angenommenen —, der Bild- und Tonaufnahmen hinzu. Und eine relative Vereinfachung der Montagetechnik, die beachtlich von der des Filmes abweicht. Diese

Leistungsfähigkeit des Mediums reduziert die Kosten der Produktion. Darüber hinaus schafft sie für den Gestalter (den gestaltenden Historiker) die Möglichkeit, von Anfang an die Koinzidenz zwischen seiner Konzeption und der Realisation zu überwachen: die Zahl der dazwischenliegenden Techniken ist begrenzt; die Montagephasen sind wenige und einfache.

1.2 Als Dokumentationsmittel erreicht das Video eine solch spezielle Leistungsfähigkeit, daß es einen eigenen Typ der Speicherung und Verwahrung, die Videothek, hervorbringt. Auch dafür sind die Aufbau- und Benutzungskosten, etwa im Vergleich zu denen einer Filmothek, erheblich niedriger: dank seiner minimalen Infrastruktur hinsichtlich Bewahrung und Benutzung und dank eines geringen technischen Personals für die Benutzung (für die Bereitstellung der Dokumente [Videos] ist nur das Abrollen und Zurückspulen notwendig). Im übrigen ist die Versorgung einer Videothek nicht schwierig. Das Überspielen von Fernsehprogrammen oder irgendeines Bandes ist wirklich einfach. Es handelt sich nur um eine leichte Tätigkeit. Schließlich macht die Sorge um die Erhaltung der seltenen und kostbaren Originalfilme das Video zum Bildträger par excellence für eine laufende Benutzung dieser Art Dokumente.

1.3 Das Video setzt sich mehr und mehr als Mittel der Animation, und zwar sowohl der pädagogischen als auch der kulturellen, durch: einmal im Blick auf die oben erwähnten Vorzüge, ferner wegen der Kleinheit seiner Apparaturen, was sich besonders angenehm in Ausstellungsräumen auswirkt. Schließlich wegen seiner eigenen technischen Leistungsfähigkeit, etwas des Stops auf einem Einzelbild, und der verschiedenen Arten, daß Dokument abzuspielen, die eine audiovisuelle Lektüre erlauben, die in nichts der Lektüre eines Textes nachsteht.

2. Video und kollektives Gedächtnis

In Zukunft ordnet sich das Video an erster Stelle in das Ensemble der Praktiken der Aufzeichnung und in die Liste der Darstellungsmittel ein, auf welche die Mitglieder der elektronischen Gesellschaft jetzt zurückgreifen können. Es handelt sich also nicht mehr darum, es so zu behandeln, als ob es zu einem vergangenen Zeitalter, dem der Schrift, gehöre, noch sich ihm zu nähern, indem man von der Globalität der Schrift ausgeht, als ob es für immer der Schrift untergeordnet und unterworfen wäre. In Wirklichkeit ist es konstitutiv für eine Gesellschaft, deren kollektives Gedächtnis in Zukunft auf der Basis der Elektronik funktioniert. Über das Video nachdenken schließt ein, daß man sich über das elektronische kollektive Gedächtnis Fragen stellt, das zu einem großen Teil durch die Videoaufzeichnung genährt wird.

2.1 Die Mitglieder einer Gemeinschaft erleben ihre gemeinschaftliche Zugehörigkeit durch den Rückgriff und den Bezug auf ein kollektives

Gedächtnis. Sie schöpfen daraus wie aus einen Reservoir, das aus gemeinsamen Erinnerungen, aus komplexen System und Kombinationen besteht, an denen sie ihre Verhaltensweise, ihr Sprechen und ihre Tätigkeit ausrichten.

Indem sie das tun, formulieren und manifestieren sie das kollektive Gedächtnis: indem sie davon Gebrauch machen, nehmen sie aktiv an seinem (Über-)Leben und seiner Veränderung anteil. Das kollektive Gedächtnis beginnt besser erforscht zu werden: zugleich als Objekt des wissenschaftlichen Interesses und als Element der Dynamik des (sozialen) Lebens — gerade wenn man in Zeiten starker Veränderungen lebt, die man mit Klarheit und Zusammenhang des Denkens meistern können muß. Bis heute hat man das kollektive Gedächtnis zu sehr zugunsten der klassischen Geschichte, einer seiner Reduktionsvarianten, vernachlässigt. Gleichwohl kann man sich ein Bild von seinem Funktionieren, seiner Dynamik, machen, indem man eines seiner konstitutiven Elemente, das uns vertrauter ist, die Sprache, näher betrachtet. Beim Sprechen bedienen sich die Mitglieder einer Gemeinschaft einer Sprache: eines Wortschatzes, einer Grammatik, einer Syntax, einer Rhetorik, einer Poetik ... Die Wörter sind die Aktualisationen dieser Sprache und entsprechend ihres kollektiven Gedächtnisses. Beim Sprechen nehmen die Mitglieder einer Gemeinschaft aktive Beziehungen zu ihrem kollektiven Gedächtnis auf: indem sie sich darauf beziehen, beleben sie es und setzen es fort.

Das kollektive Gedächtnis einer Gruppe wird aber nicht nur durch die Sprache konstituiert. Die Wohnung, die Ernährung, die Kleidung, das Gehabe sind ebenso sektorale Aktivierungen einer umfassenden Beziehung zur Realität, vermittelt durch das kollektive Gedächtnis. Wie die Sprache für die verbale Beziehung, so wirkt das kollektive Gedächtnis für das Wahrnehmen und den Umgang mit dem Realen. Es aktualisiert sich, wenn man darauf zurückgreift, um eine Beziehung zur globalen Realität herzustellen, jedesmal wenn ein Mitglied einer Gemeinschaft oder die Gemeinschaft als solche sich äußert: in den Gesprächen und Vorschlägen der Gruppe und seiner Individuen, in ihren Institutionen und Organisationen, in ihren Aktivitäten der Produktion, des Verbrauchs, der Erhaltung, des Wechsels, schließlich in ihren verschiedenen Formen des Sich-Einrichtens.

2.2. Etwas angesichts und für das kollektive Gedächtnis produzieren, heißt es aufzeichnen. Das kollektive Gedächtnis ist Mittel und Ergebnis solchen Schaffens von Aufzeichnungen. Aufzeichnen, das ist einer Sache Ausdruck geben, sie für Gefühl und Sinne wahrnehmbar zu machen, sie insbesonders sichtbar und/oder hörbar machen. Es ist noch, vor allem anderen vielleicht, sich oder sie einem Code und seiner Logik, seiner Leistung unterwerfen. Der Code, sei es ein System der Produktion und des Gebrauchs oder ein System der Kommunikation, spielt eine hervorragende Rolle in der Konstituierung (Unterhaltung, Organisation und Erhaltung) und im Funktionieren eines kollektiven Gedächtnisses.

Gegenwärtig ist der Code unserer Erinnerungen nicht mehr ein schriftlicher. Daraus ergibt sich eine radikale Umwälzung für unser kollektives Gedächtnis. In der „oralen" Gesellschaft, im Zeitalter der Mündlichkeit, wurde die Sicherung des kollektiven Gedächtnisses durch das Wort bewirkt und im individuellen Gedächtnis der Gruppenmitglieder, in ihren Gehirnen, letztendlich fixiert. Die Benutzung der aufbewahrten Inhalte verlangte jedesmal eine Äußerung, eine subjektive Aussprache, bedingt nicht nur durch die Persönlichkeit des Sprechers, sondern auch durch die Umstände der Sprechsituation. Da die Beständigkeit dieses Reservoirs, das das kollektive Gedächtnis darstellt, dauernd prekär bleibt, waren die möglichen Anwendungen eingeschränkt und starr, die Art und Weise der Kommunikation und der Mitteilung ritualisiert. Vom Hochmittelalter an wandelte sich die abendländische Gesellschaft allmählich von einer mündlichen zu einer schriftlichen Gesellschaft. Sie machte sich von nun an das schriftlich kollektive Gedächtnis zu eigen. So wurden seine Informationen mehr und mehr von den subjektiven Fluktuationen des Sich-Einprägens, von den umstandsbedingten Variationen der Aussprache und der mündlichen Aktualisierung unabhängig. Aber sie unterwarfen sich gleichzeitig der Logik ihrer Hilfsmittel, der von der Logik der Sprache verschiedenen Logik der Schrift. Vom schriftlichen Mittelalter an kommt das Medium als eine von außen an den Menschen herangetragene Pflicht auf. Der Behandlung jeder Information und entsprechend dem kollektiven Gedächtnis zwingt es seine Logik auf. Zum Beispiel in Sachen Dauerhaftigkeit, Dauer. Im Verlauf des schriftlichen Zeitalters greift das Abendland nach verschiedenen Materialien und Werkzeugen der Aufzeichnung, je nachdem ob es die Beständigkeit seiner Inschriften und Aufzeichnungen anstrebt oder nicht. Es sah die Reversibilität/Irreversibilität des Aufgezeichneten auf eine eigene, spezifische Weise. So bestimmen im schriftlichen Zeitalter die Zielbestimmung zu überdauern selbst die Wahl des Schriftträgers oder des Werkzeugs der Aufzeichnung: man wählte die Tinte oder das Pergament, die Radiernadel oder den Stein, oder den Griffel und die Wachstafel, den Bleistift und das Papier, die Kreide und die Schiefertafel — eben weil Schriftträger und Werkzeug sich zur Dauer der Schriftspur verhalten.

2.3 Die elektronische Gesellschaft tendiert systematisch dazu, auf ambivalente Datenträger zurückzugreifen und sich daran auszurichten, die unterschiedslos reversible und irreversible, zu löschende und unzerstörbare Aufzeichnungen vermitteln. Diese Ambivalenz der neuen medialen Datenträger impliziert den Verzicht auf die direkte, sofortige Lektüre des Produktes des Vorgangs der Aufzeichnung, des Aufgezeichneten. Sie erfordert für die Lektüre den Rückgriff auf Bildschirm oder Leinwand. Der Preis, der für diese Ambivalenz zu zahlen ist, ist also ein doppelter: die Unlesbarkeit der unmittelbaren Aufzeichnung und ihre unerläßliche Vermittlung durch ein Lesegerät. Nichts Offensichtliches kennzeichnet die neuen medialen Hilfsmittel, die sich undifferenziert zur Reversibilität oder Irreversibilität ihrer Inhalte verhalten, ob sie zur Vernichtung oder Bewahrung bestimmt sind. Ihre Wiederverwendung oder ihre ausschließliche und definitive Verwendung für einen einzigen Inhalt muß jedesmal Gegenstand einer Entscheidung sein. Wenn also etwas mit ihnen aufzeichnen ein doppeldeutiges Unternehmen ist, heißt das, daß man zugleich die Irreversibilität und die Reversibilität praktiziert. Es bedeutet zugleich aufnehmen und löschen.

a) Weil sie unterschiedslos (ir-)reversibel sind, verhalten sich die medialen Datenträger der elektronischen Gesellschaft indifferent zur Aufbewahrungsfrist der Aufzeichnung. Denn ein in gleicher Weise reversibles oder irreversibles Band garantiert zwangsläufig nicht mehr die Aufzeichnung für eine lange Bewahrdauer. Diese mediale Indifferenz bestimmt die Dauerhaftigkeit der Aufzeichnung. Man ist jeden Augenblick versucht, das reversible Band wieder in Gebrauch zu nehmen — aus Gründen irgendwelcher umstandsbedingter Opportunitäten, die nichts mit dem Inhalt zu tun haben. Immer besteht die Versuchung, den Inhalt (der Aufzeichnung) dem Datenträger zu opfern, die Reversibilität auf Kosten der Irreversibilität zu gewährleisten. Aufzeichnen auf Dauer bleibt ein problematisches, wenn nicht riskantes Unternehmen in der elektronischen Gesellschaft.

b) Andererseits ergreift uns bei den neuen Aufzeichnungen nichts mehr auf der affektiven Ebene, der des Gefühls, der Emotion — gerade im Blick auf den Datenträger. Denn dieser ist abstrakt und gleichförmig: Eine perfekte Gleichartigkeit der Bänder und der Gehäuse, die sie enthalten. Das ist ein anderer offensichtlicher Kontrast zu schriftlichen Aufzeichnungen, die konkret und differenziert in Einband, Papier oder Pergament, in der Form der Buchstaben, in den materiellen und (be-)greifbaren Dimensionen sind, die für die, die sie zu bewahren und zu übermitteln haben, lebendig werden können. Die Idee aber der Konservierung und Übermittlung der Aufzeichnungen ist heute in dem Maße bedroht, wie sie in der Vergangenheit selbstverständlich war. Bei den immer abstrakteren Aufzeichnungen wächst die Gefahr, sie nach dem ersten Gebrauch als Abfall wegzuwerfen. Man lebt nicht mehr in der Zeit, wo man ein Buch bewahrte, wenn es nicht nur wegen seines Einbandes war, selbst ohne genau zu wissen, was es enthielt, und ohne die Lust, es zu lesen. Die Aufzeichnungen des schriftlichen Zeitalters hatten einen deutlich wahrnehmbaren Reiz und eine Sinnhaftigkeit, die inzwischen verschwimmen.

c) Aber es gibt noch Schwerwiegenderes. In einer Welt, programmiert auf schnelles Veralten und modischen Wechsel, haben die Aufzeichnungen aus der Vergangenheit, auf Überdauern angelegt, keinen natürlichen Ort und keine organische Entwicklungsmöglichkeit mehr. Sie hier und heute zu bewahren und zu benutzen bringt also immer mehr Problem mit sich. Es fehlt an Platz für sie in der neuen alltäglichen und aktiven Umgebung. Man ist nicht mehr gewohnt, die gleichen Dinge lange aufzubewahren: Man denkt vor allem daran, sie nach Gebrauch wegzuwerfen, sie in Asche zu verwandeln und zu zerstreuen. Auch stehen die aus der Vergangenheit übernommenen Aufzeichnungen, für die Dauer gemacht, abseits von der neuen Dynamik des sozialen

Lebens, allenfalls im Schutze eines neuen Bezugssystems, das sie wie archäologische Gegenstände behandelt. Man bringt sie ins Museum, ins Archiv — wie in einen Gefrierschrank.

d) Eine Gesellschaft, die in erster Linie für kurze Dauer aufzeichnet, die aus der kurzen Dauer einen Wert macht, greift auf wiederverwendbare Datenträger zurück. Das ist in der elektronischen Gesellschaft der Fall. Darin steht sie dem schriftlichen Zeitalter entgegen.

Die elektronische Gesellschaft lebt im Zeitalter des Wegwerfens und des schnellen Mülls. Sie gibt die Priorität dem Gebrauch, der Funktion, dem unmittelbaren Resultat. Sie opfert also den Inhalt dem Aufzeichnungsträger, das Dargestellte dem Darstellungsmaterial, die Substanz der Instanz.

2.4 Wenn man die lange Zeit abendländischer Geschichte betrachtet, stellt man fest, daß Aufzeichnungen und Erinnerungen, indem sie vom Mündlichen zum Schriftlichen, vom Schriftlichen zum Elektronischen wechselten, Phasen einer immer ausgeprägteren Veräußerlichung, Abstraktion und Indifferenzierung durchlaufen haben. Im gleichen Maße haben die Aufzeichnungsmöglichkeiten erheblich ihre Leistungen hinsichtlich Speicherung und Manipulation der Daten verbessert. Sie haben gleichermaßen den Menschen von allen Aufgaben der Erinnerungsarbeit befreit. Die elektronischen Hilfsmittel entlasten systematisch mehr und mehr die Person des Schreibers/Aufzeichners, seine Schreibhand, sein Gehirn und seine Einbildungskraft von allen Arten einer Dienstleistung für die (Rück-)Erinnerung. Diese sind so mehr und mehr systematisch an Ersatzmittel, an Techniken und Technologien delegiert worden, die immer mehr außerhalb, d. h. fremd, wenn nicht konträr zum traditionellen Menschen und seinen fünf Sinnen stehen. Tatsächlich wird durch sie und mit ihnen die lange Dauer mehr und mehr als Un-Wert betrachtet und behandelt: so sehr, daß äußerstenfalles die Erinnerung als das, was überdauern soll, keinen Platz mehr in der elektronischen Gesellschaft hat.

Wir sind dabei, das Zeitalter der Schrift, das Zeitalter der Schriftlichkeit, das Zeitalter der Schrifthegemonie zu verlassen. Wir leben seit einigen Jahren im Zeitalter der Elektronik: Im Medienbereich werden unsere Beziehungen zur Welt und zur Gesellschaft seitdem vor allem von der Audiovision und der Datenverarbeitung dominiert. Leben im Zeitalter der Elektronik veranlaßt notwendigerweise die Historiker, sich zu fragen, was sich daraus für ihre Arbeits- und Verhaltensweisen ergibt. Oder allgemeiner noch zu erkennen, wie sich das Verhältnis zur Vergangenheit ändert, wenn man ins Zeitalter der Elektronik übertritt. Über das Video am Ende des 20. Jahrhunderts nachdenken, bedeutet also etwas anderes als noch vor zwanzig Jahren, als die Buchstabenschrift noch unbeeinträchtigt über die Medienwelt herrschte. Es geht nicht mehr darum, sich zu fragen, wie die Audiovision der Schrift und Schriftlichkeit unter- oder eingeordnet werden könne, sondern genau zu wissen, wie die Audiovision als das hegemoniale Medium funktioniert.

Die Historiker von heute denken noch so häufig über die Audiovision und ihre

Beziehung zur Vergangenheit nach, als ob sie immer noch im schriftlichen Zeitalter lebten. Es ist wichtig, daß sie die neue Welt erkennen, in der sie ihre Kompetenz und soziale Verantwortung ausüben, daß sie sich darüber Rechenschaft geben, daß wir alle schon in das elektronische Zeitalter eingetreten sind.

Anmerkungen

1 Aus dem Französischen übersetzt von Bernd Hey, Bielefeld. Der Originaltitel lautet: Video et histoire. De la relation électronale à l'antériorité.
2 Über das C.H.E.C.: Albert d'Haenens: Ecrire, utiliser et conserver des textes pendant 1500 ans: la relation occidentale à l'écriture, in: Scrittura e Civiltà 7 (1983), S. 225—260.
3 Über das C.R.C.H.: Albert d'Haenens: Pour une autre histoire. Eléments pour une théorie de la trace, in: Cahiers de Clio, 60/61 (1980); ders.: Eine neue Kultur begründen! Gefahren und Chancen an der Schwelle des elektronalischen Zeitalters, in: Jörn Rüsen, Wolfgang Ernst, Heinrich Theodor Grütter (Hg.): Geschichte sehen. Beiträge zur Ästhetik historischer Museen, Pfaffenweiler 1988, S. 94—96.
4 Über das Netz der Maisons de la Mémoire und die Ecole des Mémoires Culturelles de Louvain-la-Neuve vgl. Françoise Hiraux: Geschichtshäuser. Erfahrungen und Thesen über eine Möglichkeit, der Zeit einen Raum in unserer Vorstellungswelt zu erhalten, in: Rüsen, Ernst, Grütter (Anm. 3), S. 97—99.
5 Albert d'Haenens: En passant de l'ere scribale à l'ere électronale, que deviennent les mémoires collectives? in: Etude de la construction de la mémoire collective des Québecois au XXe siecle, approches multidisciplinaires, sous la direction de Jacques Muthieu, Cahiers du Celat 5 (1986), S. 284—300; ders.: Text als Geschichte. Der Text als Überlieferung der schriftlich fixierten Vor-Zeit, in: Klaus Fröhlich, Heinrich Theodor Grütter, Jörn Rüsen (Hg.): Geschichtskultur. (Jahrbuch für Geschichtsdidaktik, Bd. 3), Pfaffenweiler 1992, S. 77—104.

Alfred Heit

„Die ungestillte Sehnsucht" — Versuch über ein Movens historischer Faszination in Umberto Ecos Roman „Der Name der Rose"

La vraie science et le vraie étude
de l'homme c'est l'homme.
Pierre Charron

Volk und Knecht und Überwinder,
Sie gestehn zu jeder Zeit:
Höchstes Glück der Erdenkinder
Sei nur die Persönlichkeit.
Goethe

Doch uns ist gegeben,
Auf keiner Stätte zu ruhn
Hölderlin

Ecos Rosenroman hat bereits seit geraumer Zeit die vorderen Plätze der Bestsellerlisten wieder freigegeben. Die hochausschlagende Kurve des Riesenerfolgs, der — frei nach Goethe — ihn als Objekt urteilender Betrachtung fast untauglich zu machen drohte, ist auf das Normalmaß zurückgefallen. Gustav Seibt hat beim Abgang des Romans aus den deutschen literarischen Schlagzeilen in der „Frankfurter Allgemeinen" dem Autor Eco ein respektvolles „Addio" nachgesandt, den deutschen Mittelalter-Historikern jedoch als den mit ihren Kommentaren notorisch Zu-Spät-Kommenden nur hämisches Gelächter offeriert.[1] Bei allem situativen und substantiellen Unverständnis, das dieser kollektiv applizierten journalistischen Rüge innewohnt, enthält sie doch den dankenswerten Appell, wissenschaftliche Thesen nicht allzu unbekümmert an der Gesellschaft vorbei zu produzieren, sondern sie in einem dialogischen Prozeß offenzuhalten für deren Einsprüche, Zusprüche, Ansprüche.

Die Fachleute — ich spreche hier besonders von den Leuten im Fach der mittelalterlichen Geschichte — haben den Roman als ein à propos genommen, um nach Kundgabe etwelcher Verwirrung und Unruhe nebst Laudatio auctoris auf nicht allzu weiten Umwegen in ihre Spezialgebiete zurückzulenken.

Das ist legitim und verdient Anerkennung. Mir hat dieser Roman andere Gedanken und Gefühle erregt. Das ist in den Augen vieler illegitim und verdient Prügel: Ich las ihn nämlich als eine personal projizierte Botschaft der Sinnlichkeit und Emotionalität. In einem essayistischen Ansatz — genauer gesagt durch intensives Hinsehen, Hinhören und Hineinfühlen bei unentwegter intellektueller Anspannung — wollte ich herausfinden, wie Eco es anstellt, ihn zu einer solchen zu machen. Das Ergebnis ist nachzulesen.[2]

Nach kurzer Lektüre bereits schwante mir, daß unsere geläufigen Definitionen des historischen Romans uns Wichtiges, um nicht zu sagen das Wichtigste, vorenthalten. Nehmen wir die Begriffsbestimmung aus der Brockhaus Enzyklopädie (Bd. 8, 1969). Danach ist der historische Roman ein Roman, „der geschichtliche Gestalten und Ereignisse dichterisch frei behandelt oder frei erfundene Gestalten in geschichtlichem Milieu auftreten läßt." Den historischen Roman des 20. Jahrhunderts kennzeichnet diese Definition mit den Stichworten „romantische Erinnerung" und „verfremdete Darstellung zeitgenössischer Problematik", Charakteristika, die man bekanntlich auch Ecos Roman zugesprochen hat. Die historische Belletristik wird insofern davon abgesetzt, als sie frei von Erfundenem sei. Ihr wird bescheinigt, daß sie „auf trockene Erörterung wissenschaftlicher Streitfragen, meist auch auf Quellennachweise u.ä. verzichtet (...)". Dafür wolle sie „unterhaltsame, farbige, stilistisch anspruchsvolle Biographien oder Darstellungen geschichtlicher Ereignisse bieten".

Dies ist beileibe nicht unzutreffend. Nach meinen Leseerfahrungen mit Ecos Rosenroman sage ich jedoch: Ein historischer Roman ist ein solcher, der eine wissenschaftlich-rational erarbeitete Geschichtswelt auf hohem intellektuellem Niveau in differenzierter Gestaltung des Möglichkeitshorizonts konsequent personal inszeniert und so — auch bzw. komplementär — versinnlicht und emotionalisiert. Statt die Meßlatte überholter Vorstellungen anzulegen, setze ich die herausragende literarische Realisation als Norm.

Ich sehe im Geiste bei einer hohen historischen Zunft verdüsterte Gesichter, daß hier der Sinnlichkeit und Emotionalität ein so prominenter Platz angewiesen wird. Mit Sinnlichkeit verbindet sich in der Regel die Vorstellung von Dumpfheit, wo nicht Unanständigkeit, Emotionalität wird letztendlich gleichgesetzt mit Erkenntnisunfähigkeit. Dabei müßten wir es eigentlich besser wissen. Ich rufe einen der Irrationalität unverdächtigen Zeugen dafür auf, daß rationale wissenschaftliche Arbeit und Emotionalität verschwistert sind: Max Weber. In seinem 1919 gehaltenen Vortrag „Wissenschaft als Beruf" macht er dazu erstaunliche Ausführungen. Ich beschränke mich auf einige Stichworte: einmal die auch dem Wissenschaftler unverzichtbare „Leidenschaft". Zitat: „Denn nichts ist für den Menschen als Menschen etwas wert, was er nicht mit Leidenschaft tun kann."[3] Oder: die Geburt des „wissenschaftlich wertvollen Resultats" aus dem „Rausch (im Sinne von Platons „mania")" und der „Eingebung", die aus dunklen, unverfügbaren Tiefen unerwartet aufsteigt. In diesem

Vortrag Webers steht übrigens auch der dem Durchschnittswissenschaftler so niederschmetternd klingende Satz: „Es kann einer ein vorzüglicher Arbeiter sein und doch nie einen eigenen wertvollen Einfall gehabt haben."[4] Sollte man emotionalen Ursprung und gedankliches Resultat nicht wieder einander konfrontieren dürfen? Ist nicht das von allen emotionalen und gedanklichen Querschlägen gereinigte Produkt, das wir als Wissenschafter der Öffentlichkeit gewöhnlich präsentieren, nicht sowohl unwahrhaftig als auch erkenntnishemmend? Schon Lichtenberg notiert ja in vollem Ernst, er würde von den Autoren lieber das kennen, was weggestrichen, als das, was veröffentlicht wurde.

In einer erfolgsbesessenen Gesellschaft wie der unseren sind so riesige Verkaufszahlen, wie sie Ecos Rosenroman erreicht hat, zugleich ein präsumptives Qualitätssiegel. Schopenhauer hätte sich schaudernd abgewandt, wir aber starten Erklärungsversuche. Man muß es wohl als eine Folge der Demokratisierung von Wissenschaft ansehen, daß „Erfolg", insbesondere Massenerfolg, ein wissenschaftliches Bestätigungskriterium geworden ist und auf das Selbstverständnis der Wissenschaft zurückwirkt. Dieser Prozeß ist freilich unabgeschlossen, die Fronten ungeklärt.

Wiewohl selbst eine empirische Befragung der Leserschaft kaum zu einer unanfechtbaren Aufdeckung der Erfolgsgründe führen dürfte, lassen sich begründbare Vermutungen anstellen. Für mich war das leitende Stichwort „die ungestillte Sehnsucht". Dieser etwas altmodisch-romantisch daherkommende und demgemäß von leiser Ironie durchwirkte Ausdruck darf zunächst ökonomisch-platt als Bedarfslage am Literaturmarkt verstanden werden. Im Rezeptionsbereich von Geschichte ist er eine vieldeutige Chiffre, für die ich eine Reihe von Auflösungen angeboten habe: „Chiffre für das von Adepten wie Laien am wissenschaftlichen Geschichtskonstrukt empfundene Ungenügen, das unerfüllte Sinnverlangen, die Fragesucht nach Ursprung und Ziel, der lustvolle Drang nach seelischen Irrfahrten in die nächtigen Bezirke des menschlichen Lebens-, Gedanken- und Gefühlskosmos, das Begehren nach Auffüllung der ausgefügten Bereiche des Rätsel- und Geheimnisvollen, aber auch das unbefriedigte Bedürfnis nach greifbarer Aktion und erregender Farbigkeit der Darbietung."[5] Ich setze hinzu: es ist auch der Aufstand der heutigen Mitspieler im Geschichtsschauspiel, die es nicht hinnehmen wollen, daß brodelnde Fülle in mageren Strukturen abgebildet wird; die sich in ihrer Sinnlichkeit und Emotionalität nicht wiederfinden im wissenschaftlichen Geschichtsbild, so richtig es immer sein mag; die sich nicht abspeisen lassen mit einer Abstraktion, einem Absehen-von...

Unter den Leistungen der Versinnlichung und Emotionalisierung wird der historische Moralist — und ich bekenne mich als solchen — besonders hervorheben, daß sie dem rezipierenden Individuum einen geschichtlichen Erlebnisraum schaffen, in dem Begeisterung und Erschütterung unvermittelt möglich werden; in dem das Grauen nicht verdrängt, sondern ausgehalten, in dem

Schuld ungeteilt empfunden, nicht gleisnerisch zergliedert wird. Die zur rationalen Ruhe der Kompendien gebetteten historischen Tragödien müssen durch randalierende Sinne und Gefühle wieder aufstehen, den Nachgeborenen sinnenhaft vor Augen treten, Rechenschaft fordernd. Johan Huizinga hat es ausgesprochen: Geschichte sei diejenige Form, in der sich eine Kultur über ihre Vergangenheit Rechenschaft gibt. Was ist die Theorie der Freude und des Schmerzes gegen die Freude und den Schmerz selbst? Man würde sich als Mensch verlieren, wollte man sich mit der Theorie begnügen. Wer würde zur Liebe den Gynäkologen hören, nicht aber die Dichter?

Das Mittel, mit dem der historische Roman diese Leistungen vollbringt, ist die Sprache. Gegenüber der Sprache der Theorie, die sich auf dem Gipfel ihrer Möglichkeiten kompakt und verschachtelt darstellt wie ein Betonhochhaus, beherrscht vom Gestaltungsprinzip der — wie Hundertwasser sagen würde — gottlosen geraden Linien, gibt sich die Romansprache wuchernd wie eine Öko-Nische, in der chaotischen Vielfalt des Dickichts, mit Verwerfungen, Brüchen, Abgründen. Sie atmet noch den sinnlich-bildhaften Ursprung aller Sprache. Die Wissenschaft hat sich der sinnlichen Rückerinnerung durch gehäuften Fremdwortgebrauch und nominalistische Fügungen entledigt wie ein Parvenu seiner schlichten Herkunft. Ihr Sprachduktus ist die Penetranz, die explizite Darlegung im unerbittlichen Beweisgang. Ihr nachgebildetes Muster ist die Schlußformel Euklidischer Beweisführung, dieser abschließende Trumpf beim Triumph des wissenschaftlichen Rechthabens: quod erat demonstrandum. Der historische Roman hält sich zurück, auch wo er theoriemächtig sein könnte; er korrigiert sich ständig im Dialog, im Niveaugefälle ungleicher Partner. Gleichzeitig arbeitet er Tabus auf, überwindet die prüde Lebensferne der wissenschaftlich-historiographischen Diktion.

Ecos Rosenroman traf auf eine Gesellschaft, in der die Aporien in den rational- bzw. theoriegeleiteten Handlungsbereichen längst zutage getreten waren, in der die Lebensdienlichkeit oder auch nur Lebensverträglichkeit der wissenschaftlich-theoretisch gesteuerten Großtechnologien immer fragwürdiger wurde. Die Frustration des rationalen Scheiterns verbreitete sich, steigerte sich bis zur Wissenschaftsfeindlichkeit. Die militärische Rüstung, in jedem Einzelschritt rational begründbar, wuchs sich zu einem bedrohlichen Widersinn aus. Ein Antagonismus brach auf zwischen der sinnlich wahrgenommenen Bedrohung, die sich in progressiver Naturzerstörung konkretisierte, und ausbleibenden und unzureichenden wissenschaftlichen Antworten. Die alternativ-ökologische Bewegung, die sich in berechtigten Forderungen rabulistisch genasführt sah, mobilisierte die Emotion. Horst Stern hat 1974 eine Rede gehalten, die er in der Druckfassung überschrieb: „Mut zur Emotion. Eine Rede über die heutige Diffamierung menschlicher Gefühlswerte."[6] Die zunehmenden Verlusterfahrungen setzten sich in intellektuellen Widerstand um, der auch die sinnliche Dimension menschlichen Lebens unter die verteidigenswerten Güter aufnahm.

Hugo Kükelhaus schuf 1967 ein „Versuchsfeld zur Entfaltung der Sinne". In dem Sammelband „Organismus und Technik" (1971) wendet er sich, wie es im Untertitel heißt, „gegen die Zerstörung der menschlichen Wahrnehmung". Die Ökologie forderte Ganzheit, Ganzheitsbetrachtung, Sorge für das Ganze.[7] Die Massenarbeitslosigkeit wurde zum Dauerphänomen, die „neue Armut" kam auf. Die wissenschaftliche Arroganz sah sich genötigt, auch lebensweltliche Logik anzuerkennen und die Gesellschaft löste den hoffenden Blick von der Wissenschaft und lenkte ihn in andere Bereiche.

Wenn ich nun im folgenden auf Ecos Rosenroman näher eingehe, so geschieht dies im wesentlichen in unmittelbarer Textbeobachtung. Im übrigen argumentiere ich als Historiker mit vorwiegend mediävistischen Erfahrungen, mit einem unter Mediävisten eher unüblichen Interesse an theoretischen Problemen, mit den Ansichten und Thesen eines Außenseiters.

Ist Ecos Rosenroman ein historischer Roman? Im Fachgespräch werden daneben die Charakterisierungen „Professorenroman", „Kriminalroman" ins Spiel gebracht. Denken wir an Felix Dahn und Gustav Freytag, so sind die Kennzeichnungen „Professorenroman" und „historischer Roman" nicht unverträglich. Auch den „Kriminalroman" kann man mit gewissen Vorbehalten unter den historischen Roman subsumieren. Das Geschäft des Historikers ist dem des Kriminalisten nicht unähnlich. Der historische Stoff enthält oft genug ein unübersehbares kriminalistisches Potential. Schließlich aber sieht Eco selbst seinen Text als historischen Roman. In seiner „Nachschrift" hat er sich dazu explizit erklärt.[8]

An anderem Ort[9] habe ich Ecos Rosenroman als eine personal implizierte Botschaft der Sinnlichkeit und Emotionalität gedeutet und am Text zu erweisen versucht. Ich entleihe mir im folgenden nach Bedarf wörtliche Zitate. Der textimmanente Gewährsmann für meine Interpretation ist Adson. Er ist „in allen seinen Weltbegegnungen das sinnlich und emotional hochempfindliche Medium". „Er — als Erzähler-Ich wie auch als thematische Person — gibt dem Roman das sinnlich(e)-(emotionale) Kolorit."[10] William bildet dazu den rationalen Kontrapunkt. Er gewährleistet das hohe intellektuelle Niveau. „Die Perspektive des Romans basiert auf einem glücklichen Kunstgriff Ecos": der „intime(n) Kleinräumigkeit der Konstellation Adson-William." „Das gewaltige Umfeld wird lediglich in den geistigen Horizont beider gezogen, personspezifisch gespiegelt."[11]

Ich beziehe meine folgenden Textbeobachtungen auf eine besondere Eigenschaft Adsons: „(. . .) seine Personencharakteristik ist von kaum zu steigernder Treffsicherheit."[12] Der Roman wird in dieser Perspektive ein Mosaik biographischer Darstellungen inklusive erinnerter Gesprächsszenen, in bezug auf Adson selbst autobiographischer Bericht seines bedeutendsten Lebensabschnitts.

Die Biographie, im 19. Jahrhundert noch Schoßkind der herrschenden Richtung der Geisteswissenschaft — ich nenne Ranke und Droysen —, ist heute eher Stiefkind, obwohl hier gesellschaftsbedingt Umwertungen im Gange sind. Ernst Bernheim, der im späten 19. Jahrhundert dominierende, heute nachgerade vergessene Historiker und Geschichtstheoretiker hat in seinem Aufsatz „Geschichtsunterricht und Geschichtswissenschaft" (1899) erhellende Ausführungen zu der bereits im 19. Jahrhundert einsetzenden Ausgrenzung der Biographie aus den geschichtswissenschaftlichen Darstellungen gemacht. Bernheim bezieht sich dabei vor allem auf Karl Lamprecht, mit dem er in ausgedehntem Briefwechsel stand. Bei Lamprecht kehre „in Theorie und Praxis immer die Anschauung wieder, daß das Individuum in seinem Denken und Thun wesentlich Ausdruck der gesamten Massenbewegung bzw. -zustände sei und daß das spezifisch Individuelle als ein irrationales, inkommensurables Element einstweilen wohl Gegenstand künstlerischer Darstellung, nicht aber der Geschichte als Wissenschaft sein könne."[13]

Sehen wir uns die biographische Produktion des künstlerisch-literarischen Bereichs in der Forschungsperspektive Helmut Scheuers etwas näher an.

Helmut Scheuer hat in einem eindringenden Aufsatz, der auf seiner Habilitationsschrift basiert, unter dem Titel „Kunst und Wissenschaft" die „moderne literarische Biographie" in zahlreichen, überaus wichtigen Aspekten abgehandelt, die ich hier nur auszugsweise und sehr verkürzt heranziehe. Scheuer hat vor allem die vereinfachende Ansprache des Problems durch Lamprecht sachgemäß kompliziert. Er geht von der Tatsache aus, daß im 18. Jahrhundert zwischen Kunst und Wissenschaft eine Harmonie besteht, die sich darin manifestiert, daß sie sich gegenseitig die Fähigkeit, Wahrheit zu erkennen und zu vermitteln, nicht streitig machen. Dies wird im 19. Jahrhundert grundlegend anders. Es kommt zwischen ihnen zum Bruch und zur Entfremdung, „beide neigen nun zum Autonomieanspruch und zur Überhöhung."[14]

Nur folgerichtig erscheint daher der gegen Ende der Weimarer Republik ausbrechende Streit zwischen biographisch engagierten Historikern und der stark biographisch ausgerichteten „historischen Belletristik", als deren Hauptrepräsentanten Scheuer Stefan Zweig und Emil Ludwig benennt. Zur Debatte stand die Frage, ob die historischen Belletristen wirklich, wie behauptet, Kunst und Wissenschaft „in harmonischer Verbindung"[15] geboten hatten und nicht vielmehr eine „illegitime" Art der Geschichtsschreibung. Ich zitiere im folgenden Helmut Scheuer mit seiner Kritik, die sich an beide Parteien richtet: „Sowohl Historiker als auch 'Belletristen' bedienten sich im wesentlichen weiterhin der traditionellen Erzähltechniken des 19. Jahrhunderts, die Sicherheit des Urteils und Plausibilität des Dargestellten nicht über den rationalen Diskurs anstrebten, sondern mit Hilfe eines ästhetischen (narrativen) Arrangements für die Faktenintegration sorgten. 'Alle Kunstgriffe und Techniken', schreibt Siegfried Kracauer, 'verfolgen eine Harmonisierungstendenz' (...). Korreliert werden so die zunehmende Sehnsucht nach der in sich ruhenden Persönlichkeit und die Struktur der Harmonie und Geschlossenheit suggerierenden Biographie. Doch erreichen die Biographen solche Geschlossenheit nicht nur mit der erzählerischen Komprimierung, sondern vor allem auch durch die Reduktion auf das Persönlich-Private und Geistig-Psychische."[16] „Die chronologisch-konsekutive und dramatisch verkürzte Erzählweise, die Konzentration auf einige Handlungsschauplätze und ein überschaubares Figurenensemble erzeugen den Eindruck von Klarheit, Notwendigkeit und Wahrheit. Andererseits sorgt ein deutlich erkennbarer Hang zur Irrationalität — 'Schicksal' und 'Dämonie' sind Schlüsselbegriffe bei Ludwig und Zweig — für die Verstärkung der existentiellen Verunsicherung, wie sie von vielen Lesern durch die zunehmende Komplexität der Welt und die damit verbundene Entpersönlichung und Schwierigkeit einer individuellen Weltsicht empfunden wurde."[17] „Der Vorteil der Biographie gegenüber jeder anderen Form der Geschichtsschreibung liegt vor allem darin, daß sie jener von Max Weber beschriebenen Rationalisierung und Entemotionalisierung in der modernen Welt gegensteuern kann und so die notwendige Verbindung von kognitiven und affektiven Ebenen, von Rationalität und Emotionalität, von Intellekt und Phantasie herzustellen vermag. Aber gerade darin liegt auch die größte Gefährdung der Biographie, neigen doch ihre Verfasser meist dazu, einzig das Gemüt der Leser zu erregen. Was eine wichtige Ergänzung zur rationalen Weltaneignung darstellt, verselbständigt sich und sorgt für eine folgenlose Affektabfuhr im Lesevorgang. Die Orientierung am Literaturverständnis des 19. Jahrhunderts hat bei den 'historischen Belletristen' schwerwiegende Folgen."[18]

Der moderne Roman, den vor allem die Zerstörung der ästhetischen Harmonie kennzeichnet, hat den Weg freigemacht für eine neue literarische Biographik, deren experimenteller Charakter sich in den von Hans Robert Jauß für die Geschichte empfehlend aufgestellten programmatischen Kategorien beschreiben läßt: Abbau der Zweckgerichtetheit der epischen Fabel, Entwicklung von (neuen) Erzähltechniken, „um den offenen Horizont der Zukunft in die vergangene Geschichte wieder einzuführen, den allwissenden Erzähler durch standortbezogene Perspektiven zu ersetzen und die Illusion der Vollständigkeit durch überraschende 'querlaufende' Details zu zerstören, die das uneinholbare Ganze der Geschichte am noch ungeklärten Einzelnen bewußt machen."[19] H. Scheuer nennt dazu folgende Werke, die auf dem Feld der Biographik gegen die auch heute noch nicht ausgestorbene 'historische Belletristik' antreten: „Günter de Bruyn: 'Das Leben des Jean Paul Friedrich Richter'(1975), Hans Magnus Enzensberger: 'Der kurze Sommer der Anarchie. Buenaventura Durrutis Leben und Tod' (1972), Hans J. Fröhlich: 'Schubert' (1978), Peter Härtling: 'Hölderlin' (1976), Ludwig Harig: 'Rousseau' (1978), Wolfgang Hildesheimer: 'Mozart' (1977)". Mit Nachdruck verweist er auf die biographischen Arbeiten von Dieter Kühn: 'N' (1970), 'Die Präsidentin' (1973), 'josephine' (1976), 'Ich Wolkenstein' (1977)".

Sie alle kennzeichnet ein hochentwickeltes Problembewußtsein und eine kritische Distanz zu den Möglichkeiten und Ergebnissen ihrer Unternehmung. So bekennt Peter Härtling auf S.1: „Ich schreibe keine Biographie. Ich schreibe vielleicht eine Annäherung." Wolfgang Hildesheimer gibt zu Protokoll, daß es ihm geraten erscheint, „alle Biographie, ja alle Geschichtsschreibung mit jener Skepsis zu betrachten, die sich im Laufe der Jahrhunderte als angebracht erwiesen hat" (Hildesheimer, S.16). Enzensberger fordert den Leser auf, selber den Zusammenhang aus dem vorgelegten dokumentarischen Material zu stiften, so daß Biographie als Akt einer „kollektiven Fiktion" entsteht. Von hier aus ist es zu Ecos „lector in fabula" nicht weit. Weitere Charakteristika der genannten biographischen Literaturwerke sind die Selbstverpflichtung auf reales Material, der eine Abkehr von der ungebundenen, subjektiven Imagination zugrundeliegt, und die wissenschaftliche Durchdringung, die sich anerkannter wissenschaftlicher Verfahren bedient. Besonders deutlich aber ist der essayistische Zugriff, der sich allen Anspruchs der Verwirklichung von „Vollständigkeit und Endgültigkeit" entschlägt.[20] Es mag noch die von Enzensberger apostrophierte Collagetechnik genannt werden, die bei Eco zu einer unidentifizierbaren Verschmelzung der Teile führt.

Bei Eco dreht sich die Konstellation der modernen literarischen Biographie um: Nicht der Schriftsteller bedient sich der Wissenschaft, sondern der Wissenschaftler begibt sich ans erzählen. Eco hat offenbar für die Personenzeichnung in seinem Roman geschichtswissenschaftliche Biographik, biographische Belletristik und modernen experimentellen Roman kombiniert. Er gibt darüber – ganz im Gegensatz zu den modernen literarischen Biographen – freilich keine Rechenschaft, ja er hat ein ganz ursprüngliches und geradezu diebisches Vergnügen daran, den Leser, der danach fragt, hinters Licht zu führen. Seine „Nachschrift" ist im Hinblick auf Biographik eher ein Ablenkungsmanöver. Sein Material ist historisch, frei aber nicht willkürlich-beliebig gehandhabt. Eco äußert sich wie folgt: „In diesem Sinne wollte ich einen historischen Roman schreiben: 'historisch' nicht, weil Ubertin von Casale und Michael von Cesena (oder Bernard Gui und Kardinal del Poggetto) wirklich existiert haben und mehr oder weniger das sagen sollten, was sie wirklich gesagt haben, sondern weil alles, was fiktive Personen wie William sagen, in jener Epoche sagbar sein sollte."[21]

Die Überlieferungslage seiner vorgeblichen „alten Handschrift" wählt Eco so kompliziert, daß sie schon fast wie eine Parodie wirkt, gleichwohl aber einen geläufigen Tatbestand für mittelalterliche Geschichte widerspiegelt. „Der geneigte Leser möge bedenken: was er vor sich hat ist die deutsche Übersetzung meiner italienischen Fassung einer obskuren neugotisch-französischen Version einer im 17. Jahrhundert gedruckten Ausgabe eines im 14. Jahrhundert von einem deutschen Mönch auf Lateinisch verfassten Textes", heißt es in der Einleitung.[22]

Ecos in Szene gesetzte Skrupel könnten als ironische Infragestellung vorgeblicher geschichtswissenschaftlicher Sicherheit aufgefaßt werden. Jedenfalls lassen sich alle verdächtigen Eigenheiten des Textes so zwanglos erklären. Es ist eine durch Überlieferungsgeschichte umgeformte Geschichte. Mögliche Einwände werden in der Einleitung durchgespielt, in der Fiktion und Realität bereits bunt gemischt sind. In den Text schaltet sich Eco nicht mehr ein — im Gegensatz zu den Autoren des experimentellen biographischen Romans.

Man kann in Ecos Roman grob zwei Gruppen von Personen unterscheiden: die echten und die erfundenen historischen Figuren. Auch für die erfundenen Figuren beansprucht Eco eine Art Authentizität: Sie müssen in der dargestellten Zeit denkbar sein. Das heißt aber nichts anderes, als daß die ihnen verliehenen Charakterzüge quellenmäßig nachweisbar sein müssen, insoweit also einer gleichen Forderung zu genügen haben wie die echten Personen. Unter diesen Voraussetzungen lassen sich die Personengruppen neu definieren: Die Mitglieder der ersten Gruppe sind historisch authentisch als Individuum, die Angehörigen der zweiten Gruppe sind historisch authentisch als Typus, und zwar als solcher, der aus historisch echten Quellenversatzstücken zusammengefügt ist. Insoweit ist er Realtypus. Idealtypus ist er im Hinblick darauf, daß seine Synthese keine in der historischen Realität nachweisbare Existenz hat.

Man gerät hier in Teufels Küche. Mit gutem Recht kann man fragen: Welcher Unterschied besteht eigentlich zwischen einer historischen Realität, die mit fiktionalen Mitteln — z. B. Illusionstechniken — dargestellt wird und einer Fiktion, deren historischer Realitätsgehalt unbestreitbar ist? Fiktion definiert sich dann als Realität, die nicht individuell zugewiesen werden kann, oder anders: Die Fiktion besteht darin, daß die individuelle Zuweisung dieser Realität nicht echt ist. Es stellt sich die Frage nach dem Erkenntniswert der Individualität. Wollte man sie zur Bedingung sine qua non für Erkenntnis machen, dürfte man etwa mit statistischen Werten überhaupt nicht arbeiten, denn auch ihnen läßt sich keine Individualität mehr zuweisen. Nicht gar zu fern wirkt der Positivismus mit seinen überindividuellen Ansätzen.

Es gibt in Ecos Roman zwei Darstellungsmittel der Personenzeichnung: Die Schilderung durch Adson und die Selbstdarstellung der Personen im Gespräch, der öffentlichen Ansprache, dem Diskussionsbeitrag, meist in direkter, gelegentlich in indirekter Rede. Die Reduktion insbesondere der rationalen Darstellungsfähigkeit Adsons durch Ecos Figurenkonzeption macht eine solche Selbstdarstellung erforderlich. Es ist nach Ecos Auffassung nur notwendig, daß Adson über ein phänomenales Gedächtnis verfügt, das alles — auch die schwierigsten Darstellungen — mechanisch treu wiedergibt. Die Unwahrscheinlichkeit einer solchen Prämisse macht Adson zu einer rätselhaften Figur. Ein auffälliges äußeres Merkmal ist das Übergewicht der Dialoge vor der Schilderung, was dem Roman eine außerordentliche szenische Lebendigkeit verleiht. Man könnte auch sagen, eine Art filmisches Drehbuch sei dem Roman bereits eingeschrieben.

Mustern wir einmal die Personen, wie sie uns im Roman entgegentreten und fassen wir sie zu thematisch-funktionalen Gruppen zusammen. Dabei ist zu unterscheiden zwischen körperlich auftretenden und solchen, über die gesprochen wird, solchen, an die sich Adson erinnert, und solchen, die sozusagen aus Büchern aufstehen. Auch unter all diesen ist noch einmal zu trennen in diejenigen, die mit Aktivität und Ambiente ausgestattet werden, und anderen, die lediglich als Autoren erscheinen bzw. als Autoritäten bemüht werden. Es herrscht geradezu ein Getümmel verschiedener Personen und Personenarten.

Unter den besprochenen Personen verkörpern König Ludwig und Papst Johannes XXII. die höchste politische Ebene. Die wichtigste durch Adson erinnerte Person ist Fra Gerhardino. Aus einer Chronik steigt der Ketzer Fra Dolcino auf, nachdem er schon im Gespräch anwesend war. Clara von Montefalco wäre noch zu nennen. Vollständigkeit kann hier nicht erreicht werden.

Franziskanische Flüchtlinge, die im benediktinischen Kloster unterkamen, sind Salvatore und Ubertin von Casale.

Abt Abbo steht einem Konvent von — man muß wohl sagen: zunächst — 60 Mönchen vor und gebietet als Leibherr über 150 Knechte. In der Reihenfolge ihres Erstauftritts bzw. der Ersterwähnung im Gespräch sind an Mönchen zu nennen: Adelmus von Otranto, Severin von St. Emmeram in Regensburg, Malachias von Hildesheim, Venantius von Salvemec, Benno von Uppsala, Berengar von Arundel, Aymarus von Alessandria, Patrick von Clonmacnois, Rhaban von Toledo, Magnus von Iona, Waldo von Herford, Jorge von Burgos, Nicolas von Morimond, Alinardus von Grottaferrata, Petrus von Sant'Albano, Pacificus von Tivoli.

Eine Untergruppe bilden die Mönche, die in kriminalistischem Kontext der Tod ereilt: Adelmus, Venantius, Berengar, Severin, Malachias, schließlich Abt Abbo und Jorge.

Eine Stellung besondere Art nimmt das namenlose Mädchen ein.

Die zuerst eintreffende Delegation wird angeführt vom Ordensgeneral Michael von Cesena. Ihr sind namentlich zuzuordnen: Hugo von Novocastrum, Hieronymus, Bischof von Kaffa, Arnold von Aquitanien, William Alnwick, Berengar Talloni, Bonagratia von Bergamo. Die nachfolgende päpstliche Delegation hat an ihrer Spitze Kardinal Bertrand del Poggetto und Bernard Gui. Namentlich genannte Mitglieder sind: Lorenz Decoalcon, Jean d'Anneaux, Jean de Beaune, als kirchliche Amtsträger werden genannt: der Bischof von Padua und der Bischof von Arborea.

Wenigstens zu erwähnen sind die meist funktional gekennzeichneten Kollektivgruppen: die „Köche" oder die bei der Beschreibung des Skriptorium genannten „Restauratoren, Kopisten, Rubrikatoren und Forscher", ganz allgemein „Knechte und Diener".

Versucht man die Personen nach fiktiv und real zu analysieren, so wird eine innere Logik sichtbar. Die besprochenen und erinnerten Personen sind, wenn nicht zwingende Gründe für eine fiktionale Gestaltung vorhanden sind, real. Abt Abbo und sein gesamter Konvent sind fiktiv. Es wäre ja auch absurd, reale Personen auf Dauer in einem fiktiven Kloster unterzubringen. Sie sind fiktiv als Personen, aber versehen mit quellenechten Eigenschaften. Konsequent innerhalb seiner Biographie ist die Flucht des realen Ubertin von Casale. Salvatore ist als individuelle Person fiktiv, als Typus real. Ähnliches gilt für das anonyme Mädchen. Bei der Delegation sind die Anführer Michael von Cesena einerseits, Bertrand del Poggetto und Bernard Gui andererseits real, die Mitglieder teils fiktiv, teils real. In manchen Fällen scheint es zweifelhaft. Als Typus sind die fiktiven Personen quellenfundiert. Größere Freiheiten gestattet sich Eco bei der Gestaltung der persönlichen Züge. Hier läßt er erkennbar seiner Phantasie die Zügel schießen. Unübersehbar ist, daß Eco die Fiktion auch ein bißchen als Freibrief nimmt, wenn er drastisch-kühne Provokationen riskiert wie die Homophilie der Mönche.

Wie wird nun das Profil der Personen im Roman herausgearbeitet? Hier bietet sich uns eine in so knappem Rahmen nicht zu bewältigende Fülle. Adson macht zu seiner Personenzeichnung eine wichtige Bemerkung: „Ich werde mich auf den folgenden Seiten nicht mit Personenbeschreibungen aufhalten (es sei denn, ein bestimmter Gesichtsausdruck oder eine Geste erscheinen als Zeichen einer zwar stummen, aber deshalb nicht minder beredeten Sprache) (. . .)".[23] Das kann man ironisch nehmen oder auch ernst.

Jedenfalls wird die sinnliche Vergegenwärtigung einer Person in der Beschreibung nur ausgesuchten Figuren zuteil. Man kann die Bedeutung einer Person in der Einschätzung von Ecos Adson schon daran ablesen, wie ausführlich ihre äußere Erscheinung geschildert wird. William nimmt hier eine ganz herausragende Stellung ein. Sehr bzw. relativ ausführlich werden auch geschildert: Ubertin von Casale, Michael von Cesena, Bernard Gui, aber auch Figuren wie Jorge von Burgos oder Salvatore.

Die Personenzeichnung ist nach den Erfordernissen des Romans gestaltet. Sie ist mit der Themendisposition eng verknüpft. Sie ist abhängig von der Funktion der Person, dem situativen Kontext und der Anbindung an bestimmte Themenkomplexe. Da Personenzeichnung so stark gestaltungsfunktional ist, kann man eine ausgewogene Darstellung, wie geschichtswissenschaftliche Biographik sie anstreben muß, nicht erwarten. Eine Generalisierung spezieller Situationen geht zu Lasten dessen, der generalisiert, nicht Ecos.

König Ludwig ist eine positiv besetzte, aber blasse Figur, sehr stark Typus, der im Grunde nur als Handlungsfaktor des erzählerischen Rahmens individualisiert wird. Das was Adson im Prolog über Papst Johannes XXII. sagt, ist das Fazit eines Hörensagens. Das zum Teil bösartige Charakterbild des Papstes fügt sich im Gespräch zusammen, und zwar aus den Äußerungen der negativ Betroffenen, nämlich Williams, Ubertins und der Mitglieder der franziskanischen Delegation. Ihre Absicht ist nicht zuletzt, Michael von Cesena für seine Reise nach Avignon zu wappnen bzw. ihn von dieser Reise abzuhalten. Dabei gibt es gelegentlich Gesprächspassagen auch der Verteidigung des Papstes. Bischof Hieronymus, der die stärksten Diffamierungen gegen den Papst vorbringt, wird selbst als Vielfraß und Tollkopf gezeichnet. Prinzipielle

Ausgewogenheit aber wäre gegen die Szenenlogik.

Hören wir im Gegensatz dazu, wie Karl Bosl die divergenten Charakterzüge des Papstes ausbalanciert: „Eine Herrschernatur, war Johannes trotz seines hohen Alters energisch und zielbewußt, aber rücksichtslos und starr in seiner Politik; trotzdem zeigte er sich auch fromm und sittenstreng."[24] Die Einseitigkeit der szenischen Aussagen beraubt sich nicht jeglichen Wahrheitsgehaltes, relativiert sie jedoch. Zudem bemüht sich Eco, die Enge der zeitgenössischen Perspektive bestehen zu lassen und sie nicht durch die Abgeklärtheit eines 500jährigen Abstandes zu ersetzen.

Die historisch-thematischen Personen Fra Gerhardino und Fra Dolcino sind eindringlich der Ketzerszene zugeordnet. Mit gleicher Intensität ist Salvatore Repräsentant der Unterschichten, von denen die sozialreligiösen Bewegungen als Massenphänomen getragen werden.

Der Abt Abbo ist in stärkstem Maße Typus, der benediktinische Abt, fast könnte man sagen, daß wir über den Orden mehr erfahren als über die Person Abbos. In der vita activa politica ist er der wendige Diplomat. In seiner Treue zum deutschen König steckt auch ein historisches Strukturelement, nämlich die enge Anbindung der benediktinischen Abteien Reichsitaliens an den deutschen Herrscher.

Die Mönche werden oft persönlich nur ganz knapp und funktional skizziert. Ganz entscheidend ist ihre Rolle als Gesprächspartner Williams und damit Repräsentanten eines Sachgebietes, so Severin als Bruder Botanikus, zuständig für die Pflege der Bäder, des Hospitals und der Gärten, oder Malchias, von dem Adson eine unheimliche Silhouette entwirft und dessen Ausführungen über Skriptorium und Bibliothek Sachinformation und Geheimniskrämerei mischen. Der persönlich eher harmlose Nicolas von Morimond ist als Glasermeister der Abtei gleichwohl ein Ausbund an technischem Wissen, über das er sich mit dem als Schüler Roger Bacons in den artes mechanicae wohlbewanderten William austauschen kann. Aymarus, der aus der Heimatstadt Ecos, Alessandria, stammt, geriert sich als intrigantes Lästermaul und Ausländerfeind. Alinardus von Grottaferrata, der vom Wahn der Hundertjährigen Erfaßte, wird sinnlich einprägend als Kichererbsen mümmelnder Greis vorgestellt, der William unbewußt ein erklärendes Tat- und Fahndungsmotiv aus der Apokalypse liefert. Jorge von Burgos steht vor uns als der blinde Seher, der Feind des Lachens und der Forschung, der Untergangsprediger und kriminelle Gesinnungstäter aus falsch verstandener christlicher Verantwortung.

Die beiden Delegationen werden von ihren Anführern dominiert. Ihnen gilt daher auch die stärkste Zuwendung Adsons bei der Personencharakteristik, doch auch hier abgestuft. Bei Michael von Cesena und Bernard Gui geht es durchaus um Würdigung der Gesamtperson in einem sehr differenzierten Bemühen. Kardinal Bertrand del Poggetto wird als „großer Herr" apostrophiert, der nach oben politischen Opportunismus, nach unten kalkulierte

Huld und Leutseligkeit zu praktizieren weiß, was gleichermaßen negativ expliziert wird. Vernichtend dieses Detail: „Dann streckte er mir seinen Ring hin zum Kuß, während sein Lächeln sich bereits einem anderen zugewandt hatte."[25] Man müßte breit ausholen, um den offensichtlich aus der Lebenserfahrung geschöpften Charakterisierungsgehalt zu ermessen.

Hier bewährt sich Ecos Adson mit seiner überragenden intuitiven Begabung in der Erfassung von personalen Charakteren, die durch sinnlich affizierende Leibhaftigkeit in Gang gesetzt wird. Ecos durchaus inovatorisches, ja experimentelles Bemühen ist es, in der Personenzeichnung tiefer zu dringen, den pascalschen Punkt zu treffen, von dem aus die Personen handeln. Diese Porträtzeichnungen zählen zu den besten Passagen des Buches. Sie sind meisterhaft kombiniert aus historischen Quellenaussagen und präsentischer Fremd- und Eigenbeobachtung, wodurch Charaktermodelle von großer innerer Spannweite und menschlicher Antithetik entstehen, die in bezug auf die historisch verbürgten Handlungen der so Porträtierten eine überzeugende Erklärungskraft besitzen. Zugleich wird das äußere Spannungsfeld entwickelt, dessen Elemente an der Person zerren und ihr allzuoft Ungeheueres abverlangen. Führen wir uns zwei Beispiele vor Augen: Zunächst Michael von Cesena.[26] Vorsichtig die Sprachgebung des Einstiegs: „Michael muß ein recht eigenartiger Mensch gewesen sein." Das liest sich wie unsicheres Tasten, das jedoch alsbald von der sicheren Erfassung der inneren Person überholt wird: „glühend in seiner franziskanischen Leidenschaft (sein Tonfall und seine Gesten ähnelten manchmal denen des mystisch entrückten Ubertin), dabei sehr menschlich und jovial in seiner irdischen Wesensart als Italiener aus der Romagna, der eine gute Küche zu schätzen weiß und einen fröhlichen Umtrunk mit Freunden liebt; feinsinnig und sprunghaft-schwärmerisch, im nächsten Moment jedoch lauernd und schlau wie ein Fuchs, ja hinterhältig und zäh wie ein Maulwurf, wenn es um Fragen des Verhältnisses zwischen den Mächtigen ging; fähig zu großem Gelächter, zu heftiger Anspannung und zu beredtem Schweigen; sehr geschickt auch, wenn es galt, den zerstreuten zu spielen, um einer unliebsamen Frage auszuweichen."

Die Charakterzeichnung des Bernard Gui geht von einer alarmierenden Farma aus: „dessen Name stets aufhorchen ließ"[27], heißt es zunächst. Dann folgt mit sicherem Strich die Silhouette seiner physischen Erscheinung: „Er war ein ungefähr siebzigjähriger Dominikaner von hagerer, aber straffer und hoher Gestalt." Hier assoziiert sich augenblicklich die Formulierung, in der William als äußere Person vorgestellt wird: „Seine hohe Gestalt überragte die eines gewöhnlichen Mannes, und durch ihre Schlankheit wirkte sie sogar noch größer."[28] Die faktische Gegenüberstellung steht unter negativen Vorzeichen: „dann stand er vor William und als er erfuhr, wer sein Gegenüber war, betrachtete er meinen Meister mit erlesener Feindseligkeit."[29] Bernard wird als ein Mensch geschildert, der über große geistige und körperliche Ausstrahlungs- und Mitteilungskräfte gebietet und sie bewußt einsetzt. Eco praktiziert hier eine Art höherer Romanwahrheit, wo es nicht darauf ankommt, daß das positivistische Detail stimmt. (Denken wir an die „grauen und kalten Augen" Bernards.) Es kommt nur auf die Kohärenz, auf die innere Widerspruchsfreiheit des Ganzen an, und zu diesem Ganzen gehört auch die historisch belegbare Wahrheit, die für Eco nicht nur antiquarisch verwaltet, sondern lebensvoll gedeutet werden muß. Adson schildert Bernard auch bei der inquisitorischen Arbeit, wobei generelle Erfahrung und typische Verhaltens- und Verfahrensweisen in die Charakteristik einfließen: „Soweit ich verstand, erkundigte er sich nach der Ernte, der Arbeitsorganisation im Kloster und ähnlichen Dingen mehr. Doch auch bei der harmlosesten Frage sah er die Befragten durchdringend an und stellte dann ganz unvermittelt andere Fragen, so daß seine Opfer schließlich erbleichten und zu stammeln begannen. Mir wurde klar: Er hatte bereits mit seinen Nachforschungen begonnen und bediente sich dabei einer furchtbaren Waffe, die jeder Inquisitor beherrscht: die Einschüchterung des Verhörten."[30] In der eigentlichen Inquisitionsverhandlung am fünften Tag steigert sich dieser Eindruck einer sich fast ins Sadistische reichenden Verhandlungsführung. Hören wir nocheinmal in Adsons Bericht: „Zudem wußte Bernard Gui sehr genau, wie man die Angst seiner Opfer in Panik verwandelt. Er sprach nicht, im Gegenteil, während alle erwarteten, daß er mit dem Verhör beginnen werde, wühlte er schweigend in den Blättern, die ausgebreitet vor ihm auf dem Tisch lagen, und tat so, als ob er sie ordnete – aber zerstreut, denn sein Blick war dabei auf den Angeklagten gerichtet, und in diesem Blick lag eine Mischung aus geheuchelter Nachsicht (als wollte er sagen: „Fürchte dich nicht, du stehst hier vor einem brüderlichen Kollegium, das gar nicht anders kann, als dein Bestes zu wollen'), aus eisiger Ironie (als wolle er sagen: 'Du weißt noch nicht, was dein Bestes ist, aber ich werde es dir gleich sagen') und aus gnadenloser Strenge (als wolle er sagen: 'In jedem Falle bin ich dein einziger Richter und du gehörst mir'). All das wußte der Cellerar längst, doch der lauernde Blick und das Schweigen des Inquisitors dienten dazu, es ihm erneut ins Gedächtnis zu rufen, ja es ihn geradezu körperlich spüren zu lassen, auf das er – statt es zu vergessen – sein Wissen als zusätzliche Belastung empfinde, auf das seine Angst zur Verzweiflung werde und er zum willenlosen Objekt, zum knetbaren Wachs in den Händen des Richters".[31]

Vor einer Generalisierung dieser Szene sollte man sich hüten. Was Eco darstellt, ist die Wahrheit einer bestimmten Situations- und persönlichen Auffasungskonstellation ohne Absolutheitsanspruch.

Halten wir die biographischen Artikel des „Lexikon für Theologie und Kirche" zu Michael und Bernhard dagegen:

„Michael v. Cesena, OFM, geb. Cesena, gest. 29.11.1342 München; studierte und lehrte (1315–16) Theologie in Paris. Als Ordensgeneral (seit 29.6.1316) erließ er die Generalkonstitutionen v. Assisi (1316) u. v. Lyon (1325)(...); führte den prakt. Armutsstreit gg. die Spiritualen Süd-Fkr.s u. den theoret. gg. den OP u. Johannes XXII., dessen 4 gg. den Orden gerichtete Bullen M. später als häretisch bezeichnete. 1327 v. Papst nach Avignon zitiert, wurde er dort festgehalten u. nicht z. Generalkapitel nach Bologna gelassen. Dennoch wiedergewählt, floh er am 26.5.1328 u. schloß sich, seine Anhänger Wilhelm v. Ockham u. Bonogratia v. Bergamo, in Pisa Ludwig IV d. Bayern an, der den v. Papst Gebannten (6.6.1328), v. Orden Ausgestoßenen u. z. lebenslänglicher Haft verurteilten (19.5.1331) beschützte. M. folgte Ludwig nach München, verhinderte dessen Aussöhnung mit dem Papst und betrieb 1334 die kaiserl. Konzilspläne. Im Gegensatz zu seinen Anhängern, den Michaeli(s)ten, söhnte er sich nicht mit der Kirche aus."[32]

„Bernhard Guidonis (Gui, del la Guyenne), OP (seit 1279), geb. um 1260 Royère l'Abeille (Limousin), gest. 30.12.1331 Lauroux; Lektor, Prior in Albi, Carcasonne (1298), Castres (1302), Limoges (1303); Definitor der 1303 gegr. Dominikanerprov. Toulouse auf dem Generalkapitel von 1308 u. den Provinzkapiteln von 1307, 1311, 1313; 1307—1324 Inquisitor der Prov. Toulouse; 1317 Päpst. Legat in der Lombardei u. in Etrurien. 26.8.1323 Bischof v. Tuy, 20.7.1324 Bisch. v. Lodève. B. schrieb zahlreiche kompilatorische Werke, in denen er vielseitig u. kritisch ist."[33]

Deutlich zeigt sich, wie geschichtswissenschaftliche Biographik, die sich in unseren Beispielen vorwiegend verfassungs- und anstaltsgeschichtlich wie auch ereignisgeschichtlich orientiert, und die Personenzeichnung im Roman auseinanderfallen bzw. wie sich die Bruchlinien zu einem Ganzen, der Vergegenwärtigung von Geschichte in all ihren Dimensionen, fügen. Der Romancier spricht dort, wo der Historiker derzeit nichts mehr sagen kann, darf oder will, jenen Sehnsuchtsaspekt des Geschichtshungers an, der sich je neu ungestillt vorfindet. Er ist ein Movens nicht nur historischer Faszination, sondern treibt uns aus scheinbar gesicherter Erkenntnis in Zweifel und — mit dem Zwang zu revidierter Rationalität — in unentwegte Neuansätze forschender Geschichtserfassung.

Anmerkungen

1 Gustav Seibt: Eco addio!, in: Frankfurter Allgemeine Zeitung vom 6.1.1988, S.25.
2 Alfred Heit: Die ungestillte Sehnsucht — Geschichte als Roman, in: Ecos Rosenroman. Ein Kolloquium, hg. von Alfred Haverkamp und Alfred Heit, München 1987, S0.152—184.
3 Max Weber: Wissenschaft als Beruf, in: Gesammelte Aufsätze zur Wissenschaftslehre, 4., erneut durchgesehene Aufl., hg. von Johannes Winckelmann, Tübingen 1973, S0.582—613.
4 Ebd., S.590
5 Heit (Anm. 2), S.154 f.
6 Horst Stern hat 1986 ein Buch vorgelegt, das im Schatten Ecos in seiner Bedeutung bisher offensichtlich nicht erkannt wurde: Mann aus Apulien. Die privaten Papiere des italienischen Staufers Friedrich II., römisch-deutscher Kaiser, König von Sizilien und Jerusalem, Erster nach Gott, über die wahre Natur der Menschen und der Tiere, geschrieben 1245—1250, München 1986. Stern konfrontiert den Historiker in ganz anderer Weise noch als Eco mit fundamentalen Grenzproblemen seiner Wissenschaft.

7 Zur „ökologisch-alternativen Bewegung" vgl. Alfred Heit, „Unvorgreifliche" Gedanken zu einer Ökologiegeschichte mit Blick auf das Trierer Land, in: Kurtrierisches Jahrbuch 21 (1981), S0.321–332.
8 Vgl. Umberto Eco, Nachschrift zum „Namen der Rose", übersetzt von Burkhart Kroeber, München 1984.
9 Heit (Anm. 2).
10 Ebd., S.167.
11 Ebd., S.166.
12 Ebd., S.170.
13 Ernst Bernheim: Geschichtsunterricht und Geschichtswissenschaft (Teil 1), in: Neue Bahnen. Neue Monatsschrift für Haus-, Schul- und Gesellschaftserziehung 10 (1899), Heft 5, S.265–299, zit. S.287.
14 Helmut Scheuer: Kunst und Wissenschaft. Die moderne literarische Biographie, in: Biographie und Geschichtswissenschaft. Aufsätze zur Theorie und Praxis biographischer Arbeit, hg. von Grete Klingenstein, Heinrich Lutz und Gerald Stourzh, München 1978, S.81–110, zit. S. 83.
15 Ebd., S.81.
16 Ebd., S.85.
17 Ebd., S.86.
18 Ebd., S.87.
19 Ebd., S.91.
20 Ebd., S.96.
21 Eco (Anm. 8), S.88.
22 Umberto Eco: Der Name der Rose, Wien 1982, S.10.
23 Ebd., S.21 f.
24 Karl Bosl: Art. Johannes XXII, in: Biographisches Wörterbuch zur deutschen Geschichte, begründet von Helmut Rössler und Günther Franz, 2. völlig neu bearbeitete und stark erweiterte Auflage, bearbeitet von Karl Bosl, Günther Franz und Hans Hibert Hofmann, Bd.2, München 1974, Sp.1304–1308, zit. Sp. 1304.
25 Eco (Anm. 22), S.384.
26 Ebd., S.370.
27 Ebd., S.23.
28 Ebd., S.23.
29 Ebd., S.385.
30 Ebd., S.386.
31 Ebd., S.473.
32 S. Clasen: Art. Michael von Cesena, in: Lexikon für Theologie und Kirche, begründet von Michael Buchberger, 2. völlig neu bearbeitete Aufl., hg. von Josef Höfer und Karl Rahner, Bd.7, Freiburg 1962, Sp.392.
33 E. Filthauf: Art. Bernhard Guidonis, in: ebd., Bd.2, Freiburg 1958, Sp.243 f.

Gottfried Korff

Musealisierung total?
Notizen zu einem Trend, der die Institution, nach der er benannt ist, hinter sich gelassen hat.

Vor einiger Zeit veröffentlichte Claudio Lange eine Mischung aus Buch und Konvolut, die sich bei genauem Hinsehen als eine Art Ausstellungskatalog zu erkennen gab: Museum der Utopien vom Überleben.[1] Das war keineswegs auf ein imaginäres Museum bezogen, sondern meinte eine ganz reale Installation im Rahmen des „Mythos Berlin"-Projekts, welches im Sommer 1987 auf dem Gelände des ehemaligen Anhalter Bahnhofs in Kreuzberg zu besichtigen war.[2] Interesse verdient Claudio Langes Versuch aus zwei Gründen: Einmal kam ihm der Gedanke zu dem Utopien-Museum in Opposition zu den hierzulande üblichen und aufwendig zelebrierten „Liturgien der Erinnerung"[3], zum andern war der Gegenstand seiner musealen Planung nicht das historische Erbe, sondern die Zuwendung zur Zukunft: sein Museum war nicht retrospektiv, sondern vorwärtsschauend; das Objekt seiner Bemühung war nicht die Vergangenheit, sondern die Utopie. Erstaunlich jedoch ist: selbst die Widerrede zum herkömmlichen Museum bedient sich des Mediums „Museum".

Ein anderes Beispiel für die Prägekraft des Kulturmusters Musealisierung bietet das berühmte „Rote Linden", ein Arbeiterstadtteil in Hannover, wo vor kurzem im dortigen Freizeitheim ein Archiv und ein Museum eingerichtet wurden. Unter anderem ist auch eine „Arbeiterwohnküche von 1930 ... hinter Glas" aufgebaut, um den Genossen von heute die „Einfachheit des damaligen Lebens" vorzuführen.[4] Die örtlichen Funktionäre sind sich bis heute nicht im klaren darüber, ob dieser Blick zurück die politischen Kräfte für die Zukunft zu stärken imstande sei, oder ob er nicht doch eher den Verlust an subkultureller Dynamik signalisiere. Ist nicht, und diese Frage gibt in Linden Anlaß zum Streit, die Musealisierung Indiz für den Stillstand und das Ende einer ehemals wegen ihrer Zukunftsgewißheit gepriesenen politischen Energie? Ist nach dem Schneckengang, in dem Günter Grass vor Jahren den Zustand der Vorwärts-Partei imaginierte, nun die Musealisierung zur Metapher der Zukunfts-Orientierung, der Fortschrittsperspektive geworden? Kündigt sich die Musealisierung vom Typus Linden (und Linden steht nicht allein) auf kulturell-symbolisch subtil vermittelte Weise das Ende des sozialdemokratischen Jahrhunderts an? Ist Musealisierung also auch Seismograph oder ist sie nur so allgegenwärtig, daß selbst das „Prinzip Hoffnung" der konservierenden Kraft der Vitrinen anheim fällt?

Ich nenne eine drittes Beispiel, das — harmlos gewiß — doch auch wieder eine Reihe von Fragen aufwirft und zwar in solch einem Maße, daß sich selbst — obwohl es um Norddeutsches ging — die Süddeutsche Zeitung zu einem Kommentar auf Seite 1 veranlaßt sah.[5] Anfang August 1987 eröffnete der Komiker Otto Waalkes in Emden ein seiner Person und Karriere gewidmetes Museum — von ihm selbst angeregt, aber durch kommunale Gründungsakte offizialisiert. Die Waalkesche Stiftung jonglierte geschickt mit dem örtlichen Vorbild einer Kunstsammlungs-Initiative und einer regionalen Namensschablone. „Dat Otto Hus" heißt das Museum, und es erinnert so an die niederdeutsche Art, Heimatmuseen und ortstypische Altgebäude zu benennen. Die Gründe für Ottos Gründung liegen, so ist anzunehmen, in dem Bemühen, sich nach einigen Filmen und nach dem zweiten Buch Otto noch eines gewissermaßen klassischen Mediums zur Übermittlung kultureller Botschaften, eben des Museums, zu versichern. Aus Sicht der Kommunalpolitiker mag exakt die entgegengesetze Überlegung eine Rolle gespielt haben, nämlich daß mit dem „Otto Hus" ein der U-Kultur verpflichtetes Pendant zu Henri Nannens „elitärem" Kunstmuseum aufgeboten werden könne, mit dem Ziel, mit Emdens Kulturofferten alle Geschmacksebenen und -richtungen zu bedienen.

Die Reihe der Musealisierungsbeispiele ließe sich beliebig fortsetzen. So unterschiedlich die Motive und Absichten, Triebkräfte und Beweggründe auch sind, die hinter den Museumsinitiativen im einzelnen stecken, sie alle bezeugen aufs Nachdrücklichste einen Trend, der in allen Lagern und Etagen unserer Gesellschaft feststellbar ist. Der Trend ist tatsächlich ubiquitär[6], und so hat man die Musealisierung als Schlüsselbegriff für unsere „Zeit-Verhältnisse" angeboten. Hermann Lübbe, der diesen Prozeß beschrieben, analysiert und für die diversen musealen Medien durchdekliniert hat, hat überdies gezeigt, daß die Musealisierung nicht mehr an die Institution gebunden ist, von der sie ihren Namen hat, sondern im Begriff steht, alle Lebensbereiche zu erfassen — selbst jene (wie auch die genannten Beispiele lehren), die noch vor Jahren in der Zukunft ihr Zuhause und ihre Perspektive hatten. Lübbe diagnostiziert einen „expansiven Historismus unserer Gegenwartskultur" und spricht davon, daß nie zuvor „eine kulturelle Gegenwart vergangenheitsbezogener als unsere eigene" war.[7] Als Gründe nennt er zum einen den progressiven Reliktanfall im Zeichen einer rapide zunehmenden Veraltungsgeschwindigkeit unserer Konsumgüter und zum anderen eine um sich greifende Zivilisationsmüdigkeit, die mit einer wachsenden Zukunftsungewißheit einhergehe. Beides bewirke die forcierte Hinwendung zu Relikten unserer Herkunftswelten. Lübbes Diagnose ist treff- und argumentationssicher und selbst die, die ihm widersprechen, bestätigen ihn mit ihren Beispielen und Gegenbeweisen. Es gibt kaum noch eine Kulturzeitschrift, hieße sie nun „Kursbuch" oder „Niemandsland", „Merkur" oder „Freibeuter", die nicht auf Lübbes Thesen rekurierte und die Begriffe Museum und Musealisierung für nicht erörterungswürdig hielte. Und eine Zeitschrift gar, seit Jahren ihre Nase stets vorn im Wind der neuesten Theorien, geriet selbst in die Nähe der Musealisierung — nicht etwa, in dem sie einging und so zum Fall fürs Literaturarchiv wurde (das ist der alte, überlebte Begriff von Musealisierung), sondern indem ihr Redaktionsstab sich an einem Museum auf Zeit versuchte. Gemeint ist „Ästhetik und Kommunikation", deren Herausgeber im Sommer 1987 als Veranstalter der schon erwähnten szenischen Ausstellung Mythos Berlin figurierten und so das Problem „Museum" und „Musealisierung" nicht nur modo theoretico, sondern auch modo practico erkundeten. Die Erfahrung der Mythos-Ausstellungs-Praktikanten sind in das Februarheft 1988 eingeflossen, welches unter dem Titel „Kulturgesellschaft: Inszenierte Ereignisse" sensibel die Hintergründe der Museumsfaszination und des Musealisierungstrends notiert. — Was Eberhard Knödler-Bunte und seine Redaktionskollegen vorführten, ist freilich in der Außenperspektive nichts anderes als ein weiterer Fall von bedenklicher Museumsinfektion.

Sprach man vor Jahren, vor anderthalb Jahrzehnten noch, von einer Museumskrise (und hatte damit die Situation des Museums nicht einmal unzutreffend charakterisiert), so muß heute, will man seine Rolle angemessen für die Gegenwart bestimmen, die Rede von Museumseuphorie und -fieber sein. Und sicher ist die Entwicklung des Museums in den letzten 15—20 Jahren einer der wichtigsten Gründe für das, was sich aktuell unter unseren Augen als Total-Musealisierung abzeichnet. Mit Zahlen ist schnell belegt, welches Ausmaß die Museumsexpansion hat; auch die verantwortlichen Ministerien, Landesstellen und Referenten sprechen mittlerweile von „Wildwuchs", wenn sie die zwischen 100—200% angesiedelten Steigerungsraten der letzen 15 Jahre zu kommentieren gehalten sind. Und auf der Jahrestagung des Deutschen Museumsverbandes 1989 in Ulm, wo „das wachsende Museum"[8] zur Debatte stand (und das Wachstum mit den Vergleichszahlen 673 im Jahr 1969 und 2400 im Jahr 1988 erläutert wurde), ging den Museumsleuten Begriffe wie „Wucherung" und „Krebserkrankung" leicht über die Lippen.[9] Keine Zeit scheint museumsfreudiger als die unsere. Das macht übrigens nicht nur die Zahl der Museumsgründungen, -erweiterungen und -neuaufstellungen deutlich, sondern auch die Zahl der Museumsbesuche, die ebenfalls von Jahr zu Jahr steigt. Mittlerweile liegt die Zahl weit über 60 Millionen. 1987 lag sie, wir wissen das von den neuesten Erhebungen des Instituts für Museumskunde in Berlin, bei 66,34 Millionen.[10] Das heißt: jeder Bundesbürger geht mindestens einmal pro Jahr ins Museum, was freilich numerisch-statistisch eine Fiktion ist, weil Mehrfachbesucher in der Ermittlung nicht ausgewiesen sind.

Es ist zu vermuten, daß ein nicht unwesentlicher Teil der Besucher auf die großen Ausstellungen entfällt,[11] die seit einigen Jahren, besonders in Form von Landesausstellungen, üblich geworden sind.[12] Gleichgültig was man als deren Gründe ansehen will (und unterschiedliche Motive wird man bei den Staufern, bei den Preußen, bei den Bajuwaren, bei den Monumenta Judaica in Köln, bei den Juden in Franken und bei den Saliern in Speyer unterstellen müssen), sie sind selbst nur wieder Indiz für die gesteigerte Freude am Musealen. Sie bestätigen den Musealisierungstrend, und sie bestärken ihn stets auch aufs Neue. Sie sind wichtige Vermittlungsagenturen des Kulturmusters Museum und sie waren und sind so ein einflußreicher Impulsgeber für Museumsneugründungen. Man liegt deshalb nicht falsch, wenn man von einem Wechselspiel der Popularisierung des Musealen und der Musealisierung des Popularen spricht.[13] Die auf den Glanz großer Ausstellungen und die Populariät splendider Museumsgründungen, -neubauten und -erweiterungen setzende Kulturpolitik, ganz gleich, ob kommunaler oder staatlicher Zuständigkeit, bildet das Referenzsystem für den Museumsboom auch in der Provinz.

Von 1100 Gemeinden in Baden-Württemberg haben mehr als 1000 ein Museum.[14] Der museale Versorgungsgrad ist total. Von der Erweiterung der Stuttgarter Staatsgalerie, der Einrichtung eines Landesmuseums für Archäologie über ein Landesmuseum für Technik bis hin zu den Dorfmuseen mit ihren Dreschflegeln und Einmachgläsern: die Museumsinitiativen sind, wie gesagt, auf allen Etagen und in allen Ecken unserer Gesellschaft zu registrieren. Was Manfred Rommel in Stuttgart vorexerziert, will sich der Bürgermeister auf der Alb oder im Allgäu nicht nehmen lassen, nämlich mit den Mitteln des Museums jene „symbolische Ortsbezogenheit" herzustellen, die den Gemeinden durch die Gebietsreform und die Uniformierung des Ortsbildes genommen worden ist. Wo Stuttgart mit dem Dixschen Triptychon aufwarten kann, präsentiert das Dorf die bäuerliche Vergangenheit mit Pferdekarren und Fliegenfallen — mit dem Effekt, daß landauf, landab Gleiches zu besichtigen ist.[15] Die Langeweile, die sich bei der Betrachtung unserer alltagsgeschichtlichen Museen aller Orten einstellt, wird allenfalls dadurch gemildert, daß die Präsentationsformen sich mal technisch-audiovisuell, mal handwerklich-archaisch, mal inszenatorisch-ehrgeizig erweisen. Nicht selten ist es so, daß nur noch die Design-Systeme (Mero oder Leitner), oder die Schaltaggregate der Knopfdruck-Präsentationen[16] Gestaltungsunterschiede erkennen lassen.

Die Popularisierung des Musealen und die Musealisierung des Popularen, so wird man annehmen müssen, bedingen einander — obwohl sie von unterschiedlichen Impulsen ihre Triebkraft erhielten. Bei der Popularisierung des Musealen wird man an die Pädagogisierung und Didaktisierung denken müssen, die sich im Rahmen bildungsreformerischer Bemühungen in den späten 60er und 70er Jahren entfalten (und zum Teil heute noch nachwirken). Vor allem aber wird man mit dem Einfluß jener Künstler und Wissenschaftler zu rechnen haben, die das Museum in diesem Jahrhundert zu einem Ort des Experiments und der Werkstatt gemacht haben. Der Bogen spannt sich von

Marcel Duchamps „Ready Mades" (Flaschentrockner, 1914) über die „Assemblages" der „Nouveau Realistes" bis hin zu den Autorenmuseen[17] — ob von Harald Szeeman oder Walter Grasskamp. Am Endpunkt dieser Linie ergibt sich die Verbindung zu den Versuchsanordnungen der „Musées Laboratoires", wie sie etwa von Jean Paul Revière[18] entwickelt worden sind: Illustre Beispiele sind die von Daniel Spoerri und Marie Louise Plessen arrangierten „Musée Sentimentals" (de Cologne, des Prusse etc.[19]) oder die Ausstellungen Harald Szeemanns,[20] die entweder komplexen Kulturideen (Monte Verita) oder einfachen Biographien (Mein Großvater) gewidmet waren. Wie die „Musées Laboratoires", für die auch Claude Lévi-Strauss in seiner „Strukturalen Anthropologie" ein Programm entwickelt hatte,[21] stellten sie ihre Objekte nicht isoliert, sondern in funktionalen Zusammenhängen aus, wobei die Funktionen jedoch in aller Regel überzeichnet, verfremdet oder ironisch gebrochen waren. Die auf diese Weise vollzogene „Ethnologisierung" des Kunstmuseums (bei gleichzeitiger Beibehaltung des ästhetischen Anspruchs) wird, so ist zu vermuten, stärker auf die Dynamisierung des Museums gewirkt haben als die zeitweilig vehement praktizierte Museumspädagogik, die in ihrer schmalbrüstig-curricularen Art die Eierschalen ihrer Herkunft aus der diskursiven Bildungstheorie nicht verleugnen konnte — wie es sich schlagwortartig auch in dem Titel „Lernort contra Museumsstempel" offenbarte. Ähnliches wird man von der Vorbildfunktion der Werkstatt-Museen sagen können, wie sie sich im Musée des Arts et Traditions Populaires in Paris[22] und in den Ecomusées[23] in der französischen Provinz darbieten. Sie haben über diverse Vermittlungsstationen auf eine Vielzahl von Heimatmuseen ebenso eingewirkt, wie sie ihre Einflüsse auch im Bereich der Kunstmuseen geltend gemacht haben — wie etwa im Centre Pompidou oder im Gare d'Orsay.[24] Darüber hinaus haben diese Institutionen kräftig zur Verbreitung der Museumsidee in der Gegenwart insgesamt beigetragen. Für die von ihnen ausgehende permanente Faszination sorgt sicher auch dort die ständig angestrebte Verbindung zur Ethnologie, genauer: zu einem ethnolgisch weitgefaßten Kunst- und Kulturbegriff, der die Ausstellungsstücke nicht primär als Beeindruckungsdinge, sondern als Zeichen, als Signale im System historischer und aktueller Wirklichkeitskontexte vorführt. Nichts beweist die Tatsache der dort intendierten Entkunstung, der von der Ethnologisierung herausgeforderten Entkunstung mehr als die Kunsthistoriker-Schelte, die beide Institutionen immer wieder auf sich ziehen. Werner Hofmann sieht es beispielsweise in der Gare d'Orsay so chaotisch zugehen wie auf der Straße, wo den Kunstwerken nur noch die Rolle schmückender Requisiten zufalle.[25] Alles sei dort gelenkt von Triebkräften der Freizeitgesellschaft. Ganz anders sieht das Urteil von Claude Lévi-Strauss aus, der, bewußt als Ethnologe argumentierend, lobt, daß man im Orsay nicht zeigen wolle, was schön ist, sondern was im 19. Jahrhundert überhaupt gemalt wurde, um auf diese Weise Zusammenhänge, Widersprüche und Konflikte in der Ideen- und Imaginationsentwicklung des unserer Gegenwart vorausgehenden Jahrhunderts zur Anschauung zu bringen.[26]

Sicher wäre es absurd, zu behaupten, hinter Museumsgründungen und -konzeptionen in Ebingen auf der Schwäbischen Alb oder in Zetel-Bohlenbergerfeld im Oldenburgischen stünden direkte Einflüsse der genannten Institutionen. Dennoch aber wird man damit rechnen müssen, daß auch Paris oder Berlin ihre Wirkungen in württembergischen Kleinstädten und in norddeutschen Dörfern zeitigen und zwar nicht nur, weil sie das Kulturmuster Museum zu propagandistisch-effektiver Weise popularisieren, sondern auch weil Museumsgründungen heute in aller Regel „museologisch" erfolgen oder exakter, Museumskonzeptionen museologisch erdacht und realisiert werden.[27] Museen sind in den Zustand ihrer sentimentalischen Gründung und Zurichtung getreten. Historischer, kunsthistorischer und ethnologischer Sachverstand, orientiert am Vorbild der „Großen" und an den Museumsdebatten der letzten Jahre, ist heute dort tätig, wo ehedem die naive Sammelleidenschaft eines Dorfschulmeisters oder Kleinstadtapothekers die Erst- und Hauptinitiative bildete.

Und so absurd der Hinweis auf Ebingen und Zetel-Bohlenbergerfeld zunächst auch klingt, so wenig fiktiv sind diese Beispielorte und so wenig spontan sind die dort zu beobachtenden Museumsbemühungen. In Ebingen sind Museumsmacher am Werk, die ihre Planung in enger personeller und konzeptioneller Bindung an die Stuttgarter Napoleon-Landesausstellung 1987 vornahmen, und auch in Zetel-Bohlenbergerfeld[28] liegen die Verhältnisse ebenfalls nicht „einfach so", denn auch dort ist ein Museumsmann aktiv, der — ehemals Lehrer — durch die Teilnahme an zahlreichen Fachtagungen und durch seine enge Beziehung zum Berliner Arbeitskreis Pädagogisches Museum hohe museologische Kompetenz erlangt hat.

Die Museologisierung des Museums hat sicher nicht zuletzt einen ihrer Gründe in der zunehmenden Professionalisierung der Museumsarbeit (mit allen Vor- und Nachteilen, die eine Professionalisierung mit sich bringt[29]), und auch in der unausweichlichen Museumsbetreuung, die sich staatliche und regionale Institutionen nach dem Muster der 20er und 30er Jahre in der letzten Zeit vermehrt einfallen lassen haben. Der staatlich oder zumindest behördlich approbierte Gütestempel steigert den Kurswert des Kulturmusters Museum noch einmal, ganz abgesehen davon, daß kommunale Finanzinteressen davon tangiert sind.

Was die Ethnologisierung (so sehr sie die Komplexität der visuellen und inhaltichen Botschaften im Gare d'Orsay oder in den Ausstellungen auch erhöht hat) tendenziell bewirkt, läßt sich unter die Formel „Dialektik der Entauratisierung" fassen. Gemeint ist die Auratisierung der Trivial-, der Alltagskultur nach den Bemühungen um die Entauratisierung der Hochkunst. Was in den großen Museen mittlerweile passiert, ist die Einübung des historischen, des ethnologischen Blicks, ist der weite Ausgriff über das Geheiligte und Anerkannte hinaus, um Kulturpanoramen und historische „Schaubilder" zu entwerfen. Im gleichen Moment wird in den Lokal-Museen die örtliche und regionale Sachüberlieferung liebevoll zur Ehre der Vitrinen gebracht und eben dadurch werden der Dreschflegel und die Mausefalle auratisiert. Der Gegenstand der Heimatmuseen ist der kleine, in sich ruhende Alltag, der zumeist im Stil der Genremalerei dargestellt wird — von daher Widersprüche, die Einbindung in konflikterzeugende Zusammenhänge ausläßt und so tatsächlich den Dreschflegel und die Mausefalle zu Kultgegenständen macht. Was Marcel Duchamps mit dem „Flaschentrockner" wollte, die Entheiligung der Kunst, wird ins Gegenteil verkehrt: Das Heimatmuseum beschwört die Lokal-Aura, fetischisiert die regionale Dingkultur und stimuliert so die „ethnologie d'urgence", die Pierre Jeudy angesichts der ins Kraut wachsenden Heimatmuseen mit harschen Worten kritisiert hat.[30] War das Museum in diesem Jahrhundert vielfach der Ort des Experiments (und wurde bewußt von vielen Künstlern auch so organisiert), so ist es durch den Musealisierungsvorgang zum Ort der Alltagsbanalität geworden, woran auch solch listige Tagungs- und Publikationstitel wie „Experiment Heimatmuseum"[31] nicht viel zu ändern vermögen. In die Musealisierung der Heimat-, der Volks- und Alltagskultur war von Anfang an und ist verstärkt in letzter Zeit eine Tendenz zur Folklorisierung eingeschrieben. Folklorismus ist vor Jahren als bieder und unschuldige volkskundliche Kategorie zur Bezeichnung der alltagskulturellen Spielart des Historismus geprägt worden, zur Benennung von Revitalisierungsvorgängen in der Populärkultur.[32] Was Mitte der 60er Jahre beiläufig als Begriff, als gewissermaßen differential diagnostischer Begriff zur Charakterisierung der absichtsvoll gepflegten, zum Teil ästhetisierten, zum Teil pädagogisierten Volkskultur (in Abgrenzung, in Differenz zu der „normalen", d. h. in lebendige Überlieferungs- und Funktionszusammenhänge eingelagerten Volkskultur) geprägt worden war, hat sich in den letzten Jahren zu einem Generalnenner der Volkskultur in der industriellen Gesellschaft schlechterdings entwickelt. Folklorisierung scheint mittlerweile ein allgegenwärtiger Vorgang und — für unser Thema hier besonders interessant (wie Peter Assion gezeigt hat), — einer der wichtigsten Impulsgeber für die Kulturmusealisierung der Gegenwart.[33] Im Gegensatz zum „kalten Medium" Museum, um Marshall McLuhans Typologie zu benutzen,[34] ist der Folklorismus ein „heißes Medium", weil er interaktiv und kommunikativ ist, weil er zu kollektiven Selbstinszenierungen und Selbstberauschungen anleitet. Vom Weinfest im Markgräfler Land, samt Trachtenkapelle und Winzerkönigin bis hin zu Weihnachtsmärkten, Vereinsfeiern, Seniorennachmittagen und Stadtteilfêten — all dies gehört zur Palette folkloristischer Tätigkeiten. Es ist oftmals ein Museum in „Tableaux Vivants", welches der Folklorismus arrangiert: Die Tracht als Expositum an lebenden Figurinen, die historische Requisiten in den Händen halten und historische Arbeitsprozesse pittoresk vorexerzieren.[35]

Die Nähe zwischen Museum und Folklorismus ist in dreierlei Hinsicht gegeben, und jeweils scheint das „kalte Medium" Museum von den folklorisierenden Aufwärmprozessen zu profitieren. Zum ersten hat sich der Folklorismus neuerdings selbst die Musealisierung von Objektwelten und Sachaggregaten zum Ziel gesetzt. Dazu gehört nicht nur die ästhetisierende Orts- und Landschaftsbildpflege, sondern zunehmend auch die historistische Re-Mobilmachung veralteter Transportsysteme wie Postkutschenrouten, Dampfeisenbahn oder Dampfschifflinien. Vielfach sind diese Aktivitäten direkt auf die Einrichtung eines Museums gerichtet (Beispiel: Dampflok-Museum zwischen Darmstadt-Kranichstein) oder sie sind selbst Teil einer Museumskonzeption, die sich eng den Interessen des regionalen Fremdenverkehrs und des Nostalgie-Tourismus verbunden weiß.[36]

Damit hängt — zweitens — zusammen, daß oftmals, gerade aus touristischen Motiven, die Museen sich folkloristischer Schau-Offerten, folkloristischer Sonderangebote bedienen: Spinnen, Weben, Buttern, Töpfern und und und.[37] Mit dieser Hemdsärmelarchaik wird Leben ins Museum gebracht: der Folklorismus fungiert als Heizsystem im „kalten Medium". Besonders effizient erweist sich der Folklorismus dann, wenn er aufs Prinzip der Mitmach- und Aktivierungspädagogik setzt, und solcher Art nicht nur visuelle, sondern auch haptisch-tangible Erlebnisformen vermittelt. Über diese mehrdimensionale Erlebnisform wird dem Museumsbesucher suggeriert, er sei besonders nah und dicht an der historischen Realität, obwohl die Einbildungskraft (eben weil sie in physisch-psychischer Breite angeregt wird), auf nichts anderes als auf das Surrogat, auf die Imitation zielt. Das Selbst-Erleben ist selbstgenügsam was die historische Authentizität angeht. Das Selbst-Erleben bedient sich einer Erlebniswelt, die das absolut Wahre und Echte haben will und dazu das absolut Falsche benötigt. Das Falsche wird echter als das Reale, die Imitation eigentlicher als das Original. Was entsteht, ist eine Hyper-Realität, wie Umberto Eco dies in seinen amerikanischen Museumsreflektionen genannt hat.[38] Hyper-Realität kommt dort ins Spiel, wo das Original fehlt und auf keine eigentliche historische Realität mehr referiert wird: eine folkloristische Hyper-Realität wird Surrogat der historischen Wirklichkeit.

Folkorismus und Museum sind noch auf eine dritte Weise verschränkt: die folkloristischen Handlungssysteme haben vielfach ihr eigenes materielles Substrat entwickelt und somit auch neue Museumsgegenstände erzeugt. Ein Beispiel dafür bietet der Trachtenfolklorismus, der zum Motor auch neuer Museen und Museumsabteilungen geworden ist. So ist es in Pfullingen bei Reutlingen, so ist es in Bonndorf im Schwarzwald. Ein anderes Beispiel, fast noch überzeugender, ist der fasnächtliche Maskenfolklorismus in Südwestdeutschland, der nicht nur eine Fülle alter Maskentypen revitatlisert, sondern auch eine Fülle von neu erdachten und neu gemachten Maskenformen hervorgebracht hat,[39] die nicht nur im rituellen Vollzug der Fasnacht selber, sondern mittlerweile auch in einer Reihe von Lokal- und Spezialmuseen präsentiert werden — so im Narrenschopf in Bad Dürrheim, so im Fasnachtsmuseum auf

Burg Langenstein bei Radolfzell, so in Kenzingen am Kaiserstuhl.[40]

Der Folklorismus hat es also nicht nur bei einer künstlichen Beatmung von relikthaft noch vorhandenem Brauchtum belassen, sondern er ist längst selbst zum historischen Generierungsprinzip von Realiensorten geworden, die, weil sie die Patina gleich mitliefern, zur Musealisierung drängen. Zudem, auch dieser Aspekt darf nicht übersehen werden, hat der Folklorismus wesentlichen Anteil an der Erzeugung jenes Klimas, in dem die Dingnostalgie und der Altwarenfetischismus gedeihen. Sie haben sich auf Trödelmärkten ein eigenes Forum geschaffen. Da wird die Verklärungsmaschinerie, die ihren institutionalisierten Stützpunkt im Museum hat, in die lebensweltliche Praxis erweitert. Dort werden, wie Peter Rühmkorf schon vor Jahren höchst einfühlsam beobachtete, Antiquitäten zur historischen Emballage, die „Wurmstich und Wahrheit" verwechselt.[41] Rühmkorf hatte 1967, in dem überaus geistreichen Büchlein übers „Volksvermögen" vor der Dingnostalgie gewarnt, „weil hier noch die letzte alte Schachtel zum fliegenden Koffer werden kann, die ihren Liebhaber über alle Radar- und Meinungskontrollen hinweg ins Fabelreich einer privaten Freiheit versetzt".[42] Was Peter Rühmkorf vor mehr als 20 Jahren befürchtete, ist nunmehr Wirklichkeit geworden: die durch den Verbund von Folklorisierung und Musealisierung evozierte Reliktbesessenheit und Dingnostalgie ist zum Medium der Gegenwartsflucht der Rückdessertion geworden. Die Musealisierung und Folklorisierung erwecken die Illusion eines beseelteren Daseins, einer besseren Welt — auch wenn sie nur in Kohlebügeleisen, Wurststopfapparaten und bestickten Miedern bildhaft und faßbar wird. Und gerade die folklorisierte Alltagskultur und die musealisierte Trivialtität scheinen die von Paradoxie nicht freie Eigenschaft zu haben, Entrückung und Entzückung qua Erdverbundenheit zu vermitteln.

Als eine besondere Art der Folklore hat Karl Markus Michel die heute allenthalben feststellbare symbolische Ortsbesetzung ausgemacht. Karl Markus Michel nennt dieses Phänomen Topolatrie, „entsprechend der Idolatrie, dem Bilderdienst".[43] Und in der Tat scheint diese Topolatrisierung ein nicht unwirksames Movens für einen Musealisierungstrend, der sich der Orts-Authentizität in sinnstiftender Weise zuwendet. Der Topolatrisierung gilt denn hier auch die Aufmerksamkeit als dritter, die aktuelle Museumssituation beeinflußende, Modellierungsagentur. Topolatrie — das umfaßt wiederum ein ganzes Spektrum von Musealisierungsformen. Es beginnt bei der Nutzung historischer Gebäude, die sich anderen als musealen Funktionen verweigern, geht über den Denkmalpflegekult, dem sich nicht selten zahlreiche ortsgebundene Erinnerungsliturgien anhängen, bis hin zu den regionalen und nationalen Gedenkstätten, die auf die NS-Vergangenheit bezogen sind. Auch Hermann Lübbe hatte schon ähnliches festgestellt, als er die Bewahrung von Stadtteilen, Dörfern und ganzen Landschaftsbildern in Zusammenhang mit der von ihm so genannten historisch-singulären Expansion der Kulturmusealisierung brachte. Ziel dieser Bemühungen, so Lübbe, sei eine ästhetisierende

Wahrnehmung historischer Differenzen, um der Logik zivilisatorischer Evolutionsdynamik die der kulturellen Präsenz der Vergangenheit entgegenzuhalten.[44] Dies geschähe nicht nur affektiv, sondern auch pädagogisch, was in der öffentlichen Kultur eine Atmosphäre der Lehrhaftigkeit verbreite: „Die Zahl der informierenden Inschriften an denkmalswerten Gebäuden", so Lübbe, „hat sprunghaft zugenommen."[45] Die Windmühlen- und Heustadel-Nostalgie, die sich in situ und in toto ihrer Objekte versichert, wird von Lübbe mit sympathischer Ironie beschrieben, aber durchaus in ernster Absicht analysiert: er interpretiert sie als mentalen Stabilisierungsversuch in Anbetracht einer temporalen Identitätsdiffusion, als Kompensation eines änderungstempobedingten kulturellen Vertrautheitsschwundes.

Was Lübbe versucht über die Kompensationsfigur zu erklären, ist bei Niklas Luhmann der entschiedenen Kritik ausgesetzt. Die Zuwendung zur Geschichte, ihre Musealisierung und Restaurierung ist für Luhmann Absage an die Gegenwart. „Sie (die Vergangenheit) wird als ein Modus der Selbstbezweiflung der Gegenwart mit enormen Kosten restauriert, gepflegt, erhalten und gegen den ihr bestimmten Untergang verteidigt."[46] Und wer die oftmals recht lautstarken Diskussionen um die Erhaltung irgendeiner Zehntscheuer oder irgendeiner Milchsammelstelle verfolgt, weiß, daß dieser Meinungsstreit oftmals nicht frei von jenen kulturpessimistischen Argumenten ist, die Fritz Stern vor Jahren als politische Gefährdung der Deutschen beschrieben hat.[47]

Kritik wurde freilich nicht nur gegen die nostalgisch-retrospektive Bezugsrichtungen der Ortserinnerungen laut, sondern auch gegen ihren fragmentarischen Charakter. Exakt dies war auch der Vorwurf Karl Markus Michels gegen die Topolatrie: sie hefte das Gedenken und Erinnern an Orte und Termine und versenke sie so in einer Art „atavistischer Folklore". Die dem europäischen Denken seit der Aufklärung angemessene Form des Erinnerns und Gedenkens sei die Verallgemeinerung und die Abstraktion. Karl Markus Michels Überlegungen sind plausibel: „Daß es gute Gründe dafür gibt, nicht allein die rührenden Relikte des Fortschritts zu konservieren, sondern auch die verruchten Stätten der Barbarei unter dem Schutt des Vergessens freizulegen, versteht sich. Was sich weniger versteht, ist die Verkürzung unseres Bewußtseins auf Orte, in denen der Sinn nisten soll, ein Sinn, der uns von den Wendepredigern als Ersatzreligion, von den Zeitgeistlichen als Mythos mit angedient wird."[48] Was Michel vor allem kritisierte, ist die quasi magische Aufladung der topographischen Fragmente, ist die Zurechtstutzung des historischen Zusammenhangs auf das Maß der subjektiven Betroffenheit. Die Erinnerungsenergie, so läßt die Topolatrie befürchten, wird konkretistisch verkürzt und reduziert die Vergangenheit allein auf das, was von ihr übriggeblieben, was begehbar und anfaßbar ist. „Begehbarkeit" als Kriterium der Geschichtswahrnehmung und Auseinandersetzung mit Vergangenem ist Karl Markus Michel zu wenig. Er plädiert für eine analytische Re-Dimensionierung der Vergangenheitsspuren und Überlieferungsfragmente – und zwar aus der Perspektive einer jeweiligen Gegenwart. Wer das Gedächtnis allein auf die Sinnlichkeit des authentischen Ortes gründe, verfahre wie der Kanzler, der ständig auch irgendetwas begehe: die Walstatt von Verdun, den Friedhof von Bitburg, das Konzentrationslager von Bergen-Belsen. Der eine begeht und der andere gräbt, wo er steht – Topolatrie ist beides allemal. Es geht nicht darum, die Erinnerungskraft geschichtsträchtiger Orte zu bezweifeln, es geht um die Grundeinstellung zur Geschichte und Vergangenheit und damit um die Funktion des Erinnerns überhaupt. Es scheint, als griffe das Wahrnehmungsschema Authentizität zu kurz, wenn die Formung und die Dimensionierung des kollektiven Gedächtnisses zur Debatte steht.

Auch in der Diskussion um das breit angelegte Programm „Les lieux de mémoire" in Frankreich ist angemerkt worden, übrigens von dessen Initiator und Hauptstrategen selbst, von Pierre Nora, daß zwischen „mémoire" und „histoire", und zwischen „mémoire particuliére" und „histoire totale" also zwischen Geschichtsbewußtsein und Geschichte ein Unterschied bestehe, der Forschung, Didaktik und Museologie gleichermaßen herausfordere.[49] Dem Prinzip der Authentizität (und in der Topolatrie begegnet uns nichts als eine Version der Authentizität) ist die particuliére, die Fragmentarik inkorporiert. Wenn Geschichte aber nicht in musealisierten Trivialitäten, folklorisierten Requisiten und topolatrisierten Punktierungen aufgehen soll, dann sind Re-Konstruktions- und Re-Dimensionierungsleistungen, dann sind Deutungen und Erklärungen des geschichtlichen Zusammenhangs erforderlich.

Fragmentarik: dagegen war explizit eine der eindrucksvollsten didaktischen Prinzipien gerichtet, die vor Jahren im Rahmen der Reformpädagogik entwickelt worden war – das Prinzip des „exemplarischen Lernens". Es basierte darauf, so formuliert von Oskar Negt, aus einem prägnanten Punkt heraus, größere gesellschaftliche und historische Zusammenhänge zu entfalten.[50] Es scheint, als habe gerade das Museum (paradoxerweise auch in Verfolgung der Kluge/Negtschen Erfahrung- und Sinnlichkeitsüberlegungen), das Prinzip der Beispielhaftigkeit und ihrer Re-Dimensionierung vergessen und sei dabei in alle die Fallen der Authentizität und Unmittelbarkeit hineingeraten, vor denen das exemplarische Lernen warnen wollte: die Pseudokonkretheit, der Konservatismus der Gefühle, der Wunsch nach Vereinfachung. Die Anschauung musealisierter, folkloristischer und topolarisierter Objekte zielt nicht mehr auf Prägnanz, auf die „Geburt", auf die Entfaltung eines Zusammenhangs (was Prägnanz ja vom Wortsinne her meint), sondern die Anschauung der überlieferten Dingkultur gilt oftmals nur als stärkendes Sakrament für eine unübersichtliche Gegenwart und eine aussichtslose Zukunft. Die Erinnerung ans Prinzip des exemplarischen Lernens versteht sich hier nicht als Plädoyer für eine Didaktisierung, allenfalls als Plädoyer für eine Dimensionierung der Überlieferungsfragmente. Mir jedenfalls scheint, dies ist die erste von drei Forderungen, die ich abschließend aufstellen möchte, die Bemühung um eine zusammenhängende Sicht der fragmentierten, authentischen Objektwelten unverzichtbar, auch wenn diese immer wieder diskreditiert wird, in Praxis und Theorie als „Zentralperspektive" unter Verdacht gestellt wird — obwohl doch der Kunsthistoriker weiß, daß Europa der Zentralperspektive die Tiefenschärfe, den Blick für die Relationen, das Maß für die Dinge verdankt. Musealisierung ist ein ubiquitärer Trend, aber dieser vermittelt sich dem Einzelnen nur en detail. Nicht allein der Trend verdient Beachtung, sondern auch die partikuläre Einzelausformung, mit der das Individuum konfrontiert ist: diese muß notwendigerweise Kritik herausfordern, wenn die Institution Museum nicht hinter den Anspruch zurückfallen will, den sie sich selbst einmal gesetzt hat, nämlich Hilfsmittel der Geschichtserkenntnis zu sein, Hilfsmittel damit auch zu der Erkundung eines anthropologischen Möglichkeitssinns. Im Zusammenhang der Feiern zum 200. Geburtstag der „grande révolution" wird man daran erinnern dürfen, daß der Louvre auch als pädagogische Metapher gesehen wurde und ab 1793 als republikanische Erziehungsinstitution galt.[51] Schon die Vorläufer des modernen Museums, die Kunst — und Raritätenkammern, wurden von dem Aufklärungsphilosophen Leibniz als bedeutsame „Lernungsmittel" gelobt.[52]

Die Musealisierung, so wie sie sich vor unseren Augen abspielt und wie wir sie als Agenten möglicherweise auch befördern, birgt die Gefahr in sich, einen zu bescheidenen Begriff von Museum zu etablieren, es zu einem Medium zu machen, dessen Ziel allein die Selbstentrückung ist, d. h. zu einem Medium, das seine Gegenwartsverdrossenheit nur mühsam kaschieren kann. Die Fatalität der Entwicklung, deren Zeugen wir sind, ist vor allem deshalb so bedenklich, weil das Bild des Museums unmittelbar mitbetroffen ist, weil dieses in dem Maße reduziert wird, wie Geschichtsaneignung nur noch im Schema von fetischisierten Objektfixierungen zugelassen ist, wobei das Fixativ nichts anderes als ein mixtum nostalgicum ist. So bringt sich das Museum, durch die Musealisierung, am Ende vielleicht um die Chance, seine Möglichkeiten zur sinnlichen Bildung und Emanzipation weiter zu entwickeln. Diese Möglichkeiten, die dem Museum inhärent sind, wurden auf dem Frankfurter Aufklärungskongreß 1987, eindrucksvoll von Robert Jauß skizziert.[53] Zu neuen Formen sinnlicher Erkenntnis rät Jauß gerade unserer Gesellschaft mit ihrer totalen medialen Infrastruktur. Jauß' Anregungen ins Museum zu übertragen, ist deshalb Forderung Nummer Zwei.

Die Inflation des Musealen hat Argumentationslinien, die vor Jahren nötig, konsequent und plausibel waren, verzerrt, fast in ihr Gegenteil verbogen. Im Zeichen der Musealisierung ist deshalb, das ist die dritte Forderung, eine Revision museologischer und museumspraktischer Positionen erforderlich. Fragwürdig scheint heute der Einsatz für Museen der Alltags-, Volks- und Populärkultur. Was vor Jahren richtig war, ist heute möglicherweise eine falsche Strategie, weil sie die Aufforderung zur tendenziellen Entwertung nicht nur der Alltagskultur, sondern auch der Museumsarbeit darstellt. War vor Jahren ohne Zweifel das Plädoyer für die museale Aufbereitung der Alltagskultur noch angebracht, um das „Recht der kleinen Leute" in Geschichte und Gegenwart einzufordern, so verliert sich heute das gleiche Plädoyer in einer banalen Reliktbegier, die Wurststopfapparate und Konservendosen zu Ikonen eines Mentalhistorismus hochstilisiert. Nicht nur die Hinwendung zu den Kleinwelten scheint erforderlich, sondern – vermehrt – die Erinnerung an die großen Strukturen, Fragen und Linien.

Revisionen sind schmerz- und lehrreich zugleich. Was ich fordere, ist auch für mich mit persönlichen Erinnerungen, mit persönlichen Revisionen und Korrekturen verbunden. Vor vierzehn Jahren, auf einer Museumstagung stritt ich für die Popularisierung des Museums, heißt für die Erweiterung des musealen Kulturbegrifffs, für die Einrichtung von Sammlungen für Popularkultur. „Didaktik des Alltags", so hießen Titel und Thesen eines Aufsatzes, der auf ein Statement im Rahmen dieser Museumsdiskussion des Ulmer Vereins zurückging.[54] Zehn Jahre später, den Heimatmuseen und Lokalmuseen galt auf einmal das massierte Interesse der Öffentlichkeit, zehn Jahre später, war ich wieder zu einer Stellungnahme aufgefordert. An Stelle der Überzeugung von 1975 war Unsicherheit getreten und ich formulierte vorsichtiger: das Einerseits/Andererseits ausbalancierend. Mir schien das Verdikt der großen historischen Ausstellungen auf einmal genauso fragwürdig, wie die aufblühende historische Begier, alles und jedes, allüberall und jedenorts, zum Zwecke der Bewahrung und Belehrung zu musealisieren. Plausibel erschien mir das Nebeneinander von Groß und Klein, der Wunsch nach einem breiten Treppenhaus der Kuluretagen, die Forderung nach wechselseitiger Erhellung. Musealisierung des Popularen und Popularisierung des Musealen – mir erschien es verfehlt, darin schroffe Alternativen zu sehen. Die Dechiffrierung und Erkundung der kleinen Lebenswelten sollte die großen Töne und die lauten Ansprüche der Hochkultur ergänzen, korrigieren und kontrapunktieren. Genauso wichtig erschien mir freilich das Aufzeigen und Dokumentieren der großen Linien und der großen Fragen, um die Zuwendung zur Geschichte nicht nur im Modus einer Wind- und Kaffemühlennostalgie zu betreiben. Heute – ein drittes mal befragt – würde ich noch konsequenter antworten: So kritikwürdig die Absichten und Planungen der großen Häuser in Bonn und Berlin auch sein mögen, es bleibt abzuwarten, ob sie nicht à la longue der Idee des Museums mehr dienen als vieles andere, was im Zeichen des Museumsbooms daherkommt.[55]

Mir schien das Verhältnis vom kleinen Milieu und großer Struktur stets mit dem schönen Beispiel illustrierbar, welches aus Bert Brechts „Johanna der Schlachthöfe" stammt. Da heißt es, daß über das Kotelett in der Pfanne nicht nur in der Küche, sondern auch und primär auf den Viehbörsen in Chicago und den Effektmärkten in New York entschieden werde. Früher kam es mir darauf an, den Blick auf das Kotelett zu lenken, auf die didaktische Kraft des Details und seine Verknotung mit dem großen Ganzen, heute scheint mir mehr der Hinweis auf Chicago vonnöten – der Hinweis auf die große Struktur, weil nämlich die große Struktur oftmals über dem Kotelett vergessen wird. Vielleicht ist es so, daß, wenn man Koteletts in Fülle hat, an den großen Zusammenhang nicht mehr gedacht wird.

Anmerkungen

1. Claudio Lange: Museum der Utopien vom Überleben, Berlin 1987.
2. Mythos Berlin. Zur Wahrnehmungsgeschichte einer industriellen Metropole. Eine szenische Ausstellung auf dem Gelände des Anhalter Bahnhofs. Katalog zur Ausstellung 13. Juni – 20. September 1987, Berlin 1987. Dort ist Claudio Langes Projekt auf den Seiten 321 ff. beschrieben.
3. Zu dieser Formulierung vgl. Manfred Schneider: Liturgien der Er innerung, Techniken des Vergessens, in: Merkur 462 (August 1987), S. 676–684.
4. Jörg Bremer: Linden ist rot, in: FAZ vom 28. Mai 1988 (Tiefdruck beilage). Zur komplizierten historischen Eigenperzeption Lindens vgl. neuerdings auch Ilse Winter: Freiheit zum Eigensinn, Frankfurt a.M.,Berlin,New York,Paris 1988, bes. S. 80–96.
5. Süddeutsche Zeitung vom 3. August 1987.
6. Vgl. dazu etwa Kenneth Hudson: Museums for the 1980s. A Survey of World Trends, Paris,London 1977; Henri-Pierre Jeudy: Vers un Temps Museal, in: Temps libre 12 (1985), S. 25–30.
7. Hermann Lübbe: Zeit-Verhältnisse. Zur Kulturphilosophie des Fortschritts, Graz,Wien,Köln 1983, S. 9 f.; ders.: Der Fortschritt und das Museum. Über den Grund unseres Vergnügens an historischen Gegenständen (The 1981 Bithell Memorial Lecture), London 1982.
8. Zum gesamten Problemkomplex vgl. den gleichnamigen Vortrag des Frankfurter Kulturdezernenten Hilmar Hofmann auf der Ulmer Tagung, in: Der Städtetag 8/1988, S. 543–547.
9. Vgl. die Kolumne „Museumsstreit" in der Frankfurter Allgemeinen Zeitung vom 11. Mai 1988.
10. Museumsbesuche 1987, in: Museumskunde 53 (1988), S. 182 f.
11. Ebd., S. 182.
12. Zu den österreichischen Landesausstellungen vgl. neuerdings Christine Spiegel: Die österreichische Institution „Landesausstellung", in: Wolfgang Brückner (Hg.): Bekleidungsgeschichte und Museum, Bregenz 1988, S. 205–211.
13. Gottfried Korff: Die Popularisierung des Musealen und die Musealisierung des Populären, in: Gottfried Fliedl (Hg.): Museum als soziales Gedächtnis. Kritische Beiträge zu Museumswissenschaft und Museumspädagogik, Klagenfurt 1988.
14. Museumskonzeption Baden-Württemberg, hg. vom Ministerium für Wissenschaft und Kunst Baden-Württemberg, Villingen,Schwenningen 1986 (=Schriftenreihe des Ministeriums für Wissenschaft und Kunst Baden-Württemberg zur Bildungsforschung, Bildungsplanung, Bildungspolitik, Nr. 49).
15. Vgl. dazu den Bericht über eine Arbeitskreistagung des Museumsverbandes Baden-Württemberg in der Südwestpresse vom 25. April 1988. Dort wurde das „spröde Einerlei" der Heimatmuseen mit eindrucksvollen Belegen beklagt.
16. Freddy Raphael und Geneviéve Herberich-Marx haben für diese Art der Museen den schönen Ausdruck der „Press-Button-Museen" geprägt. Vgl. dazu Freddy Raphael, Geneviève Herberich-Marx: Muséographie. Typologie des Expériences Novatrices en Matière de Muséographie, in: Revue des Sciences sozicales de la France de l'Est 15 (1986/87): Traversies Alsachiennes, S. 109–113, zit. S. 109.
17. Marie-Louise von Plessen: Autoren-Museen, in: Museum - Verklärung oder Aufklärung, Loccumer Protokolle 52, Loccum 1985, S. 166 f.
18. Georges-Henri Reviére: Les Musées de folklore á létranger et le futur Musée français des arts et traditions populaires, in: Revue de folklore français et de folklore colonial 3 (1936), S. 58–71.; vgl. dazu Jean Janmin: Les objets ethnographiques sont ils des choses perdus? in: Jacques Hainard, Roland Kaehr (Hg.): Temps Perdu – Temps Retrouvé. Voir les choses du passe au present, Neuchâtel 1985, S. 51–74.
19. Daniel Spoerri: Kunst ist Leben. Leben ist Kunst (Epilog), in: du. Die Zeitschrift der Kultur, 1 (Januar 1989) (Le Musée Sentimental. Oberfläche, Organisation, Obszönität. Mschr. Magisterarbeit, Tübingen 1986.

20 Harald Szeemann: Museum der Obsessionen von/über/zu/mit Harlad Szeemann, Berlin 1981 (Mein Großvater, S. 93—101).
21 Claude Lévi-Strauss: Strukturale Anthropologie, Frankfurt a.M. 1969, S. 402—405.
22 Ebd., S. 403; Jean Jamin: Les objets ethnographiques (Anm. 18).
23 Gottfried Korff: Die Ecomusées in Frankreich. Eine neue Art, den Alltag einzuholen, in: Die Zukunft beginnt in der Vergangenheit. Museumsgeschichte und Geschichtsmuseum, hg. vom Historischen Museum Frankfurt a.M., Frankfurt a.M. 1982, S. 78—88.
24 Zum neuen Ansatz des Orsay im Vergleich zur gesamten französischen Museumsszene vgl. Madeleine Rébérioux: Musée et historie, in: Colloque National sur l'Histoire et son Enseignement, Montpellier 1984, S. 69—76.
25 Werner Hofmann: Die Allgegenwart des Kunstwerks, in: Frankfurter Allgemeine Zeitung vom 7. Mai 1988 (Tiefdruckbeilage).
26 Claude Lévi-Strauss: Le cadre et les oeuvres, in: le debat 44 (1987), S. 180—183; Henning Ritter: Revisionismus, in: Frankfurter Allgemein Zeitung vom 25. Mai 1988, S. 35.
27 1985 machte sich das Museum in Neuchâtel selbst zum Gegenstand einer Ausstellung — im Musée d'Ethnographie. Vgl. dazu den Katalog: Temps Perdu, Temps Retrouvé (Anm. 18).
28 Frankfurter Allgemeine Zeitung vom 9. August 1988, S. 7.
29 Vgl. dazu Pierre Bourdieu: Die Museumskonservatoren, in: Thomas Luckmann, Walter M. Sprondel (Hg.): Berufssoziologie, Köln 1972, S. 148—154.
30 Jeudy (Anm. 6), S. 25.
31 Oliver Bätz, Udo Gößwald (Hg.): Experiment Heimatmuseum. Zur Theorie und Praxis regionaler Museumsarbeit, Marburg 1988.
32 Als Zusammenfassung des Problems vgl. Hermann Bausinger: Da capo: Folklorismus, in: Albrecht Lehmann, Andreas Kuntz (Hg.): Sichtweisen der Volkskunde. Zur Geschichte und Forschungspraxis einer Disziplin, Berlin,Hamburg 1988, S. 321—328.
33 Peter Assion: Historismus, Traditionalismus, Folklorismus, in: Utz Jeggle u.a. (Hg.): Volkskultur in der Moderne. Probleme und Perspektiven empirischer Kulturforschung, Reinbek 1986, S. 351—328.
34 Marschall McLuhan: Die magischen Kanäle. Understanding Media, Düsseldorf,Wien 1968, S. 29—42. Zu McLuhans Vorstellungen vom Museum vgl. das Vorwort von Kennth Hudson, Ann Nicholls (Hg.): The Directory of Museums, London,Basingstoke 1975, S. VII-X, zit. S. IXf.
35 Vgl. dazu Adelhard Zippelius: Der Mensch als lebendes Exponat, in: Jeggle (Anm. 33), S. 410—429.
36 Friedrich A. Wagner: Spurensuche im Industrieviertel. Kultur und Tourismus — neue Thesen und neue Angebote, in: Frankfurter Allgemeine Zeitung vom 24. November 1988, S. 3.
37 Vgl. dazu Konrad Köstlin: Freilichtmuseums-Folklore, in: Helmut Otterjann (Hg.): Kulturgeschichte und Sozialgeschichte im Freilichtmuseums, Cloppenburg 1985, S. 55—70; Gottfried Korff: Geschichte im Präsens? Notizen zum Problem der „Verlebendigung" von Freilichtmuseen, in: ebd., S. 43—54.
38 Umberto Eco: Über Gott und die Welt, Essays und Glossen, München 1985, S. 36—99. Sehr aufschlußreich dazu auch: Severin Heinisch: Objekte und Struktur. Über die Ausstellung als einen Ort der Sprache, in: Beiträge zur Historischen Sozialkunde 17 (1987), Heft 4, S. 112—116.
39 Wilde Masken. Ein anderer Blick auf die Fasnacht, Tübingen 1989.
40 Südwest Presse vom 4. Februar 1989 (Südwestumschau).
41 Peter Rühmkorf: Über das Volksvermögen. Exkurse in den literarischen Untergrund, Reinbeck 1967, S. 5.
42 Ebd., S. 14.
43 Karl Markus Michel: Die Magie des Ortes, in: Die Zeit vom 11. September 1987, S. 51.
44 Lübbe: Der Fortschritt und das Museum (Anm. 7), S. 2 f. und S. 5f.
45 Ebd., S. 9.
46 Niklas Luhmann: Das Kunstwerk und die Selbstreproduktion der Kunst, in: Delfin III/1984, S. 51—69, zit. S. 67.
47 Fritz Stern: Kulturpessimismus als politische Gefahr. Eine Studie nationaler Ideologie in Deutschland, Bern,Stuttgart,Wien 1963.
48 Michel (Anm. 43).
49 Pierre Nora: Entre mémoire et histoire, in: Les lieux de mémoire, Paris 1984, Bd. I, S. XXIX.
50 Oskar Negt: Soziologische Phantasie und exemplarisches Lernen. Zur Theorie und Praxis der Arbeiterbildung, Frankfurt a.M. 1971.

51 Andrew Mc Clellan: The Musée du Louvre as Revolutionary Metaphor During the Terror, in: Art Bulletin, Juni 1988.
52 Vgl. dazu Wilhlem Waetzoldt: Wandlungen der Museumsidee, in: Preußische Jahrbücher 219 (1930/31), S. 235–249, zit. S. 240.
53 Karl Robert Jauß: Das kritische Potential ästhetischer Bildung, in : Jörn Rüsen u.a. (Hg.): Die Zukunft der Aufklärung, Frankfurt a.M. 1988, S. 221–232.
54 In: Annettte Kuhn, Gerhard Schneider (Hg.): Geschichte lernen im Museum, Düsseldorf 1978, S. 32–48.
55 Gottfried Korff: Industriekultur – museumsreif?, in: werk und zeit 3 (1986), S. 5.

Christoph Stölzl

Zur Situation des Deutschen Historischen Museums Berlin[1]

Frage:
Herr Stölzl, die aktuelle Situation ihres Hauses ist dadurch gekennzeichnet, daß im März 1992 der Plan eines Neubaus für das Deutsche Historische Museum endgültig scheiterte. Ist das Provisorium Zeughaus jetzt zum Dauerzustand erklärt?

Stölzl:
Die Bundesregierung hat im Februar 1992 im Ältestenrat des deutschen Bundestages verkündet, daß es keinen Neubau nach den Plänen Aldo Rossis auf dem Boden des Spreebogens geben wird, sondern daß an dessen Stelle das geplante Bundeskanzleramt errichtet wird. Der endgültige Sitz des Deutschen Historischen Museums ist also im Zeughausgebäude. Füe die im Zeughaus fehlenden Räume wurden im Umfeld Erweiterungsmöglichkeiten gefunden. Ein im Norden angrenzendes Werkstattgebäude wird durch ein Wechselausstellungsgebäude ersetzt werden. Die ursprünglich geplanten Ausstellungsflächen werden allerdings nicht erreicht, anstelle von 5000 werden es ca. 2500 qm Wechselsausstellungsfläche. Das ist das Minimum, mit dem noch sogenannte „große" Ausstellungen gemacht werden können. Nebenan wird unser Verwaltungsgebäude sein, (im sogenannten Minol-Haus, in dem der Benzinkonzern „Minol" seinen Hauptsitz hatte). Das alte Zeughausgebäude wird nach seiner Sanierung in den Jahren 1995—1997 ca. 10.000 qm Ausstellungsfläche bieten. Im Zeughaus wird unsere Dauerausstelunng untergebracht sein.

Frage:
Wird sich in den dann bestehenden Räumlichkeiten mit ihrer vorgegebenen Architektur, die Konzeption, mit der das DHM ursprünglich verabschiedet wurde, mit der Unterteilung in Epochen-, Themen- und Verdichtungsräume überhaupt noch realisieren lassen?

Stölzl:
Ja, ich glaube schon. In dem von Rossi geplanten basilikalen Gebäude existierten entlang der großen Mittelstraße nur große leere Räume. Das heißt, die

Dramaturgie des ganzen, der Perspektivenwechsel in dieser, die Chronologie sprengenden, Methode der „Vertiefungsräume" in den großen Durchblicken der panoramatischen Epochen, hätte im Rossi-Bau auch mittels Innenarchitektur hergestellt werden müssen. Insofern ist die Ausgangssituation ganz vergleichbar mit der heutigen. Das Zeughaus ist ja auch ein riesiger Magazinspeicher, ein großes Karree von gut 4000 qm leerer Fläche in jedem Stockwerk. Getragen werden die Stockwerke von einem Tragwerk aus Pfeilern, die alle 6—8 Meter erscheinen — hier liegt der Unterschied: „Rossi" war stützenfrei. So ergibt sich fast von selbst ein „Straßen- und Wegesystem", das man durch eingebaute Wände zu einer Landschaft von Haupt- und Nebenwegen, Verweil-, und Ruhepunkten machen könnte, mit kleinen „Medientheatern", die um einen solchen Punkt angelegt sind.

Frage:
Das wurde aber ihrerzeit in der Ausstellung „Fragen zur Deutschen Geschichte" im Reichstag auch so gehalten.

Stölzl:
Wenn ich jetzt einen Vergleich der Mittel ziehe, die man 1987 bei der Gründung des DHM zu haben glaubte und die wir jetzt haben, dann waren das damals ein sehr großer Raum und eine Sammlung, von der man nur hoffen konnte, daß sie zustande kommt. Heute ist unser Raum geschrumpft, dafür wissen wir etwas besser, welche Objekte wir haben. Wir wissen jetzt z. B., daß es bis zur Reformationszeit sehr wenige passende Objekte für uns geben wird. Der Kunsthandel hat für die in unserem Programm doch ziemlich große Zeit der frühen Epochen des Mittelalters wenig Objekte außerhalb der religiösen Kunst. Das heißt, man muß sich sowieso überlegen, gehe ich ans Modell oder nehme ich die Multivision oder das elektronische Theater und die dialogischen Computer von vornherein als etwas Gleichrangiges auf. Diesen Weg muß man gehen, weil man sonst wirklich nur noch Gipsfiguren ausstellen könnte. Ab der Drehscheibe 1500 beginnen auf einmal sehr reichhaltige Bild- und Objektquellen zu fließen. Man müßte nun sagen, daß die Lehre unserer Sammlungsgeschichte der ersten fünf Jahre ist, daß die Erzählbögen ohnehin durch klassisch erzählende Medien, nämlich das Wort, das aufbereitete Wort und die Bild-Ton Kombination (sei es Bildplatte, Kino, Video oder Diashow) gebildet werden müssen. Daß in den Epochenräumen, die Vermittlung großer Zusammenhänge durch die Objekte ganz gut gelingt, daß aber das kritische Hinterfragen der Konzeption einerseits, die Einbeziehung der europäischen Perspektive andererseits vor allem von Medien bestimmten Knotenpunkten gebildet und vermittelt werden muß.

Frage:
Wobei sie jetzt einen übernommenen Objektbestand haben.

Stölzl:
Das Haus ist natürlich reicher geworden durch die Zeughaussammlung, aber nicht satuiert. Die Sammlung des Museums für Deutsche Geschichte bestand im wesentlichen zunächst aus einer großen militärgeschichtlichen Sammlung, die sich vor allem auf Preußen bezieht. Man darf freilich nicht die Fülle erwarten, wie sie bis 1945 bestand. Große Teile sind am Kriegsende verlorengegangen.
   Dann gibt es eine interessante Sammlung zur Zeitgeschichte seit dem ersten Weltkrieg. Aus naheliegenden Gründen, da die DDR sich ja als Staatsgründung der kommunistischen Bewegung verstand, ist die Zeit 1918—33 viel gesammelt worden, auch über das Milieu des Kommunismus hinaus. Zur NS-Geschichte und zur Geschichte des kommunistischen Widerstands gibt es viele Objekte. in der alten Sammlung. Die Geschichte der DDR in ihrer offiziellen Version, samt großen Beständen der „Auftragskunst", der „Staatsgeschenke" kommt hinzu. 1990 hat das MfDG im letzten Jahr seines Bestehens eine Sammlungsaktion „Die DDR ins Museum!" gestartet, die wir nun fortführen. Sicher ist das Zeughaus heute der Ort, wo die meisten Objekte zur Geschichte der DDR versammelt sind.

Frage:
Und was ist mit den großen Beständen der Ausstellung „Fragen an die deutsche Geschichte"? In zwei Jahren muß sie ja aus dem Reichstagsgebäude ausziehen, weil dieses zum Bundestag umgebaut werden soll.

Stölzl:
Die Reichstagsausstellung zieht demnächst in den „Deutschen Dom" am Gendarmenmarkt um. Bei „Fragen an die Deutsche Geschichte" wurden Originale eigentlich nur dann und wann alz „Anreize" eingebaut; sonst ist ein großer didaktischer und inszenatorischer Aufwand betrieben worden. Bei uns ist die Entwicklung in die entgegengesetzte Richtung gegangen. Wir sind je länger nun gesammelt wurde, übereingekommen, daß es die *einzige* Raison d'etre ist, daß das Haus auf einer ganz strengen Beschränkung auf das *Objekt* als Erzählungsmittel gegründet sein muß. Nicht in den geplanten Medientheatern, da wird *erzählt* und zwar mit allen Bildern, die in den Bildarchiven der Welt greifbar sind. Außerhalb dieser Medientheater soll aber nur die ganz streng objektbezogene Kette von Gegenständen reden. Selbstverständlich mit der bestmöglichen, wissenschaftlich begründeten Kommentierung und Einführung durch das *Wort*. Aber dies ist etas anderes als die *Illustrierung* von vorher feststehenden belehrungen durch verfügbare Objekte. Mit den Worten von Gottfried Korff: „Das Museum bebildert nicht, es ist selbst ein Bild." Das Museum muß sich entscheiden was es will, da es unzählige Arten gibt, etwas zu erzählen. Wenn man schon ein altmodisches Medium wie das Museum beibehält, muß man finde ich, ganz streng prüfen, worum es eigentlich geht, also welches

Labor man da eigentlich betritt. Es ist nicht das Labor der beliebigen Verwendung oder Vergrößerung oder Layoutisierung, sondern es ist das Labor der Gegenstände, die in ihrer eigenen Zweckbestimmung eben nur das sein können, was sie sind.

Frage:
Ist es aber nicht so, daß die Beliebigkeit sich einfach durch Überlieferungszufälle ergibt? Wenn sich die Überlieferung mit zunehmender zeitlicher Entfernung ausdünnt, ist die Beliebigkeit ja auch durch den Exponatbestand, durch das was man hat, gegeben. Auf der anderen Seite spricht Gottfried Korff ja doch von einer Rekontextualisierung oder Redimensionalisierung von Objekten. Also wie schaft man es die Objekte wieder sprechen zu lassen? Könnte es dann nicht wieder bei einer Kunstaustellung enden, daß Sie eine Ausstellung mit Historienmalerei zeigen, die wir vom Genre der Kunstaustellung kennen? Dazu das passende Stölzlzitat — und zwar ausgerechnet im Archiv von Buchenwald, wo sie ja auch in der Kommission sind, die die Neugestaltung der Nationalen Mahn- und Gedenkstätte berät. Als Schlagwort, wenn es wirklich von Ihnen stammt: Relativieren des Monumentalen durch Historisierung.

Stölzl:
In Buchenwald hat die DDR einen unglaublich stark sinnstiftenden „Thing-Platz" geschaffen, anders kann man das nicht nennen. Das ist die Aufnahme von „heroischer" Abstraktion, die Mischung von Monumentalität und Moderne, so wie es die Italiener vorgemacht haben und was vor und während der NS-Zeit auch eine in Deutschland starke Strömung der Kunst gewesen ist, denken Sie an das Kriegerdenkmal in München (1924) und Tessenows Neue Wache von 1931. Was ich meine ist, daß man durch das schiere Relativieren, das eine Informationstafel sein kann, vielleicht Besuchern des ehemaligen KZ s und der Mahn- und Gedenkstätte in Buchenwald klar zu machen versucht, daß es ein bewußt stilisiertes Mittel der Erinnerung ist, das die DDR hier gewählt hat.

Noch einmal zurück zur Frage, was die im Verhältnis zur historischen Wirklichkeit völlig ungerechte Überlieferung für das Museum bedeutet. Man kann es z. B. jetzt bei diesen sehr schönen Plattnerarbeiten, diesen Prunkharnischen, die wir in der Ausstellung „Eisenkleider" versammelt haben, sehen. Die sind von ihrer Entstehungszeit an jedermann als absoluter Luxus bekannt gewesen. So sind sie nie weggeworfen worden, sind immer sehr gut behandelt worden und waren vermutlich immer schon so teuer wie heute bei Christies. Also haben wir ein Bild des späten Mittelalters, das in vieler Hinsicht übertragen wird durch die Faszination schon der Zeitgenossen für diese Mischung aus Kunsthandwerk, Ingenieurkunst und adeligem Leben, der Übertragung eines heroischen Männerbildes in die Technik. Das ist eine Bildwelt, der man sich entziehen kann. Andere Materialien kommen viel schlechter weg. Schon Leder gibt es viel weniger, geschweige denn Textilien. Das ist einfach die physische Ungerechtigkeit. Die einen Materialien halten, die anderen nicht. Was schließe ich daraus? Durch einen Vorkurs müßte man klar machen, daß eine sehr ungleichgewichtige Überleiferung unser Bild von der Vergangenheit prägt, ob wir wollen oder nicht. Hätten die Zeitgenossen die irdenen Töpfe, die ledernen Schuhe der Bauern – jetzt kommen wir ins Klischee hinein – die Spinnrocken der Frauen, das und schwitzige Hemd des Tagelöhners für so wichtig gehalten und zwar langzeitig, dann wäre davon noch etwas übrig geblieben, irgendetwas. Die Reliquien der Heiligen, ob sie nun falsch oder echt sind, sind ein kleiner Hinweis darauf, daß auch das ganz Unscheinbares durchaus wichtig und der Überlieferung wert sein kann, wenn nur die Mehrheit dieser Meinung ist. Ich finde nicht, daß man in der musealen Präsentation durch das alte Mittel des Großfotos und anderer scheinbarer Entzerrungsmittel der grundsätzlicheren Ungerechtigkeit der Überlieferung beikommt. In dem Moment, wo ich Enviroments baue, füge ich ja nur der alten Asymmetrie eine neue hinzu. Ein Großfoto ist eben kein neutraler Gegenstand, sondern ist, seit Andy Warhole die Siebdrucke gemacht hat, auch „Kunst" und entfaltet in der Ausstellung seine eigene Ausstrahlung. Man kann das Medium sprengen und ein Medientheater machen. Da wird die Tür zugemacht und es wird die Geschichte des Mittelalters erzählt. Wenn ich das mache, hinterlasse ich möglicherweise Fragen und Informationen und lasse die Menschen dann durch die Schleuse da hin treten, wo meine wahre Hinterlassenschaft ist. Dann würden sie vielleicht sagen, *das ist ja ganz wenig* und wären enttäuscht. Aber sie wüßten wenigstens wo sie sich befinden. Ich finde, man muß ganz klar machen, *wo* man sich befindet, im Archiv, im Sammlungsgut oder in dem was man darüber erzählen kann. Wenn ich die Flugschrift aus dem Bauernkrieg, ein Fetzchen Papier, übersetze, klar mache was es ist und ihm so viel Platz drumherum lasse, daß sich gesammelte Aufmerksamkeit herstellen kann, muß das nicht unbedingt weniger faszinierend sein als der Prunkharnisch des Fürsten der die Bauern geschlagen hat. Insofern ist es in der Tat eine Frage der Dramaturgie des Weglassens und des Abstand schaffens, so ähnlich wie gute Grafiker im Layout arbeiten. Man kommt um Dramaturgie natürlich nicht herum. Durch die Hintertür gestehe ich das auch wieder ein. Es ist aber etwas anderes, ob ich so tue, als könnte ich das eins-zu-eins Verhältnis wiederherstellen, oder ob ich sage, hier haben wir ein weißes Blatt, ein Flugblatt, wir haben ein Schwert, wir haben ein Harnischfragment und wir haben hier eine Aussage, die wir transkribieren müssen, weil man sie sonst nicht lesen kann. Mal sehen ob sich daraus so etwas wie eine archäologische Erzählung machen läßt. Gleichsam wie bei der früheren Fassung des Münchner Aeginetenfries klar ist, daß dort ein Finger ist, und dieser Finger ist ein Original. Dann kommt der Thorwaldsen Gips, der reicht bis zum Ohr und dann kommt wieder ein Nasenfragment welches Original ist und der Rest ist eine Interpretation und archäologische Hilfskonstruktion. Je deutlicher man das klar macht, desto besser.

Frage:
Eine mutige Bemerkung von Seiten eines historischen Museums, denn lange Zeit haben sich die historischen Museen ja als das Medium begriffen, das gerade der Fragmentarik der Objekte einen Zusammenhang überstülpt und gerade das nicht ausstellt, was seine Basis ist, nämlich die Fragmentarik selbst, die Zerstückelung, die Vereinzelung, die Unzusammenhänge seiner Objekte. Insofern entdeckt das historische Museum in sich seine archäologische Grundlage und damit die Objekte als Monumente und nicht immer nur als Dokumente für eine dahinterstehende Historie.

Stölzl:
Wenn jemals bei uns irgendjemand noch Illusionen über die Mischbarkeit der Erzählformen gehabt hätte, mußten ihm die vergehen bei der sehr intensiven Begehung des vom Sozialismus hinterlassenen Museums für Deutsche Geschichte, das leider noch 1990 seinen wichtigsten Teil selbst zerstört hat, nämlich die Ausstellung „Sozialistisches Vaterland DDR", die ja gerade erst im Herbst 89 fertiggestellt worden war. Die hätte man sicher bewahren müssen, weil es keine historische Ausstellung war, sondern eine Selbstdarstellung der DDR. Der Rest, der Weg von der Steinzeit bis 1949 war, jenseits der Frage was da an ideologischen Verzerrungen passiert war, eine ausschließlich didaktischen Zwängen folgende Mischung von Original, Replik, Großfoto, Schaufensterpuppe, nachgemaltem Bild. Also die Idee, daß Geschichte sich auflöst in ein reines Bühnenbild. Die Ausstelung hinterließ bei uns die Frage, warum die DDR nicht konequent auf eine *rein* bühnenbildnerische Gestaltung gesetzt hat. Dagegen ist ja nichts zu sagen. Die an dieser Stelle stets einsetzende Kritik an „Disneyland" geht ja an dem vorbei, was Disneyland ist. Es ist eine großartige Weise, wie man sich vergangene Kultur vergegenwärtigen kann mit den Mitteln, die wir jetzt eben haben, mit belebten Maschinen, mit Computern, mit Videos, etc.. Es ist eine Leistung der amerikanischen Kultur, eine spezifische Aneignungsform von Vergangenheit, Mythen, Sagen, Märchen, Geschichte gefunden zu haben, die alle Mittel der Gegenwart benutzt. Vergleichbar mit der Leistung der italienischen Oper im 17. und 18. Jahrhundert, für alle Gefühle die es seit der Antike gibt, tatsächlich ein nie mehr zu verbesserndes Gesamtmodell gefunden zu haben. Liebe, Eifersucht, Rache, Mord, Herrschsucht, Schönheit, Geistigkeit kann man ausdrücken mit den Mitteln des Sinfonieorchesters und der Sänger und Schauspieler die singend und tanzend über eine Bühne gehen. Mit Disneyland ist es ähnlich. So wie es für bestimmte Annäherungen an Geschichte wohl nichts besseres gibt als die historisch-kritische Methode der Deutschen, Franzosen, Engländer im 19. Jahrhundert, so ist es sicher nicht illegitim, ein Disneyland, eine Märchenlandschaft, eine Geisterbahn der Geschichte zu machen, nur sollte man die Originale unbedingt

weglassen. Es ist nicht nur verwerflich, sondern man bringt sich um das eigentliche, um die Möglichkeit, das beste daraus zu machen.

Frage:
Wenn Sie sich auf das Medium Museum rückbesinnen und sich auf die Kraft des Objektes verlassen auch im Benjaminschen Sinne, daß der ganze Überschuß des Objektes oder der Verweis auf das, was nicht mehr da ist, die eigentliche Kraft des Museums ist und es da seine Stärke gegenüber Film und anderen visuellen Medien hat, dann bleibt aber die Frage, inwieweit das Urkonzept des DHM, die deutsche Geschichte in ihrer Totalität darzustellen, dann noch Sinn macht. Oder ob Sie nicht besser die Punkte herausheben, wo der Objektbestand da ist und mit diesen Objekten in einer Form arbeiten, daß diese eben nicht versuchen ganze Lebenswelten zu rekonstruieren sondern als Monumente stehen bleiben und entschlüsselbar sind oder auch nicht.

Stölzl:
Irgendwo im Konzept steht das kluge „Ausrufezeichen", das damals Werner Knopp, der Präsident der Stiftung Preußischer Kulturbesitz, hineingesetzt hat: „Mut zur Lücke". Das unser Erzählen mit Objekten *immer* einen Aspekt des Vorläufigen, Unfertigen hat, gehört ja auch zur Spannung des Museumslebens. Mit jeder Auktion, jeder Messe, jedem Gespräch mit Händlern verändert sich unser Wissen über die Verwirklichbarkeit der Objekt-Erzählung. Und jeder richtige Abkauf verändert das Bezeihungsgefüge zwische den bisher vorhandenen Objeketen. Komplette „Lebenswelten" rekonstruieren zu wollen, das überstiege die realistischen Erfolgschancen eines historischen Museums. Da ist wohl, seit die „neue" Volkskunde und Alltagsgeschichte der 1970er Jahre ihre Versuche machten, ganz allgemein Ernüchterung eingetreten.
Haben wir aber durch die Medien die „vollständige" Erzählung, die „Stimme aus dem Off", so kann man in einem Saal oder Kabinett, ruhig *wenige* Objekte zeigen, die miteinander korrespondierend mehr erzählen als eine bloße Illustration bekannter Geschichtsverläufe. Und „mehr" deshalb, weil ihre *sinnliche* Ausstrahlung im Raum wirksam wird. Ein Beispiel aus der DHM-Sammlung zum Thema Jüdische Geschichte in Deutschland: Ein porträt des jungen felix Mendelssohn-Bartholdy, auf dem Höhepunkt seines Ruhmes, der Wiederentdecker J.S. Bachs, Liebling einer lieberalen, aufgeklärten deutschen Gesellschaft. Im Frack, klug, ein „Star". Gut hundert Jahre später: Selbstporträt des exilierten, wenig später in Auschwitz ermordeten Künstlers Felix Nußbaum, in der Gestalt eines Hiobs des 20. Jahrhunderts, hinter Stacheldraht, das Haupt verhüllt. Als drittes die peniblen „Judenakten" aus Herborn, die mit Detailfreude die Vorgänge der Deportation in den 1940er Jahren schildern, bis hin zu dem akkuraten Strich mit dem roten Bürokratenbleistift, der die „nach Osten" Deportiereten ausstreicht aus der Liste der Herborner Ein-

wohner. Gut kommentiert, behutsam ins rechte räumliche Verhältnis gebracht, mit dem Umfeld von Stille versehen, die eigentlich jedes historische Objekt braucht — nicht nur jene, die von Geschichten zeugen „die man weiß, aber nicht wissen möchte" (Ludwig Börne) — sind schon allein diese drei Fundstücke eine ganze Geschichte der binnen eines Jahrhunderts katastrophal verlaufenden begegnung von Juden und Deutschen. Unnötig zu sagen, daß unser Museum noch eine Vielzahl anderer sprechender Objekte zum Thema bereithält. Nur: wir *müssen* sie nicht alle ständig miteinander versammeln. Die Dauerausstellung wird desto besser, je weniger Objekte sie benötigt.

Frage:
Aber sie haben dann die Geschichte schon vorgegeben. Sie haben die Sinndeutung betrieben und damit praktisch erst den Raum gegeben, der die Assoziationen in Gang bringt, mit denen die verschiedenen Geschichten erst entziffert werden können. Also haben die Objekte dann nicht doch wieder nur Belegcharakter für eine Master story?

Stölzl:
Ich finde Ihre Argumentation zu spitzfindug. Alle unsere Erinnerungen gehen ein in das Vorwissen, das Besucher (als Absolventen von Schulen) ebenso wie Museumsmacher (als Benutzer non Handbüchern) verbindet. Sich ein historisches Museum so zu wünschen, wie es die Leute am Dessauer Bauhaus in den 1920er JAhren mit ihrem Vorkurs machten, wo die Studenten zuerstmit verbundenen Augen die Materialqualitäten (glatt! rauh! etc.) zu erkunden hatten — das finde ich theoretisch interessant, praktisch aber unmöglich. Ich folge lieber dem oft zitierten Satz von Bertold Brecht, der dem Sinn der Museumskultur darin sah, aus dem kleinen Kreis der „Kenner" einen größeren zu machen. Kurz: je mehr Vorwissen unsere „Benutzer" haben, ob sie es nun mitbringen, oder ob wir durch die Medien einen Schnellkursus dessen nachholen, was der mündige Deutsche eigentlich ohnehin im historischen Gedächtnis haben sollte, am Beginn der Tour durch die Objekt-Konstellationen sollte die Vergewisserung über die unbestreitbaren Zusammenhänge der Geschichte bereits stattgefunden haben. Ich komme zurück zu meinem Nußbaum-Beispiel. UNsere Besuche haben in den Wochenschauen, Photos, den aufgeschlüsselten Karten bereits den Wettlauf zwischen dem Vorrücken der Alliierten nach dem D-Day in der Normandie und der Mordmaschinerie der Nazis gesehen. Sie kommen vielleicht zu einem Raum, in dem unter anderem versammelt sind das „Abschiedsbild" Nußbaums, das ihn mit seiner Frau, mit dem Insiguien des Judentums angetan vor der Lanfkarte zeigt, auf der die rettenden oder tödlichen Frontbewegungen abzulesen sind, des weiteren das durchschossene Ritterkreuz, das vom Tod des Grafen von der Schulenburg an der Normandie-Front erzählt, und zugleich an den fast zeitgleichen Versuch eines nahen Verwandten, den Diktator Hitler zu stürzen, erinnert. Ich könnte die Reihe der

„verwandten" Objekte fortsetzen. Entscheidend ist für mich: nur wenn es gelingt, aus der Reihung der Dinge wirklich eine den Gesetzen der Erzählung gehorchende Kette zu machen, gelingt die historische Ausstellung. Daß diese historische Erzählung auf die Zufälle der Überlieferung und der Greifbarkeit aufbauen muß, ist für mich kein Beweis für die Unmöglichkeit, sondern eine Herausforderung. „Allwissend bin ich nicht, doch viel ist mir bewußt."

Es ist die Kunst des „Aus dem Zusammenhang-Reißens" um eines anderen Zusammenhanges willens, die unsere Arbeit ausmacht. Jedes Durchblättern eines Auktionskataloges folgt diesem Muster. Ein anderes Beispiel aus unserer aktuellen Arbeit: Das DHM hat die 6 Millionen Negative umfassende Hinterlassenschaft der Photoagentur Schirner erworben. Ein Streifen vom 17. juni 1953 ist darunter. Berlin, Ostsektor. Die Straßenszenen darauf entsprechen zu meist nich der verfestigten Erinnerung an einen dramatischen, tragischen Augenblick der neueren deutschen Geschichte. Aber ein Bild ist dabei, das Bild, das um die Welt ging. Dieses Bild ist unser Objekt vom 17. Juni, das Bild von diesen beiden Steinewerfern. Nur weil die Dramatik dieser beiden Jugendlichen ein „historisches" Bild herstellt, ist dieser Film interessant. Diese historische Szene, eine Inszenierung, denn es ist ja Zufall, daß der Fotograf in dem Moment abgedrückt hat, macht das Weltbild vom 17. Juni aus. In der Dauerausstellung wird diesern Filmstreifen mit den Korrekturzeichnungen der Agentur gezeigt werden. Man kann bei diesem Bild die Vorstellung dessen, was am 17. Juni in Deutschland passiert ist, auch rückwärts verfolgen. Die quellenkritische Arbeit, sei es bei der Einordnung der Bilder und Gegenstände, sei es der Glücksfall, wo ich noch in verfolgen kann, *wie* Bilder entstanden sind, dies beides ist die spezifische Leistung des Museums, nicht die Inszenierung zu tableaux vivants.

Frage:
Wenn Sie sagen, daß das Gedächtnis immer ein Bildgedächtnis sei und auf der anderen Seite dieses Bildgedächtnis immer die vergegenständlichte Erinnerung, das Objekt brauche, um sich überhaupt zu aktivieren, dann stimmt das für die Bilder, die uns im Gedächtnis sind. Es gibt natürlich Bilder mit hohem Symbolgehalt. Z.B. das Bild des Mauersprunges des NVA-Soldaten 1961, das symbolisiert natürlich die Geschichte des Mauerbaus. Aber wie ist das bei Objekten, also bei vergegenständlichten Erinnerungen, die auch nah sind indem sie existieren, die aber fern sind, weil sie nicht mehr verständlich sind. In der Ausstellung „Jüdische Lebenswelten" z. B. sind die Gegenstände für uns alle vollkommen fremd. Sie enstammen einer anderen Kultur, sie sind nicht einfach zu lesen. Wir sehen sie wahrscheinlich als sakrale Gegenstände, vielleicht haben sie aber einen ganz anderen Hintergrund. Die Rekonstruktionsleistung, die das Museum in gewisser Weise trotzdem erbringen muß, wenn es den Bedeutungsüberschuß der Objekte ermöglichen, aber trotzdem eine Verständlichkeit schaffen will, können Sie der anders gerecht werden, als ohne

den Einsatz von Medien, brauchen Sie dann nicht doch wieder Beschriftungen usw.?

Stölzl:
Selbstverständlich. Das Vordringen der PC's zeigt uns doch deutlich, daß unsere Kommunikations-Kultur weiterhin, und sogar wachsend, eine auf Schrift und Wort gegründete ist. Aber: Niemand kann Besuchern vorschreiben, wie sie ein Museum benutzen. Jeder kann lesen, Medien anschauen, jeder kann es auch bleiben lassen und sich dem „Zauber" – so sagte man früher wohl – der Objekte überlassen. Ob Besucher staunen, erschrecken, sich langweilen, sich freuen oder stundenlang lernen wollen, ist ihnen selbst überlassen. Museen machen Angebote, so ähnlich wie ganze Städte – ob sie angenommen werden, ist nicht mehr die Frage der „Museums ethics" (wie die Amerikaner so schön formulieren). Dagegen gehört es natürlich schon zur „Ethik" des Museums, daß ich die Benutzung der Hilfen so attraktiv wie möglich mache. Wie? Das kann man nicht theoretisch, sondern nur von Fall zu Fall praktisch beantworten. Ob ich eine riesige Beschriftung anbringe, oder etwas aus der Wand herausziehe und etwas ins Ohr sagen lasse, damit ich mit der Beschriftung das Objekt nicht ästhetisch demoliere, ist eine Frage der Technik. „Liebes Objekt, sag mir, wie heißt du, was bist du, was steckt in Dir drin", ist die Melodie, die ein historisches Museum haben kann. Objekt und Erklärung ergeben freilich oft gegen eine Dissonanz.

Frage:
Aber dann wäre das Museum ja der Freiraum gegenüber der großen Erzählung Geschichte. Einer der wenigen Freiräume. Denn die Medien wie das Fernsehen oder das Buch stellen die großen Zusammenhänge her, sind die narrativen Medien und demgegenüber wäre das Museum als der archäologische Ort, der Ort der einen Freiraum gegenüber dem Überbau der großen Erzählung bietet und die kleinen Geschichten, die widerborstige Geschichten anhand der Objekte entdeckt.

Stölzl:
Es kommt darauf an, wie man ein Museum nutzt. Wir können niemanden daran hindern, im Geschwindschritt von einem Medienraum in den nächsten zu gehen und zu sagen, was die mir jetzt erzählen wollen habe ich schon gesehen, Objekte brauche ich keine mehr, die sind ja viel langweiliger als die schönen bunt-bewegten Videobilder.

Frage:
Wie machen Sie deutlich, daß diese Museums-Erzählungen Sinndeutungen sind, daß es auch gebrochene Geschichtsbilder, daß es Interpretationen sind? Die Suggestivkraft von solchen Bildern ist ja nicht zu unterschätzen, gerade

wenn Sie Medien einsetzen. Der problematische Punkt ist doch, daß Sie sich auf die Kraft der Objekte verlassen, obwohl Objekte ja auch immer unterschiedlich lesbar sind. Sind Sie nicht am ehrlichsten, wenn Sie versuchen, jede Sinnstiftung soweit zurückzufahren, daß Sie sich wirklich in einer radikalen Art und Weise auf die Wirkung des Objektes verlassen, indem Sie das ganze Spektrum der möglichen Aussagen relativ unkommentiert stehen lassen?

Stölzl:
Das Konzept der Sachverständigenkommission hatte 1968/87 gesagt: So viele Originale wie möglich und so viele Medien wie nötig. Das heißt, der erzählerische Grundton und der informative Auftrag sind eindeutig beschrieben. Es wird sicher eine positive Krise geben, wenn es darum geht, dieses Haus zu füllen, 1998 nach der Renovierung.

Frage:
Soll die Erzählung noch irgendeine historische Identität vermitteln? Die Kritik am DHM aus der Anfangsphase lief ja auf die Befürchtung hinaus, es könnte ein Instrument geschaffen werden, mit dem ein historisches Bewußtsein der Deutschen auf der Bildebene institutionalisiert oder geschaffen oder wieder wachgerüttelt werden soll, da in dieser Beziehung ein Mangel konstatiert wurde.

Stölzl:
In der Kulturpolitik gibt es oft einen Verzögerungseffekt zwischen Diagnose und Therapie. Die Proklamierung des Geschichtsdefizits in den frühen 1970er Jahren, die 1973 zur ersten Forderung nach einem deutschen historischen Museum führte (Jürgen Engert), war ja durch die „Geschichtswellen" der 1980er Jahre und erst durch die Geschichts-Bewegung von 1989/90 („Wir sind ein Volk") widerlegt worden. Daß dieses Haus die Erinnerung an die geteilte Nation aufrecht erhalten soll, steht zwar in den bei der Gründung gehaltenen Reden. Nun ist die Nation jedoch zu sich selbst gekommen, ohne Beihilfe des DHM. Die Leipziger Fahnenschwinger haben nicht angefragt ob sie Schwarz-Rot-Gold oder Schwarz-Rot-Weiß schwenken sollten, niemand von uns wurde gefragt und trotzdem kam die Nation wieder zu sich selbst.

Die Aufgabe, die uns jetzt, sehr viel drastischer als bei der Gründung 1987, gestellt ist, ist die Arbeit, die geteilte, fragmentierte Erinnerung der zusammengekommenen Deutschen wieder zusammenzufügen – und zugleich nach Möglichkeit den Nachbarn Auskunft zu geben, wer wir sind. Dies ist das Motiv für die Ausstellungsarbeit der letzten Zeit, für „Der letzte Kaiser", „Lebensstationen", „Elbe". Zugleich sind wir an der Vorbereitung der Dauerausstellung, die wahrscheinlich 1998 eröffnet werden kann – im innen ganz neu gestaltetn Zeughaus. Für sie gilt unverändert der 1987 beschlossene Grundsatz, die deutsche Vergabgenheit im europäischen Kontext darzustellen.

Frage:
Diese gesamteuropäische Konzeption zieht sich durch die gesamte Debatte über die Gründung ihres Hauses, auch bei der Bismarck-Ausstellung, der ersten großen Sonderausstellung, war sie ein Thema. Es macht ja auch Sinn und hat seinen Reiz, die deutsche Geschichte in einem gesamteuropäischen Kontext zu zeigen, da Deutschland jetzt wieder in einem gesamteuropäischen Gedanken aufgeht. Attraktiv ist diese Konzeption gerade im Vergleich zu den neuen Regionalismen die sich in Deutschland breitmachen, gerade im Zusammenhang mit der Wiedervereinigung. Nur wurde das Museum doch vor dem Hintergrund gegründet, daß es in der damaligen DDR den Versuch gab, eine deutsche Nationalgeschichte zu etablieren, und daß diesbezüglich in der BRD ein Desiderat existierte. Denn die Objekte zur deutschen Geschichte, die existieren im Germanischen Nationalmuseum Nürnberg.

Stölzl:
Ja und Nein. Der Bestand an explizit auf die Ereignisgeschichte verweisenden Objekte ist – mit Ausnahme der Graphik – im GNM nicht groß – vor allem im 19. und 20. Jahrhundert. Andererseits ist uns die ältere Geschichte ohnehin eher in den Relikten der „Kunst und Kultur" erhalten – und da ist Nürnberg in der Tat sehr reich.

Frage:
Die Frage ging dahin, ob mit dem DHM eine bundesdeutsche Antwort auf das Museum für Deutschen Geschichte in der ehemaligen DDR gegeben werden sollte, was jedoch in der Umsetzung der Konzeption nie so passiert ist. Wenn Sie aber von vornherein eine europäische Konzeption verfolgt haben und die auch in Ihren Sammlungsbemühungen weiter verfolgen, ist es dann nicht so, daß mit ihrem Haus letzendlich gar kein Nationalmuseum, kein deutsches Museum sondern ein historisches Museum entsteht, das große europäische Zusammenhänge darstellt?

Stölzl:
So wenig die Konzeptoren die politische Idee, die in den 70er Jahren zu den ersten Diskussionen führte, nämlich ein Gegenstück zum Museum für Deutsche Geschichte in der DDR zu schaffen, aufgenommen haben, so sehr muß man zugestehen, daß die Gründe für Fund und den politischen Willen zur Durchsetzung des DHM natürlich mit der Sorge der westdeutschen Bundesrepublik zu tun hatten, die DDR könne sich Preußen, Luther, Bach und sagen wir mal die unproblematischen „Ruhmestaten" der deutschen Klassiker aneignen und sich als das eigentliche „Geschichtsdeutschland" darstellen. Das war, wie wir jetzt wissen, eine unbegründete Sorge, aber diese Sorge hat jedenfalls damals etwas bewegt. Die Frage aber lautet, warum haben die Betreiber nach der Wiedervereinigung nicht gesagt: nennen wir es doch Europa-

museum, oder Haus für europäische Geschichte und machen es auch mit den Nachbarländern zusammen. Dagegen spricht theoretisch wenig, praktisch sehr viel. Den Anspruch den ein „europäischer" Haupttitel erhöbe, könnten wir in den gegenüber dem Rossi-Projekt beschränkten Raum Räumen nicht erfüllen. Das heißt nicht, daß wir nicht europäisch vergleichend unsere Sache machen. Aber das Europäische als Hintergrund, Vergleich, Korrektur ist eines. Das unerfüllbare Versprechen eines europäischen Enzyklopädismus ein anderes. Die Kunstmuseen haben immer europäisch, ja auf die Welt bezogen gesammelt. Sie können es, weil sie kein erzählendes Curriculum als Raster haben.

Frage:
Vielleicht kann die ISTN-Buchse das Europa-Panorama leisten, Man wird über Bild-Terminals die Museen Europas oder sogar auch darüber hinaus so vertreten können, vernetzt, daß die Besucher in den Geschichtstheatern z. B. von Berlin nach Versaille schauen können. Gemeinschaftsausstellungen könnten derart vonstatten gehen.

Stölzl:
In Kanada, im „Museum of Zivilisation", gibt es das schon. Dort steht ein zentraler Großrechner und die Betreiber haben ein Glasfaserkabel quer durch Kanada gelegt und Satelitenantennen aufgestellt mit denen sie mit dem In- und Ausland, im Ideal sogar mit der Weltkultur kommunizieren wollen. Das heißt, das Museum als fixiertes „Schatzhaus" gibt es dort eigentlich nicht mehr. Es gibt viele Leute, die auf diesem Horizont die Zukunft der „Erinnerungskultur" sehen. Ich bin altmodisch. Vom *Speicherkramen*, dem jedem Menschen vertrauten Aneignen der eigenen Vergangenheit durch liebevolle oder zornige Betrachtung des Übriggebliebenen zum *verfaßten Museum* ist bei mir nur ein Schritt, ein Unterschied der Größenordnung. Am besten wäre es, Benutzer historischer Museen könnten die Dinge wirklich „in die Hand nehmen". Vielleicht würden sie ihre Gegenwart dann auch energischer in die Hand nehmen können.

Anmerkung

1 Das Interview mit Christoph Stölzl führten Wolfgang Ernst und Heinrich Theodor Grütter

Peter Glotz

Geschichte in der politischen Auseinandersetzung

Statt einer Einleitung: aus meinem Notizbuch

Ich beginne nicht mit einer systematischen Formulierung des Themas, sondern mit der Präsentation persönlicher Erinnerungsstücke. Ich präsentiere Ihnen nämlich die Zitate, die ich mir in meinem Notizbuch zum Thema „Geschichte und Politik" in den letzten drei Jahren vermerkt habe, und zwar kommentarlos: Da finde ich eine Äußerung des Filmregisseurs Werner Herzog: „Das Schlimme ist, daß es kaum mehr Bewegungsmöglichkeiten gibt. Es gibt keine Bewegungsmöglichkeit mehr, weil wir keine geschichtliche Perspektive mehr haben. Die letzte große geschichtliche Perspektive, die wir hatten, war der Wiederaufbau — jetzt ist es zuende. Es gibt auch keine wirkliche Politik mehr, sondern alles wandert unmerklich, aber immer mehr ins Managertum hinüber. Es gibt auch keinen Glauben mehr, sondern nur noch Kirche. Es gibt eben keine Geschichtsfähigkeit mehr, daß heißt also wir sind ein Land, das unwiderruflich im Abgrund der Geschichte verschwindet." Dann folgt ein Klassiker, Jakob Burkhardt: „Geschichte ist das, was ein Zeitalter an einem anderen bemerkenswert findet." Ihm folgt der französische Ethnologe Claude Levi-Strauss. Er hat gesagt: „Ich glaube nicht, daß ein Land ohne das Gefühl, daß seine Wurzeln in eine ferne Vergangenheit zurückreichen, ohne das konstante Gefühl dieser Kontinuität lebensfähig ist." Dann habe ich mir aus Benedetto Croces „Geschichte als Gedanke und Tat" den Satz herausgenommen: „Die liberale Parei ist ernstlich eine Partei, weil sie eine geschichtliche Lage vertritt." Und schließlich folgt ein Satz Heimito von Doderers aus dessen „Theorie des Romans": „Es brauchte sich nur einer wirklich zu erinnern und er wäre ein Dichter."

Zuerst einmal ist das die willkürliche Ansammlung von Lesefrüchten eines Menschen, der archaischerweise mit Notizbüchern durchs Leben läuft. Aber es ist natürlich gleichzeitig Rohmaterial aus der Werkstatt eines Berufspolitikers, der Menschen beeinflussen will, um bestimmte Ziele zu erreichen. Ich komme auf den möglichen Zusammenhang dieser Zitatensammlung am Schluß zurück. Er könnte in der Notwendigkeit liegen, Leute, die zusammen handeln sollen, auch zusammenzuhalten — und trotzdem die Aufklärung und ihre universalistischen Prinzipien nicht zu verraten. Ich formuliere jetzt vier rohe Thesen. Man kann sie als Kommentare zum Zustand der Bundesrepublik in ihrem 41. Jahr verstehen, also als durchaus aktuelle kritische Feldzüge.

Erstens: Gegen die Geschichtspolitik der Rechten

Geschichtspolitik, also die Nutzung der Geschichte zur Motivation von Gesellschaftsgruppen oder einer ganzen Gesellschaft ist ein sehr altes Phänomen; schon der Mythos war erzählerisch verarbeitete Geschichte. History tells stories; und natürlich überlegen sich die Erzähler mehr oder weniger strategisch, welche Geschichte auf wen wie wirkt. Einen Versuch zur bewußten Geschichtspolitik hat die politische Rechte in der Bundesrepublik in den Jahren seit 1973 unternommen. Sie knüpfte damit an die idealistische, vaterländisch-romantische, später kleindeutsch-nationale Historiografie an. Jakob Burkhardt wird gewußt haben, warum er sagte: „Patriotismus ist Hochmut, der Staat organisierte Gewalt". Aber viele wollten es nicht wissen und viele wollen es heute noch nicht wissen. Immerhin kann man heute behaupten: Der neueste Versuch zur Geschichtspolitik ist gescheitert, unter anderem durch den Einsatz von Jürgen Habermas im sogenannten Historikerstreit.

Wovon ich rede, ist klar: von dem Versuch, mit Hilfe von Geschichte Stimmungen hervorzubringen und erneut eine deutsche Geschichts-Andacht zu zelebrieren. Das begann mit den Stauffer- und Wittelsbacher-Ausstellungen und setzt sich mit den historischen Museen und dem *Neuen* Revisionismus der Noltes und Hillgrubers fort. Habermas hat diese Tendenzen als „nationalgeschichtliche Aufmöbelung einer konventionell-nationalen Identität" bezeichnet. Mein Eindruck ist: Die Verfechter der Tendenzwende sind zu kurz gesprungen. Die Kanzler Adenauer und Brandt haben noch instinktiv gewußt, was Rituale sind; denken Sie an den zeremoniösen Versöhnungskuß, den die beiden Greise Adenauer und De Gaulle in der Kathedrale von Reims tauschten, um die deutsch-französische Freundschaft zu besiegeln, oder an den Kniefall des Kanzlers Brandt im Warschauer Ghetto und vergleichen Sie das mit der mißglückten Hampelei von zwei Weltkriegsgeneralen und zwei Politikern auf dem Friedhof von Bitburg. Ich behaupte nicht, daß eine Gesellschaft ohne Erinnerung leben könne; und halte auch historische Museen oder historische Ausstellungen nicht von vornherein für Volksverführungsveranstaltungen, die des Teufels seien. Ich sage nur: Der allzu umstandslose Versuch, auf die eigene Geschichte und die dort vorfindbaren Instrumente zurückzugreifen, hat nicht zur „kulturellen Hegemonie" geführt. Vielleicht führt sie allerdings zu einer partiellen Identitätsbildung in einem bestimmten Sektor der Gesellschaft, nämlich auf dem rechten Rand. Vielleicht benutzt Franz Schönhuber die Folien, die da geliefert waren, zur Schulung und Imprägnierung einer militanten Minderheit. Das wäre schlimm genug.

Aus der Kritik der rechten Geschichtspolitik geht im übrigen hervor, daß eine vergleichbare linke Geschichtspolitik genausowenig akzeptabel wäre: also eine linke Heldengeschichte, in der lediglich die Helden ausgewechselt wären: Bebel statt Bismarck, Rosa Luxemburg statt der aufopfernd-verhärmten Mutter, die Gold für Eisen gab. Die allzu primitive Konstruktion von weißen statt von schwarzen Kontinuitätslinien würde die nicht unterschreitbaren Vernunftansprüche einer historischen Kultur, zum Beispiel Diskursivität, genauso verletzen wie der allzu plumpe Versuch zu mythischer Sinnbildung auf dem Friedhof von Bitburg.

Zweitens: Gegen depressiven Historismus

Schon schwieriger als gegen die mehr oder weniger deutsch-nationale Geschichtspolitik der politischen Rechten kann man sich gegen den depressiven Historismus der Post-Histoire-Intellektuellen wehren. Er kommt vor allem von den Nietzsche-Schülern. Ich erinnere mich an die emotional durchschlagenden Formulierungen des späten Gottfried Benn, zum Beispiel im „Ptolemäer". Die aktuellste Version dieser Richtung bietet Peter Sloterdijk in seinem „Euro-Taoismus": „Die Lehre der Geschichte für die Gegenwart ist ja keine andere als die, daß man aus der Geschichte die Gründe zur Verzweiflung an ihr erfährt. Darum ist Geschichtlichkeit das philosophische Kennwort für Depressivität, man weiß das, seit der junge Nietzsche hellsichtige Hinweise auf den Nachteil der Historie für das Leben gegeben hat. ... Historisch denken bedeutet seither, sich in einer Lage einzurichten, in der das Leben seiner eigenen Reflexivität nicht mehr gewachsen ist. Es gibt – vom kleinen Gelehrtenglück abgesehen – kaum ein Denken ohne Zorn auf das Ergebnis der Geschichte."

Nun hat Sloterdijk sicherlich recht damit, wenn er darauf hinweist, daß „Weltgeschichte als elanvoller Bericht von den Etappen des Wegs hinauf" nicht mehr möglich ist und künftig immer „von Gegenerzählungen sabotiert" wird. Es bleibt allerdings die Frage, ob in der prinzipiellen Argumentation gegen Mobilität und Autonomie nicht doch eine Romantisierung oder gar Idealisierung vormoderner Lebensweisen und Gesellschaftsformen steckt. Wer den Menschen der Moderne ihre Geschäftigkeit und ihre Arbeitswut ausreden will, der vergißt – wie Hans Blumenberg es ausgedrückt hat – „daß Arbeitswut den nachmittelalterlichen Menschen in dem Augenblick ergriff, als er die Aussicht vor sich sah, die Qualität und womöglich sogar die Quantität seines Lebens selbst und ausschließlich zu bestimmen." Trotz Hitler, Stalin, Pol Pot (und Deng) muß man die Überzeugung, daß man aus der Geschichte lernen könne, nicht preisgeben. Man muß nur wissen, daß tausendfach aus der Geschichte gerade nicht gelernt wurde, nicht gelernt wird. Ein Vertreter der Vernunft muß nicht von blinder Zuversicht ein; und kann sich doch gegen die aktivitätszerstörende Geste des depressiven Historismus mit seiner emotionalen Durchschlagskraft erfolgreich zur Wehr setzen.

Drittens: Gegen die Geschichts- und Symbollosigkeit der Linken

Die Geschichtspolitik der Rechten und den depressiven Historismus kann ich guten Gewissens abwehren. Aber dann gerate ich, wenn ich die eigene politische Praxis reflektiere, durchaus in Widersprüche. Ich zweifle nämlich daran, daß wir mit dem umstandslos frischen Glauben an den Verfassungspatriotismus durchkommen. Ich frage mich: Kann eine Gesellschaft ohne Rituale existieren? Genügt ein ordentliches Grundgesetz? Gibt es nur die Alternative zwischen nationaler Identiät und trockenen, emotional nicht übersetzbaren universalistischen Verfassungsprinzipien? Ist Entmythologisierung die einzig legitime Arbeit am Mythos? Kann man die Gesellschaft wirklich abwickeln wie einen protestantischen Predigt-Gottesdienst?

Ganz praktisch gesagt: Ich ärgere mich darüber, wenn ich grüne Abgeordnete demonstrativ die Beethovenhalle verlassen sehe, wenn nach der Wahl des Bundespräsidenten die Nationalhymne gesungen wird. Ich kann zwar verstehen, wenn einer meiner Freunde einen Orden ablehnt; wenn er daraus aber eine Presseerklärung macht, werde ich bitter. Ich erinnere mich an die Spätzeit der Weimarer Republik, wo die katholischen und die sozialdemokratischen Politiker redlich und glanzlos mit Frack und Zylinder durch die Zeremonien stolperten, während Münzenberg und Goebbels, zwei sicherlich unvergleichbare Figuren, große Massen erreichten. Ich frage mich also: Arbeitete die Symbollosigkeit, die Bilderlosigkeit, die Phantasielosigkeit der Linken den Nazis nicht vor? Brauchen wir nicht eine Linke, die nicht nur über Sachen redet, sondern zu den Menschen? Müssen wir die Verachtung der Sinnlichkeit unter den Rationalisten nicht bekämpfen?

Der Erlanger Historiker Michael Stürmer, jetzt einflußreicher Direktor der Ebenhausener Stiftung Wissenschaft und Politik, hat in einem umstrittenen Kommentar in der FRANKFURTER ALLGEMEINEN ZEITUNG, „Geschichte im geschichtslosen Land" gesagt: „Orientierungsverlust und Identitätssuche sind Geschwister. Wer aber meint, daß alles dies auf Politik und Zukunft keine Wirkung habe, der ignoriert, daß im geschichtslosen Land die Zukunft gewinnt, wer die Erinnerung füllt, die Begriffe prägt und die Vergangenheit deutet." Also gut: Eine historische Sinnstiftung, die sich auf priesterliche Gebärden, eben Geschichts-Andacht konzentriert, ist natürlich unvernünftig und gefährlich. Aber hat Stürmer nicht – in allerdings sehr affirmativer deutscher Terminologie – dasselbe gesagt, was Antonio Gramsci mit seiner Theorie von der „kulturellen Hegemonie" formuliert?

Viertens: Für öffentliche Erinnerungsarbeit

Ich gestehe also frank und frei: Ich bin derjenige, der in der SPD eine „Historische Kommission" erfunden hat. Sie war ein durchschlagender Erfolg. Seit einigen Jahren gibt es nicht nur wieder einen einigermaßen systematischen Versuch der

Sozialdemokratischen Partei, ihre Geschichtsschreibung zu beeinflussen (und sie nicht der Sekte DKP zu überlassen), sondern auch hunderte Ortsvereine, die Lokalgeschichte mit den Mitteln der oral history betreiben. Es gibt landauf und landab 80-, 90-, 95- oder 125 Jahr-Feiern sozialdemokratischer Organisationen.

In fast allen diesen Versammlungen wird Jean Jaures zitiert: „Wir wollen aus der Vergangenheit das Feuer retten, nicht die Asche bewahren". Und natürlich vermittelt sich mit dieser historischen Arbeit nicht nur kritische Reflektion über die Väter und Mütter der Sozialdemokratie; also Streit um die Kriegskredite 1914, um das Versagen von Gewerkschaften und SPD-Apparat im Jahr 1933 und die Stalin-Note von 1952; sondern auch Stolz auf die eigene Geschichte. Der manifestiert sich zum Beispiel in tausendfach gesprochenen Sätzen bei Jubilarreden: „Wir sind stolz darauf, dieses Volk nie in Diktatur oder Krieg geführt zu haben"; oder: „Im Unterschied zu anderen haben wir 125 Jahre lang unseren Namen nie ändern müssen". Sind dies nicht auch Ansätze zu einer mythischen Sinnbildung? Steckt hierin nicht auch die Gefahr zu Geschichtsandacht und der Ausgrenzung der anderen, die dem eigenen Verein nicht angehört haben und nicht angehören wollen? Sozusagen die Gefahr eines innerstaatlichen Nationalismus?

Ich will diese selbstkritischen Fragen nicht achselzuckend entschärfen. Die Gefahr besteht. Aber ich behaupte: Man kann dieser Gefahr entgehen. Meine Lösung lautet: Wir brauchen öffentliche Erinnerungsarbeit; und sie muß sowohl kognitiv wie auch ästhetisch geleistet werden. Aber sie muß sich an bestimmten Vernunftprinzipien binden: an den Universalismus moralischpraktischer Normen (wir lassen nur solche Normen gelten, die jeweils die wohlerwogene und ungezwungene Zustimmung aller Betroffenen finden könnten), an diskursive Offenheit (wir lassen Gegner und Gegenargumente zu, holen sie sogar heran und prüfen unsere Argumente an ihnen) und intersubjektiver Überprüfbarkeit (wir fallen hinter die Standards empirischer Wissenschaft, wie sie sich in den letzten 300 Jahren entwickelt haben, nicht zurück).

Ich komme zu meiner Zitatensammlung zurück. Die Leute, mit denen ich zu tun habe, sind fast alle weniger ausdrucksfähig als Werner Herzog oder Heimito von Doderer. Meist sind sie ja ziemlich bescheiden; die wenigsten wollen wirklich „Geschichte machen". Aber sie suchen natürlich Kriterien für ihr eigenes Handeln. Sie suchen Orientierung. Und sie leben in dem dunklen Gefühl, daß man den eigenen Verein oder auch die ganze Gesellschaft nicht zusammenhalten kann ohne Geschichte. Deswegen benutzen sie Geschichte. Und ich sage Ihnen, den Geschichtswissenschaftlern: Das wird so bleiben. Als höflicher Mensch zitiere ich den Gastgeber am Schluß. Von Jörn Rüsen stammt der Satz „Die Historie beginnt die Herzen auf Kosten des Verstandes zu erwärmen". Ich drehe diesen Satz um: Die Historie darf die Herzen nicht auf Kosten des Verstandes erwärmen. Aber erwärmen muß sie sie schon.

Udo Knapp

Historisches Eingedenken und politische Praxis — Überlegungen zu einem neuen Verhältnis von Geschichte und Politik

Das „neue Verhältnis" — ein allzu verführerischer Begriff, oft viel zu leicht und schnell gewählt, verspricht er doch Originalität: das Neue vereinnahmt das Morgen oder gar die Zukunft. Alles Neue ist bei uns GRÜNEN deshalb so beliebt, weil es dem Empfinden der Hilflosigkeit vor der ewig gleichen, immer schon undimensionierbaren Krise des menschlichen Existierens die Hoffnung einschreibt und sie in das Politische, als das Politische einbezieht. Das Neue wirkt selbstlegitimierend, kommt eher dröhnend und drohend, denn leise und selbstbewußt daher, schreit eher nach der Erlösung, als intelligent das Nötige und das Mögliche auch pragmatisch experimentierend zu suchen und dann durchzusetzen.

Ich frage mich oft, warum diejenigen, die immerfort im Namen des Neuen argumentieren, die also gegen die Geschichte anreden, so viel mehr an öffentlicher Anerkennung, Aufmerksamkeit und Achtung auf sich ziehen, als diejenigen, die Politik als das die Realität verändernde, anknüpfend an die Stärken der existierenden Gesellschaft begreifen. Warum die, die Gewalt von wem auch immer eher fürchten, anstatt sie achselzuckend und insgeheim zu bewundern und die sich radikal aus dem Widersprechen, dem hartnäckigen Einspruch politisch definieren, als die Anpassler, die Verräter und die Opportunisten beschimpft werden?

Liegt es vielleicht daran, daß diejenigen, die Politik mit Erlösung verwechseln, das Rätsel der Geschichte, ihren Sinn schon immer entschlüsselt haben, die richtigen Staatsformen und Gesellschaftsordnungen genau kennen, von neuen Menschen, zu denen sie sich selbst erziehen und verbiegen, leider nicht nur träumen oder schreiben und schließlich die Freiheit mißtrauisch geringschätzen oder gar verachten und fürchten?

Meine Gedanken sind nicht neu, sie sind eher alt und suchen verzweifelt danach, die Barrieren, die sich allenthalben zwischen die Geschichte und die Politik stellen, wegzuräumen, damit der Ernst, die Würde und die Lust an der Politik, die Lust an den öffentlichen Angelegenheiten, der Vernunft oder der Unvernunft wiederentsteht und zivilisatorischen Chancen und Möglichkeiten Raum für ihre Entscheidungen verschafft.

Es gibt keine Politik, kein gesellschaftliches Handeln ohne Vorgeschichte und ohne Folgen, kein unbewußtes Handeln ohne Wertungen und Wirkungen auf andere und anderes — auch wer wegsieht, ist immer dabei!

Die Einsicht ist schmerzhaft, daß der Erfahrungsberg vor unserer Zeit sich nur mit Anstrengung und Mühe nicht der Wahrnehmung, dem Begreifen und dem Vergessen entzieht, währen die Zukunft ganz und gar unbegreifbar, anderen nach uns gehörend unserer Verfügung entzogen ist, obwohl wir sie bestimmen. Daran ändert sich auch wenig durch die Tatsache, daß schon immer die Lebenden ihre Zeit ohne Besinnung auf die, die nach ihnen sein werden, lebten. Und obwohl sie deren Gestaltungsrahmen bestimmten, bleibt undeutlich und unklar, ob sie ihn verkleinerten oder weit öffneten! Und ich frage: Ist ihnen das mit erhobenem Zeigefinger vorzuhalten? — Denn ihre Fehler sind auch unsere Fehler, kaum korrigierbar, ihre Verbrechen sind unsere Verbrechen unauslöschbar, und unsere Zeit ist unsere Zeit, ist unsere Zeit und nicht Vorzeit paradiesischer Zukunftsräume. Es gilt also umgekehrt: das Hier und Jetzt gibt es nur aus der Geschichte!

„Alles Denken hebt mit Andenken an", erklärt Hannah Arendt in ihrem Buch „Über die Revolution". Sie fährt fort: „Nichts als das unaufhörliche Gespräch unter den Menschen rettet die menschlichen Angelegenheiten aus der ihnen inhärenten Vergänglichkeit, aber auch dieses Gespräch verfällt wieder der Vergänglichkeit, wenn sich schließlich aus ihm nicht geprägte Begriffe ergeben, die dem weiteren Denken und Andenken als Wegweiser dienen können." [1]

Das Erzählen, die Geschichten — nicht etwa die nackten Fakten — und das Denken, die Begriffe und wieder und wieder das Erinnern und die Mühe des Gedächtnisses sind Segmente und bilden das Fundament aller Zivilisation. Sie sind viel mehr als bloße Techniken der Kommunikation: sie sind selbst die Substanz, die uns Menschen befähigt, Frau oder Herr zu sein über unsere Zeit. Das gilt auch und gerade weil der Gedächtnisschwund durch das so einfache Vergessen wie früher oder die Gedächtniszerstörung durch die neuen Medien etwa heute, diese Chance und Last von Autonomie bedroht, verkleinert oder unterdrückt. Dagegen anzutreten ist viel verlangt, schließlich ist es nicht wenig verlangt, unsere Legitimation ausschließlich aus dem menschlich Gewesenen und dann vor allem aus uns selbst zu schöpfen!

In unseren grünen Horizonten jedenfalls ist die Geschichte nicht viel mehr als die Geschichte der fortschreitenden Zerstörung der Welt, die es endgültig zu stoppen gilt und die Geschichte der ewig sich befreienden Unterdrückten, die jetzt und subito zum Siege zu führen sind. Moralität wird gegen die Realität der geschichtlichen, allermenschlichen Zeit gesetzt! Wer immer in der politischen Diskussion mit Begeisterung von den Griechen Athens, ihrer Polis und ihren Theatern erzählt, oder wie ich oft von Themistokles, Demosthenes oder auch Aischylos schwärmt, erhält als Antwort: „Aber die Sklaven, und wo waren bitte schön die Frauen?"

Wenn immer ich mich, vorsichtig natürlich, auf Machiavelli beziehe, weil der die Hilflosigkeit der Florentiner — ich zitiere hier Friederike Hausmann [2] — mit dem Ansturm des Neuen fertig zu werden, ihr Hin- und Herschwanken zwischen Mythologisierung der Politik und ihrer Banalisierung als Ausdruck bloßer Charakterschwäche mit der selbstbewußten Kunst aufgeklärter und scharfer Machtpolitik zu überwinden suchte, werde ich als gefährlicher Bewunderer der „Macht an sich" mißverstanden. Wer immer Napoleon wegen des code civile z. B. oder der Judenbefreiung und dem französischen, sicher kriegerischen, Patriotismus der Freiheit, der auch mit dem Namen Napoleons verknüpft ist und nicht wie bei uns zur romantischen Wurzel unseres millionenfach tödlichen Nationalismus verkommen ist, zumindest nicht nur verurteilt, dem wird der Napoleon mit dem Hitler verglichen.

Gegen die Vereinfachung des Gewesenen aus einem Bild von der Welt nur wie es von heute aus gesehen werden soll oder darf, und zu meinem Vergnügen einige Verse aus der XIII. Römischen Elegie:
„Denkst Du nun wieder zu bilden, oh Freund? Die Schule der Griechen, blieb noch offen, das Tor schlossen die Jahre nicht zu.
Ich, der Lehrer bin ewig jung und liebe die Jungen.
Altklug lieb ich Dich nicht! Munter! Begreife mich wohl!
War das Antike doch neu, da jene Glücklichen lebten! Lebe glücklich, und so lebe die Vorzeit in Dir!
Stoff zum Liede, wo nimmst Du ihn her? Ich muß ihn Dir geben, und den höheren Stil lehret die Liebe Dich nur."³
Dieses „Lebe glücklich und so lebe die Vorzeit in Dir" ist selbst ununterbrochene Menschenzeit, es hebt das Vergangene auf und gewinnt den höheren Stil der Politik aus der Liebe (keiner göttlichen wohlgemerkt, sondern der lustvollen mit den Weibern) ist aber radikal im Diesseits und im Aktualitätsbezug, versteht sich!

Geschichte und Politik, ihr Zusammenhang meint für mich vor allem das Bestehen auf dem Hiersein, dem Jetztsein. Adolf Muscha hat dieses Geschichtsverständnis in einem Aufsatz über Goethes Farbenlehre mit dem Bild dargestellt „Die Welt, ein Kontinent, der bis unter unsere Füße reicht!" Unsere Zeit, das sind wir an den Füßen dieses Kontinents und wir müssen standhalten gegen die Flucht aus der Zeit!

Ich bin nicht etwa besoffen oder einfach gutgläubig, weil mich beim Lesen religiöser Glaube an den Menschen überwältigt hätte. Ich weiß doch, die Geschichte ist eben auch die Geschichte unbegreifbarer Schrecken und Gefahren: Es ist die Sicht derer, die sie erleiden müssen, die so leicht verloren geht, während die Täter, die Verbrecher – vielleicht wegen bestimmter historischer Schulen – viel länger und intensiver unser Bedenken beschäftigen. Deshalb lese ich an dieser Stelle aus den „Geschichten aus Dachau" von Josef Rovan einen kleinen Absatz vor:

„Dank der Kenntnisse der deutschen Eisenbahner waren die Rollen vertauscht, und das Heer Pharaos, das Europa unter seiner Tyrannei gebeugt hatte, ließ die gefangenen Kinder Israels das Rote Meer durchqueren.
Als wir Karlsruhe hinter uns hatten, begann es dunkel zu werden, und nach-

dem die Außenwelt nicht mehr für uns existierte, mußte man wieder einmal ans Schlafen denken — es war die dritte Nacht. Ich richtete mich leidlich zwischen Armen, Brustkörben und Beinen, die einander fremd waren, in einer körperlichen Nähe zu anderen, wie sie uns gewöhnlich nur die Liebe schenkt, und die gleiche nächtliche Nachbarschaft, die uns sonst so viel Freude, Ruhe und Besänftigung gewährt, war hier eine fast unerträgliche Folter, ein unablässiger Einbruch in unseren Privatbereich, eine Ursache von glühenden Haßausbrüchen, von Schlägereien, von Berserkerwut. Ich schlief ein, ohne indes dieser verkehrten, zusammengepreßten Wut zu entrinnen. Die ganze Nacht hindurch bestürmten die Riesen der griechischen Mythen und die Zyklopen des Odysseus mein Lager, und mochte ich ihnen auch mit einem spitzen Stock ihre einzigen Augen ausstechen - ich war vollgespritzt von ihrem gallertartigen Blut —, so setzten sie mir doch von allen Seiten zu, ihre Füße zermalmten mich, ihre muskulösen Arme schlugen mich, ihre Hände erstickten mich, erdrosselten mich, hoben mich auf und ließen mich wieder fallen, im Rhythmus der Räder und der Schiene.
Die ältesten Schlachten der Welt fanden in der Enge unseres Wagens statt, die mir doch selbst im tiefsten Schlaf noch bewußt war; mochte die Nacht noch so dunkel sein — die Realität dieser engen Grenzen war direkt spürbar und gegenwärtig und setzte sich bis in meine Alpträume fort.
Als ich aufwachte, fiel von den Luken her ein trübes, unbestimmtes Licht auf uns und enthüllte die Häßlichkeit des Wagens. An diesem Morgen erlebte ich nochmals so etwas wie eine Enttäuschung, als ich aus der dunklen reinen Höhle der Nacht, der Urmutter, dem aller Gefängnisse entlassen, konfrontiert wurde mit diesen unrasierten, verschmutzten, fiebernden entblößten Männern und mit dem Boden, auf dem Stroh, Unrat und Kleider ein wirres Durcheinander bildeten."[4]

Rechtfertigt dieses ausweglose Aufwachenmüssen, ohne jede Chance auf Hilfe, der Holocaust selbst, all die Kriege der letzten vierzig Jahre, die selbst herbeigeführten ökologischen Katastrophen, nicht viel eher die Angst vor und den Zweifel an seiner menschlichen Vernunft? Und beunruhigender noch, legen sie nicht den Schluß nahe, schlimmer könne es gar nicht mehr kommen, die Geschichte habe all ihren Sinn verloren, sie sei abgeschlossen, wie die Postmodernen das so oft und so bestechend beweisen. Ist Schillers Weltgeschichte als Weltgericht keine ästhetische Frage mehr, sondern die Realität der Politik heute? Liegt es etwa nicht nahe, das unerträgliche Nebeneinander von Mangel und Fülle, die alltägliche Erfahrung extremer Gewalt, Unterdrückung und Ohnmacht endlich aufzuheben, aufzulösen, zu entspannen oder zu deeskalieren? Alles scheint sich zur welthistorischen Entscheidung zusammenzuziehen, zwischen vorher und nachher gibt es nichts mehr, Geschichte hat sich erledigt oder muß, wenn die Entscheidung gesucht werden soll, erledigt werden; Ausweg ist die Apokalypse, das Andere, das Paradies, die Ewigkeit auf Erden.

Das ist der Urstoff, aus dem viel GRÜNES lebt; Gefühl und altes, deutsches, romantisches Befreiungssehnen bestimmt die grüne Politik in weiten Bereichen, aber auch die Alternative dazu ist GRÜN (!): das Leben als Geschichte, das Standhalten, obwohl kein einziger Sinn der Geschichte noch zu erkennen ist, wie Klaus Fondung das kürzlich konstatierte. Einen skeptischen Optimismus im Eingedenken mit der ganzen Geschichte als die eine oder die andere Seite grüner Politik?

Hannah Arendt zitiert am Ende ihres Revolutionsbuches Sophokles aus dem Ödypus auf Kolonos:
„Nicht geboren zu sein, übertrifft jeden Begriff. Doch wann's erschien ist das zweite eilends zu gehen, von wannen es kam."[5]
Und sie kommentiert das so: „Denn ebenda verkündet er auch durch den Mund des Theseus, des legendären Gründers und nun Sprechers der athenischen Stadt, woran diese Menschen sich hielten, um von der Trauer des Lebendigen nicht übermannt zu werden und aus Finsternis der Kreatur in die Helle des Menschlichen gelangen. Es war die polis, der eingezäunte Raum der freien Tat und des lebendigen Wortes die 'das Leben aufglänzen machte'."[6]

Das ist es, was ich mir für das grüne Verhältnis von Geschichte und Politik wünsche — eine Politik, die dem unaufhaltbaren Ansturm des Neuen nicht einfach ignorierend am Ende doch noch unterliegt, sondern es selbstbewußt mit Lust und Leidenschaft und Ernst in die Herzen, den Kopf und die Hände nimmt und Politik als Kunst, als hohe Form — nicht als Pflicht vom Weltgericht — zelebriert, mit vollem Risiko und in aller Freiheit! Vielleicht können gerade wir GRÜNEN das vor allen anderen politisch organisierten Kräften in der Bundesrepublik, weil bei uns apokalyptisch Übersteigertes, religiöses und romantisches Sehnen und das Eingedenken als die Lust auf das öffentliche Glück, die öffentliche Nacht und die öffentliche Politik nebeneinander und miteinander kooperieren und damit in kleinen, oft unerträglich und unbegreiflich langsamen Schritten jedenfalls das zu verwirklichen suchen, was der Politik insgesamt verloren gegangen ist, den Boden unter den Füßen gerade auch in schwierigen Zeiten nicht zu verlieren.

Anmerkungen

1 Hannah Arendt: Über die Revolution, München 1974, S. 283
2 Friederike Hausmann: Zwischen Landgut und Piazza, Berlin 1987
3 Johann Wolfgang Goethe: Römische Elegie, Frankfurt a.M. 1989, S. 19
4 Josef Rovan: Geschichten aus Dachau, Stuttgart 1989
5 Arendt (Anm. 1), S. 361
6 Ebd., S. 362

III.
Praxisfelder der Geschichtskultur

Heinrich Theodor Grütter

Die Präsentation der Vergangenheit.
Zur Darstellung von Geschichte
in historischen Museen und Ausstellungen

Der Prozeß der Musealisierung

Die schon seit längerer Zeit zu konstatierende ständige Zunahme von Museumsgründungen und historischen Ausstellungen wird in der Regel mit der von Hermann Lübbe vor mehr als zehn Jahren formulierten Musealisierungsthese zu erklären versucht.[1] Sie besagt, daß eine progressive Musealisierung auf die belastenden Erfahrungen eines änderungsbedingten Vertrautheitsschwundes unserer Lebenswelt reagiert.[2] In dem Maße, in dem die zunehmende Modernisierung und der damit verbundene soziale Wandel diejenige Vergangenheit, in der die jeweilige Gegenwart sich noch wiederzuerkennen vermag, immer näher an die Gegenwart heranrückt und durch diese Veränderungserfahrung eine Perspektivierung der Zukunft im Bewußtsein weiter zunehmender Veränderungen immer problematischer wird, spezielle Bemühungen der Aneignung der fremd gewordenen Vergangenheit als eigener Vergangenheit notwendig werden. Die Desorientierung in einer immer fremder werdenden Gegenwart befördert die Ausbildung eines historischen Bewußtseins als Medium kultureller Identitätsvergewisserung.[3] Gleichzeitig steigt mit der beschleunigten Modernisierung in jeder Gegenwart der Anteil der Zivilisationselemente, die evolutionär bereits ausselektiert, also veraltet sind. Es entsteht, wie Heiner Treinen gezeigt hat, das paradoxe Phänomen, daß Industriegesellschaften, also Gesellschaften, die durch raschen technischen Wandel, hohen Objektverschleiß und schwindendes Traditionsbewußtsein gekennzeichnet sind, trotzdem Sinn für historische Objekte entwickeln und Einrichtungen und Organisationen für notwendig halten, denen die Sicherung der traditionellen kulturellen Objekte aufgetragen wird.[4]

Diese weit über das Museum hinausgehende Gegenwartsdiagnose basiert wiederum auf der von Joachim Ritter entwickelten und in der Kulturphilosophie breit rezipierten Kompensationstheorie. Sie besagt, daß sich mit einer der Entstehung der bürgerlich-industriellen Gesellschaft einhergehenden Zersetzung von Traditionen — kompensativ Institutionen, Erinnerungsorgane herausbilden, wie die historischen Geisteswissenschaften, das Museum, die

Denkmalpflege, die über den Traditionsabbau hinweg historischen Sinn ermöglichen. Die reale Geschichtslosigkeit der bürgerlich-industriellen Gesellschaft treibt als Kompensation des Geschichtsverlustes diese Erinnerungsorgane hervor.[5] Die Zerstörung von Vergangenem schärft die Erfahrung des Verlustes und führt zu Gegenstrategien. Seit Beginn des 19. Jahrhunderts bildete sich eine organisierte Geschichtskultur an der Erfahrung, daß Denkmäler der Vergangenheit massenhaft zugrunde gingen. Die seit dieser Zeit gegründeten Museen wurden zu Auffangräumen für das materiell bedrohte und das, was der Geschichtsvergessenheit anheim zu fallen schien.[6]

Pierre Nora sieht als Folge der Beschleunigung der Geschichte den Zerfall von Gedächtnisgemeinschaften und als Ersatz die Etablierung von Gedächtnisorten, die dem Bewußtsein eines Bruches mit der Vergangenheit entspringen, das einhergeht mit dem Gefühl eines Abreißens der Erinnerung.[7] Zweifellos hat noch keine Epoche so viele Archive und Museen produziert wie die unsere. Das liegt sicherlich zum einen an der Masse der Informationen und Gegenstände, die unsere moderne Gesellschaft absondert, und an den neuen Möglichkeiten der Vervielfältigung und Konservierung. Vor allem zeigt sich hier aber eine enorme Angst vor Verlust. Da man unmöglich im voraus beurteilen kann, woran man sich später einmal wird erinnern müssen, wird alles zum Archiv, wird das Feld des Erinnerungswürdigen unterschiedslos ausgeweitet, werden alle Gedächtnisinstitutionen ausgebaut.[8]

Für Niklas Luhmann ist diese zunehmende Musealisierung und Restaurierung die Absage an die Gegenwart. Die Vergangenheit „wird als ein Modus der Selbstbezweifelung der Gegenwart mit enormen Kosten restauriert, gepflegt, erhalten und gegen den ihr bestimmten Untergang verteidigt."[9] Auch Henri Pierre Jeudy sieht in der gegenwärtigen Musealisierung das Symptom einer Krise. Das kulturelle Erbe wird zur ästhetischen Kompensation von Mängeln der Industriegesellschaft mißbraucht. In der idealisierten vor- und frühindustriellen Vergangenheit wird die harmlos-heile Gegenwelt zum heute gesehen.[10] Gottfried Korff spricht von einer „Musealisierung total".[11] Die Zuwendung zu den ästhetischen und historischen Belanglosigkeiten der Vergangenheit, die er in der alles erfassenden Musealisierung der Alltagskultur sieht, interpretiert er als einen generellen Rationalitätsverlust. Man nähert sich der Geschichte nicht mehr analytisch, sondern nostalgisch.[12] In der Anschauung der überlieferten Dingkultur wird die Erinnerungsernergie konkretistisch verkürzt und reduziert „die Vergangenheit allein auf das, was von ihr übriggeblieben, was begehbar und anfaßbar ist".[13]

Die derzeit feststellbare Musealisierung alltäglicher Lebensbereiche beschreibt Jeudy als eine Mumifizierung der Sozialität, als eine kraftlose Wiederbelebung dessen, was tot ist. Durch die Musealisierung wird etwas in einen Zustand versetzt, in dem es sich nicht mehr verändern und nicht sterben kann. Die Entzeitlichung der Vergangenheit, das Herauslösen von Elementen aus dem Prozeß der Vergänglichkeit produziert lebende Tote, Zombies, die in der

Realität, aber nicht real sind.[14] Insofern entspricht der Akt der Musealisierung, der sich doch als Mittel der kulturellen Realitätsbildung kraft der materiellen Realitätsgarantie musealer Objekte geriert, pathologisch der von Jean Baudrillard konstatierten „Agonie des Realen". Dieses droht in der modernen Gesellschaft immer mehr zu verschwinden, an seine Stelle schiebt sich die Simulation und das Hyperreale. Das Reale wird durch Zeichen des Realen ersetzt. Realität läßt sich produzieren und wird verfügbar in der Simulation.[15] Dabei ist die Zunahme an musealisierenden Tendenzen als ein Indiz für zunehmende Realitätsferne zu sehen. Und als Mittel gegen Realitätsagonie eingesetzt, treibt die Musealisierung diese doch nur weiter voran.[16] Auf das Museum zugespitzt könnte man sagen, daß es sich durch die Musealisierung um die Chance bringt, Hilfsmittel der Geschichtserkenntnis zu sein.[17]

Aber gerade in diesem Zusammenhang ist zu fragen, ob die am Museum als dem charakteristischsten Ort der Erinnerung ermittelte Musealisierungsthese auf das Museum überhaupt zutrifft. Denn ihre kompensatorische Funktion ist für die kulturkonservative Geschichtsphilosophie nicht nur die Reaktion auf den Modernisierungsprozeß, sie macht diesen erst möglich. Sie ist das ästhetische Reagieren auf einen im Grunde akzeptierten Zivilisationsfortschritt.[18] Kunst und Kultur haben allein die Funktion der „Wiedergutmachung fremdgewordener Herkunftswelten".[19] Von der Idee der kulturellen Modernisierung hat man dabei Abstand genommen. Damit die technisch-wissenschaftlichen Innovationen erträglich bleiben, soll die Kultur das Gegengewicht übernehmen, aber selbst auf Innovationsdruck und auf die Entfaltung kritischer Potentiale verzichten. Dem Museum bleibt Trauerarbeit, seine Leitung ist bloß noch die der ästhetisierenden Kompensation, der Beschönigung.[20]

Damit stellt es sich aber diametral gegen die Motivation, aus der die meisten öffentlichen Museen im Kontext der Revolution und Aufklärung im ausgehenden 18. und beginnenden 19. Jahrhundert gegründet worden waren. Denn es war ja gerade die Erfahrung des Neuen, des Bruchs, der den Zugriff auf die Vergangenheit notwendig machte. Die Zerstörung von Denkmälern der revolutionär überwundenen Herrschaftsformen ließ die Angst davor wachsen, die vorrevolutionäre Vergangenheit und damit die eigene Geschichte gänzlich zu zerstören und folglich auch die Möglichkeit einer Identitätsbildung im Rückgriff auf Vergangenheit. Den Bilderstürmern der Revolutionen folgten dementsprechend stets die bewahrenden Institutionen.[21] Auf der anderen Seite verlangte die gleiche Erfahrung der Diskontinuität aber auch nach einer distanzierten Umgehensweise mit der soeben überwundenen und nicht mehr als verbindlich empfundenen Vergangenheit.

Aus diesem Grunde stimmt die These, daß die Beschleunigung gesellschaftlichen Wandels gleichsam naturwüchsig mit der Progression der Musealisierung des Kulturbesitzes einhergeht, bei näherem Hinsehen nicht. Vielmehr scheint oft eine stärkere zeitliche Distanz von den vorangehenden Lebensformen erst die Voraussetzung für Museumsreife zu sein. Ein bestimmter Grad an Fremdheit und Vereinzelung vermag museale Aktivitäten viel eher zu stimulieren als der Umgang mit kruder Gegenwärtigkeit.[22] Eine solche Weise des Sammelns und damit der Bewahrung eines kulturellen Erbes, erweist sich als eine hilflose Gebärde, die als retardierendes Verfahren ihr wesentliches Ziel, die Rettung und Sicherung einer verschwindenden Gegenwart in ihrem ganzen Umfang, immer verfehlt.[23] Dem entspricht auch die Beobachtung, daß die musealen Objekte nicht primär sind oder gleichsam naturwüchsig ins Museum kommen, wie es die Musealisierungsthese suggeriert. Sie sind gesammelt und solcherart Ergebnis einer Tätigkeit, in der historisch wechselnde Auswahlkriterien, Bewertungen und Interessen eine Rolle spielen. Sie gehören zum System der kulturellen Überlieferung, in dem die Überreste gefiltert werden.[24] Und dies geschieht nicht etwa auf natürliche oder unschuldige Weise. Es ist häufig mit politischen Interessen, restriktiven Gesetzen und Kodierungen von Vergangenheit und Zukunft verbunden.[25] Von daher offenbart das Museum mit seinen Vorhaben der kulturellen Erhaltung in seinen Beständen ebenso die Willkür der kulturellen Auswahl.[26] Durch seine musealen Selektionen und Darstellungsabsichten formt und gestaltet das Museum geschichtliche Überlieferung.

Museale Sachüberlieferung bildet sich im Unterschied zu manchen Archivkomplexen, die aus den Geschäften hervorgehen, nicht von selbst, so daß die Vorstellung einer immanten Objektivität der Überlieferung auf keinen Fall zutrifft.[27] Museale Sammlungen entstehen auf Grund von Deutung der Realität, aus der ihre Objekte stammen. Insofern gehen solche Deutungen den Objekten voraus und legitimieren sie.[28] Es ist vor allem auch die Wissenschafts- und Institutionengeschichte, die Paradigmenwechsel innerhalb der Geschichtswissenschaften, die die subjektiv vollzogenen, wenn auch gesellschaftlich bedingten Sammlungsstrategien hervorrufen.[29]

Musealisierung ist somit in seiner jeweiligen Zeitgestalt ein jeweils gegenwärtiges Phänomen. Das Museum bildet Vergangenheit nicht einfach ab, es formuliert Interessen mit Dingen zeitspezifisch[30] und entspricht damit dem Erkenntnisprozeß des historischen Denkens, welchem wiederum die Geschichtswissenschaft folgt.[31] Lebensweltliche Orientierungsbedürfnisse formulieren Fragen an die Vergangenheit, die durch die Analyse des in Frage kommenden Quellenmaterials zu einer Darstellung führen, deren Funktion eine gelungenere Daseinsorientierung ist.[32]

Der gravierende Unterschied zur Geschichte als Buchwissenschaft ist jedoch der Modus, in dem dieser Prozeß vonstatten geht. Er erfolgt weniger in der wissenschaftlichen als in der ästhetischen Dimension der historischen Erkenntnis.[33] Und zwar meint diese nicht (nur) eine auf die Sinne ausgerichtete Form der Geschichtsvermittlung, sondern eine spezifische und für die moderne historische Sinnbildung konstitutive Wahrnehmungsform.[34] Diese erwächst aus ihrem Gegenstands- und Referenzbereich. Denn in dem Maße, in dem sich, Pierre Nora folgend[35], das moderne historische Gedächtnis nicht mehr auf die spontane, im Leben verankerte Erinnerung stützen kann, bedarf es der Gedächtnisorte, der materiellen Überreste, der Kristallisationen kollektiver Erfahrung, als Voraussetzung seiner Konstitution.[36] Es ist gerade das Spezifikum des modernen historischen Denkens, daß es Vergangenheit in kritischer Analyse und Argumentation rekonstruiert. Dazu braucht es aber die kulturelle Formgebung objektivierter kultureller Erfahrung mit ihrer von Aby Warburg konstatierten „mnemische Energie", deren Sinngehalt sich in der Berührung mit ihnen wieder erschließen kann.[37] Ästhetik als Form sinnlicher Erkenntnis ist somit Voraussetzung jeder kollektiven Erinnerung. Erinnerungsoperationen sind ohne Symbole und kulturelle Objektivationen, die ja erst intersubjektive Kommunikationen ermöglichen, nicht denkbar. Kollektive Erinnerung und kulturelle Überlieferung stehen in einem wechselseitigen Bedingungsverhältnis. Soziales Gedächtnis ist immer ein Bildergedächtnis oder umgekehrt, Kultur ist ein soziales Erinnerungsorgan.[38] Insofern ist der Historiker, zumindest im Museum, von den Grundbedingungen seiner Tätigkeit her immer in ein ästhetisches Geschäft verstrickt.[39]

Die Aura des Objektes

Wie funktioniert aber genau dieser Sinnbildungsprozeß und wie sind die Objektivationen kultureller Erfahrung beschaffen? Vereinfachend läßt sich sagen, das Museum versammelt die materiellen nichtschriftlichen Hinterlassenschaften der Vergangenheit. Dabei ist jedoch zu unterscheiden zwischen Produkten der Natur und menschlichen Produkten, Artefakten, wie Krysztof Pomian sie nennt.[40] Die Werke des Menschen unterscheidet Pomian noch einmal in Dinge, die nur einen Gebrauchswert haben und Semiophoren, Zeichenträgern, die schon zur Zeit ihrer Entstehung einen gewissen Symbolcharakter hatten.[41] Man könnte auch mit Droysen unterscheiden zwischen der direkten Quelle, der Tradition, die eine Gesellschaft bewußt zur Überlieferung an die Nachwelt produziert hat und der indirekten Quelle, dem Überrest, das heißt allen Zeugnissen, die eine Epoche hinterlassen hat, ohne sich um ihre künftige Verwendung zu kümmern[42], und die nur unabsichtlich und zufällig Informationen über Geschehnisse oder Situationen der Vergangenheit bieten.[43] Diese Differenzierung ist notwendig, da sie Aufschluß gibt über den Aussage- und Erkenntniswert der jeweiligen Objektgruppen.

Zunächst unterliegt die Dingwelt ganz unterschiedlichen Überlieferungsbedingungen. Der ursprüngliche Gebrauch, die Stellung und Geltung im alten Lebenszusammenhang, der Affekt- und Erinnerungswert beeinflussen schon im Lebensprozeß die unterschiedliche Überlieferung von Artefakten.[44] Dabei entspricht die Überlieferung wie Arnold Esch gezeigt hat, nicht dem "normalen" historischen Verlust, indem sie sich einigermaßen gleichmäßig mit dem Maß ihrer Entfernung von der Gegenwart verdünnen würde. Die Überlieferung ungleichmäßig erfolgt, bedingt durch Zufälle und durch die Ungleichmäßigkeit der Chance, überliefert zu werden.[45] Sie begüngstigt sicherlich das Unerhörte, das Ungewöhnliche, das Fatale und sie benachteiligt den Alltag, das Übliche, das Normale.

Es gibt ganze Bereiche, die nie in Quellen hineingefunden haben und diese Chancen, in eine Quelle zu kommen und überliefert zu werden sind auch sozial bedingt. Die Masse der Namenlosen ist auch die Masse der Sprachlosen und ihre Hinterlassenschaften sind oft recht spärlich.[46] Die Zeit erzeugt nicht nur Überlieferung, sie frißt sie auch. Auf der anderen Seite zeigt sich, daß die Masse dessen, was die Museen füllt, erst später mit antiquarischer Absicht ergraben und geborgen wurde – ein nachträgliches Rückgängigmachen des historischen Prozesses, das die bereits oben formulierte These belegt, daß Sammlungen nicht naturwüchsig durch den Anfall von Relikten der Vergangenheit, sondern aufgrund von Fragestellungen und Interessen einer jeweiligen Gegenwart entstehen.[47]

Krysztof Pomian hat in seinen Überlegungen zur Geschichte des Sammlungswesens gezeigt, daß sich das kulturelle Erbe immer um einem Kern von Zeichen mit Symbolcharakter, von Kunstwerken und Kultobjekten bildet. Dann kommen die Dinge. Zunächst diejenigen, die neben ihrem funktionalen Aspekt auch Bedeutungsträger sind, aufgrund ihres Materials oder ihres künstlerischen Wertes. Dann folgen die, die ihre Bedeutung durch ihr hohes Alter erlangen. Schließlich die Dinge jüngeren Datums, die zunächst bedeutungslos sind, aber Bedeutung erlangen können, wenn sie aus dem Nützlichkeitskreislauf infolge ihrer Abwertung gelangen.[48]

Diesen Prozeß, daß ein Artefakt, das zu Beginn kein Zeichen mit Symbolcharakter war, zum Abfallprodukt und schließlich zum Zeichen mit Symbolcharakter wird, hat Michael Thompson in seiner „Theorie des Abfalls" beschrieben.[49] Er begründet, daß Güter mit begrenzter Lebensdauer überhaupt nur dann in einen dauerhaften Status z. B. als Museumsobjekt übergehen können, wenn sie zuvor im Müllstatus gewesen sind, der sie sozusagen darauf vorbereitet, Zeichen mit Symbolcharakter zu werden.[50]

Thompsons Theorie zufolge hat das Objekt beim Eintreten in den gesellschaftlichen Kontext einen bestimmten Wert (Verkaufspreis) und befindet sich in der Kategorie des Vergänglichen. In dieser Kategorie bleibt es entsprechend seiner Lebensdauer und verliert dabei ständig an Wert, bis dieser Null erreicht. Indem das Objekt nun aus dem Gebrauch genommen und abgestellt wird, befindet es sich in der Müllkategorie. Dort kann es allerdings sehr lange überleben oder auch langsam verfallen. Wenn es irgendwann doch hervorgezogen wird, wird es neu bewertet, es geht über in die Kategorie des Dauerhaften, in der es in einer neuen Funktion zunehmend an Wert gewinnt. Am Anfang steht die Neubewertung durch einzelne Individuen, sie fangen an ähnliche Objekte zu suchen und durch eine größere Anzahl von Objekten läßt sich die Neubewertung objektivieren. Sie ziehen die Aufmerksamkeit von professionellen Sammlern und Händlern, danach die von Wissenschaftlern und schließlich von Museen auf sich.[51]

Die Objekte befinden sich nun im Zustand der Dauerhaftigkeit und ihnen wird ein spezieller Schutz zuteil. Sie haben aber in diesem Prozeß eine neue Funktion erhalten, die von ihrer ursprünglichen grundverschieden ist. Sie verweisen nun auf eine verschwundene Vergangenheit, sie zeigen auf etwas, das nicht mehr vorhanden ist, sie beziehen sich auf eine unsichtbare Realität. Sie haben in dieser Eigenschaft den Status auch von Semiophoren erworben und funktionieren von jetzt an in einem semiotischen Kreislauf.[52]

Anders verhält es sich mit Naturobjekten und vor allem mit den Artefakten, die schon immer Zeichen mit Symbolcharakter waren. Zwar kommt es auch häufig vor, daß sie in der Folge von gesellschaftlichen und kulturellen Umbrüchen zu Abfallprodukten werden und nachdem sie somit zu Dingen wurden, ihren ursprünglichen Status wiederfinden können. In der Regel wechseln sie die Kategorie aber nicht, sie bleiben Zeichen mit Symbolcharakter, selbst wenn sie lange in Vergessenheit gerieten. Was aber eine tiefe Veränderung erfahren hat, sind ihr Zweck und ihre Bedeutung.[53] Im Prozeß der Musealisierung verlieren diese Objekte ihre traditionellen Gebrauchs- und Symbolisierungsweisen, z. B. ihre politisch-religiöse oder repräsentativ-politische Funktion.[54] Auf der anderen Seite laden sie sich aufgrund der Tatsache, daß sie sich häufig nicht im Müllstatus befanden und im Laufe der Geschichte zusätzliche Deutungen erfahren haben, die ebenfalls von ihrer ursprünglichen Funktion verschieden sein können, mit unterschiedlichen Rezeptionsformen und Sinnzuweisungen, auf.

Die Bildung des kulturellen Erbes, das uns im Museum gegenübertritt, besteht also in der Umwandlung von gewissen Abfallprodukten in Zeichen mit Symbolcharakter oder in einer Zweck- und Bedeutungsänderung von Zeichen mit Symbolcharakter.[55] Dabei entsteht jede Schicht des kulturellen Erbes aus einem Bruch zwischen Vergangenheit und der Gegenwart. Die Funktionalität der Objekte wird zweifelhaft, sie werden gleichsam unsichtbar, um später mit neuen Symbolen und Zwecken zurückgeholt zu werden. Sie sind jetzt Mittler zwischen Vergangenheit und Zukunft.[56] Walter Benjamin hat die Faszination solcherart verwandelter Objekte mit dem Begriff der Aura beschrieben, die sie aufgrund ihrer Einzigartigkeit und Dauer besitzen.[57] Museale Objekte haben neben dem Zeugniswert eine sinnliche Anmutungsqualität, die Faszination des Authentischen. Diese entsteht durch das Spannungsverhältnis von sinnlicher Nähe und historischer Fremdheit, dem zeitlich Gegenwärtigen und geschichtlich Anderem. Das Originalobjekt ist dem Ausstellungsbetrachter nah und fern zugleich. Nah, weil er es mit Augen und Händen direkt erfassen kann, fern, weil er durch den historischen Gegenstand mit einer ganz anderen historischen Wirklichkeit und einem zeitlich entfernteren

Bewußtsein konfrontiert wird. Die Nähe transportiert die Aura einer weiten Ferne. Und diese Aura bezieht sich nicht nur auf den Kunstgegenstand, sondern auf jedes historische Relikt, welches uns aufgrund der ihm „inkorporierten historischen Lebensspuren" anspricht.[58] Auf der zentralen Rolle des Objektes, auf der hohen Erinnerungsveranlassungsleistung von kulturellen Objektivationen beruht die Arbeit des Museums. Jede Ausstellung zieht ihre Kraft aus der Authentizität der Originalobjekte; die Konkretheit der Dinge, die Suggestionskraft authentischer Materialien zieht die Sinne in ihren Bannkreis.[59]

Hier liegt die Chance aber auch die Problematik des Museums. Dem Besucher wird Vergangenheit – so scheint es – unmittelbar gegenwärtig. Aber schon Droysens erster großer Fundamentalsatz über die Unwiederbringlichkeit des Vergangenen besagt, daß aus den noch gegenwärtigen Materialien nicht die Vergangenheit hergestellt, sondern unsere Vorstellung von ihr gebildet und verändert wird.[60]

Aber gerade dadurch, daß die Überreste der Vergangenheit im Museum von ihrem ursprünglichen Kontext abgeschnitten, enträumlicht und entzeitlicht werden[61], werden sie in dem Maße unverständlich, fremd und interpretationsbedürftig, in dem sie ihre ursprüngliche Bedeutung abgestreift haben.[62] Das isolierte, aus seinem Funktionszusammenhang herausgefallene Objekt besitzt als einzelnes keinerlei historischen Aussagegehalt. Es ist ohne Bezug auf sein ehemals praktisches Umfeld und ohne Vergleichsmöglichkeiten mit den ihm analogen Dingen. Es ist geschichtslos, da zeitlich indifferent und bleibt als solches rein ästhetisch erfahrbar.[63] Das Museum als Ort der Enthistorisierung, indem die Objekte in eine neuen Bedeutungsrahmen eingebunden werden, der sich an systematischen, chronologischen und kunsthistorischen Klassifikationsschemata orientiert[64], neigt dazu, durch die Autonomisierung der Objekte die reine Formwahrnehmung, den Augensinn als Vermittlungsinstanz zwischen Objekt und Betrachter zu privilegieren. Deren Verhältnis ist definiert worden als „Gebärde der Besichtigung"[65], in der die Überreste der Vergangenheit in folgenloser Kontemplation genossen, ästhetisiert und affirmiert werden können.[66]

Erst als Objekt historischer Fragestellungen verwandeln sich die Überreste, die in noch weitaus größerem Maße als andere Quellengruppen fragmentarisch überliefert sind, zu Zeugnissen ihrer ursprünglichen Bezugssysteme. Es bedarf mit einem Begriff von Gottfried Korff der Re-Kontextualisierung, ohne die alle Überlieferungsfragmente stumm sind. Das Bruchstückhafte der historischen Überlieferung fordert stets zu neuer Aneignung, Erklärung und Deutung heraus und zwar vom jeweiligen Standpunkt der jeweils gegenwärtigen historischen Erkenntnis. Am Prinzip der Authentizität ist die partikulare Fragmentarisierung inkorporiert. Deshalb sind Bemühungen um eine zusammenhängende Sicht der fragmentierten, authentischen Objektwelten, sind Re-Dimensionierungsleistungen, Deutungen und Erklärungen der geschichtlichen Zusammenhänge unverzichtbar. Das Museum hat somit nicht nur eine bewahrende, sondern auch eine interpretierende Beziehung zur Vergangenheit.[67]

Die Formen der visuellen Rhetorik

Die Re-Dimensionalisierung, die Erstellung eines Beziehungs- und Bedeutungszusammenhanges der einzelnen Objekte, erfolgt im Museum in Form der Ausstellung. Das Museum ist in letzter Konsequenz ein Ausstellungsort und nichts anderes. Alle Aktivitäten, die in ihm sonst Platz finden wie Inventarisierung, Restauration, Forschung sind seinem eigentlichen Zweck untergeordnet, dem Publikum die Objekte unter bestmöglichen Bedingungen zeigen zu können.[68]

Dabei kann auch das Museum vergangenes Leben nicht in seinem ganzen Umfang zur Darstellung bringen. Gustav Droysen hat die Vorstellung von der lückenlosen Darbietung des Historischen, die in den Museen in einer Auffassung von einem ganzheitlichen und richtigen Verständnis der Vorzeit durch die Vollständigkeit der Quellen, der dinglichen, bildlichen und schriftlichen Zeugnisse gewährleistet werden sollte, in das Reich der Illusion verwiesen.[69] Historische Betrachtung ist immer auch eine Heraushebung wesentlicher Elemente aus dem umgreifenden Lebenszusammenhang für das jeweilige Thema unter Vernachlässigung anderer Faktoren. Es entsteht ein neues Gebilde, das dann nicht als Spiegelbild des realen Lebensgeschehens aufgefaßt werden kann. Und diese Formgebung vollzieht sich nach dem Prinzip der Erzählung als konstitutivem Element historischer Erkenntnis, als Präsentation von geschichtlicher Wirklichkeit, die im Medium der Erzählung gleichsam erst entsteht.[70] Geschichtsschreibung ist nicht das zeitliche Geschehen selbst, sondern dessen Verwandlung in die Wirklichkeit des erinnernden und sich orientierenden Bewußtseins. Es besteht eine Disparität zwischen Geschichte und Geschehen, der Darstellung und der Realität.[71] Ein Aspekt der rhetorischen Präsentation[72] von Geschichte ist es, daß Funktionen des Fiktiven „unweigerlich ins Spiel kommen, wenn Geschichtsschreibung mehr zu sein beansprucht als eine bloße Archivierung von Vergangenem, wenn es darum geht, die Erfahrung der Vergangenheit für die jeweilige Gegenwart zu erschließen und mittelbar zu machen".[73]

Auch die museale Präsentation gehört zu den Möglichkeiten, die archivierten und dadurch von einander isolierten Sachzeugnisse in sinnvolle, im Wissen gründende und Wissen vermittelnde Zusammenhänge zu bringen.[74] Dabei stellt in Ausstellungen und Museen die Inszenierung das Korrelat zum Gebrauch fiktionaler Elemente in der narrativ-literarischen Darstellung der Vergangenheit dar.[75] Und in der Tat trägt die Konzipierung und Realisation einer Ausstellung Züge einer linguistischen Operation. Was produziert wird, ist allerdings kein literarischer Text, sondern ein Text aus Bildern, Objekten, aus Vitrinen, Ensembles und festgelegten Wegen.[76] Diese Inszenierung ist jedoch nicht beliebig. Auch die Darstellung von Geschichte in Ausstellungen und Museen erfolgt auf der Basis von Quellen, hier der Objekte, und ihrer Integration und darf der Quellenlage nicht zuwiderlaufen, wenn die Aussage verständlichen Sinn machen und die Sinnhaftigkeit eine Geschichte in sich hohe Erkenntnis umsetzen soll. Das unterscheidet die Museen von Theatern, auch wenn man sich in der Inszenierung ähnlicher Stilmittel bedient. Zwar werden im Museum auch fiktionale, das heißt rekonstruierte Wirklichkeiten, jedoch meist frei assoziiert. Auch im Museum existiert wie in der Historiographie die Pflicht zur wissenschaftlichen Redlichkeit, das heißt zur historischen Genauigkeit mit präziser Information. Es darf nur etwas ausgestellt werden, über das genau recherchiert wurde und es muß dahingehend unterschieden werden zwischen Information und Urteil.[77]

Die Feststellung der Inszenierung als Mittel der visuellen Rhetorik im Museum besagt jedoch noch nichts über ihre jeweils konkrete Realisierung und die möglichen Formen. Inszenierung bedeutet zunächst einmal die Anordnung der Objekte im Raum nach Maßgabe einer Deutung mit dem Ziel der Interpretation.[78] Damit unterscheidet sie sich zunächst einmal von der gängigen Präsentation eines Kunstmuseums, das die Gegenstände nicht als historische Überreste zeigt, sondern als wertvolle Artefakte isoliert und durch das, die Einzigartigkeit unterstreichende Glas einer Vitrine abschirmt. Diese Unterscheidung gilt zumindest unter der gemachten Prämisse, daß die Herstellung kontextueller Bezüge für die Präsentation eines Objektes als einem historischen konstitutiv ist.[79] Es bleibt aber die Frage, wie diese Konstitutionalisierung konkret zu vollziehen ist und dies ist gleichzeitig die Frage, wieweit die Darstellung von Geschichte im Museum auf den erläuternden Text und damit auf narrative Darstellungsmittel angewiesen ist. Ist der Text gleichzeitig die beziehungsstiftende Folie, die die aus ihrem Kontext herausgelösten Objekte visualisiert und begleitet oder würdigt sie — ob des fragmentarischen Zustandes der Objekte und der scheinbar unentbehrlichen „Erläuterungen" — die Objekte zu Belegstücken herab?[80]

In der Präzision der didaktisch konzipierten historischen Ausstellung der 70er Jahre hat der wissenschaftliche Text eindeutig den Vorrang, den das Exponat dann nur noch als optische Fußnote verbaler Argumentation illustriert.[81] Diese Ausstellungen, konzipiert als „Lernorte" gleichen häufig an die Wand geklebten Schulbüchern, Lesetapeten, was insofern dem spezifischen Charakter des Mediums Museum widerspricht[82], als mit der Authentizität der Objekte eine Erfahrung ins Spiel kommt, die auch eine ästhetische Präsentationsform verlangt. Insofern ist die Inszenierung, die Zusammenstellung aussagehaltiger Ensembles von Objekten, die sich wechselseitig erläutern und erklären, ein Mittel der Erkenntnis, das in der Logik des Museums als Ort der Sammlung und Bewahrung anschaulicher Objektwelten selbst liegt. Zwar ist in der Regel der Erläuterungsbedarf der Dinge so groß, daß auf narrative Kommentare in Ausstellungen nicht verzichtet werden kann, auf der anderen Seite müssen komplexe Objektarrangements von der Textübermittlung wo immer nur möglich entlastet werden. Die Präsentationssprache des Museums darf aufgrund seiner materiellen und medialen Eigentümlichkeit nicht allein auf der Abfassung von Texten basieren, sondern muß Formen der visuellen Rhetorik miteinbeziehen.[83]

Die der Ausstellung angemessene Präsentationsform versucht also, die Objekte nicht nur über Text, sondern durch die Art ihrer Darbietung zu erläutern. Die analytischen Zusammenhänge werden nicht über das Wort transportiert, sondern in eine ästhetische Dimension umgesetzt, jene Dimension, die dem Medium Museum als Ort sinnlicher Anschauung eigentlich ist.[84] Das sinnkonstituierende Moment und zwar über die Semantik der einzelnen Dinge hinaus, ist somit die konkrete Raumsituation, jenes auf die räumliche Anordnung der Dinge basierende Beziehungsgeflecht, das sich dem Betrachter sehend erschließt.[85] Die Vermittlung historischen Wissens basiert also weder auf der Zurschaustellung eines Objektes, noch auf dem erläuternden Text, sondern auf dem Erlebnis der raum-zeitlichen Erfahrung des Ausstellungsparcours, in den die Exponate eingeflochten sind.[86] In der Auswahl und Anordnung der Objekte, in ihrer Beleuchtung und Beschriftung, ja in der Einrichtung erweist sich das Museum nach Krysztof Pomian als eine Art Maschine, die die Beziehung zwischen Raum, Zeit und Objekt, zwischen Sichtbarem und Unsichtbarem erst denken läßt.[87]

Dabei muß jedoch innerhalb der Inszenierung jeder Eindruck letztlich illusionärer Authentizität vermieden werden. Detailgetreue und bühnenhafte Nachbildung, „dichte Ensembles" suggerieren in ihrem vorgegebenen Realismus die Möglichkeit, Vergangenheit lückenlos und authentisch zu rekonstruieren.[88] Denn die Ausstellung, die sich kraft der Originalexponate und der szenischen Präsentation als Diskurs des Realen ausgibt, bleibt ein Diskurs des Imaginären. Das Reale selbst wird dabei niemals sichtbar, jedes Bild, das wir uns von ihm machen, ist an sich artifiziell. Die historische Realität, von der wir mit Sicherheit nur sagen können, daß sie aber niemals wirklich geworden ist, existiert nur kraft des Imaginationsvermögens in unseren Köpfen.[89] Die Tendenz, die strukturierenden und ordnenden Elemente einer Ausstellung zu vermischen, um im Sinne einer falsch verstandenen Ausstellungsdidaktik möglichst nah an eine vermeintliche Wirklichkeit heranzukommen, verringert die Differenz zum ursprünglichen Kontext in keiner Weise, sie macht sie höchstens weniger deutlich.[90]

Um der Eigendynamik ästhetisch gefälliger Kulissenhaftigkeit, die mehr zu einem distanzlosen Eintauchen in die Vergangenheit als zu einer kritischen Auseinandersetzung mit Geschichte einlädt, zu entgehen, braucht man nicht auf die anschaulichen Qualitäten der Environments generell zu verzichten. Nur sollten deren strukturierende Elemente eindeutig markiert und hierin auch dem Rezipienten nachvollziehbar gemacht werden. Die Kenntlichmachung des eindeutig Gemachten und Artifiziellen sowie der deutlich visualisierte Gegenwartsbezug, durchbrechen eine scheinauthentische Rekonstruktion durch den Hinweis auf den Formungsprozeß historischer Erkenntnis selbst.[91]

Dabei ist zu beachten, daß die Ausstellung nach Marschall McLuhans ein kaltes Medium ist, das heißt ein Medium, an dem der Rezipient aktiv teilnimmt. Der Besucher ist nicht nur Leser, er ist auch zugleich Produzent seines Textes. Die Deutung von Erfahrung ist nur auf dem Hintergrund eigenen Wissens möglich und produziert damit ein drittes. Verstehen von Ausstellungen ist somit nie reine Denotation, sondern immer auch Konnotation, Assoziation und Überlagerung mit schon vorhandenem Wissen.[92]

Diese Voraussetzung muß das Museum, wenn es sich als eigenständiges Medium und nicht als Erfüllungsgehilfin der Geschichtswissenschaft ernst nimmt, bei der Konzeption seiner Ausstellung mit berücksichtigen. Es muß einerseits kraft der authentischen Aura seiner Objekte und der sinnlichen Qualitäten seiner Darstellung anlocken, die Besucher verführen, andererseits diese Illusion immer wieder zerstören, um neue Sinn- und Deutungsprozesse in Gang zu setzen. Wiederum Walter Benjamin hat als die typisch moderne Wahrnehmungsform den „chock" angesehen, „der durch gesteigerte Geistesgegenwart aufgefangen sein will."[93] Der Wahrnehmungsschock als didaktischer Versuch der Zerstörung der auratischen Wirkung des Mediums wird durch Irritationen erreicht, die die jeweilige Darstellung als nicht letztendliche mitfaßt, deren Fragwürdigkeit umdeutet. Durch inszenatorische Mittel wie Brechungen, Verfremdungen und Irritationen wird die Neugier des Besuchers angeregt, um bei ihm Assoziationen und Narrativität in Gang zu bringen. Ironische Elemente oder andere Möglichkeiten der Verfremdung bewirken eine Infragestellung von eben nur scheinbarer Faktischem, sie vermitteln das Fragwürdige einer jeden geschichtlichen Präsentation und räumen dem Betrachter große Spielräume für die eigene Interpretation ein.[94]

Für Benjamin muß die Ausstellungstätigkeit aus weniger an der Tradition der fachwissenschaftlich angelehnten Museen als vielmehr an der des Jahrmarktes und der Schaustellerei orientiert sein.[95] Ausstellungen sind demnach keine Orte des kognitiven Lernens. Der Erwerb historischen Wissens ist ein sekundärer Prozeß, der in der Deutung der gemachten Erfahrung besteht und durch die Primärerfahrung der Ausstellung nur in Gang gebracht wird.[96] Ausstellungen sind demnach „Bilder, sind inszenierte Merkwelten, die durchaus in der Lage sind, blitzhafte Erkenntnis zu produzieren. Sie sind ästhetische Medien, die mit den Mitteln der Ästhetik zu historischer Neugier animieren, Problembewußtsein durch Irritation produzieren und am Anfang einer diskursiven Auseinandersetzung mit der Vergangenheit stehen."[97]

Anmerkungen

1 Hermann Lübbe: Der Fortschritt und das Museum, in: ders.: Die Aufdringlichkeit der Geschichte: Herausforderungen der Moderne vom Historismus bis zum Nationalsozialismus, Graz, Wien, Köln 1989, S. 13ff; ders.: Zeit-Verhältnisse. Zur Kulturphilosophie des Fortschritts, Graz, Wien, Köln 1983; ders.: Zeit-Verhältnisse. Über die veränderte Gegenwart von Zukunft und Vergangenheit, in: Zeitphänomen Musealisierung. Das Verschwinden der Gegenwart und die Konstruktion der Erinnerung, hg. v. Wolfgang Zacharias, Essen 1990, S. 40ff; vgl. zum Phänomen der Musealisierung auch die Studie von Eva Sturm: Musealisierung. Motive, Formen, Wirkungen, Berlin 1992.
2 Lübbe, Zeit-Verhältnisse (Anm. 1), S. 9f; vgl. dazu Gottfried Korff und Martin Roth: Einleitung, in: Das historische Museum Labor-Schaubühne-Identitätsfabrik, hg. v. Gottfried Korff, Martin Roth, Frankfurt/M., 1990, S. 9ff; und jetzt Gottfried Korff: Ausgestellte Geschichte, in: Saeculum 43, H. 1 (1992), S. 21ff
3 Lübbe: Veränderte Gegenwart (Anm. 1), S. 40ff.
4 Heinrich Treinen: Ansätze zu einer Soziologie des Museumswesens, in: Soziologie — René König zum 65. Geburtstag, Köln 1973, S. 336ff; Michael Fehr: Müllhalde oder Museum. Endstationen der Industriegesellschaft, in: Geschichte-Bild-Museum. Zur Darstellung von Geschichte im Museum, hg. v. Michael Fehr, Stefan Grohé, Köln 1989, S. 182ff; Wolfgang Zacharias: Zur Einführung. Zeitphänomen Musealisierung, in: ders. (Anm. 1), S. 11; Korff, Roth (Anm. 2), S. 15.
5 Joachim Ritter: Subjektivität. Sechs Aufsätze, Frankfurt/M., 1974, S. 10ff; vgl. dazu Gottfried Fliedl: Testamentskultur: Musealisierung und Kompensation, in: Zacharias (Anm. 1), S. 168.
6 Fliedl (Anm. 5), S. 166ff.
7 Pierre Nora: Zwischen Geschichte und Gedächtnis, Berlin 1990, S. 19f.
8 Ebd.
9 Gottfried Korff: Aporien der Musealisierung. Notizen zu einem Trend, der die Institution, nach der er benannt ist, hinter sich gelassen hat, in: Zacharias (Anm. 1), S. 65; Niklas Luhmann: Das Kunstwerk und die Selbstproduktion der Kunst, in: Delphin 3 (1984) S. 67.
10 Henri Pierre Jeudy: Die Welt als Museum, Berlin 1987, S. 17ff; ders.: Erinnerungsformen des Sozialen, in: Korff, Roth (Anm. 2), S. 107ff; vgl. dazu Gottfried Korff: Die Popularisierung des Musealen und die Musealisierung des Populären, in: Museum als soziales Gedächtnis, hg. v. Gottfried Fliedl, Wien 1988, S. 13.
11 Vgl. den Artikel von Gottfried Korff in diesem Band.
12 Korff (Anm. 10), S. 13.
13 Korff (Anm. 9), S. 66.
14 Eva Sturm: Musifizierung und Realitätsverlust. Musealisierung — Musifizierung: verwandte Begriffe, in: Zacharias (Anm. 1), S. 99ff; Karl-Josef Pazzini: Tod im Museum. Über eine gewisse Nähe von Pädagogik, Museum und Tod, in: Zacharias (Anm. 1), S. 83ff.
15 Sturm (Anm. 14), S. 101.
16 Ebd., S. 112.
17 Korff (Anm. 9), S. 67.
18 Fliedl (Anm. 5), S. 175.
19 Odo Marquardt: Apologie des Zufälligen, Frankfurt/M., 1986, S. 104; Zacharias (Anm. 4), S. 10.
20 Fliedl (Anm. 5), S. 175.
21 Gottfried Fliedl: Die Zivilisierten vor den Vitrinen, in: Gegenstände der Fremdheit, hg. v. Heinz Groppe, Frank Jürgensen, Marburg 1989, S. 33.
22 Bernward Deneke: Realität und Konstruktion des Geschichtlichen, in: Korff, Roth (Anm. 2), S. 70.
23 Krysztof Pomian: Museum und kulturelles Erbe, in: Korff, Roth (Anm. 2), S. 41ff; ders.: Der Ursprung des Museums. Vom Sammeln, Berlin 1988.
24 Korff, Roth (Anm. 29), S. 19.
25 James Clifford: Sich selbst sammeln, in: Korff, Roth (Anm. 2), S. 74.
26 Jeudy, Welt (Anm. 10), S. 20.
27 Deneke (Anm. 22), S. 69.
28 Michael Fehr: Aufklärung oder Verklärung, in: Geschichte sehen. Beiträge zur Ästhetik historischer Museen, hg. v. Jörn Rüsen, Wolfgang Ernst, Heinrich Theodor Grütter, Pfaffenweiler 1988, S. 110.
29 Deneke (Anm. 22), S. 69.
30 Zacharias (Anm. 4), S. 29.

31 Vgl. zu den Prinzipien des historischen Denkens grundlegend Jörn Rüsen: Grundzüge einer Historik, Bd. 1—3, Göttingen 1983—1989.
32 Jörn Rüsen: Historische Vernunft. Grundzüge einer Historik I: Die Grundlagen der Geschichtswissenschaft, Göttingen 1983, S. 20ff.
33 Jörn Rüsen: Für eine Didaktik historischer Museen, in: Rüsen, Ernst, Grütter (Anm. 28), S. 9ff; ders.: Ästhetik und Geschichte. Geschichtstheoretische Untersuchungen zum Begründungszusammenhang von Kunst, Gesellschaft und Wissenschaft, Stuttgart 1976.
34 Gottfried Korff: Kulturelle Überlieferung und mémoire collective. Bemerkungen zum Rüsenschen Konzept der Geschichtskultur, in: Jahrbuch für Geschichtsdidaktik 3 (1991/2): Geschichtskultur, hg. v. Klaus Fröhlich, Heinrich Theodor Grütter, Jörn Rüsen, Pfaffenweiler 1992, S. 51.
35 Vgl. (Anm. 7).
36 Nora (Anm. 7), S. 12f und S. 19; Korff (Anm. 34), S. 51.
37 Maurice Halbwachs: Das kollektive Gedächtnis, Frankfurt/M., 1989; Jan Assmann: Kollektives Gedächtnis und kulturelle Identität, in: Kultur und Gedächtnis, hg. v. Jan Assmann, Tonio Hölscher, Frankfurt/M., 1988, S. 12.
38 Korff (Anm. 34), S. 53.
39 Korff (Anm. 34), S. 57.
40 Pomian, Ursprung (Anm. 23), S. 92.
41 Pomian, Museum (Anm. 23), S. 43f; vgl. zur Konzeption Pomians jetzt Ulrich Raulff: Die Museumsmaschine. Krysztof Pomian spricht über Semiophoren und Mediatoren, in: FAZ v. 30.9.1992.
42 Nora (Anm. 7), S. 26f.
43 Zu einseitig sieht dies Bernward Deneke (Anm. 22), S. 68, der nur die Überreste zu den Museumsobjekten zählt.
44 Deneke (Anm. 22), S. 68f.
45 Arnold Esch: Überlieferungs-Chance und Überlieferungs-Zufall als methodisches Problem des Historikers, in: Historische Zeitschrift, 240 (1985) S. 530f.
46 Esch (Anm. 45), S. 540ff; vgl. hierzu Ulrich Borsdorf, Heinrich Theodor Grütter: Überdachte Fragmentarik — Die Ausstellung „Vergessene Zeiten. Mittelalter im Ruhrgebiet", in: Fröhlich, Grütter, Rüsen (Anm. 34), S. 173ff.
47 Vgl. Anm. 27.
48 Pomian, Museum (Anm. 23), S. 61.
49 Michael Thompson: Theorie des Abfalls, Stuttgart 1982; Fehr (Anm. 4), S. 183f.
50 Pomian, Museum (Anm. 23), S. 62.
51 Fehr (Anm. 4), S. 183f.
52 Pomian, Museum (Anm. 23), S. 42f; ders., Ursprung (Anm. 23), S. 92.
53 Pomian, Museum (Anm. 23), S. 43.
54 Zacharias (Anm. 23), S. 44.
55 Pomian, Museum (Anm. 23), S. 44.
56 Pomian, Ursprung (Anm. 23), S. 94.
57 Walter Benjamin: Das Kunstwerk im Zeitalter seiner technischen Reproduzierbarkeit, Frankfurt/M., 1963, S. 18; Jürgen Franzke: Sakral und schockierend — Die Darstellung historischer Wirklichkeit im Museum, in: Rüsen, Ernst, Grütter (Anm. 28), S. 71.
58 Korff (Anm. 10), S. 16.
59 Korff, Roth (Anm. 2), S. 16ff.
60 Johann Gustav Droysen: Historik. Vorlesungen über Enzyklopädien und Methodologie der Geschichte, Darmstadt ³1950, S. 20; Deneke (Anm. 22), S. 72.
61 Sturm (Anm. 14), S. 44.
62 Deneke (Anm. 22), S. 73.
63 Sigrid Godau: Inszenierung oder Rekonstruktion? Zur Darstellung von Geschichte im Museum, in: Fehr, Grohé (Anm. 4), S. 200; vgl. auch Wolfgang Ernst: Das Imaginäre Dispositiv von Museum und Historie, in: Kult und Kultur des Ausstellens, hg. v. M. Erber-Groiß, S. Heinisch, H. C. Ehalt, H. Konrad, Wien 1992, S. 46ff.
64 Clifford (Anm. 25), S. 99.
65 Sturm (Anm. 14), S. 99.
66 Fliedl (Anm. 5), S. 160ff.
67 Korff (Anm. 9), S. 66.
68 Pomian, Museum (Anm. 23), S. 51.

69 Droysen (Anm. 60), S. 27; Deneke (Anm. 22), S. 74.
70 Deneke (Anm. 22), S. 74f; zum Erzählen als Basisoperation der historischen Sinnbildung vgl. Rüsen (Anm. 31); ders.: Die Rhetorik des Historischen, in: Fehr, Grohé (Anm. 4), S. 113f.
71 Deneke (Anm. 22), S. 79.
72 Vgl. Rüsen (Anm. 70).
73 Hans Robert Jauss: Der Gebrauch der Fiktion in Formen der Anschauung und Darstellung der Geschichte, in: Formen der Geschichtsschreibung, hg. v. Reinhart Koselleck, Heinrich Lutz, Jörn Rüsen, München 1982, S. 41ff; Deneke (Anm. 22), S. 77f.
74 Deneke (Anm. 22), S. 75; auf den diametralen Unterschied zwischen der narrativen Struktur der Geschichtsschreibung und dem „archäologischen" Charakter des Museums hat immer wieder Wolfgang Ernst hingewiesen, zuletzt: Geschichte, Theorie, Museum, in: Erzählen, Erinnern, Veranschaulichen. Theoretisches zur Museums- und Ausstellungskommunikation, hg. v. Gottfried Fliedl, Roswitha Muttenthaler, Herbert Posch, Wien 1992, S. 7 ff.
75 Deneke (Anm. 22), S. 78; Korff, Roth (Anm. 2), S. 21f.
76 Severin Heinisch: Ausstellungen als Institutionen (post) historischer Erfahrungen, in: Zeitgeschichte 15, H. 8 (1988) S. 339; ders.: Objekt und Struktur. Über die Ausstellung als einen Ort der Sprache, in: Rüsen, Ernst, Grütter, (Anm. 28), S. 82f; ders.: Exponierte Geschichte. Zur Struktur des Historischen im musealen Raum, in: Erber-Groiß, Heinisch, Ehalt, Konrad (Anm. 63), S. 41f.
77 Franzke, (Anm. 57), S. 75.
78 Korff, Roth (Anm. 2), S. 22.
79 Godau (Anm. 63), S. 200.
80 Jürgen Steen: Didaktische Aspekte einer Theorie des historischen Museums, in: Geschichte lernen im Museum, hg. v. Annette Kuhn, Gerhart Schneider, Düsseldorf 1978, S. 70; Deneke (Anm. 22), S. 78.
81 Godau (Anm. 63), S. 202.
82 Heinisch, Ausstellungen (Anm. 76), S. 338.
83 Korff, Roth (Anm. 2), S. 23.
84 Ebd., S. 24ff.
85 Godau (Anm. 63), S. 209.
86 Heinisch, Ausstellungen (Anm. 76), S. 330.
87 Raulff (Anm. 41).
88 Godau (Anm. 63), S. 208; Hartmut Boockmann: Geschichte im Museum? Zu Problemen und Aufgaben eines Deutschen Historischen Museums, München 1987, S. 35ff.
89 Heinisch, Ausstellungen (Anm. 76), S. 340.
90 Ebd., S. 339.
91 Godau (Anm. 63), S. 210.
92 Heinisch, Ausstellungen (Anm. 76), S. 339.
93 Zitiert nach Gottfried Korff: Objekt und Information im Widerstreit, in: Museumskunde, 49, H. 2 (1984) S. 91; ders. (Anm. 10), S. 16; Franzke (Anm. 57), S. 78.
94 Franzke (Anm. 57), S. 76; zur ironischen Brechung der Darstellung vgl. Stephen Bann: Das ironische Museum, in: Rüsen, Ernst, Grütter (Anm. 28), S. 63ff.
95 Korff (Anm. 10), S. 17; Korff, Roth (Anm. 2), S. 28.
96 Heinisch, Ausstellungen (Anm. 76), S. 339f.
97 Korff (Anm. 10), S. 18f.

Erhard Klöss

Die Last der Bilder — Geschichte im Fernsehen

I

Die klassischen Medien der Geschichte sind Sprache und Schrift. Gewiß gibt es historische Überlieferung auch durch Bilder: von den Höhlenmalereien über die Heiligenlegenden an den Kirchenwänden bis zu den Comics. Doch in der Regel sind solche Bilder ohne interpretierenden Text für nachfolgende Generationen nur schwer oder gar nicht zu verstehen. Es fehlt ihnen die allgemein verständliche Begrifflichkeit.

Jeder Autor historischer Fernsehsendungen hat es also auf den ersten Blick mit Quellen zu tun, die sich von denen der Geschichtswissenschaft nicht unterscheiden: er schreibt seine Treatments und Drehbücher nach überlieferten Texten und Bilddokumenten. Jeder Autor, Regisseur oder Kameramann stellt nach diesen Quellen Bilder her, von denen er glaubt, daß sie „Geschichte" vermitteln.

Im Idealfall stimmt das — wenn etwa genügend Bilddokumente vorhanden und bereits textlich interpretiert sind. Doch auch da gibt es Probleme.[1] Fehlen solche Bildquellen, so muß der Fernsehmacher sie „erfinden". Er rekurriert dabei auf die Sehgewohnheiten des Publikums, das von sich gewöhnlich annimmt, Fernsehbilder richtig deuten zu können. Kann es das wirklich? Vermag der Zuschauer die Sinnlichkeit der Bilder zu spüren, ihre diffuse Wirkung zu analysieren, die von ihm empfundenen höchst subjektiven Bildeindrücke in den Kontext der Sendung wirklich richtig einzuordnen? Ohne Text, ohne die sprachliche Interpretation der Bilder wird er in der Regel nicht auskommen. Bedenkenswert bleibt daher, was McLuhan schon vor dreißig Jahren gesagt hat: daß das Medium eigentlich die Botschaft sei und nicht der Film, den es ausstrahle. Es sei völlig gleichgültig, was die Bilder aussagten, die Reihung der Bilder, ihre Präsentation, ihre bloße Erscheinung auf dem Bildschirm sei das Faszinierende.[2]

Man kann getrost noch immer davon ausgehen, daß jeder Mensch jedes Bild anders sieht und es in höchst unterschiedlicher Weise interpretiert. Er muß diese Arbeit oft in Bruchteilen von Sekunden tun. Es kommt also darauf an, *wie* die Bilder arrangiert werden.[3]

Der Fernsehmacher will eindeutige Bilder liefern und versucht das durch Manipulationen bei der Kameraführung, durch den Schnitt, bei der Vertonung. Er erreicht dadurch, daß seine Bilder eindeutiger werden, aber er kann auch dann niemals ausschließen, daß er mißverstanden wird.

Aus einer sehr komplexen Zahl von Fernsehbildern soll der Zuschauer einen Sinn herausfiltern, die Bildfolge verstehen. Bei diesem Rezeptionsprozeß bleiben – unbewußt oder bewußt – diejenigen Bilder im Gedächtnis haften, die er am leichtesten begreift. Bilder, mit denen er gar nichts anzufangen weiß, verarbeitet und speichert er also auch nicht: da er sie nicht versteht, ignoriert er sie. Verständnislücken entstehen, das „selektive Wahrnehmungsvermögen" führt zu Mißverständnissen.

II

„Es liegt in der gattungsspezifischen Eigenart eines jeden Porträts, daß es einen hohen Anspruch auf Authentizität erhebt: es will die Person, die es darstellt, so zeigen, wie sie eigentlich ist – beinahe wie ein Spiegelbild", schreibt Luca Giuliani.[4] Wir blicken bei dem Betrachten eines Porträts hindurch auf den Menschen, dessen Bildnis wir ansehen.

Nichts anderes tut der Fernsehautor.

Nun ist – nach Giuliani – die Betrachtung der verschiedenen Bilder stets auch Identifikation. Sehen wir zum Beispiel die Büste des Pompejus in einem historischen Film, so identifizieren wir ihn als einen offensichtlich berühmten Mann, der es verdient hatte, von einem Bildhauer verewigt zu werden. Wir kennen diesen Mann auch aus den Werken jener, die über ihn geschrieben haben. In erster Linie vertrauen wir aber der Wissenschaft, die uns mitgeteilt hat, daß diese Büste und keine andere den Pompejus darstelle.

Nun kommt es vor, daß Wissenschaftler sich täuschen. Giuliani erzählt weiter, Curtius habe 1931 das Bildnis des Pompejus als Karikatur gedeutet. Der Gelehrte wollte dem Betrachter „einen möglichst spontanen und durch keinerlei wissenschaftliches Vorwissen belastete Zugangsmöglichkeit" eröffnen. Er benutzte dazu jedoch untaugliche Mittel – er berief sich z. B. auf Lavaters anfechtbare Arbeiten über die Physiognomik. Andere Wissenschaftler widerlegten Curtius und teilten mit, daß Pompejus sich aus Propagandazwecken und keineswegs widernatürlich, also schon gar nicht als Karikatur habe abbilden lassen.[5]

Wie aber hätte Curtius geurteilt, wenn er nicht die Originalbüste des Pompejus sondern einige Einstellungen aus einer Fernsehsendung zur Begutachtung als einzige Quelle vorgefunden hätte? Denn in der Praxis des Fernsehens – auch gelegentlich bei der Produktion historischer Sendungen – werden die Bilder in der Regel recht bedenkenlos hergestellt oder auch wiederverwendet, wenn sie als Film bereits vorliegen.[6] Ein Objekt wird in allen möglichen Stellungen abgebildet, und diese Einstellungen erhalten damit einen bestimmten „Rezeptionswert". Für den Historiker stellt die historische Bildquelle ein hermeneutisches Problem dar, es gehört zu seinem Handwerk, Bilder zu bestimmen und zu interpretieren. Der Fernsehautor verläßt sich darauf, daß das Bild „stimmt" und interpretiert es, indem er es durch Lichteffekte und/oder Bewegungen (Kamerafahrten, Schwenks, Gebrauch unterschiedlicher Optiken etc.) verändert. Er schafft neue Bilder und montiert sie zu einer Reihe, die aus einer einzigen Bildquelle hergestellt wurde. Er macht aus der statischen Vorlage Fernsehbilder, die sich wie ein Film bewegen. Damit will er nicht nur „Spannung" erzeugen, er will auch Betrachtungsweisen vorgeben und eine bestimmte Wirkung beim Zuschauer erzielen. Das ursprünglich vielleicht eindeutige Bild wird ein Fernsehbild mit zusätzlichen Dimensionen.

All dies gilt für historische (und freilich auch für andere) Fernseh*dokumentationen*. Es gibt aber auch noch eine andere Art, vergangene Realität auf den Bildschirm zu bringen: die historische Spielszene. Der Fernsehmacher konstruiert aus literarischen Quellen eine dramatische Spielhandlung. Die historischen Fakten oder Prozesse werden durch Schauspieler vermittelt. Auch hier passiert, was Giuliani für das Kunstwerk konstatiert: der Zuschauer sieht in dem Schauspieler nicht den Darsteller des Pompejus, sondern Pompejus.

Im Grunde gleichen sich daher Dokumentation und szenische Darstellung. Dennoch gibt es entscheidende Vorbehalte gegen Spielszenen in historischen Fernsehsendungen: Einmal werde die Information über Geschichte ebenso wie die Interpretation der Ereignisse den Akteuren in den Mund gelegt. Sie transportierten sowohl Nachricht wie Kommentar – und das verstoße angeblich schon a priori gegen die guten Sitten in der öffentlichen Kommunikation. Zum anderen verführe die leibhaftige Person des Schauspielers zu stärkeren Identifikationen mit der Gegenwart. Aber da gehen dann die Meinungen schon auseinander: die einen meinen, man müsse die Gestalten so zeigen, wie sie aus den Quellen sprechen, die anderen verlangen eine Figur, die bereits dem jeweiligen Stand der Rezeptionsgeschichte entspricht, dritte schließlich fordern sogar eine pragmatisch-politische Interpretation.

Diese Vorbehalte spiegeln das Dilemma des Fernsehautors wider: er muß sich entscheiden, und er muß sich darüber im klaren sein, daß er es nur einem Teil seiner Zuschauer und Kritiker recht machen kann.

Die szenische Darstellung macht Konzessionen an das Publikum. Sie setzt auf das Erinnerungsvermögen, auf das Wiedererkennungspotential, auf die Gefühle des Zuschauers. Sie ist nur in seltenen Fällen distanziert genug, um eine Analyse sine ira et studio zu erlauben. Die Personalität des Schauspielers sorgt dafür, daß die historische Person eine menschliche Dimension gewinnt. Die Folge: ein guter Schauspieler vermag die Zuschauer viel intensiver zu beeinflussen als eine Stimme aus dem Off in einer Dokumentation.

III

Geschichte im Fernsehen kann also nicht die Aneinanderreihung dessen sein, was an Quellen, an Bauten und Ruinen, an archäologischen Funden oder Rekonstruktionen übrig geblieben ist. Eine solche Dokumentation wäre höchstens eine Art Lichtbildervortrag. Geschichtliche Fernsehsendungen sind größere oder kleinere dramatische Unternehmungen. Sie erzählen eine Geschichte, sie benutzen dazu echte (Quellen) oder assoziative (phantasiegeborene) Bilder, sie bedienen sich der szenischen Darstellung, um aus literarischen Texten ventilierte historische Sachverhalte darzustellen. Sie versuchen, Geschichte für viele verständlich zu machen und zu interpretieren, ohne (etwa in dem uns wohlvertrauten Stil des 19. Jahrhunderts) zu historisieren. Die Gefahr der Historisierung ist immer gegeben, sie ist die ästhetische Problematik jeder historischen Fernsehsendung. Die Ästhetik des Bildes darf daher nicht zum Selbstzweck werden wie in den Kulturfilmen früherer Zeiten.

Autor, Regisseur und Redakteur wählen, in der Praxis oft Formen, die dem Historiker zu gewagt, ja oft zu unseriös erscheinen. Das heißt jedoch nicht, daß Historiker und historische Wissenschaft nicht gebraucht würden. Sie müssen die Daten und Fakten bereitstellen, die Interpretationen überprüfen, Forschungsergebnisse bekannt geben. Die historische Wissenschaft übt eine Art Kontrollfunktion aus. Sie sollte sich aber hüten, rigide Darstellungsformen zu fordern. Geschichte im Fernsehen ist nicht immer und nicht ausschließlich nur historische Information. Sie muß spannend dargeboten werden und dadurch das weitgehend an Geschichte nicht interessierte Publikum zur Rezeption motivieren. Gespräche mit Zeitgenossen, Meinungen über vergangene Zeiten, Anekdoten, Spuren historischer Vorgänge in der Nachbarschaft – all das und vieles mehr kann Geschichte im Fernsehen auch für den Zuschauer interessant machen, der sonst mit der Historie nichts im Sinn hat. In ihrer redlichsten und ästhetisch ansprechendsten Art sollen die Sendungen stets jedoch faire Interpretation sein. So gesehen ist Geschichte im Fernsehen dialektisch; sie pendelt immer zwischen Nonfiction und Fiction – im besten Fall wird sie „Faction", eine Mischung aus den Ergebnissen historischer Forschung, sorgfältiger (journalistischer) Recherche und phantasiereicher dramaturgischer (Bild-)Gestaltung.

IV

Es bedarf der Phantasie, die „vergangene Gegenwart" lebendig zu rekonstruieren. Kommt der Fernsehautor frisch aus einem historischen Seminar, braucht er eine Weile, um sich vom wissenschaftlichen Perfektionismus so weit zu lösen, daß er die dem Medium Fernsehen gemäßen Darstellungsformen von Geschichte anwenden kann. Er muß jetzt lernen, die in seinem Kopf entstandenen Vorstellungen von Geschichte durch Bilder öffentlich zu machen. Und er muß dies auch bei den Ereignissen und Prozessen, von denen es gar nichts mehr gibt, was abzubilden wäre. Er muß neue Bilder schaffen, Fernsehbilder produzieren.

Da nun beginnt die „Last der Bilder" in der Praxis. Das Fernsehbild ist immer manipulierte Realität. Die historische Bildquelle allein genügt nicht, eine Annäherung an das Leben in der Vergangenheit zu finden, eine *historische* Realität auf dem Bildschirm zu schaffen. Auch sie bedarf der Manipulation. Allerdings einer verantwortungsvollen Manipulation: denn der Fernsehmacher muß auf die Erkenntnisse historischer Forschung zurückgreifen, und er wird, wenn er sich als Dokumentarist, gleichsam als „Fernsehhistoriograph" versteht, ideologischen Fußangeln zu entgehen versuchen. Was dann als historische Dokumentation mit oder ohne szenische Einlagen über den Bildschirm läuft, ist eine Reihung aus historischen Quellen und Motiven aus der Gegenwart. Seine Wirkung bezieht der historisch-dokumentarische Fernsehfilm aus dieser Mischung. Der Zuschauer „assoziiert" sozusagen Geschichte. Er sieht im Fernsehen nicht Vergangenheit, wie sie gewesen ist — er nimmt nur eine Möglichkeit historischer Interpretation wahr.

Anmerkungen

1 Vgl. Erhard Klöss: Die Ästhetik des Klammerteils oder: Nur Wochenschau ist schöner als Krieg. In: Journal für Geschichte 3 (1983), S. 20-25.
2 Vgl. Marshall H. McLuhan: The medium is the Message, 1967 (deutsch: Das Medium ist die Message. Frankfurt, Berlin 1969).
3 Werner D. Fröhlich (Hg.): Die verstellte Welt. Beiträge zur Medienökologie, Frankfurt a.M. 1988. Besonders: Karl H. Pribram: Wirklichkeit zwischen Wiedererkennen und Wiedererinnern, S. 34—59.
4 Luca Giuliani: Bildnis und Botschaft. Hermeneutische Untersuchungen zur Bildniskunst der römischen Republik, Frankfurt a.M. 1986, S. 11.
5 Vgl. ebd. S. 14 f.
6 Vgl. Klöss (Anm. 1).

Hannelore Schäfer

Die eigene Geschichte —
Rückblick auf eine Fernsehserie

Abb. 11: „Die Frauen haben viel geleistet. Ganz egal, ob es nun im Bombenkrieg war, am Ende des Krieges oder bei der Enttrümmerung. Denn die Hauptlast haben ja die Frauen getragen. Die Männer waren ja zum größten Teil noch weg. Und da haben auch die Frauen, zumindest die jüngeren, zum erstenmal gemerkt, daß es eben auch ohne Männer ganz gut geht." (Walli F.)

Am intensivsten erinnere ich mich an den Anfang: Februar 1978, West-Berlin, Recherchen für meinen ersten Film innerhalb der „Eigenen Geschichte", Thema: „Trümmerfrauen". 2 Wochen lang fuhr ich kreuz und quer durch die mir damals unbekannte Stadt. Täglich mindestens 2 Termine mit Frauen, die nach dem 2. Weltkrieg geholfen haben, im völlig zerbombten

Berlin den Schutt wegzuräumen. Namen und Adressen hatte ich durch eine Annonce in der BZ. Zwar gab es (gibt es ihn noch?) den „Club ehemaliger Trümmerfrauen", doch die Vorsitzende hatte ungeahnte Schwierigkeiten gemacht — sie wollte bestimmen, mit wem ich sprechen könnte und mit wem nicht. Also — Suche auf eigene Faust. Und es klappte! Erstaunlich viele meldeten sich auf die Anzeige. Frauen aus ganz unterschiedlichen Verhältnissen: Arbeiterinnen, Angestellte, Hausfrauen, einige inzwischen Rentnerinnen. Die meisten besuchte ich. Tagtäglich unterwegs mit dem Taxi, der U-Bahn, dem Bus zu meinen Verabredungen in die Bezirke Rudow, Spandau, Neukölln, in Märkische Viertel, zum Wedding, nach Kreuzberg und nach Charlottenburg. Ich kam in Neubausiedlungen, Hinterhöfe, alte Villen, Altersheime. Immer wieder Treppen steigen. Immer wieder fremde Gesichter, fremde Wohnzimmer. Immer wieder sich einlassen auf fremde Lebensgeschichten. Anstrengende Wochen. Aber auch aufregende. Ich lernte die verschiedenen Typen von Frauen kennen: Schüchterne, die ganz allmählich erst Zutrauen faßten und sich öffneten. Andere, die sofort loslegten und kein Ende finden konnten. Einsame, die einfach nur reden wollten und aufleben, weil jemand bereit war, ihnen zuzuhören. Vom Leben Enttäuschte, Verbitterte, die nur die schlechten Seiten sahen. Schlagfertige, mit der berüchtigten Berliner Schnauze, mit viel Sinn für Realismus und viel Mut, das Leben so zu nehmen, wie es kam. Und — ich hörte Geschichten: Vom Kriegs-Ende in Berlin, von den letzten Tagen — versteckt in den Kellern — bevor die Russen kamen und der Angst vor ihnen und den Vergewaltigungen. Und von der Zeit danach, als es ums pure Überleben ging. Darum, etwas Eßbares aufzutreiben und Brennbares für den Ofen und Material, mit dem man die Wohnungen wenigstens notdürftig reparieren konnte. Erinnerungen an die Hoffnungslosigkeit angesichts der maßlosen Zerstörung ringsherum, aber auch an die Hoffnungen, die man hatte, daß nun alles besser würde, zumindest sei der Krieg vorbei, und sie waren noch junge Frauen damals, die endlich richtig leben wollten.

Am Ende der beiden Wochen war ich erschöpft — vom Zuhören, vom Eintauchen in die vielen fremden Leben. Und — ich war ratlos. Das, was ich erfahren hatte, bot Stoff genug für mehrere Filme. Wie sollte ich jetzt vorgehen? Nach welchem Prinzip sollte ich die Personen für meine 45-Minuten-Sendung auswählen? Für welche und wieviele der Frauen sollte ich mich entscheiden? Schließlich ging ich — ganz bewußt — rein nach Gefühl vor. Als Protagonistinnen für den Film wählte ich diejenigen, zu denen ich den besten Kontakt hatte. Nicht gerade ein wissenschaftliches Verfahren — aber auf einen repräsentativen Überblick kam es mir auch gar nicht an. Und — da ich den Frauen wirklich Gelegenheit geben wollte, ihre „eigene" Geschichte ausführlich und in Ruhe erzählen zu können, wählte ich aus der relativ großen Zahl der „Anwärterinnen" außerdem nur eine sehr kleine aus. Für den Film „Trümmerfrauen" waren es vier; für den zweiten Film (zum Glück konnte ich das in der Redaktion durchsetzen) nur zwei Frauen. Die Beiträge „als der Krieg zu Ende ging" und „Trümmerfrauen" wurden im August 1978 im III. Fernsehprogramm des Norddeutschen Rundfunks/Radio Bremen und des Senders Freies Berlin ausgestrahlt — als Folge 2 und 3 der Reihe „Die eigene Geschichte".

Ein Jahr zuvor, 1977: Eine junge Autorin, Absolventin der West-Berliner Film- und Fernsehakademie, war zu mir in die Redaktion gekommen; sie wollte einen Film machen über „Frauen im Widerstand". Das Entscheidende an ihrem Vorschlag war — es sollten keine prominenten Frauen sein, keine mit einem berühmten oder bekannten Namen. Sie hätte — so erzählte sie mir — in Berlin zwei Frauen kennengelernt, die sich eigentlich nicht durch besonders heroische Aktivitäten hervorgetan, keine Heldentaten vollbracht hätten, aber — die sich zur Wehr gesetzt haben gegen das Hitler-Regime, ganz im Kleinen. Sie hatten Pässe übergeben, Flugblätter verteilt, den Familien von inhaftierten Kommunisten und Sozialdemokraten heimlich Lebensmittel gebracht: Lautloser Widerstand. Damals Tätigkeiten, die das Leben kosten konnten.

Der Gedanke, diese mutigen, unbekannten zwei Frauen im Fernsehen erzählen zu lassen, gefiel mir spontan. Das Problem war nur: In der Hauptabteilung des III. NDR-Fernsehprogramms, in der ich arbeite — damals hieß es „Kursus- und Bildungsprogramm" — wurden zu der Zeit fast ausschließlich Serien produziert, Einzelsendungen waren eine seltene Ausnahme. Ich mußte mir also ein Konzept für eine Reihe ausdenken, in die der Beitrag über die „Frauen im Widerstand" thematisch und formal hineinpaßte. Der Vorschlag der Autorin: Eine Serie über Frauen, „Frauen-Geschichten" sozusagen. Das wollte ich unter keinen Umständen (obwohl, von heute aus nachgerechnet, die Protagonisten sicher der Hälfte der insgesamt 50 Filme Frauen sind!). Mir schwebte etwas anderes vor: Eine Abfolge von Sendungen, in denen es um deutsche Geschichte ging, möglichst um vergessene oder unbekannte Kapitel unserer jüngeren und jüngsten Vergangenheit, erzählt von Menschen, die dabei waren.

Inspiriert dazu hatte mich sicher die bereits bestehenden Fernseh-Reihen „Zeugen der Zeit" und „Zeugen des Jahrhunderts". Hier gab jedoch ausschließlich die Prominenz den Ton an, Etablierte aus Politik, Wirtschaft, Kirche und Kultur. Bei uns im III. Programm, sollte die schweigende Mehrheit, der Normal-Bürger, zu Wort kommen, Menschen, die sonst — jedenfalls im Jahr 1977 — so gut wie nie Gelegenheit hatten, sich öffentlich zu äußern. Heute ist das ein alter Hut. Solche Sendungen gibt es inzwischen en masse. Und Begriffe wie „Geschichte von unten" und „oral history" sind längst Allgemeingut — damals hatten wir alle noch nie davon gehört.

Die Produktion über die „Frauen im Widerstand" wurde also begonnen, der Film allerdings nur unter größten Schwierigkeiten und erst 2 Jahre später fertiggestellt; es war zu Differenzen gekommen mit der Berliner Autorin. Immerhin: Sie hatte den Anstoß gegeben zu einer Reihe von Filmen, in denen weitgehend unbekannte Kapitel der Geschichte erzählt werden von sogenannten kleinen Leuten: Lebensgeschichte als Zeitgeschichte. Wir gaben der

Serie den Titel „Die eigene Geschichte" — eine Erfindung übrigens von dem Hamburger Schriftsteller Christian Geissler, mit dessen Film über „Flakhelfer" die Reihe im März 1978 begann.

Abb. 12   Christian Geissler im Gespräch mit seiner Mutter.
Über die Zeit als, er ein 17jähriger Schuljunge, Flakhelfer war.
Die eigene Geschichte: „Flakhelfer"

„Flakhelfer" stellte für mich den Idealfall der „Eigenen Geschichten" dar. Erstens: weil der Autor, Christian Geissler, selbst Flakhelfer war, also aus eigener Erfahrung und Betroffenheit erzählen und fragen konnte. Zweitens: weil sämtliche seiner Interviewpartner, andere ehemalige Flakhelfer, aus seinem Freundes- und Bekanntenkreis stammen, und sich von daher eine sehr persönliche und vertraute Gesprächssituation ergibt. Drittens: weil der Hauptteil des Films aus einer langen Unterhaltung zwischen Geissler und seiner Mutter besteht — eine ganz private Auseinandersetzung mit diesem Thema also. Ein Glücksfall, wie gesagt.

Die anderen Autoren, die an dieser Sendereihe mitarbeiteten, und ich hatten es da schwerer. Für uns war immer und an erster Stelle das Problem, den oder (die) richtigen Zeitzeugen zu finden. Wie z. B. kommt man an Namen und

Die eigene Geschichte — Rückblick auf eine Fernsehserie 199

Adresse von jemandem, der 1920 in den Reihen der „Roten Ruhrarmee" mitgekämpft hat? Oder — zur Zeit der Weimarer Republik — Mitglied bei der Internationalen Arbeiterhilfe, der IAH, war? Oder der — ebenfalls in den 20er Jahren — als Zionist nach Palästina ausgewandert ist? Oder — wie findet man eines jener deutschen „Fräuleins", das sich — Ende des 2. Weltkriegs — einen „Ami" geangelt hatte?

Abb. 13: „Dann stehen wir auf dem Bahnhof von Herleshausen.
Wir können nicht sprechen. Der Schrecken fällt von uns.
Menschen winken uns zu, sagen uns liebe Worte.
Wir können es nicht so schnell fassen: Wir sind wieder daheim".
Herr S., 1955 mit seinen beiden Töchtern. Die eigene Geschichte:
„Späte Heimkehr".

Nachdenken — Herumhören — unzählige Telefonate: Wer kennt jemanden? Wer könnte weiterhelfen? Welche Institution oder Organisation könnte Tips oder Hinweise geben? Wenn nichts mehr ging und niemand weiter wußte, versuchten wir es mit einer Zeitungsannonce. Mit unterschiedlichem Erfolg, versteht sich. Um Gesprächspartner für den Film über „Spätheimkehrer" zu finden (jene deutschen Kriegsgefangenen, die erst 1955/56 aus Sibirien in die Heimat zurückkehrten, nach dem Besuch Adenauers in Moskau), habe ich z. B. im Laufe von 2 Jahren immer wieder inseriert.

Die Suche nach den Protagonisten ist das Schwierigste und Zeitaufwendigste bei dieser Art des Filmemachens. Zugleich aber auch das Wichtigste, vor allem das Spannendste. Man lernt Leute kennen, die man sonst nie kennengelernt hätte. Hört Lebensgeschichten, von denen man sich nichts hat träumen lassen. Erfährt, was aus keinem Geschichtsbuch zu erfahren ist oder dort oft ganz anders dargestellt wird. So richtig klar geworden ist mir das zum ersten mal bei den Recherchen zu dem Film über Arbeitersportler. Wie üblich hatte ich mich zunächst in der einschlägigen Fachliteratur kundig gemacht. Als ich dann aber mit ehemaligen Arbeitersportlern sprach, stellte sich heraus, daß das, was sie erzählten, mit dem, was ich gelesen hatte, keineswegs übereinstimmte. Es war nicht zu übersehen: die Fachliteratur war aus der Sicht hoher Sportfunktionäre geschrieben und nicht aus der der einfachen Mitglieder. Und vieles, was eben diese einfachen Mitglieder berichteten, kommt in den Büchern überhaupt nicht vor. Damals begriff ich, was es bedeutet: Geschichte von unten.

Und noch etwas ist mir bei der Arbeit an dieser Reihe klar geworden: Bis dahin hatte ich mich mit historischen Stoffen noch nie beschäftigt, fand keinen Zugang zu solchen Themen, sie waren mir zu dröge, interessierten mich einfach nicht. Das hatte sich nun mit einem Schlag geändert! Und warum? Weil wir versuchten, Geschichte über Menschen zu vermitteln. Ganz normale Menschen, in einem ganz normalen Zuhause, mit ganz normalen Gesichtern. Leute also, mit denen man sich identifizieren kann. Und auf einmal war das, wovon sie erzählten und was heute ein Stück Zeitgeschichte ist, nichts Abstraktes mehr oder gar Verstaubtes, sondern ganz im Gegenteil etwas sehr Lebendiges. Und dadurch, daß diese Menschen nicht Rücksicht nehmen mußten auf ihr Image, ihre Partei oder sonst was, waren ihre Erinnerungen obendrein sehr offen und sehr persönlich. Manchen fiel das Reden schwer, sie kämpften mit ihrer Sprache und den Gefühlen, die aufstiegen beim Zurückdenken an früher. Andere waren überaus wortgewandt, witzig, ihre Schilderungen bilderreich, voller Anekdoten und Details. Natürlich steckt eine Gefahr in der Methode der „oral history": die Heroisierung. Das war uns schon bewußt. Und wir wollten diese Menschen auch nicht zu Helden hochstilisieren. Aber: Wir nahmen sie ernst, haben sie darin bestärkt, daß jeder von ihnen seine unverwechselbare, seine „eigene" Geschichte hat. Wobei ich für mich zugeben muß: Ein bißchen waren sie schon auch Helden für mich, Alltagshelden.

Abb. 14: „Mein Vater war Sozialdemokrat und er sagte: Wenn du Sport treiben willst, wir haben Arbeitersportvereine, du gehst in einen Arbeitersportverein, du gehst in „Fichte". Und ich hab' mich da auch wohlgefühlt, weil man immer wußte, wo man hingehen konnte. Das hat einen davon abgehalten, vielleicht in 'ne Kneipe zu gehen und zu trinken."
Herr B. (Bildmitte).
Die eigene Geschichte: „Mitglied im Arbeitersportverein"

Aus den Erzählungen, den Erinnerungen der Protagonisten besteht der größte Teil des Films. Vom Optischen her, formal gesehen also nicht Sensationelles. Es tut sich nicht viel, so etwas wie „action" gibt es nicht. Das wurde gelegentlich auch als Einwand erhoben gegen „Die eigene Geschichte". Es handele sich hier wohl eigentlich eher um Sendungen für den Hörfunk hieß es. Wir waren anderer Ansicht. Wir fanden diese Erzählform durchaus „fernsehgerecht". Denn — tut sich wirklich nichts? Ist das nicht „Bewegung" oder „action", wenn Menschen dasitzen und sich erinnern und man zusehen kann, was sich auf ihren Gesichtern abspielt, wie ihre Züge sich verändern, wie bei Zurücksteigen in die Vergangenheit mal Trauer, mal Nachdenklichkeit, Freude oder Angst sichtbar werden? Gewiß, man muß sich darauf einlassen, Interesse an Menschen haben, Geduld aufbringen — sonst sind diese Filme in der Tat eintönig.

Ergänzt werden die Aussagen der Zeitzeugen durch Dokumente: Archiv- und Amateurfotos, Spielfilm- und Wochenschaumaterial. Damit sollten einerseits die Erzählungen veranschaulicht werden. Sie dienten aber auch dazu, bestimmte Informationen zu transportieren: Bildlicher Hintergrund für einen historischen Kommentar. Im Laufe der Jahre allerdings haben wir über diese zweite, historische Ebene und die Verwendung des Dokumentarmaterials immer wieder nachgedacht. Vor allem fiel uns auf, wie unkritisch wir fast immer Sequenzen aus den Nazi-Wochenschauen verwendet haben. Auf sämtliche Dokumente verzichten wollten wir jedoch auch nicht. Denn diese alten Filme und Fotos tragen in ganz entscheidendem Maße dazu bei, das Klima einer Zeit heraufzubeschwören. Wir gingen aber allmählich dazu über, die Kommentar-Teile zu reduzieren, die sogenannte zweite., die historische Ebene auf ein Minimum herabzusetzen. Und soweit wie möglich und vorhanden benutzten wir jetzt nur noch Privatfotos der Protagonisten oder andere, ganz persönliche Materialien von ihnen.

In dem Film über Charlotte Salomon z. B. wird das Leben einer jungen jüdischen Malerin, die in Berlin aufgewachsen ist und 1939 nach Südfrankreich zu ihren Eltern emegriert, 1943 nach Auschwitz deportiert wurde und dort ums Leben kam — dokumentiert durch ihre eigenen Bilder. Zwischen 1940 und 1942 hatte Charlotte Salomon ihr ganzes Leben — im wahrsten Sinne des Wortes — aufgezeichnet.

Abb. 15: „Es war Sommer, es gab Himmel und Meer und etwas anderes sah ich nicht. Alle Menschen wurden mir zuviel. Ich mußte noch weiter in die Einsamkeit, ganz fort von allen, dann könnte ich vielleicht finden — was ich finden mußte: nämlich mich selbst: einen Namen für mich und so fing ich 'Leben oder Theater?' an. Der Krieg tobte weiter, und ich saß da am Meer und sah tief hinein in die Herzen der Menschen. Ich war meine Mutter, meine Großmutter, ja, alle Personen, die vorkommen in meinem Stück, war ich selbst."
Charlotte Salomon in „Leben oder Theater". Ein Singspiel.
Die eigene Geschichte: „Heben Sie es gut auf, es ist mein ganzes Leben — Das Leben der Charlotte Salomon, August 1940—1942

Eine andere Möglichkeit, das Dokumentarmaterial zu ersetzen, war die Inszenierung. Dreimal haben wir uns auf solche Experimente eingelassen („Ich, Susanne Erichsen, Miss Germany 1950", „Die Geldverdienerin", „Hollywood im Sauerland"). Das Problem war nur: So etwas kostete viel Geld, und das hatten wir nicht, und es wurde auch immer weniger, so daß wir schließlich auf solche „Extravaganzen" verzichten mußten. Aber — was am Anfang als sogenannte zweite, „objektive", historische Ebene gedacht war, der Dokumentarteil, fiel schließlich ganz weg. Wir konzentrierten uns jetzt ausschließlich auf die persönliche, eben auf die „eigene" Geschichte der Protagonisten. Erst nach Jahren der Erfahrung war uns aufgegangen — auch die Lebensgeschichte eines Einzelnen ist „Geschichte". Wir brauchten also gar nicht den — vor allem bei einer Sendelänge von 45 Minuten — ohnehin unsinnigen Versuch zu unternehmen, vollständig sein zu wollen.

Zumal sich Vollständigkeit, geschweige denn Objektivität mit dieser Methode des Filmemachens gar nicht erzielen läßt. Das kommt schon durch die Auswahl der Leute — vorwiegend Arbeiter, kleine Angestellte — das kommt aber auch durch die Anzahl der Leute: ein, zwei, drei, höchstens vier Personen. Möglichst wenige, damit jeder ausreden kann, keiner sich als Stichwortgeber benutzt fühlt. Aber auch, damit die Zuschauer mit den Protagonisten vertraut werden, Anteil nehmen können. Um es ganz deutlich zu sagen: „Die eigene Geschichte" ist keine Serie, in der Geschichte streng didaktisch aufgearbeitet wird, kein Schulunterricht im Fernsehen. Das zeigt sich besonders an der unsystematischen Abfolge der Themen. In den ersten Jahren ging es kreuz und quer und kunterbunt durch die Zeitgeschichte, die Jahre zwischen 1. Weltkrieg und Währungsreform 1948. Inzwischen hatten wir einen festen Sendeplatz, einmal monatlich, 10 Termine im Jahr. Jetzt suchten wir einen Schwerpunkt, bündelten die Themen. Zwischen 1983 und 1985 z. B., drehten sich alle Folgen um die Ära Adenauer, um Ereignisse und Erzeugnisse aus der Zeit des Wirtschaftswunders. Zum Beispiel den VW-Käfer oder das Mädchen Rosemarie, die Schwabinger Krawalle oder die Bewegung

„Kampf dem Atomtod!", die erste Miß Germany oder die letzten Kriegsgefangenen.

Besser konnte man dem Ausland nicht signalisieren, daß man von dem süßen blonden Nazi-Mädel mit dem Opferblick Abschied genommen hatte. Die neue Traumfrau Susanne Erichsen war der lebende Beweis dafür, daß aus einem Volk von Hitler-Hörigen strebsame Bürger geworden waren, die, wie Thomas Mann beschreibt, „... unter seinem mit Recht als lebensklug bewunderten Bundeskanzler leben, vergessen, genießen, Geschäfte machen ...". Susanne Erichsens Name und Gesicht wurde bald bekannt wie ein Markenartikel und jeder deutsche Haushalt kannte sie.

Abb. 16: Die eigene Geschichte: „Ich, Susanne Erichsen" — Miß Germany 1950.

Unstimmigkeiten wegen bestimmter Themen gab es innerhalb der Redaktion so gut wie gar nicht und mit der Leitung des Hauses nur gelegentlich. Immer dann zum Beispiel, wenn es um ein Kapitel aus der Arbeiterbewegung ging, wollte man höheren Ortes Genaueres wissen, welche Leute in den Filmen auftreten sollten – vor allem, welcher Partei sie angehören. Über das Projekt „Arbeiterkabarett" wurde wieder und wieder und hin und her diskutiert, aber verboten wurde am Ende keines der Vorhaben, auch keine Filme abgesetzt, obwohl zum Beispiel der über „Die Rote Ruhrarmee" dem Intendanten sichtlich Unbehagen bereitet hat. Bis zum Schluß wurde sorgsam darüber gewacht, daß nicht zu oft und nicht zu viele Kommunisten in den Beiträgen zu Wort kommen. Ebenso war eine gewisse Ängstlichkeit spürbar, einer der Protagonisten könne sich allzu kritisch über die Entwicklung in der Bundesrepublik äußern. Wirklich behindert haben alle diese Auseinandersetzungen die Arbeit jedoch nicht.

Fast genau 10 Jahre haben wir an der Reihe „Die eigene Geschichte" gearbeitet und insgesamt 50 Beiträge produziert. Der Sendeplatz hat sich mehrmals geändert während dieser Zeit, dementsprechend auch die Einschaltquoten. Im Durchschnitt lag die Sehbeteiligung bei 3 bis 4 %; für das III. Fernsehprogramm eine durchaus gute Resonanz. Ganz unerwartet aber war das schriftliche Feedback der Zuschauer. Da kamen, außer Anrufen, die üblichen Karten und Briefe, Zuschriften von Leuten, die sich geärgert hatten über einen Film, oder denen er gefiel. Da waren die gewohnten Bitten um Manuskripte oder Literaturhinweise oder Anschriften der Protagonisten. Die meiste Post, die einging, aber sah so aus: Da hatten Leute ihre eigene Lebensgeschichte zu Papier gebracht, Erlebnisse und Erfahrungen als „Flakhelfer" z. B., als „Trümmerfrau", als „Spätheimkehrer", als „Mitglied im Arbeitersportverein" und so fort. Manchmal auf einigen Seiten, oft waren es dicke Manuskripte, Tagebücher, Lebensberichte – festgehalten für die Enkel oder um endlich von der Vergangenheit loszukommen. Zum Teil stammten die Schilderungen auch aus dem Leben der Eltern oder der Großeltern oder eines Nachbarn oder eines Bekannten. Gelegentlich hatten die Niederschriften gar nichts mit dem gerade eben ausgestrahlten Film zu tun, gingen auf ganz andere zeitgeschichtliche Ereignisse ein, von denen die Zuschauer meinten, daß auch darüber im Fernsehen einmal berichtet werden sollte. Tips gewissermaßen für zukünftige Sendungen.

Ich habe mich oft gefragt, was wohl hinter dieser Schreibfreudigkeit stecken mag. Eine Art Exhibitionismus? Oder war es so etwas wie ein Vertrauensbeweis für uns, die Filmemacher? Fühlten die Menschen vor den Fernsehschirmen sich deshalb unmittelbar angesprochen, weil die Sendungen ihnen mitteilten, auch sie, die „kleinen" Leute, sind wichtige Leute, sind Zeitzeugen, die etwas zu sagen haben? Wenn das zuträfe, wäre es genau das, was die Filme dieser Reihe wollten – Mut machen. Und – dazu anregen, über die eigene Vergangenheit nachzudenken: die, die sie selbst erlebt oder von ihren Eltern davon gehört oder in der Schule darüber gesprochen und schon mal was gelesen haben. Das war unsere Zielgruppe.

Mittlerweile stehen in der Redaktion mehrere Aktenordner mit Themenvorschlägen für „Die eigene Geschichte". Einigen bin ich nachgegangen, habe mit den Schreibern telefoniert, sie aufgesucht. Dabei blieb es dann aber. Bis 1987. Im Januar war mein Film über Charlotte Salomon gelaufen. Ein paar Tage später erhielt ich von einem Mann aus West-Berlin einen Brief und eine umfangreiche Materialsammlung über eine Frau, die 1943 in Prag von den Deutschen hingerichtet worden ist, weil sie Juden zur Flucht in Ausland verholfen hatte. Der Mann aus Berlin beschäftigte sich seit einiger Zeit damit, Nachforschungen über seinen verstorbenen Vater, einen Berliner Juden, anzustellen und war dabei auf die Lebensgeschichte und das Schicksal von dessen erster Ehefrau gestoßen: Marianne Golz, eine österreichische Schauspielerin, die nach ihrer Inhaftierung durch die Nazis, mit einem ebenfalls zum Tode Verurteilten in der Nachbarzelle zu korrespondieren begann. Drei Monate, bis zu ihrem Tod, dauerte der Briefwechsel: eine Liebesgeschichte im Gefängnis.

Abb. 17: Die eigene Geschichte: „Bis zum letzten Augenblick war ich glücklich" — Die Briefe der Marianne Golz aus dem Gefängnis, Prag 1943.

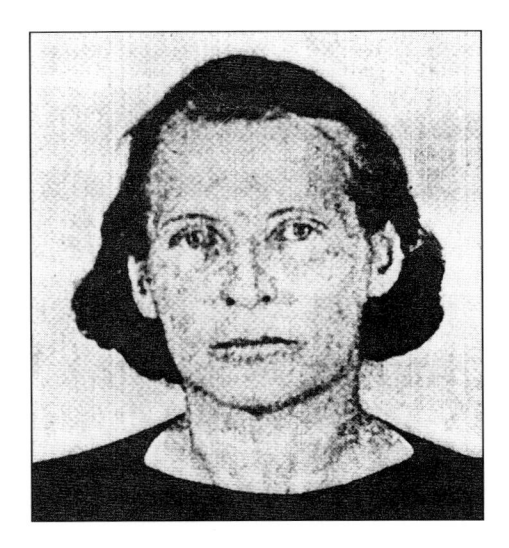

Abb. 18: Marianne im Gefängnis, das offizielle Foto für die „Verbrecher kartei", Ende 1942.

27.09.43.   Mein Liebling ... Ich sehe jetzt, daß ich nur drei Wünsche habe: Schluß mit dem Krieg, einen Kuß von Dir und dann den Tod. Ich bin zu schwach, es reicht doch nicht zum Weiterleben. Ich habe vollkommen versagt. Liebling, gefällt es Dir alles, was ich schreibe? Manches scheint mir so ungeordnet zu sein und nur so dahingeschrieben, weil es mir gerade einfiel. Aber nicht alle Gedanken verdienen, mitgeteilt zu werden. Hast Du manchmal auch so eine Leere im Kopf? Ich ja, manchmal denke ich an nichts, auch nicht ans Schafott. Mechanisch lege ich alles beiseite und weiß nicht, was ich dabei gedacht habe. (...) Schlaf gut, mein Liebling, liebe mich weiter, vielleicht wird es kein böses Erwachen geben. Wir leben noch, solange wir können.

Viele liebe Gedanken.
Marianne

Als ich die Unterlagen gelesen hatte, stand für mich fest: Diesen Film wollte ich unbedingt machen. Und ich machte ihn, zusammen mit eben dem Mann, der mir die Materialien zugeschickt hatte. Mit diesem Beitrag, der auf Anregung eines Zuschauers zustande kam, endete — Zufall oder nicht — „Die eigene Geschichte" — was zunächst keineswegs beabsichtigt war.

Aber dann, eines Tages, gab der ehemalige Hauptabteilungsleiter mir höflich zu verstehen, er fände, nach fast 10 Jahren, wäre es nun doch wohl genug mit den „Eigenen Geschichten". Ich bin sicher, er hätte mir keine Steine in den Weg gelegt, wenn ich mit neuen, interessanten Vorschlägen gekommen wäre. Ich kam aber nicht. Mir fiel partout nichts mehr ein. Und irgendwie hatte ich auf einmal das Gefühl, daß ich dieser Art des Filmemachens müde geworden sei und Lust hatte auf etwas Anderes, Neues. Aber eigentlich jetzt erst, aus einem zeitlichen Abstand heraus, ist mir klar, warum wir nach der Folge über Marianne Golz die Reihe nicht fortgesetzt haben: Der Film faßt im Grunde zusammen, was wir im Laufe der vielen Jahre innerhalb der „Eigenen Geschichte" ausprobiert und entwickelt haben. Mit anderen Worten — wir waren formal an ein Ende gekommen!

Wolf Dieter Ruppel

Geboren aus historischer Faszination –
Die Hörfunk-Sendereihe „ZeitZeichen"

ZeitZeichen ist ein tägliches Hörstück, seit 1972 die einzige kalendertägliche Geschichtssendung von fünfzehn Minuten im deutschen Rundfunk, mit Originalton-Dokumenten und, gleich wichtig, mit den Stimmen ihrer Autoren. Erstes Beispiel: Karl Schlögel, ein Journalist, der sich als Osteuropakenner einen Namen gemacht hat:

Autor: Wenn die Glocken vom Erlösertor am Moskauer Kreml zu schlagen beginnen und die volle Stunde anzeigen, setzen sich die zwei Wachsoldaten in Bewegung, die ihre zwei Kameraden von der Ehrenwache am Eingang zum Leninmausoleum ablösen. Alles an diesem seit Jahren sich wiederholenden Ritual ist exakt berechnet. Die Zeit, die Entfernung, die die beiden Soldaten auf einer genau bestimmten Linie zwischen ihrer Unterkunft am Erlösertor und am Mausoleums-Eingang zurückzulegen haben, der Rhythmus der Bewegung. Die Bewegung ist so vollkommen diszipliniert wie sie nur von jahrelang geschulten Körpern vollbracht werden kann.

Sprecher: „Oberkörper und Rumpf der Soldaten bleiben in so aufrechter und gerader Haltung, als hätten sie mit der Bewegung der Beine, die beim Schreiten fast bis in Hüfthöhe hochgerissen werden, nichts zu tun. Die Arme umschließen fest das schwere Gewehr, auf dem ein Bajonett aufgepflanzt ist."

Autor: In einer Präzision der Bewegung, die jeden zum Schatten des anderen werden läßt, schreiten sie die Linie zum Mausoleum. Es ist eine verhaltene Bewegung, eine Kunstform des Schreitens, an der das durchgestreckte Knie und das Aufsetzen des Stiefelabsatzes einstudiert sind wie in einer Choreographie. Dem Betrachter entgehen vermutlich die Details dieses Bewegungsablaufs, besonders dann, wenn die Ablösenden und die Abzulösenden vor dem Mausoleum aufeinander treffen, salutieren und die Plätze wechseln. Alles an diesem Ritual ist vollkommen, makellos.

Sprecher: „Es kommt nicht vor, daß der Blick abweicht. Es kommt nicht vor, daß der Gürtel, die Litzen, Schnüre oder Epauletten sich verschoben haben."

Autor: Es gibt keinen Zufall in dieser automatenhaft ablaufenden Bewegung. Was sich ändert, sind die Umstände: Ob die Wachablösung bei Tag oder bei Nacht stattfindet; ob bei dreißig Grad klirrendem

Frost oder dreißig Grad staubiger Hitze — beides in Moskau keine Seltenheit. Die Wache und ihre Bewegung ist unabänderlich, vollkommen, was immer in der Stadt, die da jenseits der gewaltigen Fläche des Roten Platzes liegt, auch geschehen mag. Aber selbst diese Bewegung, die so außerhalb der Zeitläufe abzulaufen scheint, hat ihre Geschichte.

Schlögel erzählt die Geschichte der Ehrenwache an der Kreml-Mauer in Moskau, dort wo die prominenten Toten der Sowjetunion begraben sind, er erzählt auch, wo sie anderenorts zu finden sind, wenn sie diesen ehrenvollen Platz nicht zugestanden bekamen. Und damit erzählt er die Geschichte des Umgangs mit den Toten, den prominenten Toten der Sowjetunion nach der Oktoberrevolution. Sein ZeitZeichen-Stichtag, sein Datum war ein ganz bestimmter Anlaß, ein zufällig gefundenes Datum, das da besagt: erstmals ist diese Ehrenwache an einem bestimmten Tag (26. Januar) des Jahres 1924 dort vor der Kremlmauer aufgezogen worden.

So also packt „ZeitZeichen" ein Stück Geschichte an, jede Sendung ein einzelnes Stück — und doch, wer die Reihe hört, wird entdecken, daß es immer wieder innere Verknüpfungen gibt. Etwa, wenn wenige Wochen später ein „ZeitZeichen" zu hören ist, das Claus Menzl, ein anderer unserer Autoren in Berlin, geschrieben und gesprochen hat. Ihm stand ein Fontane-Brief zu Gebote und zum Datum (12. April 1894): „Über die Überlebtheit der preußischen Tradition".

Autor: Alte Weisheit, nicht von Gestern: Der Wert vieler Dinge, die Bedeutung mancher Ereignisse erkennen wir oft erst, wenn sie zu entschwinden drohen oder längst zu Ende sind. Gibt es sie noch, versucht sich der Blick an einer Art Besitzergreifung — gibt es sie nicht mehr, tritt an die Stelle der verlorenen Gegenwart die utopische Vergangenheit: So, wie wir die Bürger dann sehen, sollen sie gewesen sein. Und da wird man vielleicht Lage suchen müssen, bis man einen mit genau diesen Erinnerungen an überfrachteten politischen und ideologischen Ort findet wie Preussen.

Was alles war das einmal: Des Heiligen Römischen Reiches Deutscher Nation größte Streusandbüchse, eine karge, staubige und kalte Provinz irgendwo hart westlich des Ural und Sibiriens, die es dank der Energie und Zielstrebigkeit, mit der ihre Herrscher den Fleiß, die Disziplin und den Ordnungssinn ihrer Untertanen nutzen, beinahe zum Rang einer Weltmacht brachte. Und, natürlich, — Zitat — „seit je her die Brutstätte des Militarismus und der Reaktion in Deutschland", weswegen die vier Siegermächte des Zweiten Weltkriegs die Existenz Preussens am 25. Februar 1947 für beendet erklärten.

> Aber es hat alles nichts genutzt: Unüberhörbar rumort Preussen noch immer im zugigen Gehäuse der beiden Republiken auf deutschem Boden. Jeweils zur Mittagsstunde bestaunen Touristen aus aller Welt in Berlin (Hauptstadt der Deutschen Demokratischen Republik), wie fabelhaft doch die Soldaten der Nationalen Volksarmee den preussischen Stechschritt beherrschen, wenn am Mahnmal für die Opfer des Faschismus an der Prachtstrasse Unter den Linden die Wachablösung zelebriert wird. Und wenn in Bonn, (Hauptstadt der Bundesrepublik Deutschland), ein fremdes Staatsoberhaupt zu empfangen ist, intoniert auch das Musik-Corps der Bundeswehr Märsche aus einer Zeit, in der als Gastgeber noch ein deutscher Kaiser und preussischer König auftrat. In beiden deutschen Staaten aber ist die Berufung auf Preussens Tugenden zur überaus wirksamen Formel eines Abwehr-Zaubers geraten, mit dem sich die jeweiligen Obrigkeiten gegen die Ansprüche und den Unmut ihrer Untertanen zu wehren versuchen.
> Tatsächlich, und darin sind sich die Preussen-Fans und Preussen-Gegner hierzulande noch einig, tatsächlich war dies Preussen ja nie ein Staat wie jeder andere sondern, fast von Anfang an, ein Mythos, eine Idee.

Es ist wichtig, daß die Autoren von ihrem Thema gepackt, angerührt, bewegt worden sind. Und dies ist das erste Erlebnis, das wir mit jedem von ihnen haben: wie sie auf unser Themenangebot eingehen, darauf reagieren, an sich selbst die Faszination eines Stücks Geschichte zu erleben beginnen.

Wir in der Redaktion jedenfalls spüren das, und wir wissen, wenn dies schon im ersten Kontaktgespräch mit dem Autor zu wirken beginnt, daß dann die Sendung zustande kommen kann, die der Autor, die Autorin mit einer inneren Kraft, mit Engagement, mit Kennerschaft, auch mit authentischer Beobachtung gestalten will.

In eine ganz andere Region führt das dritte Beispiel, nach Afrika, in das Afrika kurz vor der Jahrhundertwende, das Afrika deutscher Kolonialherren und der von ihnen beherrschten Eingeborenen. Der Ausschnitt aus unserer Sendung von Susanne Wiborg beginnt mit einem Zitat aus einem sehr prächtig ausgestatteten, zeitgenössischen Band der Jahrhundertwende mit dem Titel „Deutschland als Kolonialmacht":

Zitator: „Der Grundsatz, daß alle Menschen vor dem Gesetz gleich sind, hat in den Schutzgebieten keine Geltung. Er ist dort eben nicht durchführbar...
Die Prügelstrafe hat sich als eine für die Eingeborenen durchaus angemessene Strafe erwiesen. Die Vollstreckung geschieht mit

	einem vom Gouverneur genehmigten Instrument, mit der Nilpferdpeitsche oder mit einem Tau, gegen Jugendliche mit einem leichten Stocke. Es können Strafen für die Nichtbeachtung obrigkeitlicher Befehle verhängt werden ... Die Aufgabe der Rechtsprechung kann es nicht sein, zu den Eingeborenen herabzusteigen, sondern diese geistig und sittlich emporzuheben."
Autorin:	Das sah, wie ein deutscher Missionar aus Südwest berichtete, etwa so aus:
Zitator:	„Der Durchschnitt der Deutschen behandelt den Eingeborenen als ein Wesen, das mit dem Pavian - der Lieblingsname für Eingeborene - so ziemlich auf einer Stufe steht. Aus dieser Gesinnung gehen dann nur zu oft Härte, Betrügereien, Ausbeutung, Ungerechtigkeit und Vergewaltigung, nicht selten Totschlag hervor."
Autorin:	Zwanzig Jahre ertrugen Herero und Nama die deutsche Herrschaft, dann, als Händler ihre Notlage ausnutzten und versuchten, die Herero um ihr letztes Vieh zu bringen, rief Samuel Maharero sein Volk auf:
Zitator:	„Laßt uns lieber zusammen sterben und nicht sterben durch Mißhandlung, Gefängnis oder auf allerlei andere Weise. Mein Wunsch ist, daß wir zusammen aufstehen gegen die Deutschen. Alles andere wird uns nicht helfen!"
Autorin:	Im Morgengrauen des 12. Januar 1904 - heute vor 85 Jahren - überfielen die Herero schlagartig sämtliche deutschen Farmen in ihrem Gebiet, zerstörten die Telefonleitungen, schlossen die Garnison und Windhuk, seit 1891 Hauptstadt der Kolonie, ein. Mehr als 120 Deutsche fielen dem ersten Angriff zum Opfer, fast ausschließlich Siedler, Soldaten und Beamte, denn Samuel Maharero hatte befohlen Frauen, Kinder, Missionare sowie alle Angehörigen anderer Nationen zu schonen.
Zitator:	„Wem gehört Hereroland? Uns gehört Hereroland! Uns gehört Hereroland!"
Autorin:	... riefen die Aufständischen in Sprechchören - auf deutsch. Das wilhelminische Kaiserreich, eben auf dem Weg zur 'Weltgeltung', war noch nie derart gedemütigt worden. In Leitartikeln wurde Rache gefordert. Der Kaiser entschloß sich sofort, weitere Soldaten zu entsenden, denn die völlig überrumpelte Schutztruppe konnte nur wenig ausrichten. Im Reichstag ließen Vertreter der konservativen Parteien ungeniert durchblicken, daß der Aufstand so ungelegen nicht komme. Sei er erst niedergeschlagen, gehöre das Land allein den deutschen Siedlern.

Ein Kapitel deutscher Kolonialgeschichte, ein aus heutiger Sicht eher bitteres Kapitel. Und das Beispiel einer Sendung von vielen, um derentwillen - so sehen es Redaktion und Autoren - „ZeitZeichen" als eine Sendereihe gegen die Vergeßlichkeit eingerichtet wurde.

Am Anfang das Beispiel „Aufzug einer Ehrenwache", der nächste Anlaß ein Briefdatum, hier der Aufstand afrikanischer Eingeborener als Datum. Jeder Tag ist in der ZeitZeichen-Redakion Wahltag. Heute, am 26. Juni dieses Jahres 1989, siegte Johann Heinrich Wilhelm Tischbein über Peter Lorre, den St.-Lorenz-Seeweg, das Viehseuchengesetz oder den „Jugendbund Neudeutschland" - morgen, am 27. Juni, wird „ZeitZeichen" in ein Stück schon verdrängter, halbvergessener Zeitgeschichte hineinleuchten, vergessen, obwohl dieses Stück erst fünf Jahre zurückliegt, ein „Kabinettstück" in Bonn - morgen wird die Sendung an den Lambsdorff-Rücktritt 1984 erinnern. In diesem Falle siegte Lambsdorff über das deutsch-polnische Nichtangriffsabkommen, den österreichischen Staatsmann Kaunitz, den Komponisten Silcher. Übermorgen am 28. Juni wird der Sieg der Türken über die Serben auf dem Amselfeld vor 600 Jahren unser Thema sein. Autor Klaus Liebe und wir wissen, daß wir mit dieser Sendung etwas erkennbar machen werden von der Geschichte, die im Moment Jugoslawien bewegt, von der Geschichte der jugoslawischen Provinz Kosowo.

Es sind Staatsgründungen, Lebensdaten, Gesetzeswerke, Wendepunkte der Menschheitsgeschichte die Themen von „ZeitZeichen", aber auch Katastrophen, geflügelte Worte, die manchmal zu einem regelrechten Radioessay anregen, Friedensverträge, Filmpremieren, große Momente der Kultur- und Zivilisationsgeschichte, der Sozialgeschichte, politische Weichenstellungen und ... und ... und ... ja, auch das wird kommen, am 20. Juli: der erste Mensch auf dem Mond, vor zwanzig Jahren. Aus solchen Stoffen ist „ZeitZeichen" gemacht, diese im Bereich der ARD einzige vorproduzierte Viertelstunden-Sendung des Hörfunks, die täglich ausgestrahlt wird. Die Sender: WDR, NDR (Hamburgwelle) und rund 250 mal im Jahr der SFB. Die Hörer: zwischen 1,3 und 2 Millionen täglich allein in den Gebühreneinzugsgebieten der genannten Sender.

Die Geschichte der Sendereihe selbst begann fünf Jahre vor ihrem Start. Das Jahr 5 vor ZeitZeichen war 1967. Zu viert haben wir damals in der Aktuellen Abteilung des WDR-Hörfunks die Redaktion „Morgenmagazin" aufgebaut, die Sendung im Februar gestartet, mit Live-Reportagen, Interviews, Prominentengesprächen, täglichen Kurzumfragen („Früh gefragt") und einem Kaleidoskop von Beitragstypen, die für uns lebendigen Rundfunk bedeuteten. Da stapelten sich sehr schnell, hinter unseren Schreibtischen, Mitschnittbänder, immer mehr, bald zu viele, um sie dem Schallarchiv zu dauerhafter Aufbewahrung zu übergeben. Hinterlassenschaften einer bewegten Radiozeit, der Zeit der Studentenrevolte, der APO, der ersten Barnardschen Herzverpflanzung, des Biafra-Krieges. Zusammen mit den Programmzetteln, Sendebüchern sind unversehens Notizzettel mit Daten entstanden, mit datierten Vermerken. Und eines Tages der entscheidende Gedankensprung aus der täglichen journalistischen Arbeit, eines Tages die Idee, die in einer ganz simpelen Frage steckt: Was eigentlich alles findet sich unter einem Datum?

Und dann bedurfte es nur noch einer probaten Systematik, um der Riesenmenge verfügbarer Daten in kurzer Zeit Herr zu werden. Gefunden wurde diese Systematik auf sehr einfache Weise: einfach - dreifach sortieren, nach Kalendertagen, nach Personen und nach Stichworten. So wurde alsbald mit stundenweise engagierten Helfern ein zwanzigbändiges Taschenbuchlexikon (dtv) aufgearbeitet, wurden Anthologien und Sammelwerke durchforstet, die monatlichen Nachweisdienste des Deutschen Rundfunkarchives (Frankfurt), die dort herausgebrachten Sammelkataloge eingekauft, zerlegt, sortiert. Und da wuchs das, was wir selbst an uns als historische Faszination erlebten, für uns Radiomacher die Faszination des Originalton-Dokuments (der „O-Töne") –

Goebbels hochbrausende Sportpalastrede von 1943 („Wollt ihr den totalen Krieg!"), Herbert Morrisons Lakehurst-Reportage von 1937, die aus gelassenen Berichten plötzlich umschlägt, das Grauenhafte, die Katastrophe des Zeppelin-Absturzes schildern muß, Trotzki in deutscher Sprache, Bert Brecht in englischer vor dem „Ausschuß gegen unamerikanische Umtriebe" in Amerika. Atemzüge der Zeitgeschichte, Signifikantes, Zeitzeichen.

Das Radio - wie das Flugzeug - war eine der technischen Errungenschaften, die Hitler und seine Leute in allen deutschen Landen präsent machten. Er hat sie genutzt. 1933 war dieses neue Medium erst zehn Jahre alt, aber aus der Nazizeit sind sehr viele Tonaufzeichnungen erhalten geblieben, und so hat unsere Autorin Helga Märthesheimer das Porträt eines der führenden Hitler-Männer mit Tondokumenten gezeichnet:

Autorin: Er, der kaltblütige und perfekte Organisator und Kontrolleur eines gigantischen Vernichtungsapparates in den Konzentrationslagern, den seine SS in Gang hält, verwahrt sich sogar dagegen, brutal und ohne Herz zu sein. Die Judenfrage, so erklärt er, sei „das Schwerste" - aber sie müsse gelöst werden und erfordere nun einmal harte Maßnahmen und ein gewisses Maß an Selbstverleugnung.

O-Ton: (4.10.1943)
Ich will auch ein ganz schweres Kapitel nennen (0'05") ... Ich meine die Judenevakuierung, die Ausrottung des jüdischen Volkes. Es gehört zu den Dingen, die man leicht ausspricht. Das jüdische Volk wird ausgerottet. Das sagt Ihnen jeder Parteigenosse, steht in unserem Programm drin, Ausschaltung der Juden, Ausrottung, machen wir, Kleinigkeit. Und dann kommen sie alle, all die braven 80 Millionen Deutsche, jeder hat seinen anständigen Juden, alle anderen sind Schweine, der ist ein prima Jude. Und so gesehen, durchgestanden hat es keiner. Von Euch werden die meisten wissen, was es heißt, wenn 100 Leichen beisammenliegen,

	wenn 500 daliegen, wenn 1000 da liegen, und das durchgestanden zu haben und dabei abgesehen von menschlichen Ausnahmeschwächen anständig geblieben zu sein, hat uns hart gemacht und ist ein niemals genanntes und niemals zu nennendes Ruhmesblatt. (1'13")
Autorin:	Heinrich Himmler, Spitzname „Reichsheini", sieht sich als Reinkarnation König Heinrich I., des Voglers, der einst gegen die Slawen marschiert war. Die SS ist für ihn die Wiedergeburt des alten Deutschritterordens mit ihm als Grossmeister. In der Zeitschrift „Germanien" läßt er sich als Hagen feiern, als den Recken aus der germanischen Sage, der um höherer Werte willen zum Mörder wird. Sein Ziel ist ein „Germanisches Reich Deutscher Nation". Er und die SS, sagt er, „wir sind das Schwert der Revolution".
O-Ton:	(11.6.1933) Wir sind Soldaten, und als Soldaten wissen wir aus Überzeugung, daß nur der Gegner nicht mehr schadet, der tot und der vernichtet ist. (0'16")
Autorin:	Während des Zweiten Weltkrieges festigt sich Himmlers Position weiter. Mit Hilfe Heydrichs kontrolliert er das Reichssicherheitshauptamt und dessen Untergliederungen wie den SD, die Kriminalpolizei, den Auslandsnachrichtendienst und die Gestapo. Über die SS ist er oberster Herr aller Konzentrationslager und der Todeslager in Polen. Mit der Waffen-SS verfügt er über eine Art Privatarmee, die er so verstärkt, daß sie der Wehrmacht regelrecht Konkurrenz macht. Schließlich wird er im August 1943 noch Reichsminister, so daß ihm auch die Verwaltung und der Öffentliche Dienst unterstehen. Bei all seinen Aktionen hat er die Unterstützung Hitlers, den er inbrünstig verehrt:
O-Ton:	(5.4.1944) Wir wollen dabei nicht vergessen: das Schicksal, der Herrgott ist alle paar Jahrtausende so gnädig, daß er einem Volk den Führer schickt, den wir in Adolf Hitler haben. (0'15")

Helga Märthesheimer, die Autorin dieser Sendung, ist seit Beginn der Sendereihe dabei. Die ZeitZeichen-Premiere war am 4. April 1972. Wir haben damals mit rund 150.000 Daten angefangen und haben gewußt, daß dieser Stoff ausreichte, um die erste Jahresbahn zu ziehen. Inzwischen hat die Datenmenge längst die Millionengrenze hinter sich gelassen, der Datenbestand wurde unablässig ergänzt mit weiteren oder bestätigenden Stichtaginformationen, mit kleineren Datenübersichten, Auszügen aus neu erschienenen Sammelwerken, Lesefunden, später auch mit einzelnen Stichwortvorschlägen aus dem Autoren- und aus dem Hörerkreis.

Wir haben uns immer wieder gefragt: Was reizt uns Radioleute, die wir aus der aktuellen Arbeit kamen und uns nun für die neue Aufgabe entschieden hatten - was reizte uns, in Viertelstundenportionen Geschichte, Gewordenes für Zeitgenossen von heute auszu-"senden"? Wir wußten bald: wir wollten keine Hördenkmäler aufrichten, und doch wollten wir mit den Mitteln des Rundfunks vieles, was gestern war, zu neuem Leben erwecken. Wir haben Fragen gestellt: Woher kommt eine Partei, wie entstand sie, wie und mit welchen Zielen ist das Sozialistengesetz gemacht worden, was hat Carl Friedrich von Weizsäcker in seiner Rede zum Friedenspreis des Deutschen Buchhandels gesagt, und was antwortet er 25 Jahre später auf sich selbst, was sagt er heute zu seinen Thesen von seinerzeit? Aus solchen Anlässen entstanden auch „Zeit-Zeichen" mit Theodor W. Adorno, mit Eugen Kogon und anderen. Wir waren einfach journalistisch-neugierig, haben angesichts der Realitäten unserer Tage Rückfragen an die Realitäten, an die Konzepte der Politik, der Wissenschaft, an die Utopien der Dichter und Philosophen von gestern zu stellen begonnen. Das ließ uns bis heute nicht mehr los. Karen Strupp aus Münster hat Anfang dieses Jahres festgestellt: „Die Vorgehensweise der Redakteure zeigt, daß diese erst einmal mit einem 'journalistischen Zugriff' an die Sache herangehen. Es werden zwar Maßstäbe angelegt, die auch in der Geschichtswissenschaft von Bedeutung sind, aber es dominieren doch die journalistischen Kriterien wie Themenvielfalt, Reiz, Originalität, Relevanz für unsere Gegenwart, Publikumswirksamkeit."[1]

Ein Dokument, das schon zu den klassischen Tondokumenten der Rundfunkgeschichte gehört, hat Siegfried Berger ausgewählt, als er das Porträt von Carl Jakob Burckhardt zeichnete, des Historikers, Diplomaten, Funktionärs des Internationalen Komitees vom Roten Kreuz. Burckhardt - dies als notwendige Vorbemerkung - war bei dem SS-Gruppenführer Heydrich gewesen, um eine KZ-Inspektion zu besprechen. Dabei stellte sich heraus, daß die SS diesen Besuch in einer Weise inszenieren wollte, die ihn zu einer reinen Farce gemacht hätte. Burckhardt lehnte ab und stellte die Bedingung, er wolle das von ihm zu besuchende KZ selbst aussuchen, dieses nur kurz vorher bekannt geben, und er müsse Gelegenheit haben, mit den Gefangenen unter vier Augen zu sprechen.

Autor: Nach langem Hin und Her ließ man sich auf die Bedingungen Burckhardts ein, und im Oktober 1935 kam es zum ersten Besuch eines Vertreters des Roten Kreuzes, eben Burckhardts, in einem deutschen KZ.
Burckhardt hatte das KZ Esterwegen bei Wilhelmshaven ausgewählt. Nicht ohne Grund: dort befand sich Carl von Ossietzky, dem kurz zuvor der Friedensnobelpreis zugesprochen worden war. Burckhardt unterhielt sich mit mehreren Häftlingen und verlangte dann überraschend, nun wolle er Herrn von Ossietzky sprechen. Der Lagerkommandant Loritz log erst, er kenne Ossietzky

Band: nicht, machte Ausflüchte, bequemte sich aber gegenüber dem beharrlichen Burckhardt schließlich doch und ließ Ossietzky vorführen. Was nun folgt, hat Burckhardt in seinen Memoiren aufgeschrieben und selbst erzählt:

„Nach zehn Minuten kamen zwei SS-Leute, die einen kleinen Mann mehr schleppten und trugen als heranführten. Ein zitterndes, totenblasses Etwas, ein Wesen, das gefühllos zu sein schien, ein Auge geschwollen, die Zähne anscheinend eingeschlagen, er schleppte ein gebrochenes, schlecht ausgeheiltes Bein. Ich ging ihm entgegen, reichte ihm die Hand, die er nicht ergriff. 'Melden!' schrie Loritz. Ein unartikulierter, leiser Laut kam aus der Kehle des Gemarterten ...

'Herr von Ossietzky', sprach ich ihn an, 'ich bringe Ihnen Grüße Ihrer Freunde, ich bin der Vertreter des Komitees vom Internationalen Roten Kreuz, ich bin hier, um Ihnen, soweit uns dies möglich ist, zu helfen.' Nichts. Vor mir, gerade noch lebend, stand ein Mensch, der an der äußersten Grenze des Tragbaren angelangt war. Kein Wort der Erwiderung. Ich trat näher. Jetzt füllte sich das noch sehende Auge mit Tränen, lispelnd unter Schluchzen sagte er: 'Danke, sagen Sie den Freunden, ich sei am Ende, es sei bald vorüber, bald aus, das ist gut.' Und dann noch ganz leise: 'Danke, ich habe einmal Nachricht erhalten, meine Frau war einmal hier; ich wollte Frieden.' Dann kam wieder das Zittern. Ossietzky verneigte sich leicht in der Mitte des weiten, leeren Lagerplatzes und machte eine Bewegung, als wollte er militärische Haltung annehmen, um sich abzumelden. Dann ging er, das eine Bein nachschleppend, mühsam Schritt vor Schritt zu seiner Baracke zurück." (2')

Manchmal sind die „ZeitZeichen"-Autoren selbst Zeitzeugen des zu Beschreibenden, des zu Berichtenden gewesen, manchmal trifft ein Thema eine ihrer geheimen Neigungen, die sie hier offenbaren. Immer aber, das ist Voraussetzung für den Auftrag durch die Redaktion, immer aber müssen sie angezogen sein von ihrem Stoff, von der historischen Figur, von dem Ereignis. Wir erleben sie dann oft fasziniert, manchmal aber auch gereizt, hin und wieder sogar ärgerlich über ihr Thema - auch solchen Reaktionen verdanken wir hervorragende Sendungen. Autoren und Autorinnen aller Altersklassen, es sind inzwischen weit mehr als 1200. Senior der Senioren: Axel Eggebrecht. Er wird im kommenden Jahr 91, war einer der ersten des deutschen Nachkriegsrundfunks 1945. Seine Erzählkunst am Mikrofon, die das Manuskript tatsächlich vergessen läßt, seine erhellende Analyse packen Redaktion und die ZeitZeichen-Hörer immer wieder. Er war, ein Beispiel, der Autor der ersten

Sendung dieses Jahres 1989 mit einer sehr persönlichen Analyse der Französischen Revolution.

Die „ZeitZeichen"-Autoren sind die Zentralfiguren, die Vertrauenspersonen der Redaktion, Schlüsselpersonen jeder einzelnen Sendung. Eine Gesellschaft von Individualisten, mit erzählerischer Kraft, analytischen Fähigkeiten, publizistischer Erfahrung. „Ich bin der Meinung, der Rundfunk, der muß 'fetzen"', sagt Hubert Maessen, einer der lebhaftesten unter ihnen, „das muß interessant sein, das muß leben, das muß Emotionen haben (...), muß fesseln, und wo es geht, muß es auch verstören, oder er (der Rundfunk) muß glücklich machen. Er soll intensiv sein, er soll bewegen."

Natürlich, sagen wir in der Redaktion, unser Versuch im Radio muß und soll sein: Geschichte interessant zu machen. Aber auch den Versuch muß es geben: das „Nicht-Fetzende" darzustellen. Etwa, ein Konzept, einen Exkurs, ein philosophisches Modell zu beschreiben. Auch sie sollen einen Platz in „ZeitZeichen" haben. Sendungen in diesem Themenraster sind die besondere Sache von Karl Dieter Ulke. Er ist Philosoph mit einem Lehrstuhl in München, unser didaktischer Spezialist und Könner mit Atem. Von ihm auch ein Beispiel, Montesquieu:

Autor: Wie muß ein Staat beschaffen sein, mit dem man Staat machen kann? Warum brauchen Menschen den Staat, und worin brauchen sie ihn am meisten? Diese Fragen sind im Laufe der Zeit sehr verschieden beantwortet worden. So behauptet etwa der englische Philosoph Thomas Hobbes, die Menschen brauchen den Staat als oberste Autorität, die dem Krieg aller gegen alle Einhalt gebietet, denn einer sei des anderen Wolf, jeder sucht nur seinen eigenen Vorteil.

Nein, entgegnet der französische Baron Montesquieu, der Staat ist keine selbstherrliche Ordnungsbehörde, sondern Anwalt des Volkes, das nicht nur für den Umgang miteinander Regeln braucht, sondern Spielraum für seine konkreten Lebensformen. Was die Bürger eines Staates am meisten brauchen und was der Staat ihnen verbürgen muß, ist Freiheit von staatlicher Willkür, politische Freiheit im Rahmen entsprechender Gesetze:

Sprecher: „Die politische Freiheit ist nur in maßvollen Regierungen anzutreffen. Indes besteht sie selbst in maßvollen Staaten nicht immer, sondern nur dann, wenn man die Macht nicht mißbraucht. Eine ewige Erfahrung lehrt jedoch, daß der Mensch, der Macht hat, dazu getrieben wird, sie zu mißbrauchen. Er geht immer weiter, bis er an Grenzen stößt. Wer hätte das gedacht: Sogar die Tugend hat Grenzen nötig. — - Damit die Macht nicht mißbraucht werden kann, ist es nötig, durch die Anordnung der Dinge zu bewirken, daß die Macht die Macht bremse. Ein Staat kann so aufgebaut werden, daß niemand gezwungen wird, etwas zu tun, wozu er nach dem Gesetz nicht verpflichtet ist, und niemand gezwungen ist, etwas zu unterlassen, was das Gesetz gestattet".

Ich will mich jetzt einer Schwierigkeit unserer redaktionellen Arbeit nähern, einer Schwierigkeit von allerdings hohem Reiz: Es ist der Umgang mit ausländischen Autoren, die wir in unsere Sendereihe einladen. Denn wir brauchen ihre Authentizität, wir wollen ihr Denken und Fühlen kennenlernen. Wir suchen zum Beispiel, und wir haben ihn früh schon gewonnen, Kontakt mit Frankreich - eine der Autorinnen, die wir wiederentdeckten, ist Stephane Roussel. Sie war früher häufig in Werner Höfers „Frühschoppen" zu finden. Oder Henri Meneudier, ein Pariser Politologe, der deutsch spricht wie Mme. Roussel. Er handelte für uns die Geschichte des geflügelten Wortes „Querelles d'Allemand" ab und beschloß seiner Sendung mit folgenden Sätzen:

Autor: Vorurteile sind zäh und langlebig. Dies gehört zu ihrer Natur. Es ist lehrreich, sich heute zu erinnern, daß der Ausdruck „Querelle d'Allemande / Deutsche Zänkerei" einmal umgedeutet und zum Nationalcharakter der Deutschen geprägt wurde. Vorurteile sind nie ganz falsch, sie bilden nur einen kleinen Teil der Realität. Die Wirklichkeit ist viel komplexer. Seit etwa zehn Jahren bestätigen alle Meinungsumfragen, daß die Deutschen nicht mehr als die intimsten Feinde sondern als die besten Freunde der Franzosen betrachtet werden. Manche Franzosen bedauern sogar, daß die Zänker von vorgestern und die Militaristen von gestern Apostel des Friedens geworden sind. Wie zu den Zeiten der Barbaren kommt die Gefahr für die Franzosen immer aus dem Osten. Im Gegensatz zu früher trägt sie nicht das widerliche Gesicht der zänkischen Deutschen. In der gemeinsamen Erklärung zum deutsch-französischen Vertrag über die Zusammenarbeit vom 22. Januar 1962 unterstreichen zu Recht General de Gaulle und Adenauer „daß die Versöhnung zwischen dem deutschen und französischen Volk, die eine Jahrhunderte alte Rivalität beendet, ein geschichtliches Ereignis darstellt, das das Verhältnis der beiden Völker zueinander von Grund auf neu gestaltet". Niemand wird bedauern, daß wir unsere Zänkereien begraben haben.

Ja, so scheint es zu sein: wir haben unseren Heine, sie ihre Madame de Stael, wir unseren Adenauer und die Franzosen ihren de Gaulle - oder war es umgekehrt, war es *ihr* Heine und *unsere* Madame de Stael? Wir sind uns in solchen Monaten ein Stück näher gekommen, wir vertiefen unsere Erkenntnisse, unsere Einsichten voneinander.

„ZeitZeichen" reagiert aber auch auf ganz aktuelle Zeiterscheinungen, auf das Thema „Gastarbeiter" zum Beispiel, dem schon mehrere Sendungen gewidmet waren. „ZeitZeichen" versucht, durch einen Blick in die Geschichte, Leben und Politik begreiflich zu machen, Hintergründe anzuleuchten in den Ländern, die seit Jahren schon internationale Schlagzeilen machen. So haben wir eine iranische Autorin, Goltshere Jung, Historikerin und Publizistin, eingeladen, ein wichtiges Thema aus der Welt des Islam darzustellen.

Autorin: Auch der in der westlichen Welt fälschlicherweise als Zeichen der Unterdrückung kritisierte Schleier, der Chador ist in der vorislamischen Zeit sogar in christlichen und jüdischen Gemeinden bekannt gewesen. Im übrigen sind die beiden Verse, die im Koran die Schleierfrage behandeln, in Form eines Appells, einer Empfehlung, ohne jegliche Strafandrohung, nur als Zeichen der Unantastbarkeit der Frauenwürde erschienen. In einem Atemzug mit dem Aufruf an die Männer, gegenüber den Frauen Zurückhaltung und Scham zu zeigen. Diese Einstellung spiegelt sich auch in folgendem Volkslied aus dem Süd-Iran wieder.

O-Ton: „Faß mein Kopftuch nicht an, denn es ist aus reiner Seide." (0'27") (Musik)

Autorin: Nicht die islamische Lehre ist Schuld an der Diskriminierung der Frauen, sondern andere Faktoren, nämlich die volkstümliche, aus der vor-islamischen Gesellschaft wieder auflebende Tradition, die dogmatische Einstellung einiger religiöser Führer gepaart mit männlicher Ignoranz und dem geistig-kulturellen Verfall der islamischen Welt, bedingt durch die Unterdrückungsmechanismen kolonialer Herrschaft. Es ist absurd, von der Freiheit der Frauen in einer Gesellschaft zu sprechen, wenn das ganze Volk in die Unfreiheit getrieben wird. Auch die Entschleierungskampagne des alten Reza Schah, des Gründers der Pahlevi-Dynastie, war nichts anderes. Homa Nategh, die Dozentin für Geschichte in Teheran, faßte ihre Forschungsergebnisse in dieser Frage zusammen:

O-Ton: „Die Versuche, den Schleier abzuschaffen, waren nicht etwa ein Zeichen des Fortschritts, sondern ein willkürlicher Bruch mit der Tradition. Nichts wurde dadurch gelöst. Da es nicht gelang, grundlegende gesellschaftliche Veränderungen durchzuführen, versuchte man es mit Äußerlichkeiten. Eine dieser Dekorationen war die Entschleierungskampagne. Sie wurde autoritär vollzogen und von allen iranischen Frauen verurteilt. Das ganze iranische Volk ist mit dem Chador vertraut; alle unsere Mütter trugen ein Tuch um den Kopf. Der Chador hat für uns mehrere Bedeutungen. Eine ist die Verhüllung der Armut des Volkes. Viele Menschen, vor allem im Süden der Stadt tragen den Chador, damit man nicht sieht, wie ärmlich sie gekleidet sind. Das war bis zu einem gewissen Grad eine Art Uniform zur Tarnung der Klassenunterschiede - zumindest äußerlich - d. h. eine Frau, die einen Chador trägt, unterscheidet sich in ihrer Kleidung nicht von einer anderen und kann so ihre Armut verschleiern. Eine andere Bedeutung ist, daß der Chador in den letzten Jahren ein Zeichen des Protestes gegen den Westen war. Nicht gegen die westliche Kultur, sondern gegen den westlichen Herrschaftsanspruch. Unter dem Vorwand der Zivilisation sollten uns westliche Technologie und westliche Waren aufgedrängt und aus der iranischen Gesellschaft eine Konsumgesellschaft gemacht werden." (1'20")

Dies ist eine Leistung unserer Autorinnen, unserer Autoren: die Sachverhalte von draußen, aus der Ferne, die Sachverhalte zwischen gestern und heute in die Vorstellungswelt unserer Hörer zu transportieren, aus schlüssig angeordneten Informationen bauen sie Brücken zu unserem Jetztzeit-Verständnis. Und - sie wollen und sie sollen dem Radio geben, was des Radios ist. Beim Lektorat, beim ersten Lesen des Manuskriptes schon wird der/die ZeitZeichen-Redakteur/in erster Im-Kopf-"Hörer", der Sendung. Steckt in diesem Manuskript, was es für das akustische Medium braucht? Vermag sich der Text von der Schreibe-Fessel zu lösen? Denn erst wenn die Autorin, dem Autor der Übergang ins Sprechdenken gelungen ist, wird der Weg frei zum Empfang im „ZeitZeichen"-Auditorium. „ZeitZeichen" ist meist als Kurz-Feature angelegt, mit Originalton-Einblendungen, mit Zitaten, die von Sprechern gelesen werden. Ist Musik vorgesehen - thematisch zwingend, oder mit Dekorfunktion? Sie kann Steigerung bedeuten, kann Begleitung, Folie sein, oder kann große emotionale Wirkung entfalten. Möglich, daß auch Geräusche aus einem Originalton mitspielen, durch Wiederholung verstärkt werden, wie ich dies mit dem ersten Beispiel, mit dem weithin hallenden Schritt der aufziehenden Wache vor dem Lenin-Mausoleum in Moskau gezeigt habe.

Ulrich Chaussy führte den Hörer vom verkehrsbelebten Münchener Königsplatz durch die große Eingangstür in die Glyptothek, mit einer einzigen Hör-"Fahrt" in die Ruhe der Innenräume, in denen nur das Kreidegeräusch vernehmbar war, das entstand, als ein Kunststudent eine der Antikenfiguren dort abzeichnete. Aber: keine Schulfunk-Dramaturgie, die eigenen didaktischen Regeln folgt, also keine Archivgeräusche, keine nachgestellten Dialoge. Immer wieder erörtert die „ZeitZeichen"-Redaktion mit ihren Autoren die Regeln der Radiosprache. Sie fordern, in kurzen Sinnschritten vorzugehen, in den Text Redundanzen einzubauen, „lexikalische Varianz" zu vermeiden, weil sie den oft nur durchschnittlich gebildeten Hörer zu intellektuellen Anstrengungen zwingt, die ihn den Faden verlieren lassen. Für die Produktion einer

Rundfunksendung ist und bleibt dies eines der größten Probleme: das Manuskript vergessen zu machen, dieses Stück Papier zwischen Autor und Hörer nicht mehr spüren zu lassen. Immer wieder ist es ein deutliches Zeichen für eine sprachlich zu schwierige Sendung, wenn der Autor beim Lesen ins Stolpern gerät. Dann ist sein Text für ein Lese-, nicht für ein Hör-Verständnis geschrieben, und seine Fremdheit wird umso deutlicher, wenn eingespielte Tonaufnahmen freie Rede, erzählende Sprache hören lassen: die Reportage vom Dutschke-Attentat, vom Tunneldurchstich im Montblanc, Bert Brecht bei einer lebhaften Theaterprobe Ende der 40er Jahre, der deutsche Pater in Hiroshima, der den Atombombenabwurf beschreibt, das Gespräch mit einer Türkin in Hamburg, bevor sie wenige Tage später sich selbst verbrannte.

Radiosprache, wie sie, zwei Beispiele nur, von Christine Lemmen und Klaus Jürgen Haller gesprochen wird, bleibt narrativ bis ins Aufnahmestudio, diesen Raum wenig animierender Pseudobehaglichkeit. Dort sitzen wir täglich zusammen: Autor/in, Sprecher/innen hinter der Scheibe, Redakteur/in vor der Scheibe in der Rolle des Regisseurs, in ständigem Zusammenspiel mit der Technik. Aufnahme, dann Schnitt, dann Mischung. Was wären Redaktion und Autoren ohne die oft einfühlsamen Kolleginnen und Kollegen der Technik? Nicht zuletzt im WDR-Tontrickstudio, wo mindestens eine von drei „ZeitZeichen"-Sendungen ihre Vollendung erfährt. Dort auch werden mit höchster Kennerschaft O-Töne „gereinigt", also von störenden Frequenzen oder von „Knackern" befreit, dort werden sie „präsenter" gemacht, werden Dumpfheiten oder Obertonschärfen beseitigt, werden Musikausschnitte auf den Hauch genau zu Wortpassagen gemischt. Manchmal, vor dem letzten Schliff, dem letzten Schnitt, halten alle für Sekunden den Atem an - dann ist das neue, bisher noch nicht gehörte Stück fertig für die Premiere. Ein kleines Band Geschichte für die Hör-Weltbühne des Radios.

Christine Lemmen, die Deutsche, hat mit ihrer Sendung versucht, sich dem Iran anzunähern. Ein Gegenstück zu der Sendung von Goltshere Jung.

Autorin: An der Deutung der Hafis-Gedichte scheiden sich die Geister. Den einen ist er der reine Mystiker und seine Bilder von Taverne, vom Weinpokal, vom hübschen Schenkenknaben, der seine Sinne verwirrt, sollen ins Mystische umgedeutet werden. Trunkenheit? Gottestrunkenheit natürlich. Sinnliche Liebe? Gottesliebe.
Die anderen verstehen ihn wörtlich und lassen ihm die mystischen Ausflüge nur dort, wo sie im eindeutigen Wort sich wiederfinden. Sein Übersetzer Rückert schreibt dazu, und er übernimmt dafür das Wortspiel, diese Kunstfertigkeit persischer Lyrik:

Sprecher: Hafis, wo er scheinet Übersinnliches
Nur zu reden, redet über Sinnliches;
Oder redet er, wo über Sinnliches
er zu reden scheint, nur Übersinnliches?

| | Sein Geheimnis ist übersinnlich, |
| | Denn sein Sinnliches ist übersinnlich. |

Autorin: Noch einmal die Orientalistin Petra Kappert:
O-Ton: Das ist ganz besonders wichtig zu betonen, daß die Vieldeutigkeit eigentlich der wirkliche Wert dieser Dichtung ist. Es geht in dieser Art Dichtung nicht um die Eindeutigkeit dieser Aussage, sondern gerade die Möglichkeit, mehreres zum Ausdruck zu bringen und die Entscheidung dem Leser, dem Zuhörer zu überlassen. Das gilt als ganz besonderer Wert der Dichtung, und demgegenüber wäre eine einfache Aussage dazu, vielleicht kunstlos in Prosa gemacht, etwas, was gar keinen Wert hätte, und wirklich wertvoll gefunden wird eigentlich nur die hohe künstlerische Aussage, die immer von der Mehrdeutigkeit lebt. (0'40")

Autorin: Hafis, dessen Botschaft die Liebe ist, hat sich gegen alle strengen Hüter des religiösen Gesetzes gewandt, Heuchelei und Lieblosigkeit hat er ihnen vorgeworfen, und das war auch damals nicht ungefährlich. Hafis - ein freier Geist, gestorben in Persien vor 600 Jahren. Sein Landsmann, Fáramaz Soruri über die Bedeutung, die Hafis noch heute im Iran hat.

O-Ton: Das Werk, d. h. das geistige Erbe von Hafis ist ein Hauptbestandteil der iranischen Kultur heute und auch in der Zukunft; ich glaube, der Name und das Werk von Hafis wird überall im Iran unvergessen bleiben, solange dieses Volk existiert. Ein anderer Grund für unverminderte Bedeutung von Hafis ist, daß kein Dichter im Iran nicht einmal annähernd seinen Rang erreicht hat. So bleibt Hafis in alle Ewigkeit die einsame Spitze der iranischen Literatur. (1'44")

Das rein Numerische stellt die einzige Systematik der Sendereihe dar: Alle „ZeitZeichen"-Themen folgen dem 5-Jahre-Rhythmus. 1989 heißt das: alle Jahreszahlen, die in die Auswahl kommen, enden mit -4 oder -9. Da ist also nach den inhaltlichen Kriterien zu fragen, die für die Themenauswahl gelten, zu der sich die Redaktion ein-, zweimal in der Woche zusammensetzt.

Zunächst lenkt sie ihr Augenmerk auf Themen der Zeitgeschichte. Hier wiegt die Tatsache, daß Originalton-Dokumente - bis auf vielleicht ein, zwei Dutzend - samt und sonders aus dem 20. Jahrhundert stammen. Und innerhalb dieses Jahrhunderts zeigt sich ein (leichtes) Übergewicht bei den Themen der Nachkriegszeit. Das wiederum versetzt viele Hörern in die Rolle von Zeitzeugen, in denen eigene Erinnerungen, Beobachtungen und Erlebnisse zusammen mit den berichteten Tatsachen lebendig werden. Bei genauer Auswertung der Themenkategorien „springt", wie die Geschichtswissenschaftlerin Karin Strupp feststellte, „die Dominanz der . . . Felder 'Kultur' und 'Politik' sowie mit einem gewissen Abstand 'Gesellschaft' ins Auge . . . Es erstaunt die sehr niedrige Zahl der Wirtschaftsthemen. Vielleicht ist dieser Bereich wie der von 'Wissenschaft und Technik' zu komplex, um ihn klar und verständlich dem Hörer in fünfzehn Minuten vermitteln zu können. Die starke Präsenz kultureller Themen verwundert doch ein wenig, da die Auseinandersetzung mit Kultur nicht zu den vielbeschworenen 'Alltagserfahrungen' der meisten Hörer gehören wird. Es werden bei ZeitZeichen also durchaus inhaltliche Akzente gesetzt, die aufklärerische sowie vor allem informative Funktion haben und die somit weniger exotische und unterhaltende Elemente aufweisen."[2]

Die „klassischsten aller Anlässe", Geburts- und Todestage, sind für rund die Hälfte aller „ZeitZeichen"-Sendungen auszumachen, was zwangsläufig jede dieser Sendungen zu einem Stück Personengeschichte werden läßt. Mit gleicher Bindung sind die Anstöße aus den Kategorien „Erstmals", „Uraufführungen" oder „Aussage von ..." zu sehen. Für die Redaktion sind immer wieder auch Anlässe unter den Rubriken „Erstmals" oder „Beginn von" von Reiz, da hier auf die Wurzeln einer Entwicklung, auf die oft unbekannte Vorgeschichte von Institutionen zurückgeführt werden kann. In einer kommunikationswissenschaftlichen Untersuchung hat Hans-Ulrich Werner hierzu dieses Fazit gezogen: „Für das mittlere Niveau alltäglicher Diskussion und Kommunikation wird sich im Spektrum von 'ZeitZeichen' ein weites Feld nützlicher Informationen finden lassen, die zur sonstigen Information durch Fernsehen und Zeitung (aktuell-täglich) und zum Buch (mittelfristig) hinzutreten können."[3]

Immer wieder fragt die Redaktion nach dem historischen Sachverhalt. Sie will das Geschichtsbewußtsein fördern, um das Gegenwartsbewußtsein zu schärfen, sie will Bedingungen für historische Vorgänge beschreiben, von der Existenz, den Lebensumständen früherer Generationen berichten lassen.

Auch die Wahl der - wie Karen Strupp sie nennt - „Handlungsträger" folgt immer wieder solchen Kriterien. So hat sie es in einem anderen Untersuchungsergebnis festgestellt. Sie fand heraus, „daß in 'ZeitZeichen' eine stark personenbezogene Geschichte vermittelt wird, und zwar anhand von Einzelakteuren. Im Zentrum stehen nicht so sehr die Herrscher, sondern vor allem Künstler und Menschen mit ihren persönlichen Leistungen. Dabei (bemühen sich) viele Autoren ..., diese Menschen auch aus einer anderen Perspektive darzustellen, d. h. nicht nur in der Funktion, für die sie bekannt sind. Die Autoren (schlagen) immer wieder Brücken zu der politischen und sozialen Wirklichkeit."[4]

Den kritischen Einwand, es gebe zu wenig Sendungen über „Betroffene", über „Opfer der Geschichte" wird die Redaktion wohl immer wieder hinnehmen müssen. Hans-Ulrich Werner jedenfalls hat seine Bedenken in dem Satz zusammengefaßt: „Zwar verzichtet die Sendereihe auf eine übermäßige Betonung der Taten der 'ganz großen Männer' - was ja normalerweise im Zentrum populärer Geschichtsdarstellungen steht - aber ebenso auf Akteure einer Geschichte von 'unten'."[5]

Die Redaktion indes hat hier Auswege gefunden, die zu Hauptwegen erweitert werden konnten. In mehreren Sonderserien von je 15 Einzelsendungen pro Jahr sind die „Namenlosen" die eigentlichen „Handlungsträger" gewesen. Dies gilt besonders für die Serien „1945 - ZeitZeichen aus Deutschland" (Sendejahr 1985) und „'68er Zeitzeichen" (1988) mit vielen Originaltonaufnahmen unbekannter Zeitzeugen, verknüpft mit Reflexionen der Autoren, die selbst in jener Zeit politisch bewegt worden sind.

Karen Strupp sagt und fragt: „,ZeitZeichen' liefert nicht nur Information, sondern bildet auch einen Ausgangspunkt für ein neues Nachdenken über Bekanntes. Ist das nicht auch ein positiver und wichtiger Effekt einer Geschichtssendung?"[5] Ich fasse einmal in eine ganz aktuelle Metapher: „ZeitZeichen" ist eine „Wiederaufbereitungsanlage des Rundfunks". Es mag die Vermutung zutreffen, das Interesse der Hörer (zuerst also der Redaktion!) läge „eher bei der eigenen Geschichte ..., mit der sie sich besser identifizieren können". Tatsache: Neun von zehn Sendungen führen, was die „Ereignisregion" betrifft, in ein Land Mittel-, Westeuropas oder nach Nordamerika. Nun, im Lichte der jüngsten Entwicklungen in Osteuropa, spürt die Redaktion häufiger noch als in den zurückliegenden Jahren Themen dieses Geschichtsraumes auf und wird dies auch in Zukunft tun. Vor, zu und nach 1992 wird sie sicher noch intensiver das „europäische Haus" durchforschen, wie es Gorbatschow genannt hat, der Mann, der erst kürzlich auf die Deutschen große Faszination ausübte. In fünf Jahren wird er ein Thema für „ZeitZeichen" sein ...

„Die Zeit verändert das Theater", hat Wuppertals Generalintendant Holk Freytag gesagt. Und der Theatermann sah darin eine Quelle der Faszination. Auch „ZeitZeichen" wandert mit der Zeit, wird von Faszination getragen, wie sie einer der Autoren erst kürzlich wieder von einer Person Südamerikas ausgehen spürte. Winfried Kunrath - der Autor, die Person - ein Kirchenmann:

Zuspiel: Pessoalmente, en quando penso ...
Sprecher: „Ich bin der Meinung, daß die Liebe das größte Gebot der Religion und überhaupt das Größte ist. Gott selbst ist ja die Liebe. Heute, in der Situation der weltweiten Ungerechtigkeit, besteht die große Liebe darin, daß Gerechtigkeit geschaffen wird. Natürlich ist es immer darum gegangen, Hungrige zu stillen, Menschen, die keine Wohnung haben, eine Wohnung zu vermitteln. Das wird immer so sein und das ist unerläßlich. Jedoch müssen heute Strukturen der Gerechtigkeit geschaffen werden und zwar ohne Anwendung von Waffengewalt. Das bedeutet, mit Mut daran zu arbeiten, ohne Haß, ohne Gewaltanwendung, aber auch die Folgen davon in Kauf zu nehmen."
Zuspiel: ... aceitamos todas as consequencias.
Sprecher: Dom Helder Câmara, bis 1985 Erzbischof von Recife und Olinda im brasilianischen Nordosten, dem Armenhaus des riesigen süd-

amerikanischen Landes. Heute wird er 80 Jahre alt. Von Helder Câmara geht immer noch eine *Faszination* aus, die vor allem junge Menschen in ihren Bann zieht. Sein Kampf für die Unterdrückten, sein Gerechtigkeitssinn, sein Charisma haben ihn zu einem prophetischen Vorbild in einer an Vorbildern armen Welt gemacht. Mehrfach war er in der Bundesrepublik, füllte Kirchen, Hallen, Plätze.

Zuspiel: Singen / Frage: Sagen Sie bitte, warum sind Sie gekommen, was fasziniert Sie an Dom Helder Câmara? - Antwort: Ja, ich bin durch die Arbeit in einer Jugendgruppe auf das Problem Dritte Welt gestoßen. Jetzt habe ich gehört, daß hier Helder Câmara spricht und bin deswegen hergekommen. - Ja, ich habe ihn persönlich noch nicht gesehen, aber 'ne gewisse Ausstrahlung hat er, sonst wäre ich jetzt nicht hier; könnte ich mir ihn vielleicht am Radio, Fernsehen anhören, ja. - Wir kennen seinen Einsatz für die Probleme der unterdrückten Bevölkerung. Aus diesem Sinne heraus bedeutet er mir etwas. Und ich hoffe, daß er was verändern kann. - Da wir viel von ihm gelesen haben, und ihn auch mal gerne als Person sehen wollen. - Weil uns Helder Câmara interessiert, weil er sich einsetzt für Gerechtigkeit. - Ich finde seine Persönlichkeit faszinierend, hauptsächlich weil er glaubwürdig lebt, was er sagt. - Ja, weil er sicher eine große Hoffnung bedeutet für die Menschen, bei denen er lebt und arbeitet, und sicher auch für die Welt, für die Kirche.

Der deutsche Michel, Hamlet, Parsifal, Salome, Casanova — täglich eine Premiere auf der Radiobühne „ZeitZeichen", mit Hauptdarstellern, die ihre großen Auftritte in der Geschichte hinter sich haben, hierher zurückgerufen werden, um noch einmal Rede und Antwort zu stehen, vorgestellt, befragt, kommentiert zu werden, begleitet von einem Autor, einer Autorin. „ZeitZeichen" - historische Faszination für Hörer.

Anmerkungen

1 Karen Strupp: ZeitZeichen, eine WDR-Hörfunkreihe zur Geschichte, in: Ulrich Kröll (Hg.): Massenmedien und Geschichte, Münster 1989, S. 133
2 Ebd., S. 140
3 Hans Ulrich Werner: Geschichte als Programm. Methoden der Aktualisierung historischer Ereignisse in der Sendereihe ZeitZeichen des WDR. Magisterarbeit, Universität Bochum 1987, S. 54.
4 Strupp (Anm. 1), S. 141
5 Werner (Anm. 2), S. 59

Günter Hammer

Geschichte in der Presse

Nichts ist älter, sagt man, als die Zeitung von gestern. Ein illusionsloser Satz, aber der Realität nicht fern. Denn schon am Tage nach ihrem Erscheinen wandert die Zeitung in die Archive, gilbt in der Regel dort still vor sich hin; selten von Interessenten wieder ans Tageslicht geholt. Wiewohl sich mehr ansammelt als nur die kleinen und größeren Geschichten des Tages. Auch Geschichte sammelt sich an. Doch darüber später mehr.

Ihrem Wesen nach ist die Zeitung ohne Zweifel ein Produkt des Tages; für den Tag konzipiert, am Tagesereignis orientiert. Der Schlüsselbegriff für den Redakteur ist die Aktualität; was ihn allerdings nicht freistellt von Ethik und Moral; schon gar nicht von der besonderen Verantwortung, die er mit diesem Beruf übernimmt. Aber der Tag steht nun einmal ganz vorn. Die Zeitung muß gut und schnell informieren. Sie pflegt die Ereignisse zugleich kritisch zu kommentieren. Der Kommentar ist gefragt, jedoch wiederum auf das tägliche Ereignis abgestimmt. Von daher stimme ich Horst Bieber in seinen kritischen Anmerkungen über uns Zeitungsleute gern zu: Die Uhr und ihr Zeittakt ist unser täglicher, unerbittlicher Begleiter.[1]

Was, das war die Frage an mich selbst, kann zum Thema Presse und Geschichte gesagt werden? Was könnte ich, als Überbringer von Nachrichten des Tages, an Erkenntnissen bieten? Nun, ich habe ausführlich in den eigenen Archiven geblättert. Ganz so trostlos, wie Horst Bieber unser Verhältnis zur Geschichte sieht, war es zum Glück für meine Kollegen und mich doch wieder nicht. Ich will versuchen, dies zu begründen, indem ich mit der Geschichte der Presse, insbesondere der Regionalpresse beginne.

Wie die Bundesrepublik selbst sind diese Blätter, die heute etwa 80 Prozent des Zeitungsmarktes ausmachen, Patenkinder der Alliierten. Generale, Beauftragte der Siegermächte, haben sie nach 1945 aus der Taufe gehoben. Am 15. August 1945 begründete der britische Generalmajor Bishop die Absichten der westlichen Alliierten in militärischer Kürze so:
„Die Hauptziele meiner Abteilung sind dreierlei:
1. Als Sprachrohr der Militärregierung der Kontrollkommission zu dienen.
2. Mitzuwirken bei der geistigen Umwandlung und Neuorientierung des deutschen Volkes.
3. Im deutschen Volke sowohl eine geistige als auch praktische Einstellung anzuregen, die nicht nur dem deutschen Volk, sondern auch uns selbst und ganz Europa dient."

Zu Ehren der Alliierten sei gesagt: sie haben von dieser Patenschaft sehr behutsam Gebrauch gemacht und sich schon bald nur noch als Leser verstanden. Gestaltung und Inhalt waren schon nach kurzer Zeit Sache der deutschen Verleger und Redakteure. Die Formen des Neubeginns sind ohnehin kaum strittig gewesen. Wie in anderen Bereichen von Politik und Wirtschaft galt auch für die Medien das Stichwort „Entflechtung". So begann man nach föderativen Prinzipien in den verschiedenen Regionen Blätter zu gründen. Es war ein Experiment ohne historische Wurzel. In seinem letzten Roman „Flußlandschaft" läßt Heinrich Böll einen erzkonservativen Politiker sagen: „Wer hätte damals schon ahnen können, daß diese Provinzblättchen wichtig werden könnten." Nun, ob sie wichtig geworden sind, ist die Frage. Sie waren die Antwort auf den Konzern eines Mannes, der die Provinzpresse wie kein zweiter im Griff gehabt hat. Sie waren eine Reaktion auf Alfred Hugenberg.

Ganz sicher haben wir es auch heute wieder mit Giganten in den Medien zu tun, deren Aufstieg in diesen Gründerjahren niemand geahnt oder in dieser Form gewollt hat. Dennoch hat sich bis heute keine ähnliche Konstellation bilden lassen, wie sie Alfred Hugenberg in der Idealkombination von „Spielfilmen der UFA, Wochenschauen und diversen Bilder- und Textdiensten" zur Bedienung der Provinzpresse zur Verfügung stand. Über die Rolle Hugenbergs, mit dessen geistigen und politischen Positionen ich mich hier nicht im Detail zu beschäftigen habe, äußert sich der Zeitungswissenschaftler Kurt Koszyk in einem Aufsatz über die deutsche Pressegeschichte so: „Mit Alfred Hugenberg trat einer der großen deutschen Wirtschaftsmanager im Pressewesen auf. Hugenberg, dessen politische Tätigkeit schon 1890 begann, der 1909 zum Vorsitzenden des Krupp-Direktoriums berufen wurde, betrachtete im Gegensatz zu manchen Ruhrindustriellen das Zeitungswesen nicht vornehmlich als Gebiet der Spekulation, sondern als wichtiges Instrument der politischen Werbung." Und in Verbindung mit der Einflußnahme auf die Provinzpresse heißt es bei Koszyk weiter: „Die Wipro (Wirtschaftsstelle für die Provinzpresse) wurde am 6. September 1922 gegründet und arbeitete eng mit anderen Hugenberg-Unternehmen zusammen. Der Erfolg der Wipro läßt darauf schließen, daß es den meisten Verlegern nicht so sehr um die Vertretung politisch unabhängiger Auffassungen ging, als um die möglichst rationale Herstellung ihrer zumeist kleinen Zeitungen. Da außerdem der Dienst sich als unabhängig, andererseits als rechtsgerichtet bezeichnete, nahmen sie schon wegen ihrer konservativ-bürgerlichen Grundauffassung keinen Anstoß an der Tendenz der Wipro-Dienste. Wenn man bedenkt, daß auch das Material der Telegraphen-Union in diese Blätter strömte, so kann man sich ungefähr vorstellen, weshalb ein großer Teil des Bürgertums zur Weimarer Republik ein getrübtes Verhältnis behielt. Das beantwortete auch die Frage, weshalb die Pressefreiheit damals nicht dazu beigetragen hat, die Republik zu stärken. Die aus der Kaiserzeit vorhandenen Stereotypen wurden vielmehr durch die Tendenz der deutsch-nationalen Blätter vertieft."

Ich habe Kurt Koszyk etwas ausführlicher zitiert, weil sich in diesem Text exakt die Auffassung der Zeitungsgründer der Nachkriegszeit wiederspiegelt. Unter allen Umständen sollte für die Zukunft ein ähnlich massiver Einfluß auf die Provinzpresse verhindert werden, wie er für den Konzern Alfred Hugenbergs charakteristisch war. Folglich dachte man daran, nicht nur die Städte, sondern auch die Landkreise mit eigenen Lokalausgaben zu bedienen. So entwickelte sich ein bisher nicht dagewesener Zeitungstyp mit einem breit gefächerten Netz an lokalen Teilen.

Ich will diese Absicht am Beispiel der WESTFÄLISCHEN RUNDSCHAU erläutern. Wahrend der General-Anzeiger für Dortmund, als dessen Nachfolger wir uns verstehen, mit einer Auflage von 250.000 Exemplaren (damals als größte Tageszeitung außerhalb Berlins) nur eine einzige Lokalausgabe unterhielt, sind es bei der Westfälischen Rundschau einschließlich ihrer Stadtteilredaktionen einunddreißig. Nahezu 200 Redakteure, die vorwiegend in den Lokalausgaben beschäftigt sind, stellen täglich rund 180 Seiten her.

Bei einer solchen Schwerpunktbildung, die sehr nachdrücklich den lokalen Anteil an der Zeitung betont, liegt es nahe, das Thema Presse und Geschichte nicht zuletzt unter diesem Gesichtspunkt zu beleuchten, weil wir mit unserer sehr kontinuierlichen Berichterstattung möglicherweise eine Lücke in der allgemeinen Geschichtsschreibung schließen.

Ich gebe zu, es wird hier nicht auf Alexander den Großen, auf Metternich, Friedrich den II., auf Heerführer oder andere bedeutende Figuren der Weltgeschichte Bezug genommen. Es ist vielmehr die Geschichte vor Ort, über die wir berichten. Es ist die Geschichte von Dörfern und Städten, von Schulen und Fabriken, von Klöstern und Kirchen, bekannten und in Vergessenheit geratenen Bürgern, von Kaiserbesuchen, Volksfesten, großen Unglücken: kurzum, es ist die Geschichte der Menschen, die in diesem Ort wohnen. Und dabei ist wichtig, daß dies nicht etwa Pflichtlektüre, sondern begehrter Lesestoff ist. So trifft mindestens für diesen Sektor — vielleicht darf ich sagen: volkstümlicher Geschichtsschreibung — der Vorwurf nicht zu, daß die Marktregeln unbarmherzig geschichtsfeindlich seien. Gewöhnlich werden diese Artikel in Form einer Serie präsentiert. Bei ein bis zwei Veröffentlichungen pro Woche laufen sie dann nicht selten über Monate, und die Reaktionen in der Leserschaft sind nicht etwa so, daß man endlich damit Schluß machen sollte. Nicht selten ermutigt uns sogar das allgemeine Interesse, nach Ablauf solcher Serien Sonderdrucke anzufertigen, die erfreulicher Weise an den Schulen besonders freundliche Abnehmer finden.

Ich möchte das, was ich als volkstümliche Geschichtsschreibung angesprochen habe, gern an einigen Beispielen erläutern, etwa der Serie mit den Straßennamen. Eines Tages kam die Redaktion auf den Gedanken, an Hand solcher Namen in die Stadtgeschichte zurückzublicken. Der Erfolg war verblüffend. Die Serie wurde weit länger als im Anfang geplant. Die Anfrage und Anregungen häuften sich. Leser trugen die Namen ihrer eigenen Straßen vor, wollten nun Genaueres darüber wissen. Einzelne dieser Artikel reichten bis ins tiefe Mittelalter zurück. Man erfuhr etwas über die Entstehung alter Flurnahmen. Auch Namen wie Kuckelke oder Trissel, die nur aus der Geschichte zu erklären sind, tauchten in dieser Serie auf.

Wir haben das Ganze dann mit den Namen mehr oder minder bekannter Persönlichkeiten fortgesetzt. Manch einer hat sich gefreut zu erfahren, daß Männer wie Duden oder Brockhaus gebürtige Dortmunder sind; die Leistungen einer so bemerkenswerten Familie wie die der Mallinckrodt waren leider nicht mehr so in Erinnerung. Aber damit hätte sich selbst der erste Oberbürgermeister der Nachkriegszeit Fritz Henßler abfinden müssen.

Daß in der Stadtgeschichte noch manches der Aufarbeitung bedarf und gründlichere Arbeit zu leisten ist, als eine Tageszeitung sie erbringen kann, ist uns bei den Veröffentlichungen über Klöster und Kirchen in Dortmund bewußt geworden. Dank großer Hilfsbereitschaft auch von Seiten der Kirchen haben wir hier sehr ausgiebig recherchieren können. Zu unserer großen Überraschung wurde uns zum Schluß das besondere Lob zuteil, die ersten gewesen zu sein, die einen zusammenhängenden Bericht über dieses wahrhaft interessante Kapitel der Stadtgeschichte geschrieben hätten. Ähnliches, wenn, wie in diesem Falle, auch nicht an Bauwerken orientiert, gilt im übrigen für das Leben und Wirken der Juden in Dortmund. Wir freuen uns, daß sich hier endlich junge Leute auf den Weg gemacht haben, gründlicher als ihre Väter zu forschen.

Bei einer Stadt wie Dortmund — oder überhaupt dem Industriegebiet — lag und liegt es nahe, nicht nur über die Vergangenheit des Bierbrauens (und seine Gegenwart), sondern auch über die Anfänge von Kohle und Stahl, über Entstehung und Folgen der ersten industriellen Revolution, über Arbeiterunruhen und Terror oder Obrigkeit, über Glück und Unglück, über Schicksale und Probleme dieser Epoche zu berichten. Wir haben versucht, hier Geschichte lebendig zu machen. Kohle und Stahl, das Wachsen der Industriestädte, die Anwerbung von „Fremden", die damals mit Vorzug aus Ostpreussen kamen, ist ausführlich besprochen worden. Selbst wenn das Gute an der „guten alten Zeit" sich publikumswirksamer als das Problematische verkaufen läßt und die Versuchung naheliegt, lieber vom Kaiserwetter als von Armut und harter Arbeit zu sprechen, so ist von uns aus doch der Versuch unternommen worden, diese Epoche mit ihren tatsächlichen Bedingungen darzustellen.

Geradezu einen Boom an Geschichte, mindestens an deutscher Nachkriegsgeschichte, haben die zahlreichen 40-Jahrfeiern der vergangenen zwei Jahre ausgelöst. Niemand hat mir bisher sagen können, weshalb ausgerechnet die Jahreszahl 40 zu einem Stellenwert kommt, den man bisher nur für die „goldene 50" kannte. Immerhin: wie andere, sind wir dem Trend gefolgt und haben diese vier Jahrzehnte in vielerlei Schattierungen in Erinnerung gebracht.

Es waren verschiedene Veröffentlichungen auch über die Geschichte unserer eigenen Zeitung, die in Verbindung mit den Traditionslinien dieses Blattes bis in das Jahr 1889 zurückreicht. Die Gelegenheit war zudem günstig, weiter zurückzugreifen und über die Entwicklung des Zeitungswesens in dieser Region – auch in Form einer Ausstellung, die guten Anklang fand – zu berichten. Auch bei dieser Gelegenheit gaben wieder zahlreiche Leser ihr Interesse an solchem historischen Lesestoff zu erkennen; und offensichtlich ist dieser Funke sogar auf einzelne Zeitungswissenschaftler übergesprungen, die in der Hilfe, die sie uns freundlicherweise leisteten, plötzlich auch neuen Stoff für sich selbst entdeckten.

Ein anderes Produkt aus diesem Jahr 1986 war ein Sonderdruck über vierzig Jahre Nordrhein-Westfalen. Wir hatten für diese Ausgabe die Form von Interviews gewählt, wobei es galt, für die einzelnen Phasen des politischen, wirtschaftlichen und kulturellen Neuaufbaus Gesprächspartner zu finden, die selbst schon als Frauen oder Männer der ersten Stunde galten, die gleichzeitig mit inzwischen verstorbenen, herausragenden Persönlichkeiten jener Zeit in Verbindung gestanden hatten. So kam es zu Interviews mit Heinz Kühn über Christine Teusch, Theo Burauen über Kardinal Joseph Frings, Rainer Barzel über Karl Arnold, Ernst Schmidt über Heinz Renner, Diether Posser über Gustav Heinemann, um nur einige der Namen aus dieser Interviewfolge zu nennen. Nicht jeder hat sich dann auf Anhieb an Namen wie Eric Nölting, Walter Freitag, August Schmidt, Hermann Joseph Dufhues, Wolfgang Döring erinnern können. In diesem Punkte jedenfalls sollte sich niemand Illusionen machen: der Ruhm altert fast so schnell wie die Zeitung von gestern.

Johannes Rau hatte uns für diese Ausgabe unter dem Titel: „In Geschichten bleibt Geschichte lebendig", geschrieben: „40 Jahre Geschichte unseres Landes Nordrhein-Westfalen, das ist nicht nur die Geschichte der großen Politik, dokumentiert in Vorträgen oder Protokollnotizen; es ist vor allem die Geschichte von Menschen und ihren Aufbauleistungen nach einem verheerenden Krieg. Wir sind gut beraten, uns daran zu erinnern und – soweit möglich – aus der noch jungen Geschichte unseres Landes Lehren für Gegenwart und Zukunft zu ziehen." Im Zusammenhang mit diesem Zitat Raus möchte ich auf eine zweite Äußerung des Ministerpräsidenten zu sprechen kommen: „Die Heimatverbundenheit und das Interesse an der lokalen Geschichte haben seit Ende der siebziger Jahre gerade auch bei jüngeren Menschen erfreulicherweise zugenommen. Die Alltagsgeschichten der feinen Leute kennen wir auch heute noch teilweise aus der schöngeistigen Literatur jener Jahre: die Alltagsgeschichten der einfachen Leute müssen erst wieder neu entdeckt werden. Arbeit, Alltag und Demokratie bezeichnen stichwortartig die Dunkelstellen im vorherrschenden Geschichtsbewußtsein. Aber an der Basis der Gewerkschaften, Parteien, Frauen- und Jugendgruppen bewegt es sich seit längerem. Geschichtsinitiativen vor Ort untersuchen die Alltagsgeschichte, sichern Spuren der Arbeitswelt und der sozialen Kämpfe, drehen Dokumentarfilme, schreiben die Regionalgeschichte neu und widmen veraltete Industrieanlagen um. Oft wirken in diesen Initiativen Arbeiter und Angestellte und engagierte Intellektuelle eng zusammen. Das Monopol der akademischen Geschichtsschreibung zerbröselt. Ein neu engagiertes republikanisches Geschichts- und Landesbewußtsein entsteht."[2]

Rau beruft sich im folgenden auf eine Rede Gustav Heinemanns bei der Schaffer Mahlzeit in Bremen, wo es unter anderem heißt: „Traditionen sind keineswegs das Privileg konservativer Kräfte. Noch weniger gehören sie in die alleinige Erbpacht von Reaktionären, obwohl diese am lautstärksten von ihnen reden. Auch ist es sehr wohl möglich, bestimmte Vorgänge sehr verschieden zu deuten und — was vollends interessant ist — für sehr unterschiedliche Traditionsauffassungen in Anspruch zu nehmen. Es kann, so meine ich, nicht um die Frage gehen, Tradition ja oder nein. Die Alternative besteht darin, an welche Traditionen angeknüpft werden soll und in welchem Sinne wir eines historischen Vorgangs gedenken."[3]

In einer Gebrauchsanleitung dieser Publikation, in der unsere Redaktion Bestätigung für ihre eigene Arbeit finden kann, heißt es: „Damit unterscheidet sich dieses Lese- und Bilderbuch von vielen Geschichtsbüchern, die uns weismachen wollen, daß Geschichte nur in fernen Zentren der Macht stattfände und nicht auch hier in diesem Land der Arbeit, in dem viele Grundlagen der deutschen Erfahrung in diesen beiden Jahrhunderten erwirtschaftet und ihre Krisen und Niederlagen am fühlbarsten ertragen werden mußten. Solche Geschichtsbücher wollen uns meist nahelegen, daß Geschichte nur ein Privileg akademischer Historiker sei, die allein das Recht hätten, die Vergangenheit selbst, und das, was aus ihr gelernt werden kann, zu benennen. Doch die Historiker können uns helfen, daß wir unsere eigene Geschichte, die immer wieder eine andere ist und Ort für Ort, Standpunkt für Standpunkt ausgegraben sein will, finden, schreiben, besprechen."[4]

Um das Bild dieser lokalen und regionalen Berichterstattung über geschichtliche Vorgänge abzurunden, erlaube ich mir, auf eine Serie in unserer Zeitung zu verweisen, die sich mit der Geschichte des „General-Anzeiger" für Dortmund beschäftigte. Es mag der Verdacht naheliegen, mit solchen Beiträgen einiges für das eigene Ansehen zu betreiben, also auch den Werbern des Blattes Material an die Hand zu geben. Ich weiß nicht, ob dies überhaupt ein erfolgreicher Weg wäre. Wir erwarteten auch für diese, insgesamt zwölfteilige Serie eine besondere Aufmerksamkeit in der Leserschaft, aber für Werbezwecke eignen sich historische Beiträge im allgemeinen nicht. Da muß man dann schon mit Fahrten in die Karibik oder mit anderen Annehmlichkeiten kommen. Was wir mit der Veröffentlichung über die Geschichte des „General-Anzeiger" bezweckten, hat einen zweifachen Grund: Erstens reichte dieser Rückblick bis in den Beginn des vergangenen Jahrhunderts zurück, in dem in dieser Region Zeitungen gegründet worden sind. Da gibt es eine Fülle interessanter Vorgänge, die keineswegs immer nur die Zeitung selbst betrafen. Über Zeitungen zu schreiben heißt ja zugleich, auch über die Zeit zu berichten. Es entsteht zudem das Bild einer erstaunlichen Verlegerfamilie, die nicht nur ihre fortwährenden Probleme mit der Obrigkeit hatte, sondern auch die Phantasie aufbrachte, zwei Zeitungen mit sehr unterschiedlicher politischer Färbung auf den Markt zu bringen. Da erschien zum einen die „Dortmunder Zeitung", die in ihrer Grundauffassung etwa auf der Stresemann-Linie lag, und im gleichen Verlag produzierte man jenen erwähnten Dortmunder „General-Anzeiger", eine Zeitung, die schon vor dem ersten Weltkrieg deutlich links von der Mitte stand.

Und hier komme ich auf den zweiten Punkt zu sprechen, der die Redaktion ganz besonders inspiriert hat, die Geschichte dieser Zeitung aufzugreifen: Es hat leider nicht sehr viele auflagenstarke Blätter, die sich ähnlich engagiert für den Staat von Weimar eingesetzt hätten, gegeben, wie eben jene, im breiten Publikum sehr beliebte Zeitung. Es war keine Zufall, und konnte auch keiner sein, daß ein solches Blatt den NS-Staat keine drei Monate überdauert hat. Am 20. April 1933, am Geburtstag Hitlers, wurde die Zeitung unter dem Vorwand angeblicher „Verleumdung des Führers" faktisch verboten. Der Vorwurf selbst ist umstritten, aber unumstritten bleibt wohl, daß man innerhalb kurzer Zeit einen anderen Anlaß gefunden hätte, Redaktion und Verlag zu besetzen und ein weiteres Erscheinen dieser Zeitung zu verhindern.

Die Geschichte des „Dortmunder General", wie er im Volksmund genannt wurde, dokumentiert deshalb mehr als nur reine Zeitungsgeschichte. Hier findet sich vielmehr ein beachtliches Kapitel des Widerstandes, wie die Nachkriegsgeschichte es leider nicht ausführlich gewürdigt hat. Der Redaktion jedenfalls erschien es höchste Zeit, diese Lücke füllen zu helfen.

Zum Abschluß möchte ich gern noch auf Äußerungen von Horst Bieber zurückkommen, die sich in seinem Artikel zur Geschichte als Hintergrund von Kommentar und Leitartikel finden. Bei allem Respekt gegenüber der Höhenwelt eines Schreibers, der möglicherweise gar nicht mehr anders als nur noch herablassend urteilen kann, widerspreche ich ihm in einem sehr entscheidenen Punkt: Bieber vermißt den Rückgriff in die Geschichte, er bezweifelt sogar ein gediegenes Wissen. Ich möchte dieserhalb nicht mit ihm streiten. Was er verkennt, ist der Wert der Information aus erster Hand, ist der Wert von Gesprächen mit jenen handelnden Personen, deren Rolle Historiker erst nach deren Taten beschreiben. So schreibt Bieber: „Es fällt einem Journalisten, der ja ständig die handelnden Personen aus größter Nähe beobachtet und mehr denn je über sie erfährt, außerordentlich schwer, im alltäglichen Kuhhandel der Interessenvertreter das Wehen des Weltgeistes zu spüren, den Zipfel des berühmten Mantels zu entdecken, den der Staatsmann ergreifen sollte."[5] Mir scheint, daß die Wirklichkeit doch weniger einfältig aussieht, als sie Bieber beschreibt. Nach meiner Auffassung gehört es zu den Errungenschaften des Nachkriegsjournalismus, daß Journalisten überall dort mit dabei sind, wo Geschichte stattfinden könnte, oder sollte, oder tatsächlich stattgefunden hat.

Die Chance, Geschichte bereits in ihren Ursprüngen transparent zu machen, ist kein Privileg mehr nur für kleine Gruppen. Zeitungs- leute aller großen Blätter pflegen ihre Leser heute auf diese Weise — ungefiltert sagen wir — zu bedienen. Man mag den Andrang bei diesem oder jenem Gipfel — nehmen Sie die Begegnungen zwischen Reagan und Gorbatschow — inzwischen sogar für übertrieben halten: dennoch möchten wir heute, und zwar unter allen Umständen, am Tatort Geschichte als Zeitzeuge mit dabei sein. Aber dieses Studium an der Quelle ist ja nicht nur beschränkt auf Ereignisse, die Furore machen. Im Gegenteil: oft geben vertrauliche Gespräche, nicht selten auf langen Reisen, sehr viel mehr her. Man beginnt Dinge zu verstehen, die von außen her nur schwer zu erfassen sind. Probleme und Konflikte werden offenbar angesprochen. Natürlich vertieft sich dabei die Gewißheit, daß auch Staatsmänner nur Menschen sind. Die Liste meiner in- und ausländischen Gesprächspartner ist sehr lang. Ich möchte darauf verzichten, sie Ihnen vorzulegen. Das gilt auch für Ereignisse, die heute schon Geschichte sind. Nehmen sie Kennedys Besuch in Berlin, Brandt in Erfurt, sein Kniefall in Warschau, die Vertragsunterzeichnung in Moskau. Oder die Reisen Schmidts nach Moskau, sein erster Besuch, der publizistisch untergegangen war, dennoch Erwähnung verdient, noch während der Frostperiode im August 1969. Es ist viel geschehen seitdem. Ich bin froh, dabei gewesen zu sein. Vergnügungsreisen waren es kaum einmal. Aber es schien mir angemessen, unsere Leser auf dem laufenden zu halten. Ich bleibe dabei: die Zeitung wird für den Tag gemacht; aber manche Information reicht auch über den Tag hinaus.

Walter H. Pehle

Geschichtswissenschaft, Buchproduktion und Öffentlichkeit[1]

Für Wolfgang J. Mommsen zum 6.11.90

An die großen Bucherfolge von Theodor Mommsen, Ranke, Sybel, Droysen und Treitschke zu erinnern, ist müßig. Auf dem Wege zum langersehnten deutschen Nationalstaat stand die sich gerade etablierende Fach-Historie in höchstem Ansehen bei der bildungsbürgerlichen Öffentlichkeit. Dieses Ansehen hielt nach der Reichsgründung noch eine Weile an, bis es nach der Jahrhundertwende erste Risse zu zeigen begann. 1908 notierte Friedrich Meinecke, „daß unsere historischen Studien nicht mehr wie damals das Ohr der Nation haben, nicht mehr getragen sind von der allgemeinen Teilhabe." Nach dem 1. Weltkrieg brach der einstige Konsens zusammen. Der Nationalsozialismus wurde schließlich zur besonderen Katastrophe für die Geschichtswissenschaft: Als Herrschaftswissenschaft disqualifiziert und diskreditiert, ihrer bedeutendsten Köpfe durch erzwungene Emigration beraubt, mußte sie sich zurückziehen. Man sprach von der „Krise der Geschichtswissenschaft", die sich materiell dahingehend ausdrückte, daß — von einigen Ausnahmen abgesehen — fast eine Generation lang keine großen historiographischen Darstellungen mehr auf den Tisch kamen. Wer sich mit kritischen und innovativen Beiträgen zu Wort meldete — wie etwa Karl-Dietrich Bracher im Jahre 1955 („Die Auflösung der Weimarer Republik"), Fritz Fischer 1961 („Der Griff nach der Weltmacht") oder Hans-Ulrich Wehler 1969 („Bismarck und der Imperialismus") —, der wurde einem gnadenlosen Rezensionskrieg ausgesetzt.

Und Zeitgeschichte galt ohnehin als ungeeignetes Betätigungsfeld für seriöse wissenschaftliche Forschung. Die Gründung des Instituts für Zeitgeschichte im Jahre 1950 war ein komplizierter und hindernisreicher Vorgang; und daß die „Vierteljahreshefte für Zeitgeschichte" ab 1953 in Stuttgart bei der Deutschen Verlagsanstalt herausgebracht werden konnten, hatte gleichermaßen mit Struktur und Zufall zu tun. Den Münchener wissenschaftlichen Verlagen war die Sache zu heiß, und bei der DVA saß ein Lektor, der zum Rande des Widerstands gegen Hitler gehört hatte. Diese folgenreiche Mischung aus Struktur und personellem Zufall trifft man bei der Beschäftigung mit meinem Thema immer wieder an.

Eine der ersten großen Darstellungen erschien 1973 bei Ullstein: „Lebensformen im Mittelalter" von Arno Borst. Es handelt sich um ein Buch, das auch von sogenannten interessierten Laien mit Gewinn gelesen werden konnte. Der Verkaufserfolg war zunächst mäßig, was sich in späteren Jahren, insbesondere mit der Taschenbuchausgabe von 1979 (78.000 Ex.), gründlich ändern sollte. Inzwischen war die vielzitierte Mittelalter-Welle ausgelöst worden und mit ihr die Rückkehr der Geschichtsschreibung ins Bewußtsein einer breiteren Öffentlichkeit.

Was sich auf dem Buchmarkt allmählich — und für Zeitgenossen nicht erkennbar — anbahnte, ist im Museumsbereich weiten Kreisen der Öffentlichkeit deutlich sichtbar geworden. Der Besuch von historischen und kulturhistorischen Ausstellungen war seit Anfang der 70er Jahre für Millionen von Bundesbürgern zu einer modischen Freizeitbeschäftigung und zu einer Flucht aus der beschwerlichen und unübersichtlichen Gegenwart geworden. So lockte die „Zeit der Stauffer" 1977 innerhalb von 72 Tagen über 670 000 Besucher nach Stuttgart; dieses breite Publikum kaufte 160 000 mal das teure 4-bändige Katalogwerk, das fünf mal nachgedruckt werden mußte. Die „Echnaton"-Ausstellung sahen sich rund 900 000 Menschen in Hildesheim an. Zwei Berliner Ausstellungen waren ebenfalls sehr erfolgreich: Die „Tendenzen der Zwanziger Jahre" (1971) wurden innerhalb von zwei Monaten von 350 000 Zuschauern besucht; und die seit 1971 im ehemaligen Reichstagsgebäude gezeigte Dauerausstellung „1871 — Fragen an die deutsche Geschichte" geriet zur Pflichtveranstaltung von in Hunderttausenden zu zählenden Besuchern (der Katalogverkauf nährt noch heute seinen Autor Lothar Gall).

Dieser Trend hat sich bis in unsere Tage fortgesetzt. In Frankfurt baute Hilmar Hoffmann aus 10 Museen das mittlerweile weithin bekannte „Museumsufer" entlang des Mains, wo mit Ausstellungen Zeitgeist aufgenommen und — auch umgekehrt — produziert wird. Gewiefte Museumsleute haben die alten elitären Strukturen auf den Kopf gestellt und den Anschluß an ein breites Publikum gefunden. In diesen sogenannten „Erlebniswelten", die mit Restaurants und Buchcafés ausgestattet sind, soll Raum für intellektuelle und lukullische Interessen entstehen. „Man" trifft sich im Museum — nicht nur in Frankfurt, sondern auch in Köln, München und anderswo.

Das neue Geschichtsinteresse wirkte sich auch auf den Buchmarkt aus. Bis in die frühen 70er Jahre hat es genügt, sich bei einer Handvoll wissenschaftlicher Verlage (Oldenbourg, Böhlau, Vandenhoeck & Ruprecht, Steiner, Harrassowitz, Mohr/Siebeck, zuweilen auch de Gruyter) umzusehen, um den größten und wichtigsten Teile der historischen Neuerscheinungen zu überblicken. Wer Wissenschaftliches publizieren wollte, mußte sich an wenige Spezialverlage halten, deren Produktion vielfach mit sogenannten Drittmitteln subventioniert wurde. Außerhalb dieses Zirkels zu publizieren galt als unfein, karrierehindernd und unseriös. Die Wissenschaft fand so im kleinen Kreise statt. Die Auflagen überstiegen nur sehr selten 1 000 Exemplare, wenn es hoch herging. Man produzierte für die Bibliotheken und Kollegen.

Dies änderte sich seit Anfang der 80er Jahre gründlich: Viele wichtige

Autoren wechselten von den Fachverlagen zu den sogenannten Publikumsverlagen — solchen Häusern, die erfolgreich auf anderen Feldern, vielfach in der Belletristik und im Sachbuchbereich, arbeiten und gewohnt sind, sich an eine breite Leserschaft zu wenden — wie etwa S. Fischer, Rowohlt und Piper, sowie (etwas anders gelagert) Hanser und Luchterhand; eine besondere Rolle spielte sogleich der C.H. Beck Verlag. Ein Teil der Firmen konnte mit verlockenden Pfunden wuchern — mit Taschenbuch-Verlagen, die sich seit 1950 mit Riesenschritten ausgebreitet hatten und dabei zusätzliche Kundenkreise erschließen konnten: Bezieher niedriger Einkommen und — seit Beginn der 60er Jahre — auch Studenten, eine Zielgruppe, die der Wissenschaft besonders nahe steht.

Die gesamte Buchproduktion hatte seit 1967 wieder ihre Vorkriegsgrößenordnung (ca. 30 000 Titel) erreicht und sich seit 1979 sogar verdoppelt. Der Börsenverein des Deutschen Buchhandels stellte in seinen jährlichen Statistiken immer wieder fest, daß der Bereich „Geschichte, Kulturgeschichte, Volkskunde" — verglichen mit der Gesamtzahl der jährlichen Titel — gleichbleibend zwischen 5 und 4 Prozent schwankt, trotz rasant steigender absoluter Zahlen. Im Taschenbuchbereich sieht dies freilich anders aus. Verglichen mit der Gesamtzahl der Bücher historischen Inhaltes haben sich in den Taschenbuch-Verlagen große Steigerungen ergeben: von rd. 15% im Jahre 1979 auf 19% (1984) und 21,4% (1989). Im Jahre 1989 erschienen 2.020 Bücher zu historischen Themen; davon immerhin 433 (das ist etwa 1/5) als Taschenbücher. Dazu kommen — wie wir sehen werden — einzelne Hardcover-Bücher, die — nach einer Übergangsphase Ende der 70er Jahre — vor allem in den 80er Jahren nie gekannte Größenordnungen erreichten und möglicherweise noch erreichen werden.

Eine wichtige Rolle spielen die Verbindung zwischen den Lektoraten und den Zeitungen, die oft bereits während der Manuskriptbearbeitung aufgenommen werden. Dabei ist hilfreich, daß in den zuständigen Redaktionen mehr und mehr Historiker arbeiten. Genannt seien stellvertretend Volker Ullrich (DIE ZEIT), Gustav Seibt (FAZ), Christel Zahlmann (FR) und Knud von Harbou (SZ). Verstärkt werden diese eher informellen Kontakte unter Fachkollegen, (die sich gelegentlich schon aus Studienzeiten kennen), durch spezielle Presseabteilungen in den Publikumsverlagen — mit dem Ergebnis, daß Bücher zu historischen Themen stärker als bisher in den vielseitig beachteten Messe- und Literaturbeilagen der Zeitungen auftauchen.

Wann und warum erfolgte nun der Übergang von bekannten Autoren von den Wissenschafts- zu den sogenannten Publikumsverlagen? Hierzu sind einige Blicke in unterschiedliche Verlagsprogramme zu werfen. Einer der ersten Verlage, die von den neuen Entwicklungen profitierten, war C.H. Beck. In den Jahren nach 1978 schaffte man dort mit den Werken von Gordon Craig über die europäische und deutsche Geschichte (mehr als 20 000 bzw. 60 000 Exemplare) den Durchbruch, was dem Hause einen großen Prestigegewinn einbrachte. Die seit 1983 bzw. 1987 angebotenen beiden Bände „Deutsche Geschichte" von Thomas Nipperdey (über 30 000 Exemplare) und die 1987 erschienenen beiden Bände „Deutsche Gesellschaftsgeschichte" von Hans-Ulrich Wehler sind mit weit mehr als 10 000 Exemplaren vergleichsweise große Erfolge, wenn man berücksichtigt, daß die Durchschnittsauflage in Wissenschaftsverlagen kaum mehr als 1.000 Exemplare erreicht. Diese Erfolge dürften mit dem Umstand in Verbindung gebracht werden können, daß Nipperdey und Wehler — so unterschiedlich ihre Ansätze auch sein mögen — noch an universalgeschichtlichen Begründungszusammenhängen festhalten. So gesehen, stehen sie bei aller Modernität in der Tradition der Geschichtsphilosophie des 18. und 19. Jahrhunderts. Und so gesehen, wirken sie und ihr großes Publikum dem sich andernorts anbahnenden Trendwechsel entgegen.

Bei der Avantgarde der Historikerzunft herrscht mittlerweile „Skepsis gegenüber globalen Konzepten und Erklärungsmodellen, die die historischen Subjekte gar nicht mehr in den Blick bekommen"[2]; sie leistet Widerstand gegen „Großorganisationen und Großtechnologien" der Etablierten. Spätestens seit dem Berliner Historikertag von 1984 wird der „Wunsch nach kleineren Alternativen, nach Naherfahrungen in überschaubaren Räumen"[3] artikuliert. Die an den klassischen Kategorien des Fortschritts orientierte Geschichtsphilosophie wird von vielen jungen Historikern etwas zugunsten der Micro-histoire ad acta gelegt; sie untersuchen lieber Projekte im jeweiligen Nahbereich von Dorf, Stadt und der Region; sie versuchen, die Alltagswirklichkeit und die Geschichte sozialer Bewegungen zu rekonstruieren; sie übersehen dabei nicht, daß auch Frauen Geschichte „machen" und Verfolgte, Vergessene. Mit dem veränderten „Blick von/nach unten" werden die historischen Subjekte nachgezeichnet, wird Geschichte entdeckt.

Der Wagenbach-Verlag setzt bewußt auf diese neue Richtung und nimmt dafür kleinere Absatzzahlen in Kauf, wenngleich man berücksichtigen muß, daß diese geringeren Zahlen in einem kleineren Verlag ganz anders einzuschätzen sind als diejenigen von großen Häusern. Ein Buch, so Klaus Wagenbach, von dem er mehr als 3000 Exemplare absetzt, sei für ihn bereits ein Erfolg. So etwa das Buch von Carlo Ginzburg „Erkundigungen über Piero" (über einen Maler der frühen Renaissance), das seit 1981 immerhin fast 5000 mal verkauft werden konnte. Ein „Ausreißer" in höhere Zahlen liegt mit Alain Corbins „Pesthauch und Blütenduft" vor, das (im Schatten von Süskinds „Parfum") seit 1984 insgesamt 25 000 Exemplare brachte. Die zweibändige „Italienische Kunst" (eine Verbindung von Kunst- und allgemeiner Geschichte) riskierte Wagenbach 1988: insgesamt 15 000 Exemplare. Diesen Erfolg bringt Wagenbach mit dem seit 1978 zu beobachtenden Durchbruch der Rezeption der italienischen Kultur in Deutschland im Gefolge der „Freibeuter"-Schriften von Pier Paolo Pasolini (aus den 50er Jahren) in Verbindung. Der Wagenbach-Verlag produziert nicht mehr für eine Bourgeoisie im Stil des 19. Jahrhunderts, nicht für „Rechtsanwälte, die sich heutzutage lieber ein Surf brett vor den Kopf schnallen, als ein Buch lesen", sondern für „wilde Leser" (Klaus Wagenbach), die sich nicht mehr durch Klassen- und Autoritätsstrukturen, nicht mehr von Kaisern, Göttern, Eltern und Pädagogen belehren lassen wollen — für Leser/Innen „auf eigene Faust" also, die keinen festen Kanon mehr beachten. Provozierende Thesen, eigenwillig wie Wagenbachs Programm.

Von dem großen, vorher ungeahnten Verkaufserfolg eines wissenschaftlichen Autors war bislang noch nicht die Rede, von Umberto Ecos „Name der Rose", 1982 bei Hanser herausgekommen. Dieses Buch wurde von Verlagsmanagern und Buchautoren als Wendepunkt angesehen. Von nun an soll alles möglich, ein anspruchsvoller Text im Hinblick auf Sujet und Sprache kein Hindernis mehr sein: Um die 600 000 Exemplare der Originalausgabe wurden bis heute den Buchhändlern entrissen, dazu noch 1,5 Millionen in der Taschenbuchausgabe.

Weitere Verlagsportraits bringen nichts Neues. Auch die Fischer Verlage reihen sich — was die Ausweitung des historischen Programms angeht — im Großen und Ganzen in die beschriebenen Tendenzen ein. Eine besondere Note findet sich im Taschenbuchprogramm; die sogenannte schwarz/weiße Reihe, die sich seit 1977 konsequent und regelmäßig mit der Aufarbeitung der nationalsozialistischen Zeit befaßt. Mehr als 150 Titel (Lizenz- und Originalausgaben im Verhältnis 1:1) sind dort herausgekommen; derzeit sind über 70 davon lieferbar. Diese Buchreihe ist auf dem deutschen Markt ohne Vorbild und ohne Konkurrenz. Bei S. Fischer und in der interdisziplinären Taschenbuchreihe „Fischer Wissenschaft" bringen wir seit Mitte der 80er Jahre, mit unterschiedlichem Erfolg, wichtige Erstausgaben französischer Historiker der Annales-Schule heraus, wie F. Braudel, G. Duby, Ph. Ariés etc. Soeben ist der zweite Band der fünfbändigen „Geschichte des privaten Lebens" herausgekommen, von dem wir wenigstens 15 000 Exemplare verkaufen wollen. Für Fischer läßt sich sagen, daß dort seit Anfang der 80er Jahre das historische Programm ausgeweitet worden ist, ohne an die großen Zahlen anderer Häuser anschließen zu können. (Aus dem Rahmen fällt das schon 1958 bei der Büchergilde Gutenberg herausgekommene und seit 1966 bei uns erscheinende wissenschaftliche Hauptwerk von Golo Mann „Deutsche Geschichte des 19. und 20. Jahrhunderts", das wir in mehreren hunderttausend Exemplaren verkauft haben.) Tendenziell fühlen wir uns — was das historische Programm der Wissenschaftsredaktion angeht — eher den noch experimentierenden Verlagen zugehörig.

Bei Lage der Dinge läßt sich folgendes zusammenfassen:

    1. Der Geschichtsboom findet weniger in Titelzahlen, sondern mehr in den Auflagenhöhen statt. Hier spielen die Taschenbuch-Verlage eine besondere Rolle.

    2. Die aufsehenerregenden Bücher der Zunft wurden seit Anfang der 80er Jahre in Publikumsverlagen herausgebracht.

3. Die wissenschaftlichen Verlage sind ihren Metiers und ihren gewohnten Größenordnungen treu geblieben.

Die geschilderten Änderungen haben mit Besonderheiten moderner Publikumsverlage zu tun. Wie einst nur in den Fachverlagen, stehen dort den Autoren kompetente, wissenschaftlich ausgebildete Gesprächspartner zur Verfügung. Sie können beim Entstehen und bei der Redaktion von Texten vielfache Hilfestellungen anbieten. Dieser psychologische Gewinn ist nicht zu unterschätzen. Und umgekehrt ist für den späteren Bucherfolg sicher auch wichtig, daß Autoren nicht nur die Zeichen der Zeit — das Publikumsinteresse an der Geschichte — erkennen, sondern auch bereit sind, in der Art ihrer Darstellung eines Stoffes auf die Rezeptionsfähigkeiten eines erweiterten Publikums Rücksicht zu nehmen.

Zum besseren sogenannten Service der Publikumsverlage gehören auch die in Fachverlagen so gut wie nicht vorkommenden Werbe- und Marketingabteilungen. Sie erzeugen bei Buchhändlern und Lesern fiktive Bilder allein schon dadurch, daß in stärkerem Maße als bisher Anzeigen geschaltet werden. Geschichtstitel sind auf diese Weise — anders als vorher — in den einschlägigen Leit-Medien immer wieder Präsent. So entstand übrigens auch das Gerücht über den Boom der Geschichtsliteratur. Diese Präsenz erzeugt neue Wünsche bei den Kunden, solche Bücher zu kaufen, die die Publikumsverlage vor 15 Jahren noch nicht hätten verkaufen können. Das wiederum führt zu höheren Auflagen, zu höheren Honoraren und Erlösen. Und: dieser Kreislauf bringt inzwischen den Verlagen nicht nur mehr Ansehen, sondern auch neue Autoren ins Haus, die sich und ihre Buchprojekte anderswo nicht genügend gefördert sahen und auf die Dauer enttäuscht worden sind.

Zum Abschluß noch ein paar Bemerkungen darüber, weshalb die Geschichtswissenschaft seit Anfang der 80er Jahre zunehmend Bedeutung erlangt. Ich sehe vor allem drei Gründe:

1. Seit der Mitte der 70er Jahre ist ein (sich bis heute fortsetzender) Absturz der Sozialwissenschaften zu beobachten, insbesondere auf dem Gebiet der Soziologie als der bis dahin dominierenden Leit- und Deutungswissenschaft gesellschaftlicher Systeme. Damit einher ging eine rapide Erschöpfung der Fortschrittsgewißheit. Große gesellschaftliche Entwürfe und Deutungsversuche blieben lange Zeit aus. Man hielt sich an die Klassiker wie Dürckheim, T. Parsons, M. Weber sowie an J. Habermas und N. Luhmann. Die Soziologentage brachten — anders als etwa die vielbeachteten Historikertage — nichts Neues. Erst 1986 ist wieder ein breit angelegter soziologischer Deutungsversuch erschienen: „Risikogesellschaft" von Ulrich Beck (50 000 Exemplare).

2. Angesichts der Fortschrittszweifel lag der „Blick zurück" nahe. Die Soziologie wurde von der Geschichtswissenschaft abgelöst. In den historischen Disziplinen war nach Jahren intensiver Forschung und nach vielen fachinternen Diskursen über (neue) Inhalte und Zugangsweisen die Zeit reif geworden für große Synthesen. Die Aufnahmefähigkeit des Publikums für

historische Darstellungen hängt mit der entlastenden Wirkung einer jeden Rückbesinnung auf die Geschichte zusammen — daran kann kein Zweifel bestehen, ebenso wenig wie an der kritischen Funktion für die Gegenwart, die etwa mit dem Auffinden alternativer Lebensentwürfe bzw. Gesellschaftsformen des Mittelalters verbunden sein kann.

3. Damit ergibt sich einmal mehr die Frage nach dem Beitrag, den eine demokratisch verfaßte Geschichtswissenschaft in unserer und für unsere Gesellschaft zu leisten vermag — gerade in Zeiten, in denen die klassischen Deutungswissenschaften wie Philosophie und Soziologie ihren Einfluß verloren haben. Angesichts des denkwürdigen Doppelgeburtstages der Brüder Mommsen möchte ich diesen Fragenkomplex mit zwei Zitaten beantworten, die ich schon länger mit mir herumtrage: „Die gesellschaftliche Funktion (der Geschichtswissenschaft) besteht nicht in der Vermittlung eines historischen 'Weltbildes', sondern in der Aufarbeitung und damit der Rationalisierung sozialer und politischer Konflikte und der dem unhistorischen Betrachter anonym erscheinenden langfristigen Tendenzen."

Bei allem Vorbehalt gegenüber der Nutzanwendung historischen Wissens bei der Bewältigung aktueller Aufgaben kommt Wolfgang J. Mommsen dennoch zu einem ähnlichen Ergebnis: „ . . . nur vor dem historischen Hintergrund und nur in Kontrastierung mit historischen Erfahrungen gewinnen die Begriffe, mit denen wir die gegenwärtige Wirklichkeit beschreiben, Relief und Signifikanz. . . . Insofern legt die Geschichtswissenschaft die Grundlagen für die Möglichkeit einer rationalen Weltorientierung, die über den engen Kreis des . . . Gegenwärtigen hinauszublicken bereit und entschlossen ist."

Anmerkungen

1 Nachdruck eines Vortrags anläßlich des Kolloquiums zu W.J. Mommsens Geburtstag am 9./10.11.1990 in Schloß Kalkum
2 So etwa Hannes Herr und Volker Ulrich: Neue Geschichtsbewegung in der Bundesrepublik, in: dies. (Hg.): Geschichte entdecken, Reinbek 1985, S.18
3 Ebd.

Holk Freytag

„Die Geschichte reitet auf toten Gäulen ins Ziel[1]"

Zur Rezeption historischer Stoffe im Theater der Gegenwart

Für einen, der 45 Jahre alt ist und seit dreiundzwanzig Jahren mit Theater beruflich beschäftigt ist, der seit vierzehn Jahren Theaterleiter ist und immer noch die SPD wählt, empfinde ich einen erstaunlichen und mir selbst nicht ganz erklärbaren Enthusiasmus für mein Medium. Geboren im Stalingrad-Jahr 1943 halte ich „Germania Tod in Berlin" für *das* deutsche Nachkriegsdrama und jeden Versuch, den Gedanken der Aufklärung aus den Spielplänen der hochsubventionierten deutschen Bühnen zu verbannen, für töricht.

Zum Theater gegangen bin ich aus Lust an den großen Texten und Spaß an bunten Bildern. Die wurde rasch gedämpft durch eine erste Erfahrung als Regieassistent am damals noch selbständigen Dreispartenhaus in Rheydt, wo ich paralysierter Zaungast einer musealen Entpolitisierung von Schillers Tell war — ironischerweise wurde das Theater ein halbes Jahr später geschlossen, ohne daß ich bis dahin ausgehalten hätte. Drei Jahre später dann der Versuch eines Privattheaters in Neuss — zwei Jahre Windmühlenkampf für angemessene Subventionen im konservativen Stadtparlament für eine Theaterarbeit im Geiste des SDS — man kann die Regierenden auch überfordern —. Doch immer noch war das Stadttheater keine Alternative. Daß man mit der Zwangsjacke gewerkschaftlicher Ruhezeiten und mit dem Anachronismus sich widersprechender Tarifverträge tatsächlich unabhängige Theaterarbeit leisten kann, wollte mir damals zur Zeit der sich anbahnenden ersten bundesrepublikanischen Wende, nicht in den Sinn.

Die Bereitschaft der Stadt Moers, den Aufbau eines experimentellen Kammertheaters zu finanzieren, gleichsam den Eiertanz zu wagen, die Unabhängigkeit einer freien Gruppe mit der sozialen Sicherheit einer kommunalen Bühne zu verbinden, war für mich so etwas wie der „dritte Weg" zur eigenen Bühne, zugleich die Chance, zunächst fast im Verborgenen, am deutschen Theatersommer der siebziger Jahre teilzunehmen. Denn wer spielt schon in Moers Theater und überhaupt, wo liegt diese Stadt.

Friedrich Luft hat sich diese Frage auch nach der zweiten Moerser Einladung zum Theatertreffen in Berlin nicht beantworten können. Der Aufbau dauerte sechs Jahre bis personell und materiell ein Instrument zur Verfügung stand, mit dem der Diskurs durch die Theatergeschichte beginnen konnte.

Das Konzept war einfach, es reduzierte sich auf den Versuch, die fünf Fragen Stanislawskis zur Bestimmung einer dramatischen Situation zur Grundlage *aller* künstlerischen Entscheidungen zu machen: wer? — wo? — wann? — wohin? Die Beantwortung dieser Fragen, beispielsweise bei der Erstellung eines Spielplans oder der Besetzung eines Stückes, setzt eine konkrete Haltung zur historischen Situation des Dramas voraus — und dies in zweifacher Hinsicht. Einmal zum geschichtlichen Inhalt des Stückes selber und einmal zu der Frage, wie der geschichtliche Abstand das Stück verändert hat. Nur die Analyse beider Aspekte bewahrt vor jener musealen Entpolitisierung, die mir seit den Rheydter 'Tell'-Tagen wie ein Trauma im Kopf ist.

Lustvoll war sie, die Auseinandersetzung in den siebziger Jahren, denn die Erscheinungsformen des Theaters veränderten und entwickelten sich adäquat zur politischen Situation. Innerbetrieblich waren die Mitbestimmungsdiskussionen abgeschlossen und zu den Akten gelegt, es ging erstmals nach dem Kriege um die Entwicklung einer ästhetischen Utopie, verbunden mit der Vorstellung einer sozialistisch determinierten Gesellschaft. In diesem Sinne war der Erfurter Ruf „Willy Brandt ans Fenster" fast schon eine politische Metapher. Der Begriff „Antifaschismus" war noch nicht verkommen zur Worthülse auf den Wahlplakaten der DKP. Der sozialliberale Frühling der ersten siebziger Jahre lieferte die klimatische Bedingung für eine Vergangenheitsbewältigung auch auf dem Theater. Der bewußtlose Umgang mit den klassischen Texten, die zu kaum mehr taugten als zur Selbstdarstellung einer restaurativen Gesellschaft, war einer Genauigkeit gewichen, die den politischen Gehalt erst wieder freilegte — so bei Zadeks „Othello"-Inszenierung oder später bei Peymanns „Iphigenie" — erst recht bei den Arbeiten von Wendt und Heyme. Der Zustand der Republik, die sich erstmals anschickte über ihre Geschichte nachzudenken, war Bestandteil der dramatischen Konzepte — die Gegenwart hatte die Stücke verändert. Kleists „Homburg" konnte nicht der gleiche sein wie in der Zeit des Nationalsozialismus. Die Restauration, auch die auf dem Theater, die unsere Nachkriegszeit, positivistisch auch die „Zeit des Wiederaufbaus" genannt, bestimmte, hatte das immer stillschweigend geleugnet. Doch was den Regisseuren gelang, verschliefen die Autoren, zumindest die aus dem westlichen Teil des deutschen Sprachraums, Thomas Bernhard ausgenommen. Anstatt mitzuwirken an der Utopie, richteten sie ihre Kameras auf das Publikum. In diesem Sinne war die „Trilogie des Wiedersehens" das vielleicht äußerlich sichtbarste Signal für die sich ankündigende Sinnentleerung des Theaters der achtziger Jahre.

Im gleichen Maße nämlich, wie die Hoffnungen der ersten sozialliberalen Koalition in der Realpolitik der zweiten versanken, als die Aussöhnungspolitik, die ja letztlich auch nur einem realistischen Blick auf die Landkarte entsprach, durch die Aufrüstungspolitik des Nato-Doppelbeschlusses ersetzt wurde, wendete sich das Theater einer ganz eigenen Variante des Fundamentalismus zu, die zunehmend realitätsfremder und dadurch beliebiger wurde, weil sie anhub, Geschichte nicht mehr mitzudenken. Die hauptamtliche Beschäftigung mit dem Mythos, namentlich in den Tragödien der griechischen Klassik, bedeutete nicht nur die Verabschiedung vom Lehrstück, sie war auch die Aufgabe einer politischen Bastion des Theaters. An der Berliner Schaubühne war der Beginn dieses Prozesses zeitgleich mit dem Umzug ins repräsentative neue Haus, Steins Inszenierung der „Orestie", entstanden noch am Hallischen Ufer, gefeiert am Lehniner Platz, wollte Geschichte zeigen, verweigert aber die Haltung zum geschichtlichen Prozeß, erst recht zur politischen Situation der Gegenwart. Das imaginäre Museum wurde aufgeschlagen und der Modetrend der fünfziger Jahre hielt Einzug auf die Bühnen der Republik – auf höchstem Niveau, versteht sich.

Ungefähr in diese Zeit fällt die Eröffnung des Schloßtheaters in Moers, einer Stadt, die Kultur nur vom „Grünen Wagen" kannte und deren Publikum dem niederrheinischen Theaterversuch mit neugieriger Naivität folgte. Bezeichnenderweise war aber auch hier, streng dem Zeitgeist folgend, eine Inszenierung der sophokleischen „Antigone" in der griffigen Fassung von Bremer-Greiffenhagen der erste wirkliche Erfolg. Der Minderwertigkeitskomplex der kleinsten Großstadt im ganzen Land mag da mitgespielt haben – denn irgendwie gehörte man plötzlich dazu – auch auf dem Theater. Kaum begonnen, drohte auch diesem Theater sehr schnell das Versinken in der Repräsentationskultur.

Doch dies sollte sich ändern und sinnigerweise bot der dreißigste Geburtstag der Bundesrepublik den Anlaß. Das Theater wollte die Traditionen aufzeigen, die zur Staatengründung geführt hatten und verzichtete bewußt auf eine möglicherweise undeutliche Wiedergabe eines klassischen Stoffes. So wurde das Auschwitz-Stück „Die Ermittlung" als Nachtclub-Entertainment gefeuert und Borcherts Kultstück „Draußen vor der Tür" direkt im Anschluß daran als Seifenoper auf einer Autokinoleinwand gespielt. Die Aufführungen, besonders die „Ermittlung", lösten eine bundesweite Debatte aus und stellten die Frage nach der Übersetzbarkeit historischer Stoffe. Als das Weiss-Stück dann in gleicher Inszenierung auch noch an die Berliner Volksbühne übernommen wurde, kam es gar zu einem Protest der jüdischen Gemeinde. Aber war der Massenmord an den Juden nicht längst zu einem Hollywood-Sujet geworden und wurden mit der Holocaust-Serie nicht Einschaltquoten erzielt, auf die jeder Bundesligaverein neidisch geworden war? Ganz zu schweigen von den Millionenbeträgen, die damit verdient wurden. Auch der Massenmord gebiert seine Stars, in der Geschichte wie auf dem Theater, so auch im Film.

Die Erörterung dieser Fragen ist, was das Theater leisten kann, Revolutionen kann es nicht auslösen, egal, was die Leute über Beaumarchais und seinen tapferen Barbier erzählen.

Moers hatte eine politische Standortbestimmung versucht und die Ohren der Region geöffnet. So spektakulär in gewissem Sinn die kommenden Jahre für das kleine Haus werden sollten, eine Grundbedingung des Theaters war aufgehoben, denn es begann, was politische Wirrköpfe heute „Überfremdung" nennen. Die Idylle wurde durch einen Zustrom „Fremder" gestört. Das Schloßtheater gehörte nicht mehr den Moersern, sie fanden sich plötzlich wieder in der obskuren Gesellschaft von Kunst-Debatten. Dramatisch wurde dies, zumindest für den Stadtrat, als 1980 das Theater zum ersten Mal zum Berliner Theatertreffen eingeladen wurde. „Wenn ihr in Berlin gastiert, was spielt ihr denn dann hier", war die erfrischend offenherzige Reaktion zu der Sensationsmeldung, die die örtliche NRZ auf Seite drei veröffentlichte. Für Kulturexporte hat der Niederrhein noch nie viel übrig gehabt und Hanns Dieter Hüsch weiß, warum er in Mainz lebt.

Die „Bacchantinnen des Euripides" waren in gewissem Sinne die Kapitulation vor den zeitgenössischen Texten. Verschiedene Versuche, die Massenarbeitslosigkeit beispielsweise oder die Hausbesetzungen zum Anlaß der dramatischen Untersuchung einer Gesellschaft zu machen, der die Werte durcheinandergeraten sind, scheiterten an der Abwesenheit von Autoren, denen dazu etwas eingefallen wäre. Also bezog sich auch Moers auf die letzte intellektuelle Reserve, den Mythos, zog sich zurück auf die höchste Wirkungsstufe des Mediums. Von Beginn an wurde das Doppelthema der Tragödie des Euripides in Beziehung gesetzt: das Ende der Tragödie, das Ende der Polis. Der Dichter hinterließ dem Publikum eine Leiche, über die hinweg der Applaus des Publikums für die Akteure branden sollte. Wie in Athen, so auch in Moers. Als Arbeitstitel war die Inszenierung der damaligen Bundesregierung gewidmet. Es war der Versuch, die fehlende Utopie der Gegenwartssituation durch eben das Klagen darüber zu ersetzen.

Das Bühnenbild war die erste öffentlich subventionierte Peep-Show und versetzte den Zuschauer in die Situation, in der die Akteure die Gesellschaft angesichts der Neutronenbombe glaubten. Genüßlich zuschauend, wie die „Geschichte auf toten Gäulen ins Ziel reitet", nicht mehr bedenkend, welch zynische Metapher zur Feier des Materialismus diese Waffe bedeutet.

Heiner Müller wurde zum „Hausautor" des Schloßtheaters, zum anfänglichen Schrecken der Besucher. „Mauser" von der sozialdemokratischen Mehrheitsfraktion als Stück zur Unzeit von dieser Seite des politischen Spektrums mit Recht skandalisiert. „Philoktet" wegen des Schauspielerfestes gefeiert, vor allem aber „Germania Tod in Berlin" als Geschichtskabarett verstanden. Moers zählte die Toten auf dem deutschen Geschichtskonto und war bereit, die Komik der Stalingrad-Szene zu erkennen.

Müllers selbst formulierter Geschichtsoptimismus, der sich bekanntlich auf die Aussicht des dritten und vierten Weltkriegs gründet, führte das Moerser Theater erneut auf die Spur des Mythos, sorgte für eine dreijährige Beschäftigung mit der „Orestie", in der die Utopie des Aischylos als Zitat der Vergangenheit an die Abwesenheit von Hoffnung in der Gegenwart erinnern sollte. Das Nachzeichnen der aischyleischen These, daß das Aufhalten des Kreislaufs der Gewalt eine Frage des Überlebens ist, scheiterte letztlich an der

Wucht der dramatischen Dichtung. Ein Publikum, das die Verhinderung von Geschichte täglich in den Medien dokumentiert bekommt, muß eine wachsende Sehnsucht zumindest nach der Darstellung von Geschichte entwickeln. Und so wurde denn auch die bildreiche Aufführung ein großer Erfolg, bei dem der Darstellung der Utopie nur anekdotische Bedeutung zukommt.

Wie sehr gerade dieses Werk, das wir so gern der Geburtsstunde des Rechtsstaats zuordnen, unserem europäischen Kulturkreis zuzuordnen ist und letztlich aus diesem gar nicht herauszutragen ist, habe ich bei einer Inszenierung eben dieses Stückes am israelischen Nationaltheater in Tel Aviv erlebt, wo die Schauspieler die Attica-Rede, in der Athene ihr Staatskonzept beschreibt, mit dem Hinweis auf die zweieinhalbtausend Jahre europäischer Kriegsgeschichte widerlegten – hingegen wurde in dieser Aufführung Athenes Aufruf zur Selbstverteidigung zwei Seiten später mit Applaus bedacht. Wieder einmal wurde dieses Stück von der Realität überholt.

Mit dem Erlebnis der „Orestie" war die Moerser Theaterarbeit zu Ende, auch wenn sie noch weitere zwei Jahre währte, die Gefahr des Feierns der eigenen Erfahrung war groß und wurde nur noch einmal mit Brechts „Galilei" durchbrochen. Der von Reagan skizzierte „Krieg der Sterne" war noch einmal Anlaß, sich einem geschichtlichen Stoff zuzuwenden, der zudem noch in einer dreimaligen zeitgenössischen Adaption vorlag. Es wäre vermessen zu sagen, daß der Gedanke der Aufklärung, etwa wie bei dem Vorhaben der „Orestie", der Motor der Inszenierung gewesen wäre – vielmehr waren der historische Bilderbogen und die Sehnsucht nach der Komödie die Motoren des Unternehmens.

Ernüchtert also, vor allem durch die schmerzliche Einsicht, daß die Geschichtslosigkeit unserer Gesellschaft ihren Tribut im wachsenden Desinteresse an tradierten Formen zu fordern beginnt, habe ich meine Arbeit an einem traditionellen Dreispartenhaus übernommen, dessen Gütezeichen zudem die scheinbare Formauflösung in der Arbeit des Wuppertaler Tanztheaters unter Pina Bausch ist.

Aber da unsere Taschen leer sind, und ich mich nicht imstande sehe, im Theater zu leisten, was die Politik verweigert, bleibt mir auch jetzt nur der Blick nach hinten, muß ich, wie Heiner Müller es formuliert, die Nachwelt in der Vergangenheit suchen. Dafür haben wir einen Dreijahresplan entworfen, der in der ersten Spielzeit eine bundesrepublikanische Standortbestimmung vorsah, in der zweiten Spielzeit das Medium untersuchen und in der dritten mit Hilfe der goethischen Faust-Dichtung die Unmöglichkeit, Traditionen eines Zeitalters in einem Punkt zusammenzubringen, beschreiben soll. Schon der Anfang zeigte die Grenzen eines übergreifenden Konzeptes auf. Während die bürgerliche Psychologie der Kleist-Figuren im „Prinzen von Homburg" das Wuppertaler Publikum noch zu Beifallsstürmen hinriß, war bei Müllers „Leben Gundlings" schon jede Kommunikation abgerissen. Die disharmonisierenden Geschichtscollagen beunruhigen, und ein wie eh auf Erbauung erpichtes Publikum verweigert die Gefolgschaft. Querverbindungen sind nicht beliebt im deutschen Stadttheater und schon die Verabschiedung von der aus-formulierten Szene beunruhigt die Gemüter, schon weil hier die Unvollkommenheit und Widersprüchlichkeit der Umwelt auf dem Theater für alle sichtbar wird.

Langsam nämlich greift ja das Bewußtsein um sich, daß der Wohlstand dieses Landes nur möglich ist wegen der Armut anderer — deshalb ist die Empörung über die Republikaner auch nur das Ventil für die Unterdrückung des Selbstzweifels.

Hier beginnt die Arbeit des Theaters der nächsten Jahrzehnte. Die Rückbesinnung auf eigene Traditionen wird nur dann sinnvoll sein, wenn sie mit den Traditionen anderer Länder, anderer Erdteile in Beziehung gesetzt wird, wenn der Eurozentrismus nicht mehr durch bloßes Toleranzverhalten und Anektierung fremder Kulturen verbrämt wird. Nur dann wird Aufklärung nicht mehr nur im Ständetheater des Bürgertums denkbar sein. Das Fernsehen hat die ganze Welt längst ins Wohnzimmer gezerrt — warum sollte „Weltinnenpolitik" nicht auf der Bühne sich denken lassen.

Bis dahin fühle ich mich wie Thomas Bernhards Theatermacher Bruscon, der in der Architektur der Postmoderne plötzlich Utzbach entdecken mag, die Provinz, in der jede dramatische Form zum Weltentwurf wird.

Ein Nachsatz im Dezember 1989:

Die deutsch-deutschen Ereignisse der letzten Wochen entmündigen wieder einmal das Theater. Warum schreibt kein Schreiber ein Wort zur rechten Zeit in dramatischer Form?

Sind sie alle an die Fernsehanstalten verkauft, oder fällt es so schwer, dem Wiedervereinigungsgeschwätz der Kohls und Dreggers einen Gedanken entgegenzuhalten; etwa den, daß ein System nicht dadurch besser wird, daß andere das ihre für noch schlechter halten.

Wir bringen in Wuppertal in einem Gewaltakt Müllers „Germania Tod in Berlin" heraus. In zwölf Probentagen und in schmerzlicher Ermangelung eines rechtzeitigen Textes.

Anmerkung

1 Zitat von Heiner Müller

Horst Martin Müllenmeister

Geschichte und Tourismus

Wenn ich Geschichte und Tourismus zusammenbringen soll, wie es mein Thema erfordert, dann fallen mir spontan zwei Perspektiven ein: Die erste wäre die geschichtswissenschaftliche Behandlung der Urlaubsreise. Tourismus kann man natürlich genauso historisch betrachten wie jedes andere Phänomen, das Veränderungen, Entwicklungen oder Wandlungen unterworfen ist. Eine Geschichte des Tourismus darf man folglich mit gleicher Berechtigung verfertigen wie beispielsweise eine Geschichte der Eisenbahn, eine Geschichte des Schnupftabaks oder eine Geschichte der Kleingärtnerkolonie „Sonniger Winkel". — Ich werde mich mit dieser Materie jedoch nicht oder nur sehr allgemein beschäftigen. Die zweite Perspektive wäre die Suche nach historischen Implikationen der Ferienreise. Es wäre die Frage, wieviel Geschichte an Reiserouten, in Urlaubskatalogen und in touristischen Programmen lauert. Es wäre möglicherweise die Diskussion, wie weit Tourismus prinzipiell nostalgisch ist und ob Reisen grundsätzlich in die Vergangenheit führen müssen. Mit der zweiten Perspektive will ich mich hier befassen.

Die Geschichte des Tourismus läßt vermuten, daß die Menschen schon in jener fernen Epoche gereist sind, die man gern als prähistorisch bezeichnet. Was natürlich eine dumme Vokabel ist, weil sie den Eindruck vermittelt, es handele sich um eine Ära, in der die Historie noch nicht begonnen habe, also um etwas höchst Widersprüchliches und Unvorstellbares, um das Kuriosum einer geschichtslosen Zeit. Obwohl wir mit dem seltsamen Begriff nur sagen wollen, daß man in jenen lausigen Tagen noch keine Chronisten besoldete. Es ist sicher eine sehr fachwissenschaftliche Logik, daß Geschichte nicht stattfindet, so lange sie nicht aufgezeichnet wird. Wir können davon ausgehen, daß Menschen von jenem Augenblick an verreist sind, an dem Reisen möglich wurde. Möglich wurde die Reise, als die Menschen sich entschlossen, seßhaft zu werden. Wildbeuter und Nomaden, die immer unterwegs sind auf der Suche nach Nahrung, nach Körnern, Wurzeln und Wildbret oder nach Weiden für ihre Herden, umherschweifende Nomaden, die ihren Hausrat mit sich herumschleppen und ihre Windschirme oder ihre Zelte heute hier, morgen dort errichten, auch Herumtreiber, Landstreicher und fahrendes Volk können selbstverständlich nicht verreisen. Sie können nicht auf Reise gehen, weil sie kein Zuhause haben.

Es ist einleuchtend: Wer kein Zuhause hat, kann weder abreisen noch zurückkehren. Die Rückkehr jedoch ist das entscheidende Kriterium jener weltweit beliebten Unternehmung, die eine vorübergehende Unterbrechung der Seßhaftigkeit bedeutet. Nur wer die Absicht hat heimzukommen, ist ein Reisender. Und er unterscheidet sich damit deutlich von Tippelbrüdern, Zigeunern, Artisten und anderen „suspekten" Typen, die immer schon die Landstraßen bevölkerten und braven Bürgern Furcht einflößten. Die Bereitschaft, seinen Freiheitsdrang zu zügeln und nach einigen unordentlichen Wochen in der Fremde wieder ein anständiges, arbeitsames Leben in der Familie zu führen, verleiht dem Reisenden Reputation. Die Rückfahrkarte in seiner Tasche ist der Ausweis seiner Ehrbarkeit.

Daß die Reisenden sich unterwegs vergnügen, hat man natürlich von Anfang an vermutet. Man ahnte, daß sie sich zumindest vorübergehend ihren sozialen Pflichten entziehen wollten, der täglich gleichen Arbeit, der ermüdenden Langeweile und der lästigen Kontrolle durch die Nachbarn. Man argwöhnte, daß sie der häuslichen Kost überdrüssig waren und Appetit verspürten auf exotische Genüsse. Man hegte den Verdacht, daß sie sich im Ausland paradiesischen Freuden hingaben und märchenhaften Lüsten. Die Reisenden haben deshalb immer nach Entschuldigungen suchen müssen und nach Rechtfertigungen. Also wappneten sie sich mit unwiderleglichen Argumenten. Wenn sie die Strapazen der langen Fahrten ertrugen und die Unbequemlichkeit der Verkehrsmittel in Kauf nahmen, so taten sie das natürlich nur um einer guten Sache willen, zu einem nützlichen Zweck oder unter dem Druck zwanghafter Umstände.

Seit die geschichtslose, die schreckliche Zeit vorüber ist, seit es historische Quellen gibt, wissen wir glücklicherweise, was die Reisenden zu ihrer Entlastung vorbrachten: Sie gingen beispielsweise auf einen Jagdausflug, weil die Familie frisches Fleisch brauchte; sie besuchten Messen und Märkte, weil die Geschäfte es zwingend erforderten; auch unternahmen sie Pilgerzüge zur Sicherung ihres Seelenheils, und zur Konsolidierung ihrer Gesundheit begaben sie sich ins Bad. Niemals in der langen Geschichte des Tourismus haben sie zugegeben, daß sie ohne stichhaltigen Grund, nur so aus Spaß, verreisten. Der Vergnügungsurlaub ist eine Errungenschaft unserer Zeit, und selbst heute bekennt sich erst eine kleine, mutige Minorität dazu.

Wenn Reisen prinzipiell einem seriösen Zweck dienen mußten, um gesellschaftlich akzeptiert zu werden, dann hatte man es schwer, Veranstaltungen zu rechtfertigen, die keinen sichtbaren Gewinn brachten. Kaufleute, die von Geschäftsreisen zurückkehrten, konnten ihre Auftragsbücher vorweisen; Kurgäste zeigten eine gesunde Gesichtsfarbe und die Atteste ihrer Ärzte, und die Pilger vermochten mit Weihwasser und Devotionalien aufzuwarten, außerdem profitierten sie von der außergewöhnlichen Vertrauenswürdigkeit der Priester. Wer jedoch weder betete, noch badete oder Handel trieb, mußte sich etwas Besonderes einfallen lassen.

Dem Touristen machte das keine Schwierigkeiten. Das Fernweh beflügelte seine Phantasie. So brachte er vor, daß er im Ausland seine Persönlichkeit entwickele, sein Weltbild weite und seine Erziehung komplettiere. Ganz offensichtlich reiste er der Bildung wegen. Der Erwerb von Bildung jedoch war eine Sammlertätigkeit. Bildung lag allenthalben verstreut neben den Landstraßen, man mußte sie nur aufheben und einsacken, je mehr, desto besser. Bildung war Kulturgut, kostbar und wertbeständig, sortierfähig und stapelbar. Bildung hatte mit Traditionen zu tun und mit Ritualen, mit Kenntnissen und Konventionen, mit schönen Dingen und mit schönem Geist. Wer auf Bildungssuche ging, befaßte sich mit dem sogenannten unvergänglichen Erbe der Vergangenheit.

Die nützliche Allianz von Tourismus und Geschichte existiert augenscheinlich seit Urzeiten. So ist die älteste historische Abhandlung, die wir kennen, ersichtlich das Werk eines Vielgereisten. Wäre Herodot nicht jahrelang unterwegs gewesen, in Anatolien und der Levante, in Afrika und Asien, vom Nil bis zum Schwarzen Meer, also in der gesamten zivilisierten Ökumene seiner Zeit, niemals hätte er die Fülle des Stoffs gefunden, die Breite des Wissens und die thematische Vielfalt, die seine „Historien" auszeichnet. Niemals hätten sich ihm die wertvollen Quellen erschlossen, die nur Touristen zugänglich sind: die Erzählungen der Einheimischen, die Erinnerungen von Augenzeugen, die Berichte von Gewährsmännern, die Mythen und Sagen, die von Generation zu Generation überliefert wurden. Weil er ein Reisender gewesen war, kennt er die Schauplätze der Geschichte aus eigener Anschauung. Weil er die Bühne der Ereignisse gesehen hat, kann er die Landschaften schildern und die Menschen, die in das Geschehen verwickelt waren. So erzählt er denn nicht nur von Truppenbewegungen und Schlachten, von Erbfolgen und Thronstreitigkeiten und den Handlungen der Könige, wie das bei späteren Historikern üblich wurde. Er berichtet auch von Klima und Bodenprofil, von Pflanzen und Tieren, von den religiösen Überlieferungen, den politischen Strukturen und wirtschaftlichen Verhältnissen, von den Sitten und Gebräuchen der Völker. Und er verfaßt auf diese Weise eine Universalgeschichte von enzyklopädischer Fülle und erfrischender Farbigkeit. Daß er dabei auch Tatsachen mitteilte, die der späteren Nachprüfung standhielten, die Information etwa, die Goldminen der Inder würden von mörderischen Ameisen bewacht, oder die zoologische Lehrmeinung, eine Löwin könne nur einmal gebären, weil ihr erstes und einziges Junges ihr die Gebärmutter im Leibe zerfetze, daß er also einige seiner Quellen nicht als Fehlerquellen erkannte, wer wollte es ihm verübeln? Wir wissen schließlich, wieviel phantastische Geschichten den Touristen seit jeher erzählt werden, und wir müssen zugeben, daß es unmöglich ist, alle zu überprüfen.

Wenn sich Touristen vor den Übertreibungen und Ungenauigkeiten in den Berichten der Einheimischen schützen wollen, wenn sie verläßliche Auskunft suchen, greifen sie zum Reiseführer. Das älteste überlieferte Exemplar dieser Literaturgattung verfaßte ein ionischer Schriftsteller aus Kleinasien, von dem wir nicht viel mehr als seinen Namen wissen; er reiste und schrieb vermutlich in der zweiten Hälfte des 2. Jhdt. n. Chr. und nannte sich Pausanias. Seine

„Beschreibung Griechenlands" ist vornehmlich eine Beschreibung der griechischen Vergangenheit, ein Bericht über Mythen und Götter, Sagen und Heroen. Er vermerkt in Athen, von welcher Hafenbucht aus Theseus nach Kreta gesegelt ist und Menestheus nach Troja. Er erzählt von den Anfängen der Wettkämpfe in Delphi und zeigt den Ort, an dem Odysseus von einem Eber verwundet wurde. Die Gebäude, die er schildert, haben Weihe und Patina. Er beschäftigt sich mit den Ruinen von Mykenä und dem Grab des Agamemnon, mit dem Tempel des Asklepios in Epidauros und dem Heiligtum des Zeus in Olympia. Er erklärt den Stil der Architektur und die Thematik des Figurenschmucks, vermerkt die Giebelmaße in Höhe, Breite und Länge und stellt fest, ob die Säulen dorische Ordnung aufweisen. Seine Angaben sind in der Regel zuverlässig. Seine Texte sind so exakt, daß sich die Archäologen später bei ihren Grabungen daran orientieren konnten. Wieviele seiner Zeitgenossen davon profitierten, können wir nur vermuten. Jedenfalls waren damals schon viele unterwegs, um die Weltwunder zu bestaunen, an den Wallfahrtsorten zu opfern und in die Felsblöcke der Pyramiden ihre Namen zu ritzen, damit sie von der Unvergänglichkeit der Monumente ein wenig mitprofitierten. (Epimenides aus Ephesos war hier.)

Bei Pausanias begegnen wir dem Grundmuster jener Bildungsreise, die man später „klassisch" nennt. Einer Reise, die seit dem 19. Jhdt. Heerscharen gymnasialgeschulter Bürger gen Süden führte, auf der Suche nach dem Edlen und Guten, trunken von Licht und Schönheit, das Land der Griechen mit der Seele suchend. Es war ein Grundmuster, das sich munter reproduzierte und das wir wiederfinden in den Itinerarien jener zahllosen Reisegruppen, die uns heute auf der Akropolis begegnen und auf dem Kapitol, im Prado und im Louvre, in Pompeji, Monreale oder Chartres. Wir finden sie überall, wo es Monumente, Reliquien und wissenschaftlich sortierte Trümmer gibt. Sie überschwemmen die Städte und die Hotels, die Landstraße und die Flughäfen. Sie drängeln sich tausendfach auf dem Petersplatz und stehen in Hundertschaften vor den Uffizien Schlange.

Der Kulturtourismus ist eine Massenbewegung geworden. Alljährlich geben allein zwei Millionen deutsche Urlauber zu Protokoll, sie hätten eine Studienreise oder eine Bildungsreise unternommen. Und die 30 Millionen anderen, die sich mit Badereisen begnügen oder mit Erholungsreisen, mit Ausruhurlaub oder Sonnenurlaub, die Faulenzernormaltouristen also, die sich nicht auf strapaziöse Rundfahrten einlassen wollen, sondern ein festes Urlaubsquartier beziehen, sie gaben sich dem Bildungstrieb zumindest partiell und zweitweilig hin: Mitunter, stundenweise oder tageweise, erheben sie sich aus dem Liegestuhl, verlassen den Strand oder den Swimmingpool und begeben sich auf die Suche nach Imposantem und Attraktivem. Ausflüge in die Umgebung zu unternehmen, gehört zu den Lieblingsbeschäftigungen des Touristen; zwei Drittel der deutschen Urlaubsreisenden bekennen sich zu diesem Hobby.

Tagesausflügler tun nichts grundsätzlich anderes als Studienrundreisetouristen: die einen wie die anderen besichtigen Sehenswürdigkeiten. Sehenswürdigkeiten sind — der Name sagt es — Objekte, die es wert sind, angeschaut zu werden. Sie stehen damit im krassen Gegensatz zur trivialen Mehrheit der gemeinen Dinge, die keines Blickes würdig scheinen. Sie sind herausgehoben aus der uniformen Menge, bestrahlt vom Licht des öffentlichen Interesses; sie sind Berggipfel über den Niederungen der Alltäglichkeiten, die niemand wahrnimmt, eine bewunderte Elite. Sie wirken fast immer glanzvoll, würdig und unumstritten und von Zweifeln nicht angenagt. Wer würde es wagen, sie in Frage zu stellen? Wer hätte den Mut, sie zu mißachten, zu ignorieren oder auch nur bei ihrem Anblick zu gähnen. Wer nähme das Odium auf sich, ein Banause, ein Bildungskrüppel, ein Feind der Kunst, ein Verächter aller heiligen Werte der abendländischen Kultur zu sein?

Es ist eine faszinierende und bis heute ungenügend beantwortete Frage, wie Sehenswürdigkeiten entstehen. Werden sie gemacht, entdeckt, entwickelt, ausgegraben, aufgefunden? Sind sie geplant, gewollt, beabsichtigt oder ein Zufallsprodukt, eine Emanation des Himmels, eine göttliche Erscheinung? Anders gefragt: Entstehen Sehenswürdigkeiten aus Nichtsehenswertem? Entwickeln sie sich allmählich aus dem Unscheinbaren, dem Unbeachteten? Machen sie sich allmählich aus dem Unscheinbaren, dem Unbeachteten? Machen sie, wie die Schmetterlinge, ein Kindheitsstadium unauffälliger Existenz durch, ehe sie beliebt und prominent werden? Sind Sehenswürdigkeiten also Sehenswürdigkeiten von Geburt?

Ich werde diesen anregenden Fragen leider nicht so weit folgen können, wie ich möchte. Ich muß mich mit einigen Fakten begnügen, die offensichtlich sind. Offensichtlich ist beispielsweise, wo man sich über Sehenswürdigkeiten orientieren kann: man findet sie in Reiseprogrammen und Reiseführern. Offensichtlich ist auch, daß es zwischen den beteiligten Touristikunternehmen und Verlagen kaum grundsätzliche Meinungsunterschiede gibt. Die meisten sind sich einig darüber, auf welchen Routen man reisen und welche Monumente man sich ansehen soll. Offensichtlich ist schließlich, daß es Sehenswürdigkeiten ersten, zweiten und dritten Ranges gibt, vom Baedeker einst beispielgebend mit einer unterschiedlichen Zahl von Sternen sortiert. Heute leicht erkennbar an der Größe der Parkplätze, an der Bilanz verkaufter Eintrittskarten und dem Geschäftsergebnis der benachbarten gastronomischen Betriebe.

Unverkennbar ist aber auch, daß man bei den betreffenden Objekten eine übersichtliche, ziemlich einheitliche Struktur findet. Wer sich die Mühe macht, das Angebot an Sehenswürdigkeiten zu sichten, der stößt zunächst einmal auf Werke der bildenden Künste, speziell der Baukunst, mit einem deutlichen Übergewicht der Sakralarchitektur. Nichts besichtigen Touristen so ausdauernd wie Tempel und Kathedralen. Im weltlichen Bereich dominieren die Feudalbauten: Burgen, Schlösser und Paläste, die zweckentfremdet als Museen hergerichtet sind, nach wie vor jedoch den Geist fürstlicher Lebensart und aristokratischer Gesinnung wahren. Auch Rathäuser kommen in Frage, Festungen, Denkmäler oder Theater.

Ausstellungen gelten ebenfalls als betrachtenswert, zumindest wenn sie berühmte Bilder zeigen. Als Sehenswürdigkeit dritten Ranges können aber auch Museen für Volkskunst oder Heimatkunde gelten. Während die Folklore insgesamt eine sehr dominante Rolle spielt: Volkstänze und Trachten, Märkte, Prozessionen und Kirchweihfeste genießen bei den Touristen allerhöchste Gunst. Weshalb Urlauber sich auch ausgiebig mit dem Traditionshandwerk befassen und mit Vorliebe Handarbeiten als Souvenir einkaufen. Die restliche Nationalökonomie interessiert sie anscheinend nicht. Und Werke der Technik können als Besichtigungsobjekte wohl nur dann genutzt werden, wenn sie so ehrwürdig rostzerfressen sind wie der Eiffelturm.

Sehenswürdigkeiten kann man schließlich noch in der Natur finden. Besonders hohe Berge können Sehenswürdigkeiten sein und besonders mächtige Ströme, auch steile Meeresküsten und gewaltige Wasserfälle. Schöne Landschaft eben, die man genießt. Schöne Wegstrecken, die in fortschrittlichen Autokarten, damit sie niemand übersieht, mit grünen Linien eingezeichnet sind. Auch Wüsten und Oasen befinden sich im Angebot. Romantische Wälder, botanische Gärten und exotische Tierreservate.

Die Struktur, denke ich, wird deutlich; die Tendenz ist mühelos erkennbar: Sie ist romantisierend, ästhetisierend und traditionsverhaftet. Und sie ist eindeutig und einseitig vergangenheitsbezogen. Der Bildungstourismus, so muß man nach dem ersten Eindruck festhalten, wirkt wie eine Veranstaltung von Historikern für einen Verein der Geschichtsfreunde. Wobei die Veranstalter streng darauf geachtet haben, daß kein unzulässiger modernistischer Einschub die Geschlossenheit des Programms stören kann.

Wer sich einen repräsentativen Studienreisekatalog gründlich anschaut — nehmen wir beispielsweise den Katalog der Dr. Tigges-Fahrten, Sommer 1988 —, der findet hier laut Werbeslogan das Angebot, in guter Gesellschaft die Welt zu erleben. Die gute Gesellschaft soll natürlich die Reisegruppe bieten. Die Welt, die dem Urlaubsreisenden hier ausgebreitet wird, reicht von Spanien bis Rußland und Japan, von Marokko bis Skandinavien, und sie beinhaltet sehr viel Italien, Frankreich und Griechenland, bestes abendländisches Kulturerbe also. Es ist eine hehre und würdige Welt. Wenn wir uns an die hübschen Farbillustrationen halten, dann ist es eine Welt, die aus sehr vielen Säulen besteht, aus Minaretten, Gräbern, Klöstern und Kirchen, aus Kuppeln, Fresken, Skulpturen und Mosaiken, aus Türmen, Brunnen, Giebeln und Altären. Aus sehr viel eindrucksvoller Kunst also, garniert mit ein paar Fischerbooten, einem Fellachen am Nil und einem Schäfer in bukolischer Landschaft.

Wenn wir die Texte der Reiseprogramme lesen, finden wir die gleiche Welt. Da gibt es die Große-Griechenland-Rundfahrt, die alles zeigt, was deutschen Humanisten in Hellas lieb und teuer war, von den Propyläen bis Olympia, von Delphi bis Epidauros, vom Nestorpalast in Pylos bis zum Zeusheiligtum von

Dodona. Bei der jedoch nicht einmal nebenbei, nicht einmal in einem Schlenker oder einer Andeutung die Hellenische Republik des 20. Jahrhunderts auftaucht. Da gibt es Ägyptenreisen aller Art, die das Ägypten der Sphinxe und Pharaonen zeigen, das Ägypten des Chephren, des Ramses und der Nofretete, auch noch das Ägypten der Kopten, der Fatimiden und der Mamelucken. Das Ägypten Sadats und Mubaraks dagegen kommt nirgendwo vor. Da kann man ein Syrien kennenlernen, das glücklicherweise von Römern, Omajjaden und Kreuzrittern geprägt ist und nicht von den sozialistischen Experimenten Assads und seiner Baath-Partei. Da findet man ein Andalusien, das aus Säulenhöfen und maurischen Gärten besteht, keinesfalls aus traditionellem Großgrundbesitz, modernen Industriekomplexen, arbeitslosen Landarbeitern und rückgewanderten Emigranten. Da kann man sich über ein Sizilien freuen, in dem sich so viele griechische Theater, christliche Mosaiken und normannische Kirchen drängeln, daß niemand die Misere der Landwirtschaft, die Entwicklungspolitik der Cassa per il Mezzogiorno oder gar die Mafia beachtet. Problematische Themen sind beim Sightseeing nicht vorgesehen.

Die Welt des Tourismus ist eine heile, eine sonnige und heitere, eine konfliktfreie Welt. Wer sich die schönsten Wochen des Jahres gönnt, das wissen die Reiseplaner, ist auf der Suche nach dem Urlaubsglück. Er hat einigen Ärger gehabt das Jahr über, manchmal Frust und häufig Langeweile, er hat Müdigkeit angesammelt und Überdruß, und nun möchte er sich erholen. Der Urlauber, so meinen die Reiseplaner, sucht das Positive. Er will nicht deprimiert sondern stimuliert werden. Er ist seinen Problemen vorübergehend entronnen, und er weiß, daß er bald zu ihnen zurückkehren wird, aber er will nun einmal 14 Tage lang keine Probleme sehen. Er möchte für eine kurze Weile zumindest Optimist sein und an die Widrigkeiten der menschlichen Misere nicht erinnert werden. Er hat ein Bedürfnis nach dem Erhabenen, dem Edlen und Göttlichen, und weil er weiß, daß er es zu Hause nicht findet, sucht er es in der Ferne, jenseits der Berge, hinter dem Horizont.

Wer Reisen verkauft, stellt sich auf die Wünsche der Reisenden ein. Er verkauft den Urlaubern keine triste Alltagswelt, die der heimischen Umgebung allzu peinlich ähnelt, er verspricht ihnen eine exotische Sonntagswelt, in der bunte Luftballons in den blauen Himmel steigen. Deshalb behütet man die Urlauber vor der Realität; man hat Sorge, sie könnten sich daran stoßen. Man baut ihnen eine artifizielle Scheinwelt mit mehr oder weniger lustigen Kulissen, wo sie sich unterhaltsam amüsieren dürfen.

In den Ferienclubs beispielsweise, wie sie der Club Mediterranée erfunden hat und die vielmals nachgemacht wurden: attraktive Spielgelände für Erwachsene, die auf umzäuntem Terrain alles bieten, was sportliche und kommunikative Leute brauchen, um sich für eine Weile im Paradies zu wähnen. Oder in jenen monumentalen Hotelanlagen, die aussehen sollen wie Paläste und die mitunter auch so heißen, damit sich Lohnsklaven der oberen Tarifklassen transitorisch als hochwohlgeborene Fürsten fühlen dürfen. In schlichten Camps in unasphaltiertem Gelände, wo lärmgeschädigte Großstadtflüchter Zwiesprache mit der Natur pflegen. Oder in quirligen Metropolen des Pläsiers, wo hedonistische Typen ihre zügellose Genußgier rund um die Uhr befriedigen können. Jedenfalls gut separiert von jenen tristen Regionen, die von Hochöfen geprägt sind und von Fabrikationsanlagen, von Walzstraßen und Montagehallen, von Handelshäusern und Bürokomplexen, von Nebel und Regen, Wolken und Smog und vom Mief der Arbeit. Und wenn die Urlaubsgäste sich wißbegierig zeigen, wenn sie neugierig sind auf das Land, in dem sie Urlaub machen, wenn sie den Wunsch äußern, „Land und Leute" kennenzulernen, wie sie es in der Regel tun, dann zeigt man ihnen weder Land noch Leute sondern Sehenswürdigkeiten. Es ist einfacher so, es ist bequemer so, es vermeidet Mißstimmung, es erspart Konflikte. Touristiker wissen eben, was Touristen gut tut.

Die Liebe zur Geschichte, die uns bei Erfindern touristischer Programme auffällt, entspringt wahrscheinlich ihrer Fürsorglichkeit. Was weit genug entfernt ist, kann niemanden verletzen. Auch das Schrecklichste verliert seinen Schrecken, wenn es in ausreichender Distanz verbleibt. Das gilt für zeitliche wie für räumliche Entfernung. Wenn draußen, weit in der Antike, die Völker aufeinanderschlugen, dann ist der Schlachtenlärm längst zu einem erbaulichen Heldenlied geronnen, wohlklingend, herzergreifend und in Hexameter gefaßt. Auch empfindliche Naturen brauchen keine Magenbeschwerden zu fürchten, wenn sie bei den Thermopylen stehen, zwischen den Ruinen von Sybaris oder an den Mauern von Troja. An den Säulen klebt kein Blut mehr, an den Steinen kein Dreck. Historische Schlachten sind eine adrette Angelegenheit; sie sind nicht unästhetisch; sie verbreiten nicht jenen unappetitlichen Gestank nach Schweiß und Blut, der in heutigen Kriegen das Aufleben erhabener Gefühle hindert. Historische Schlachten sind so, wie man sie auf den bekannten Bildern berühmter Historienmaler betrachten kann: Da gibt es Recken, die heroisch streiten; da gibt es Feldherren, die folgenschwer in die Ferne blicken; da gibt es ein munteres Gewimmel von Kompanien und Schwadronen unter bunten Wimpeln, die hierin und dorthin drängen und blitzende Säbel in der Luft schwenken; da gibt es ein lustiges Gemetzel. Selbst der Tod nämlich ist hier eine manierliche Angelegenheit, sauber, würdig und hygienisch.

Touristen haben keine Angst vor historischen Schlachten. Sie lassen sich von ihren Reiseleitern für heroische Taten begeistern, für Helden, Herrscher und Eroberer, für Cäsar, Friedrich II. und Napoleon. Wenn sie nach Hellas reisen, erfreuen sie sich an den Muskelübungen des Herakles, an den Gewalttaten des Achill und an den Strategien des athenischen Alkibiades. Auch die Schauplätze der Türkenkriege betrachten sie noch mit gefaßter Neugier. Wenn sie durch Kreta reisen, versäumen sie nicht, das Kloster Arkadhi zu besuchen, wo sich am 8. November 1866 tausend kretische Freiheitskämpfer zusammen mit ihren türkischen Unterdrückern in die Luft sprengten.

Wer in jüngerer Zeit durch Kreta gereist ist, hat ziemlich sicher auch Anogia gesehen. Das Bergdorf nämlich ist eine berühmte Produktionsstätte für Handarbeiten und ein gigantischer Souveniermarkt, folglich eine Sehenswürdigkeit ersten Ranges. Alle Reiseleiter haben ihre Reisegruppen nach Anogia geführt. Den engen dunklen Laden des Volkskünstlers Alkibiades Skoulas allerdings haben sie gewöhnlich nicht gezeigt, schon gar nicht, wenn es sich um deutsche Gruppen handelte. In diesem kurzen Ausstellungsraum nämlich hätten sie zwar vorne lustige, knorrige Holzfiguren gesehen, im Hinterzimmer jedoch farbige, kleinteilige Bilder, auf denen hurtige kleine Männer mit kantigen Gesichtern und langen Flinten auf feldgraue Soldaten schießen, die an weißen Schirmen vom Himmel schweben. Im Laden des Alkibiades Skoulas hätte man sich wohl daran erinnern müssen, daß dieses nette, folkloristische Dorf im Laufe der Jahrhunderte mehrmals unfreundlich behandelt und zerstört wurde, einige Male von den Türken und ein letztes Mal, besonders gründlich, 1944, von den Truppen Hitlers.

Kalavrita auf dem Peloponnes erfreut sich bislang nicht der Wertschätzung vergangenheitsverliebter Griechenlandtouristen. Wer die Insel des Pelops bereist, wird nach Mykene, Epidauros und Olympia geführt, vielleicht auch nach Mistra und Sparta, wo man über Kriegstechnik und Wehrerziehung sehr viel lernen kann. Kalavrita sucht man in den Reisekatalogen vergeblich. Obwohl das Bergdorf in einer grandiosen Landschaft liegt und eine Zahnradbahn auf panoramaschöner Strecke eine bequeme Anreise ermöglicht. In Kalavrita haben Widerstandskämpfer 1943 eine knappe Hundertschaft deutscher Besatzungssoldaten gefangengenommen und erschossen. Die 117. deutsche Jägerdivision hat den Ort daraufhin niedergebrannt und 1.200 Einwohner aus der Gegend, Männer, Kinder und Greise hingerichtet. − Deutsche Besucher sind in Kalavrita trotzdem willkommen, aber, wie gesagt, es verirren sich wenige dorthin.

Die Geschichte, die man Touristen gewöhnlich serviert, ist eben eine besondere, eine schmerzlose, eine unschädliche Geschichte. Eine Geschichte zur Unterhaltung und zur Zerstreuung, mild gewürzt mit Witzchen und Anekdoten. Eine Geschichte, die uns nicht betrifft und die uns folglich nicht betroffen macht. Eine völlig überflüssige Geschichte. Zumindest ist es eine eingeschränkte, eine beschnittene, eine parzellierte Geschichte. Was man in fast allen Reiseführern findet, und was fast alle Reiseleiter in seltener Eintracht vortragen, ist Geistesgeschichte, Geschichte der Philosophie und der Literatur, der Religion und der Kunst. Es ist eine Geschichte der hehren Ideen, der würdigen Gedanken und der großen Geister, der Heiligen und der Genies. Eine Geschichte, die angefüllt ist mit Tugenden: mit Weitblick und Weisheit, mit Großmut und Tapferkeit, mit Opferbereitschaft und Hingabe.

Die Welt, die sich hier eröffnet, ist eine Welt der hohen Werte und der schönen Dinge, sie ist vollgestopft mit edlem Marmor, glänzender Bronze und bemalter Leinwand. Vom Schmutz des Trivialen ist sie nicht befleckt, von der Last des Alltags nicht beschwert. Und wenn die Niederungen irdischer Realität gelegentlich dennoch von der Reiseroute durchquert werden, wenn ökonomische Phänomene ausnahmsweise ins touristische Programm geraten, so handelt es sich gewiß um Exotisches oder Archaisches. Um Beispiele altertümlicher Feldbautechniken beispielsweise. Um das geplagte Bäuerlein, das sich am Ende des 20. Jahrhunderts immer noch mit dem Holzpflug abmüht, um den bedauernswerten Esel, der am Göpel stoisch Wasser pumpt, um den Büffel im Reisfeld. Auch um Kamelkarawanen und Nomadenzelte, Ziegenhirten und Freitagsmärkte, Fischerdörfer oder Almauftrieb. Um alles das also, was die touristischen Prospekte „ursprünglich" und „typisch" nennen. Und was auf Touristen anscheinend eine unwiderstehliche Faszination ausübt.

Womit dann wohl erklärt wäre, warum die Ferienarchitekten in den Alpen beispielsweise ihren modischen Hotels mit Sauna und Swimmingpool so gern einen bodenständig bäuerlichen Anstrich verleihen. Warum sich die Gastronomie in Ferienparadiesen vorzugsweise rustikal gibt. Und warum jene Reisen so ungemein beliebt sind, die Natur und Natürlichkeit versprechen, das Unberührte und Unverdorbene oder gar die wuchernde Wildnis ungezähmter Landschaft, die Zivilisationsferne, die Begegnung mit dem Primitiven, mit Wüsten und Dschungel, mit Buschmännern, Kopfjägern und Urwaldvölkern. (Alles das natürlich mit festem Fahrplan und garantiertem Programmablauf, mit dem Rundumsorglos-Paket versichert, bei Unterkunft in Häusern der gehobenen Hotelkategorie, mindestens jedoch in sauberen Zimmern mit Dusche und WC.)

Es läßt sich nicht länger verbergen: Die touristische Reise in die Vergangenheit ist in Wahrheit allzu häufig eine Reise in die Nostalgie. Sie führt zwar mit Entschiedenheit aus der strapaziösen Gegenwart hinaus, aber sie verrät nicht die mindeste Absicht, in einer anderen erkennbaren und definierbaren Epoche anzukommen. Stattdessen landet sie im mythisch Unbestimmten, im Wolkenkuckucksheim, in jener berühmten goldenen Zeit, in der die Welt noch heil und die Verhältnisse in Ordnung waren. Die Ferienreise ins Gestern, so möchte man argwöhnen, ist eigentlich und tatsächlich ein Urlaub von Heute. Ein wenig Erholung, ein bißchen Freiheit, eine kleine Flucht.

Mit Geschichte hat das alles nichts zu tun. Im Gegenteil: Es handelt sich um den konsequenten Verzicht auf Denkprozesse in historischen Kategorien. Und damit um das pathologische Phänomen des Realitätsverlustes. Wo leichtgläubige Beobachter historische Objekte vermuten, erkennt der geschärfte Blick täuschende Kulissen, Kunstwerke der Illusionstechnik, Versatzstücke mit Patina. Wenn britische Lords zahlende Sonntagsgäste durch ihre Castles führen, wenn Romantik-Hotels Konjunktur haben, wenn es als besonders schick gilt, mit dem rekonstruierten Orientexpreß nach Venedig zu fahren oder bei einer Rundreise durch Rajasthan in den Schlössern einstiger Maharadschas zu logieren, so muß man das nicht unbedingt als Beweis lebendigen Geschichtsbewußtseins interpretieren. Man könnte auch annehmen, daß es fremdbestimmten Werktätigen ganz einfach Lustgewinn verschafft, einmal aristokratische Luft zu schnuppern, sich in fürstlichem Licht zu sonnen, ein paar Tage lang großer Herr zu spielen. Die Lernprozesse sind hier vermutlich genau so ergiebig wie bei der Lektüre jener regenbogenbunten Zeitungen, die ausführlich und unentwegt über die Intimverhältnisse der zeitgenössischen Königshäuser informieren.

Selbst wenn wir jenen Teil der Geschichte ins Auge fassen, der eine so offensichtliche Affinität zum Tourismus verrät, die Geschichte der Kunst, können wir uns irritierender Eindrücke nicht erwehren. Die Werke der Architekten, Bildhauer und Maler nämlich, die den Studienreisenden tagaus, tagein, unentwegt und mit sehr viel Emphase präsentiert werden, diese Ansammlungen von Erlesenem und Erhabenem, von Genialem und Vorzüglichem, diese Kleinode und Meisterwerke werden zumeist präsentiert wie Exponate in einem weltweiten Museum, wie Ausstellungsstücke in einem Pantheon menschlicher Schöpferkraft. Wenn man den wohlklingenden Vorträgen der hochschulgebildeten Reiseleiter lauscht, so hört man viel von Säulen und Kannelüren, von dorischen und ionischen Ordnungen, von Blendbögen und Triforiengalerien, von Architraven und Friesen und Konsolen. Man lernt den Unterschied zwischen romanischen und gotischen Gewölben, zwischen impressionistischer und pointillistischer Maltechnik und zwischen der Figurenbehandlung im Alten und im Neuen Pharaonischen Reich. Auch kann man einiges erfahren über Farbbrillanz, Lichtvaleurs, das Gleichgewicht der Kompositionselemente und den Duktus der Pinselführung. — Daß jedes Kunstwerk Produkt einer Zeitepoche ist, daß es einer einmaligen, unverwechselbaren und nie wiederkehrenden Konstellation geistiger, materieller, gesellschaftlicher und ökonomischer Faktoren seine Existenz verdankt, davon hört man in der Regel nichts. Kunstgeschichte für Touristen ist höchst selten Kunst*geschichte*. Es sei denn, man versteht darunter nicht mehr als die Entwicklung künstlerischer Techniken und Formensprachen.

Dem geschärften Auge, einmal mit Mißtrauen geladen, können nun auch weitere betrübliche Fakten nicht verborgen bleiben. Blick um Blick wird es die Erkenntnis fördern, daß die Geschichte, die uns anfänglich so dominant erschien, im Tourismus tatsächlich eine Aschenputtelrolle spielt. Braucht man doch nur zu vergleichen, welch bedrohliches Gedränge von Reisegruppen uns in den großen Kunstsammlungen behindert und wie wundervoll ungestört man sich in den stillen Räumen historischer Museen ergehen kann. Muß man doch nur in den Programmen der Reiseveranstalter nachsehen, wo sich denn tatsächlich historische Thematik findet. Genügt es doch, sich der Lektüre gängiger Reiseführer zu widmen.

Jeder Teilnehmer an markttüblichen Studienreisen kennt vermutlich jene unausweichliche reiseleiterische Darbietung, die man „historischer Abriß" nennt.

Sie wiederholt sich ständig, bei jeder neuen Wegstrecke, vor jedem Etappenziel, und sie führt zügig von den frühesten Spuren der Besiedlung über die Errichtung eines Marktplatzes und die Verleihung von Stadtrechten bis an die Schwelle der Gegenwart. Sie unterläßt es nie, wo sich die Gelegenheit ergibt, die Römerzeit zu erwähnen, auch Karl den Großen, Barbarossa oder Napoleon, begnügt sich jedoch notfalls auch mit weniger prominenten Königen, Herzögen oder Grafen. Hauptsache, es wird eine hübsche Litanei von Namen und Daten, die ein enzyklopädisches Wissen und eine bewundernswerte Gelehrsamkeit bezeugt und die mit beruhigender Sicherheit ohne Wirkung bleibt. Weil nämlich für die Zuhörer die Namen nichts anderes als Namen sind: also Schall und Rauch. Und weil die Daten lediglich Ziffern bleiben, beliebig und austauschbar. Wer annehmen wollte, daß sich beim durchschnittlichen Urlaubsreisenden derartige Stichworte gleich mit Leben füllen, daß sie unmittelbar Assoziationen wecken und Bilder evozieren, müßte sich den Vorwurf der Naivität gefallen lassen. Bei Otto Normaltourist, auch bei Dr. Otto Normaltourist, Teilnehmer an einer Bildungsreise, wird man profundes historisches Wissen nicht einmal in bezug auf die deutsche Geschichte erwarten können. Was er über die politische und soziale Vergangenheit der Italiener oder Griechen, der Portugiesen oder Südslawen gelernt hat, darf man getrost vernachlässigen, von Brasilianern, Indern und Chinesen ganz zu schweigen. Man kann sich des Eindrucks nicht erwehren, daß die Geschichtswissenschaft als Schulfach immer noch ziemlich ethnozentristisch ist.

Man fragt sich folglich, wem es nützt, wenn die geballten historischen Informationen über das Reiseziel eines Urlaubs vollgestopft sind mit Namen, die dem Hörer nicht mehr bedeuten als eine Buchstabenfolge. Dem Hörer oder auch dem Leser. Historische Abrisse nämlich sind nicht nur eine Spezialität der Reiseleiter, sie sind ebenso ein unverzichtbarer Bestandteil der klassischen Reiseführer. Wobei diese Literaturgattung, die Herr Baedeker populär gemacht hat, im großen und ganzen eine bemerkenswerte Einheitlichkeit aufweist. Reiseführer sperren die Welt in Kästchen; sie bringen einen kleinen Abschnitt über Geographie und einen kleineren über Klima, je ein paar Zeilen über die Flora und die Fauna eines Landes und ebenso viel über die Wirtschaft, auch zwei kürzere Beiträge über Literatur und Musik und einen längeren über die bildende Kunst. Und schließlich einen historischen Überblick – mit Angabe der relevanten Herrscherdynastien, Kriege und Revolutionen. Womit sie eine lästige Pflichtübung erfolgreich hinter sich gebracht haben. Die weitern historischen Bemühungen erschöpfen sich dann möglicherweise in den Angaben über die Baujahre der diversen Kirchen und Kapellen, die aus der Sicht der Reiseführerautoren nicht selten die einzig bemerkenswerten Daten einer ansonsten ereignislosen Geschichte sind.

Nach alledem läßt sich ein Verdacht nicht unterdrücken: der Argwohn nämlich, daß man auf dem touristischen Felde die süßen Früchte allzu mühelos erntet. Daß nur wenige die Notwendigkeit sehen, für eine neue Reiseroute oder ein neues Reisebuch Fleiß, Schweiß und die nötige Portion Kreativität zu investieren. Daß man sich vielmehr damit begnügt, Vorhandenes zu übernehmen, Vorgefundenes abzuschreiben, einschließlich der Fehler natürlich, aus mehreren alten Texten einen neuen zu klittern, hastig und unordentlich, mit heißer Feder. Weil eine ordentliche Arbeit nun einmal ein ordentliches Maß Zeit kosten würde und damit ein ordentliches Honorar. Und weil Reiseveranstalter und Verleger aus Erfahrung gelernt haben, daß man Zeit und Geld sparen kann. So wundert es denn nicht, wenn sich die Urlaubsreisenden immer wieder auf den gleichen Straßen treffen und an den gleichen Orten drängeln. Ob sie sich in Gruppen oder individuell bewegen, ob sie einem Reisekatalog vertrauen oder einem Reiseführer, sie finden so ziemlich überall die gleichen Itinerarien. Fast niemand, so möchte man meinen, macht sich die Mühe, nach anderen Wegen, nach frischen, jungfräulichen, unverbrauchten Sehenswürdigkeiten Ausschau zu halten. Fast niemand bemüht sich um neue Inhalte und neue Konzepte.

Das wäre alles grenzenlos betrüblich, wenn es nicht ein paar Hoffnungen und Perspektiven gäbe. Die erste betrifft das öffentliche touristische Bewußtsein, die Motivation der Urlauber, die Ansprüche des Publikums. Es erscheint unwahrscheinlich, daß sich die Kunden des Freizeitmarkts trotz kontinuierlich steigender Reiseerfahrung auf die Dauer mit Leistungen dürftiger Qualität begnügen. Es erscheint zumindest zweifelhaft, ob sie immer weiter akzeptieren, was sie eigentlich gar nicht wollen. Die Urlauber nämlich, sofern sie im Urlaub etwas lernen wollen, sind keineswegs auf alte Chroniken und kostbare Antiquitäten fixiert. Sie sind zwar gern bereit, ehrwürdige Bauten und berühmte Bilder zu betrachten, aber sie möchten eigentlich nicht ihre ganzen Feiertage in Museen verbringen. Sie delektieren sich pflichtschuldigst oder aufrichtig an den schönen Künsten, aber sie möchten es damit keinesfalls genug sein lassen. Eigentlich nämlich wollen sie etwas erfahren über das Land, in dem sie Urlaub machen. Und das Land, das ist nicht nur die Summe der künstlerischen Produktion (so aufschlußreich die auch sein mag für das Verständnis der völkischen Identität.) Das Land, das sind auch die Landschaft und die Landwirtschaft, die Verkehrswege und die Siedlungsstrukturen, die Populationen und die Erwerbszweige, die Besitzverhältnisse und die Herrschaftsformen. Das sind die Wälder und die Wüsten, die Berge und die Seen, die Dörfer und die Städte, die Villenviertel und die Slums, die Bazare und die Kaufhäuser, die Naturreservate und die Industriekomplexe. Das Land, das ist vor allem Lebensraum, und genau der ist es, der den durchschnittlichen Touristen vordringlich interessiert. Wenn man ihn fragt, sagt er es so: Er möchte Land und Leute kennenlernen. Sein Interesse ist mehr allgemeiner als spezieller Art. Es richtet sich mehr auf das Lebendige als auf das Unerlebte. Und es ist nicht primär vergangenheitsorientiert sondern ganz entschieden gegenwartsbezogen.

Die zweite Hoffnung: Es gibt immerhin schon ein paar Reiseführer, die sich auf diese Motivation eingestellt haben. Und es gibt immerhin ein paar Anzeichen, daß auch Reiseveranstalter die Zeichen der Zeit zu deuten versuchen.

Das äußert sich zwar vorläufig mehr in Bekundungen und Absichten als in gelungenen Lösungen, aber es läßt einen Trend erkennen. Und dieser Trend führt weg von der kunsthistorischen und hin zur länderkundlichen Studienreise. Unachtsamen Zuhörern drängt sich nach dieser Feststellung eine vertrackte Schlußfolgerung auf: Wenn sich die Touristen in Zukunft mehr an das Hier und Heute halten, wenn sie sich mit den antiken Tempeln und barocken Kirchen, mit den hellenischen Poeten und scholastischen Philosophen nicht mehr zufrieden geben, wenn sie stattdessen nach dem aktuellen Stand der Sozialgesetzgebung, Rechtsordnung und Umweltbelastung fragen, dann haben die Historiker wohl keine Chance mehr. Die Oberflächlichkeit des Gedankens ist offenkundig. Natürlich trifft das Gegenteil zu: Es ist leicht einzusehen, daß sich historischem Denken hier endlich eine Perspektive eröffnet, daß die Geschichtswissenschaft im modernen Tourismus erstmals eine befruchtende Rolle spielen könnte. Niemand wird behaupten, daß man die gegenwärtige Situation eines Landes verständlich machen könne, ohne die Vergangenheit zu studieren. Niemand wird glauben, daß es möglich sei, die heutigen sozialen, wirtschaftlichen und politischen Verhältnisse, aber auch die religiösen und ethischen Traditionen und die künstlerischen Ausdrucksformen befriedigend zu erklären, wenn man nicht die Wurzeln offen legt. Eine Länderkunde für Urlauber, wie wir sie uns wünschen, muß sich um die historische Dimension bemühen.

Es gibt noch eine dritte Hoffnung: Seit Jahren sind einige Experimente zu beobachten, die darauf abzielen, die starre Struktur der Studienreiseveranstaltungen aufzubrechen. Eine Struktur, die geprägt ist durch die strenge Trennung zwischen dem dozierenden Reiseleiter und der lauschenden Reisegruppe, zwischen einem bewunderten Experten und vielen dankbaren Unmündigen, zwischen einem Führer, der das Glück der mitteilsamen Aktivität genießen darf und zahlreichen Untätigen, die das alles über sich ergehen lassen müssen. Die Experimente zielen auf die Emanzipation der Unmündigen und die Aktivierung der Untätigen; sie beabsichtigen Animation: Ermunterung zum Selbersehen, Selberdenken, Selberforschen. — Bei den Geographen geschieht das in Gruppenarbeit und nennt sich „Spurensuche". Vermutlich könnten auch die Geschichtswerkstätten hierzu einige Anregungen geben.

Welcher Art nun müßte die Geschichte sein, die den Touristen nützlich und bekömmlich wäre? Es sollte, wenn man einen Wunsch äußern darf, Geschichte sein, die Gegenwart verständlich macht. Geschichte, die Bezüge und Zusammenhänge aufdeckt, die Herleitungen deutlich macht, Parallelen und Kausalketten, die uns Einsichten zukommen läßt und Warnungen, die uns Fragen nach dem Wie und dem Warum beantworten. Geschichte also, aus der man lernen kann. Da die Frage nach dem Warum jedoch immer in verschiedene Richtungen führt, in kausale Verästelungen, da es für keinen Tatbestand, für keine Situation eine einzelne Ursache gibt, sondern immer zahlreiche und verzweigte Ursachen, da diese vernetzten Ursachen unterschiedlichen Bereichen angehören und keine Rücksicht auf die Grenzen von Fachdisziplinen nehmen, da man also durchaus gezwungen sein kann, zum Verständnis eines ökonomischen Phänomens eine religionswissenschaftliche Erkenntnis heranzuziehen oder zur Erläuterung eines theologischen Dogmas eine soziologische, da also sämtliche Teilaspekte einer Kultur unlösbar miteinander verbunden sind und untereinander in Wechselwirkung stehen, brauchen wir für unsere Zwecke keine segmentierte und spezialisierte, vielmehr eine generelle, allgemeine und universelle Geschichte.

Da ich ermessen kann, wie dieser Wunsch in den Ohren von Fachwissenschaftlern klingt, flüchte ich in ein Zitat und suche mir einen Kronzeugen. Im Vorwort zu seiner Kulturgeschichte der Menschheit schrieb Will Durant: „Seit langem schon scheint mir, unsere übliche Methode, Geschichte nach gesonderten Gebieten zu schreiben – politische Geschichte, Wirtschaftsgeschichte, Religionsgeschichte, Geschichte der Philosophie, der Literatur, der Wissenschaft, der Musik, der Kunst –, werde der Einheit des menschlichen Lebens nicht gerecht. Geschichte sollte sowohl als Nebeneinander wie als Miteinander betrachtet, synthetisch und analytisch geschrieben werden. Die ideale Historiographie müßte versuchen, in jedem Zeitraum den gesamten Komplex der Errungenschaften, Einrichtungen, Unternehmungen und Schicksale eines Volkes darzustellen. Aber die Anhäufung des Wissens hat die Geschichte, wie die anderen Wissenschaften, in tausend voneinander getrennte Spezialfächer aufgeteilt, und die Gelehrten vermeiden vorsichtigerweise den Blick auf das Ganze, sei es das materielle Universum oder die lebendige Vergangenheit des menschlichen Geschlechts. Denn die Wahrscheinlichkeit, einen Irrtum zu begehen, wächst mit der Größe eines Unternehmens, und jeder, der eine Synthese wagt, wird das tragische Opfer zahlloser Spottpfeile der Fachkritik. „Bedenke", sagte Ptahhotep vor fünftausend Jahren, „wie viele Einwände dir der Sachverständige machen kann. Es ist töricht, über jede Art Arbeit zu sprechen." Eine Geschichte der Kultur ist, wie jedes andere philosophische Unternehmen, eine Anmaßung ... Dennoch hoffe ich, der eine oder andere suchende Geist lasse sich gern in die unergründlichen Tiefen der Geschichte locken. Die Pfeile der Fachkritik wird man, so meine ich, gelassen ertragen können, wenn es gelingt, Geschichte derart komplex zu begreifen. Was bedeuten schon kleine Unstimmigkeiten im Verhältnis zum großen Zusammenhang? Welche Rolle spielen nebensächliche Fehler, wenn es um das Ganze geht?

Die Gefahr, Fehlinformationen zu übernehmen, haben wir schon bei Herodot erkannt. Wir haben aber auch gesehen, wie wenig derartige Belanglosigkeiten seine Verdienste schmälern. Was schaden denn tatsächlich ein paar Irrtümer über die Sicherheitsvorkehrungen in indischen Goldminen oder über das pränatale Verhalten von Löwenembryos? Wie schwer wiegen solche Lappalien im Vergleich zu den weitgespannten Übersichten, den farbigen Schilderungen, den scharfsinnigen Analysen? Nehmen wir beispielsweise seine gescheite Hypothese zum Trojanischen Krieg, die ihn als störrischen Denker ausweist. Während die meisten Autoren unkritisch die Schulmeinung übernommen haben, daß es bei dieser Belagerung einer reichen kleinasiatischen Stadt durch die vereinigte griechische Streitmacht um die Rückgewinnung der spartanischen Königin Helena gegangen sei, die im Schlafgemach ihres Entführers Paris eine vermutlich lustvolle Gefangenschaft erduldete, so enthüllte Herodot die Unglaubwürdigkeit dieser Überlieferung. Weiberraub, so gab er zu bedenken, sei ein alter Brauch. Er müsse zwar als Unrecht gelten, habe jedoch nie zuvor zu derartigen kriegerischen Auseinandersetzungen geführt. Auch sei Helena, wenn sie sich denn in Troja befunden hätte, ganz gewiß den Griechen ausgeliefert worden. Oder sei es etwa glaubhaft, daß König Priamos und seine Familie den eigenen Tod und Untergang riskierten, nur damit Paris bei Helena liegen konnte? Der Krieg hätte sich also, nach dieser Theorie, von seiner Ursache emanzipiert. Daß der unbedeutende Anlaß derart mörderische Folgen haben konnte, möchte der Skeptiker Herodot nicht glauben, wenn er auch auf der Suche nach einer vernünftigen Erklärung ein Strafgericht Gottes bemühen mußte.

Der Dramatiker Euripides sah das sehr viel klarer; als Psychologe war er mit dem Wirkungsmechanismus von Ideologien bestens vertraut, und er wußte natürlich, daß die Dame ein Vorwand war. So hat er bereits das Argument geliefert, daß sein französischer Kollege Giraudoux zwei Jahrtausende später dem Ulysses in den Mund legte: „Was die anderen Griechen denken, ist, daß Troja reich ist, seine Speicher strotzend, seine Ländereien fruchtbar sind. Sie denken, daß sie selbst auf Felsen in der Enge leben. Das Gold eurer Tempel, eures Kornes, eures Rapses hat jedem unserer Schiffe von euren Vorgebirgen her ein Zeichen gegeben, das unsere Leute nicht vergessen können. Es ist unvorsichtig von euch, allzu goldene Götter und Gemüse zu haben."

Dichter, man sieht es, haben beachtliches historiographisches Talent. Und Kleinasienreisende, die auf dem Wege von Istanbul nach Izmir jene Sehenswürdigkeit erster Ordnung besuchen, die einmal das goldene Ilion war, sei als Ergänzungslektüre zu Homer Christa Wolfs Kassandra empfohlen. Der Krieg wirkt dort allerdings anders als in den Heldenliedern und auf den Schlachtenbildern; er ist so gar nicht festlich und erhebend und heroisch; er zeigt nicht den Glanz der Rüstungen, die Lust des Kräftemessens und die triumphierende Geste des Siegers; er ist auch nicht der Wettstreit von Mut und Ritterlichkeit und vielen männlichen Tugenden. Der Krieg zeigt sich dort, wie Kriege wirklich sind, sinnlos und schmerzhaft, häßlich und dreckig, dumm, blutig und brutal. Dieser Krieg ist Unfähigkeit und Kurzsichtigkeit und Torheit der Regierenden. Er ist Dummheit und Rohheit und Gewalttätigkeit der Helden. Und er ist vor allem Trägheit und Unwissenheit, Hoffen und Bangen, Leiden und Dulden des Volkes. Kurz gesagt: Dieser Trojanische Krieg ist nicht anders, als die Kriege, die wir heute kennen.

Und das wäre es schließlich, was wir von einer Geschichte für Urlauber noch erwarten sollten: Daß sie uns sogar sehr ferne Ereignisse nahe bringt. Daß sie auch längst vergangene, abgestorbene, unschädlich gewordene Begebenheiten wieder lebendig und wirksam werden läßt. Daß sie antike Geschehnisse nicht ehrfurchtsvoller behandelt als moderne. Das heißt: Wir sollten uns eine Geschichte wünschen, die uns Freude und Ärger, Spaß oder Zorn, Angst oder Hoffnung macht. Eine Geschichte, die uns Überraschungen und Einsichten beschert, neue Gedanken und neue Perspektiven. Eine Geschichte, die uns angeht und uns anrührt, die uns betrifft und die betroffen macht. Eine solche Geschichte wäre möglicherweise eine Chance für eine bessere Bildungsreise, für einen sinnvolleren Tourismus. Für einen Bildungs-Tourismus mit Zukunft.

Michael Schirner

Werbung und Geschichte

Geschichte oder als geschichtlich ausgewiesene Gestaltungselemente — also Bilder oder Texte — treten in der Werbung in unterschiedlicher Form auf. Grob kann man drei Formen unterscheiden. Die erste wäre die traditionelle, ihrerseits bereits historische Form: das Argument des Alters und der Tradition eines Produktes oder einer Firma, was sich auf die verschiedensten Arten darstellen läßt und das mit einem der sichersten, ältesten und kaum zu widerlegenden Argumente arbeitet, der Bewährtheit eines Produktes und damit der Empirie.

Diese Empirie stammt aus dem Katalog des Common Sense, sie ist jedermann verständlich, leuchtet ein und gehört somit auch zu einer Werbestrategie, die noch im alten rhetorischen Sinne überzeugen will, während alle späteren Werbestrategien sehr viel subtilere und kompliziertere Kommunikationsmodelle ins Rennen werfen, die zusammengefaßt unter dem Stichwort der Emotionalität auch heute noch für das Denken/Fühlen der meisten Werbeleute verbindlich sind. Diese Emotionalität hat die Geschichtlichkeit von Bildern oder Sätzen für sich entdeckt im Zusammenhang mit dem, was man in den 70er Jahren Nostalgie-Welle nannte. Das heißt, man entdeckte damals das Verführerische an zu Stereotypen geronnenen Bildern von Moden der Vergangenheit.

Im Zuge des Erfolgs dieser Nostalgie-Welle, die sich zunächst nur auf länger zurückliegende Epochen wie die 20er, 30er und 50er bezog, gewann das Zeiten-Recycling zügig an Tempo. Sein Erreichen der Gegenwart, wie wir es am Phänomen der Zeitgeist-Illustrierten beobachten können, markiert einerseits den totalen Triumph der sogenannten Emotionalität wie auch den Zusammenbruch des Geschichtlichen in der Werbung im nostalgischen Sinne. Denn wenn alle Epochen auf die gleiche Weise zu Stereotypen reduzierbar sich erweisen, inklusive der Gegenwart, setzt eine Beliebigkeit und damit Schwächung der einzelnen Elemente ein. In so einer Situation sucht sich die fortschrittliche Werbung neue Zeichen-Terrains und hat sie teilweise schon gefunden.

Es gibt noch eine dritte Möglichkeit, Geschichte und Werbung zusammenzubringen, die weder mit Stereotypen arbeitet, noch einfach mit dem alten Argument der Empirie an die eindimensionale Kommunikationsform der Überzeugung sich verausgabt. Ich spreche von der Sorte Werbung, die ich und andere in den späteren 70ern und 80ern gemacht haben. Diese Sorte Werbung ging einerseits von der Maxime aus, daß das Publikum nicht dumm ist, sondern ernstgenommen werden will und nur auf eine Ansprache von intelligentem Menschen zu intelligentem Menschen reagiert, zum anderen aber die bloße, einfache Überzeugung durch ein Argument kaum mehr ernst nimmt. Was wir wollten, soweit es sich realisieren ließ, war eine Werbung, die ihre eigenen Ausdrucksformen mitreflektiert, die dem Publikum nicht vormacht, sie sei etwas anderes als Werbung, die einen Kommunikationsakt thematisiert, statt ihn den Gefühlen zu überlassen und im Zuge dieser Vorgehensweise natürlich auch die Geschichtlichkeit werblicher Ausdrucksformen offenlegt. Soweit so theoretisch. Um die verschiedenen Formen und ihre Probleme besser verstehen zu können, werde ich einige typische Beispiele zeigen, um dann am Ende vielleicht noch einen Ausblick auf die Zukunft zu geben. Vorausschicken möchte ich, daß ich aus jeder der drei Gattungen, die ich ja, wie gesagt, unterschiedlich bewerte, nur gelungene Beispiele herausgesucht habe, also nur solche, wo nach den Vorgaben der Gattungen die Umsetzung und die Idee überzeugen. Interessant war für mich in diesem Zusammenhang auch, durch die Analyse herauszufinden, daß ich selber in allen drei Gattungen gearbeitet habe, auch wenn ich subjektiv immer zur dritten hin strebte.

Abb. 19: Wer läßt sich einen Rahmfrischkäse nach Afrika schicken?

Werbung und Geschichte 269

„Man schrieb 1897, als zum ersten Mal ein Rahmfrischkäse von Charles Gervais mit der Eisenbahn fuhr. Von Gournay in der Normandie bis nach Brüssel. 291 Kilometer pro Tag, das war damals eine reife Leistung. So kam das beginnende Eisenbahnzeitalter dem Unternehmen Gervais zu Hilfe. Denn der Frischdienst war schon damals das A und O des appetitlichen Gervais-Rahmfrischkäses. Ab 1902 schickte Charles Gervais seine Produkte ins 620 Kilometer entfernte Bordeaux. Und ab 1906 reiste die heikle Fracht von heute auf morgen nach Algerien. Um die Gourmets zufriedenzustellen, war Gervais keine Mühe zu groß, keine Weg zu weit. Sie haben es ihm gelohnt – bis heute . . ."

Dies ist die klassische Umsetzung des Bewährtheits-Gedanken: Gervais seit Ewigkeiten im Dienste der Frische. Dazu ein Text, der seinen Reiz aus ein paar Jahreszahlen und „interessanten" Informationen im Sinne des „Interessantheits"-Begriffs des Reader's Digest bezieht. Man fragt sich, warum die Jahreszahlen nicht mehr ausgesponnen werden, zum Beispiel: Man schreibt das Jahr 1897, in Hamburg war gerade die große Cholera-Epidemie, Proust lustwandelte über die Champs-Elysée, und der neu erfundene Motorwagen von Daimler feierte seinen ersten Geburtstag.

Abb. 20: Wer hat den ersten Frischdienst der Welt auf die Beine gestellt?

Auch hier geht es um eine historische Einzelheit, einen frühen Versuch Gervais, für schnelle Auslieferung ihres Frischkäses zu sorgen, die aber anders als im ersten Beispiel durch bessere, weil bizarrere optische Umsetzung besticht. So wird das Konzept dieser Kampagne der historischen Einzelheiten, die Dank ihrer bizarren Ungewöhnlichkeit interessant sind, deutlicher.

Abb. 21: Lieber Mediaplaner, ein Medium, das sich z. B. an aufgeschlossene, probierfreudige Hausfrauen richtet, wird heute 60 Jahre alt.
Bayrischer Rundfunk

Dies war eine Kampagne für den Werbeträger Radio in der Werbefachpresse. Ein typisches Beispiel dafür, wie das Bewährtheits-Argument heute umgesetzt wird. Hier haben die Bizarrerie des historischen Bildes und die Information der 60iger Jahre sich an die Stelle jeder „interessanten" Information geschoben. Dies ist für eine Generation gemacht, die sich an jeder Szene freut, die alt und ungewöhnlich aussieht, ohne zu fragen, wann genau das war. Geschichte als Ornament, das ist fast schon Gattung zwei, allein wegen der Argumentation können wir es noch zur ersten zählen.

Dagegen ein Beispiel, das ganz klassisch mit der Firmengeschichte arbeitet und damit ein generelles Bewährtheits-Argument anspricht. Solche Kampagnen treten konservativ auf; sowas kann sich natürlich Daimler-Benz besonders gut leisten.

Werbung und Geschichte 271

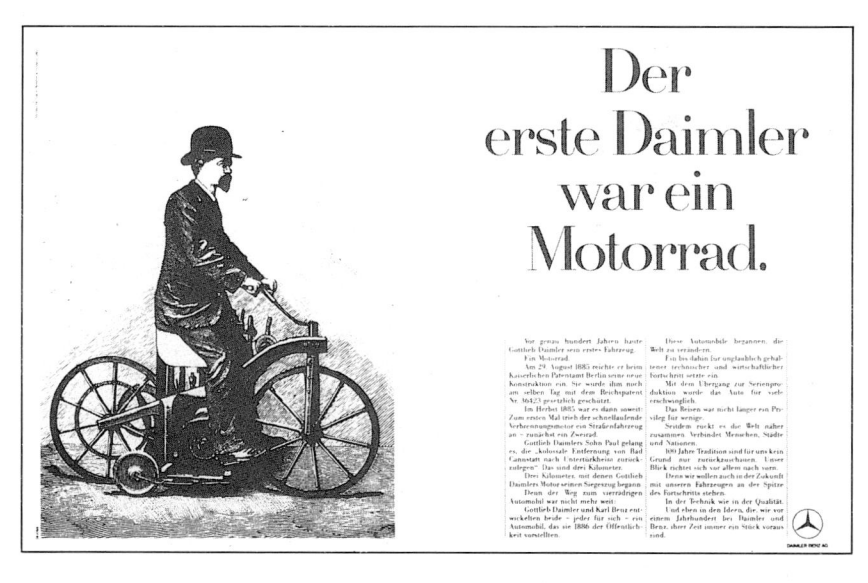

Abb. 22: Der erste Daimler war ein Motorrad

Abb. 23: Wenn wir heute nichts tun, leben wir morgen wie gestern

Diese Anzeigen sprechen für sich, sie lenken die Aufmerksamkeit auf einen Sachverhalt, der ohnehin allgemein bekannt ist und können es sich so erlauben, mit den einfachsten Mitteln auszukommen.

Ebenfalls auf eine lange, traditionsreiche Firmengeschichte kann die Firma BBC zurückblicken. Sie verwendet in ihrer Kampagne Bilder, die nicht aus der Firmengeschichte stammen, sondern greift auf viel Älteres zurück, um a) den diffusen Ausdruck von Alter hinzubekommen, und um b) die Gelegenheit sich zu geben, durch einen guten Satz einen interessanten Text/Bild-Zusammenhang herzustellen.

Abb. 24: Gute alte Zeit. Umwelt noch kein Thema (?)

Eine weitere Spielart der Werbung mit der Firmengeschichte sehen wir jetzt bei der Bayer-Kampagne. Bayer will kommunizieren, daß das Unternehmen für und nicht gegen den Umweltschutz arbeitet. Es habe schon immer Umwelt-Probleme gegeben, und Bayer hätte sie schon immer zu lösen versucht.

„Die Idylle täuscht: Trotz des angeblich so gesunden Landlebens war die Lebenserwartung (1) auf einem Bauernhof um die Jahrhundertwende wesentlich geringer als heute. Ein Großteil des Viehs in den Ställen (2) war

Tbc-verseucht. Harte Arbeit ohne technische Hilfsmittel zehrte an den Kräften. Der Wohnraum (3) war beengt, häufig feucht, selten beheizbar. Die hygienischen Verhältnisse (4) für unsere Begriffe unvorstellbar..."

Abb. 25: Düsseldorfs neueste Mode

Schließlich gibt es noch das Problem, wo es der Nachteil des Produkts ist, daß man es für zu neu hält. Es ist die Stadt Düsseldorf, die als traditionslos und neureich gilt. Hier war das Argumentieren mit dem Alter, der Geschichte und dem Bewährten kein Umweg, sondern der eigentliche Inhalt unserer Anzeigen.

Modell 2 ist bei meiner Einführung am schlechtesten weggekommen, ich will daher für diesen Teil mit ein paar Beispielen anfangen, die ich selber in dieser Gattung entwickelt habe, um daran vielleicht auch zu erklären, warum ich sie für vertretbar und gut finde.

„Mein großmächtiger schwarzer Löwe! Ich könnte einen Expresszug nehmen, um die Erde und zu Dir fahren. Schließlich geht's auf dem Postweg eiliger. Mein Brief dringt direkt zu Dir. Ich habe nur eine Viertelstunde in der flachen Stromschnelle meiner Geschäftigkeit. Vieles ist von mir zu Dir unterwegs, Wünsche, Grüße, Gedanken. Wie finden sie Dich?" (Kaiserin Elisabeth, genannt Sissi, an König Ludwig II.)

Abb. 26:   Liebe geht durch den Briefkasten

In dieser Anzeige werden noch weitere historische Briefe zitiert. Argumentiert wird hier mit der Verklärung der Schönheit vergangener Epochen. Gut ist die Anzeige aber aus einem anderen Grund, der zweiten Ebene, die sie enthält. Alle zitierten Briefe sind Liebesbriefe, und der Füllfederhalter auf dem Bild schickt sich an, „Liebe" zu schreiben. Über den Umweg des Geschichts- Arguments wird hier also ein anderes Argument angesprochen: Brief = Intimität, weniger profane Kommunikation, wobei das Unprofane sich natürlich immer am leichtesten durch den Rückgriff auf vermeintlich weniger profane Verhältnisse darstellen läßt.

„Als der Künstler Aristide Maillol, der 1861 in Paris geboren wurde und 1944 dort starb, in seinem Atelier vier Schritte zurücktrat, um sich die gerade Vollendete anzuschauen, die er „Der Strom" nannte, weil sie so wie hingegossen dalag, dachte er sicher nicht daran, daß Axel Hinnen am 2. 3. 1980 vier Schritte zurücktritt, um mit seiner Porst compact reflex OC 1,4 von Maillols Strom ein Königsbild zu machen, das es nur bei Photo Porst gibt, und das er immer, wenn er Lust hat, aus seiner Porst- Bilderbox holen und sich darüber freuen kann, daß er nun auch einen kleinen Maillol hat."

Werbung und Geschichte 275

| Sehen, 1. Teil: Als der Künstler Aristide Maillol, der 1861 in Paris geboren wurde und 1944 dort starb, in seinem Atelier vier Schritte zurücktrat, um sich die gerade Vollendete anzuschauen, die er „Der Strom" nannte, weil sie so wie hingegossen dalag, dachte er sicher nicht daran, daß Axel Hinnen am 2.3.1980 | vier Schritte zurücktritt, um mit seiner PORST compact reflex OC 1,4 von Maillols Strom ein Königsbild zu machen, das es nur bei **PHOTO PORST** gibt und das er immer, wenn er Lust hat, aus seiner PORST Bilderbox holen und sich darüber freuen kann, daß er nun auch einen kleinen Maillol hat. |

Abb. 27:   Sehen, 1. Teil

Auch hier wird Geschichte nicht als Argument eingesetzt, sondern einfach nur, um einen reizvollen Gegensatz zu einer Alltäglichkeit zu schaffen, bzw., um eine Plädoyer für die Demokratisierung des Bildersehens und Bildermachens auf eine etwas indirekte Weise zu halten. Geschichte ist hier zwar ein Ornament — eher als ein Argument — aber nur, um das Argument der Anzeige deutlicher zu umreißen.

Am nächsten kommen wir dem bloß nostalgischen Argumentieren vielleicht mit der folgenden IBM-Anzeige, die — wie so viele IBM- Anzeigen — die Angst vor dem Computer nehmen soll. Von Nahem besehen enthält die Anzeige eine Übertreibung: Nicht die mittelalterlichen Vertreter der entsprechenden Berufe, sondern ihre modernen Nachfahren haben auf Datenverarbeitung umgestellt.

Abb. 28 und 29: Wer jetzt auch auf elektronische
Datenverarbeitung umgestellt hat

Ich werde Ihnen jetzt eine Kampagne vorstellen, die für ein rational kaum vertretbares Produkt, die Zigarette, mit Nostalgie wirbt. Rauchen soll man, weil es eine Tradition hat. Die BAT-Leute konfrontieren den Verbraucher mit einer Fülle von interessanten Informationen und wissen sie auch mit entsprechenden Bildern umzusetzen.

Abb. 30:   Auf den Spuren des Rauchens

Abb. 31: Galerie berühmter Raucher

Eine andere Firma hat ebenfalls die Geschichte ihres Produktes erzählt, aber nicht in einem scheinargumentativen Sinne, sondern fast schon im Sinne von PR oder im Sinne von Journalismus. Und damit kommen wir auch schon zur dritten Gattung der Verarbeitung von Geschichte. Werbung mit Geschichte sollte sich von entsprechenden Artikeln im redaktionellen Teil gar nicht mehr unterscheiden. So kam es zu dieser kleinen Geschichte des Computers.

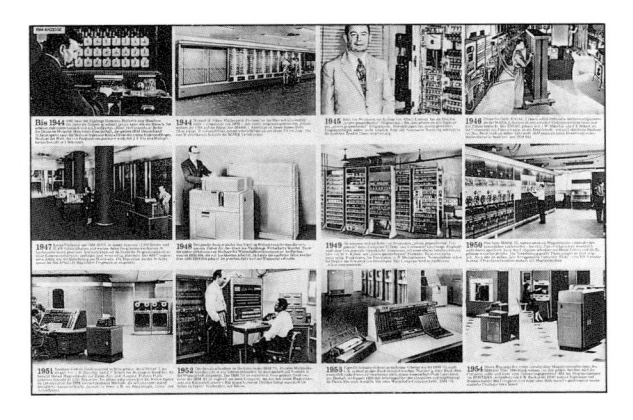

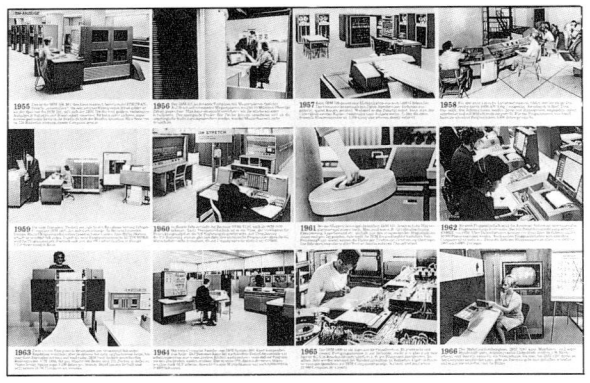

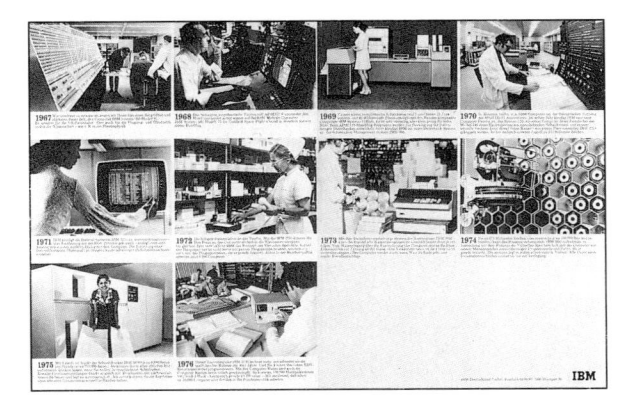

Abb. 32, 33 und 34:
Kleine Geschichte der schlauen Kiste

280   Michael Schirner

Bemerkenswert ist hierbei auch, daß die Geschichte des Computers, nicht etwa die des Hauses IBM, völlig unabhängig von den beteiligten Firmen geschrieben wurde: Konkurrenzprodukte wurden genauso abgebildet.
Wir hatten bei IBM mit dem Thema „Geschichte in der Werbung" ständig zu tun. Wir trachteten danach, die Probleme des Nostalgismus zu vermeiden. Bei der relativ jungen Firma konnten wir uns auch nicht auf die Firmengeschichte werfen. Wir waren zur Sophistication gezwungen.

Es wurde, und das finde ich eine schöne ausbaufähige Methode, einem Produkt eine Geschichte angehängt, die es ernst nimmt und aufbläst wie eine echte Errungenschaft der Menschheit, was sich natürlich nicht jedes Produkt leisten kann. Die Methoden, Geschichte einzubauen oder mit ihr zu argumentieren oder ihr analog zu argumentieren, müssen bei der heutigen Inflation nostalgischer Werbung verfeinert und verbessert werden. Weiterhin muß Werbung aber auch tabuisierte und große Themen aus Geschichte und Zeitgeschichte aufgreifen, um mit ihnen zu spielen. Ihr großer Vorteil als, sagen wir, künstlerische Disziplin, ist ja, daß niemand erwartet, ihr wäre irgendetwas heilig. Dabei muß sie auch lernen, ihre eigenen Ausdrucksformen als gemacht, geworden und also geschichtlich zu verstehen. Hierfür zum Abschluß noch ein Beispiel aus unserer Düsseldorf-Kampagne, wo das Thema der Werbung die Geschichte der Werbung ist.

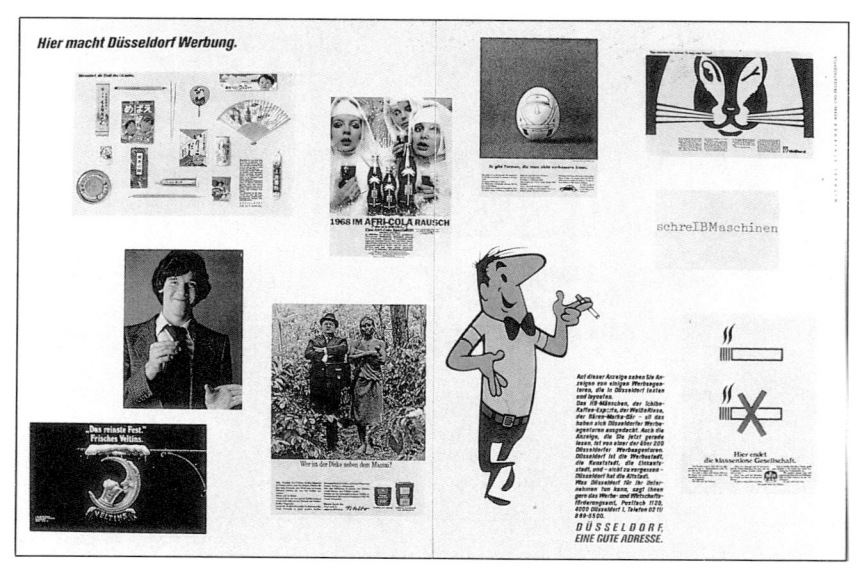

Abb. 35:   Hier macht Düsseldorf Werbung

„Auf dieser Anzeige sehen Sie Anzeigen von einigen Werbeagenturen, die in Düsseldorf texten und layouten. Das HB-Männchen, der Tchibo-Kaffee-Experte, der Weiße Riese, der Bärenmarke-Bär – all das haben sich Düsseldorfer Werbeagenturen ausgedacht. Auch die Anzeige, die Sie jetzt gerade lesen, ist von einer der über 200 Düsseldorfer Werbeagenturen. Düsseldorf ist die Werbestadt, die Kunststadt, die Einkaufsstadt, und – nicht zu vergessen – Düsseldorf hat die Altstadt . . ."

Verzeichnis der Autoren

Holk Freytag:
Intendant der Wuppertaler Bühnen.

Klaus Füßmann M.A.:
Historiker. Dozent in der universitären und politischen Bildung. Historisch-politische Ausstellungen.

Dr. Peter Glotz:
Kommunikationswissenschaftler und Politiker. Bundestagsabgeordneter der SPD.

Heinrich Theodor Grütter:
Wiss. Mitarbeiter am Ruhrlandmuseum der Stadt Essen.

Prof. Dr. Albert d'Haenens:
Professor für mittelalterliche Geschichte und Methodologie der Geschichtswissenschaft an der Universität Louvain-la-Neuve. Leiter des „Centre de Récherche sur la Communication den Histoire".

Günter Hammer:
Herausgeber der „Westfälischen Rundschau" in Dortmund.

Dr. Severin Heinisch:
Historiker in Wien. Wiss. Mitarbeiter bei verschiedenen Museums- und Ausstellungsprojekten.

Dr. Alfred Heit:
Akademischer Oberrat im Fach Mittelalterliche Geschichte an der Universität Trier.

Dr. Erhard Klöss:
Redakteur in der Redaktion „Geschichte/Zeitgeschichte" des WDR, Köln

Dr. Udo Knapp:
Soziologe. Früherer wiss. Mitarbeiter der Bundestagsfraktion der GRÜNEN.

Prof. Dr. Gottfried Korff:
Professor für empirische Kulturwissenschaften an der Universität Tübingen.

Dr. Michael Maurer:
Wiss. Mitarbeiter an der Universität/Gesamthochschule Essen.

Dr. Horst Martin Müllenmeister:
Leiter der Hauptabteilung „Betreuungssysteme/Urlaubsinformation" der TUI, Hannover.

Dr. Walter H. Pehle:
Leiter des Lektorats „Geschichte/Zeitgeschichte" des Fischer Taschenbuch Verlages, Frankfurt a. M.

Prof. Dr. Jörn Rüsen:
Professor für Allgemeine Geschichte an der Universität Bielefeld.

Wolf-Dieter Ruppel:
Leiter der Redaktion „ZeitZeichen" des WDR, Köln.

Hannelore Schäfer:
Geschichtsredakteurin beim NDR, Hamburg.

Michael Schirner:
Geschäftsführender Gesellschafter der Michael Schirner Werbe- und Projektagentur, Düsseldorf.

Prof. Dr. Christoph Stölzl:
Präsident des Deutschen Historischen Museums in Berlin.

Abbildungsnachweis

Abb. 1:	aus: Hans Dollinger/Walter Keim (Hg.): Das waren Zeiten. Achtzehn Karikaturisten sehen vierzig Jahre Bundesrepublik, München 1989, S. 159
Abb. 2:	Tate Galery London
Abb. 3:	National Galery London
Abb. 4:	PTT-Museum Bern
Abb. 5:	PTT-Museum Bern
Abb. 6:	Gemäldegalerie SPKB Berlin
Abb. 7:	aus: Fuchs, Eduard: Die Karikaturen der europäischen Völker, Bd. 11, München 1921
Abb. 8:	aus: Vignola/Danti: Le Due Regole della prospettiva practica, 1583
Abb. 9:	aus: Agostino Carracci: Malvasia, 1681
Abb. 10:	Graphische Sammlung München
Abb. 11–18:	Fotoarchiv NDR, Hamburg
Abb. 19–35:	Michael Schirner Werbe- und Projektagentur, Düsseldorf

Egon Boshof / Kurt Düwell / Hans Kloft

GRUNDLAGEN DES STUDIUMS DER GESCHICHTE

Eine Einführung

4., überarbeitete Auflage 1994. X, 337 S. Br. DM 32,-
ISBN 3-412-10593-7

Die „Grundlagen des Studiums der Geschichte" aus dem Böhlau Verlag haben sich in einem Zeitraum von zwanzig Jahren einen festen Platz im akademischen Unterricht der deutschen Universitäten gesichert. Bewährt hat sich die Zusammenfassung der drei großen Bereiche Altertum, Mittelalter und Neuzeit. Darüber hinaus geben die eindringliche Behandlung der Quellen und ihre Erschließung durch die jeweiligen Grundwissenschaften, die Auswahl von wichtigen Problemen und Forschungstendenzen dieser Einführung zusammen mit den einschlägigen Literaturhinweisen ihr unverwechselbares Gesicht.
Für die Neuauflage des Studienbuchs haben die Verfasser die Quellenkunde sorgfältig überarbeitet und die Literatur auf den neusten Stand gebracht. Die Problemkreise und Teildisziplinen sind unter Berücksichtigung der neueren Tendenzen in der Geschichtswissenschaft zum großen Teil neu gefaßt worden.
Die bewährte Einführung in das Geschichtsstudium, die in gelungener Weise Theorie und Praxis miteinander verbindet, liegt damit in einer aktuellen Ausgabe vor.

BÖHLAU VERLAG KÖLN WEIMAR WIEN
Theodor-Heuss-Str. 76, 51149 Köln

BÖHLAU

HISTORISCHE ANTHROPOLOGIE

Kultur - Gesellschaft - Alltag

Herausgegeben von: Richard van Dülmen, Egon Flaig, Utz Jeggle, Ludolf Kuchenbuch, Rolf Lindner, Alf Lüdtke, Ute Luig, Hans Medick, Michael Mitterauer, Jan Peters, Edith Saurer, Martin Schaffner, Norbert Schindler, Heide Wunder.

**Erscheinungsweise: dreimal jährlich.
Einzelheft DM 34,80 Jahrgang DM 78,-
(für Studierende DM 68,-)**

Die Vielfalt und Widersprüchlichkeit historischer Praxis, in der die Menschen sich Welt aneignen, steht im Blickpunkt der neuen Zeitschrift *Historische Anthropologie*. Befindlichkeiten und Einstellungen, Deutungen und Imaginationen, Verhaltens- und Handlungsweisen sollen in ihren historisch-sozialen Bezügen untersucht und dargestellt werden. Es geht darum, in den gesellschaftlich-kulturellen Verhältnissen und alltäglichen Lebenswelten der Vergangenheit die Gleichzeitigkeiten von "Fremdem" und "Eigenem", von "langer Dauer" und rapidem Wandel zu erschließen.

Historische Anthropologie bildet ein Forum für die wissenschaftliche Diskussion aktueller Themen und neuer Zugangsweisen zur Geschichte von der Antike bis zur Gegenwart. Die Zeitschrift hat ihren Schwerpunkt auf dem mitteleuropäischen Raum, gleichzeitig soll sie den historischen Blick auf außereuropäische Kulturen öffnen. *Historische Anthropologie* legt Wert auf interdisziplinäre Zusammenarbeit und bringt Wissenschaft "ins Gespräch": sie bietet Materialien und Diskussionsstoff für eine an historisch-kultureller Selbstverständlichkeit interessierte Gegenwart.

Bitte fordern Sie unsere Leseprobe an!

BÖHLAU VERLAG KÖLN WEIMAR WIEN
Theodor-Heuss-Str. 76, D - 51149 Köln

BÖHLAU

Jörn Rüsen

HISTORISCHE ORIENTIERUNG

Über die Arbeit des Geschichtsbewußtseins, sich in der Zeit zurechtzufinden

X, 264 S. Br. ISBN 3-412-09492-7

Das Buch handelt von historischem Denken, Geschichtswissenschaft, Geschichtsschreibung und historischem Lernen. Es fragt nach Eigenart, Ausprägung und Entwicklung von Geschichtsbewußtsein, nach den theoretischen und methodischen Prinzipien der historischen Erkenntnis, nach der rhetorischen Form, der kulturellen Bedeutung und öffentlichen Wirkung von Geschichte und nach ihren Vernunftpotentialen und Lernchancen. Neben übergreifenden und grundlegenden Aspekten werden exemplarisch einzelne historische Schlüsselthemen wie das Fortschrittsproblem und die Menschen- und Bürgerrechte erörtert. Im Zusammenhang von theoretischer Grundlagenreflexion und historischer Fallstudie wird das weite und verzweigte Feld der Geschichtskultur in seinen wichtigsten Dimensionen und Faktoren erschlossen und damit eine neue Art des Fragens nach Geschichte und des Nachdenkens über diese vorgestellt.

Jörn Rüsen

HISTORISCHES LERNEN

Grundlagen und Paradigmen

VIII, 273 S. Br. ISBN 3-412-13393-0

Das Buch enthält in seinem ersten Teil Überlegungen zur Grundlegung einer Theorie des historischen Lernens, zur historischen und systematischen Fundierung der Geschichtsdidaktik als Wissenschaftsdisziplin und zum gegenwärtigen Stand ihrer Diskussion. Im Zentrum steht dabei ein umfassend angelegter Versuch, historisches Lernen als Entwicklung von Geschichtsbewußtsein zu beschreiben.

Der zweite Teil legt an zentralen Medien und Themen des historischen Lernens dar, wie diese Ansätze konkretisiert und verwirklicht werden können. Der Verfasser plädiert energisch gegen das Erlahmen geschichtsdidaktischer Ansprüche in der historischen Erinnerungsarbeit und legt verpflichtende Maßstäbe für ein anspruchsvolles Denken und Tun in der Geschichtskultur dar.

BÖHLAU VERLAG KÖLN WEIMAR WIEN

Theodor-Heuss-Str. 76, D - 51149 Köln

BÖHLAU